मध्य प्रदेश

सामान्य ज्ञान

मध्य प्रदेश

सामान्य ज्ञान

MPPSC व राज्य की अन्य परीक्षाओं के लिए उपयोगी ऐतिहासिक, भौगोलिक आर्थिक एवं सांस्कृतिक तथ्यों का अध्यायवार सम्पूर्ण कवरेज (1000+ वस्तुनिष्ठ प्रश्नों सहित)

लेखक
संजीत कुमार

arihant
अरिहन्त पब्लिकेशन्स (इण्डिया) लिमिटेड

arihant

अरिहन्त पब्लिकेशन्स (इण्डिया) लिमिटेड

卐 **रजि. कार्यालय**
'रामछाया' 4577/15, अग्रवाल रोड, दरिया गंज, नई दिल्ली- 110002
फोन: 011-47630600, 43518550

卐 **मुख्य कार्यालय**
कालिन्दी, टी०पी० नगर, मेरठ (यूपी)– 250002
फोन: 0121-7156203, 7156204

卐 **शाखा कार्यालय**
आगरा, अहमदाबाद, बरेली, बंगलुरु, चेन्नई, दिल्ली, गुवाहाटी, हैदराबाद, जयपुर, झाँसी, कोलकाता, लखनऊ, नागपुर तथा पुणे

卐 **ISBN** 978-93-24199-46-1

PUBLISHED BY ARIHANT PUBLICATIONS (INDIA) LTD.

PO No : TXT-XX-XXXXXXX-X-XX

प्रस्तावना

मध्य प्रदेश अपनी समृद्ध परम्परा एवं सांस्कृतिक धरोहरों के लिए गौरवान्वित रहा है। देश के राज्य अपनी सांस्कृतिक विरासत के साथ राष्ट्र को स्थिर तथा मजबूत बनाते हैं। देश के प्रत्येक राज्य का अपना इतिहास रहा है, अपनी संस्कृति रही है। भारत को जानने के लिए हमें इसके राज्यों का अध्ययन करना चाहिए। राज्यों के विषय में जानना इसलिए भी आवश्यक हो जाता है, क्योंकि हम इनके माध्यम से अपनी जड़ों से जुड़ने में सक्षम होते हैं। ये हमारी पहचान को प्रभावी बनाते हैं।

प्रतियोगी परीक्षाओं में सफलता के लिए जिस वस्तुनिष्ठता की जरूरत है, उसे ध्यान में रखकर ही इस पुस्तक का निर्माण हुआ है। राज्य स्तर पर होने वाली प्रतियोगी परीक्षाओं में राज्य से सम्बन्धित सामान्य ज्ञान के प्रश्न पूछे जाते हैं। इनकी अच्छी संख्या परिणाम को प्रभावित करने में सक्षम होती है। इसे ध्यान में रखकर इस पुस्तक को वैज्ञानिक तथा प्रासंगिक बनाने का प्रयास किया गया है।

पुस्तक की मुख्य विशेषताएँ

- राज्य के ऐतिहासिक, भौगोलिक, आर्थिक, सांस्कृतिक एवं राजनीतिक परिदृश्य का विवरण
- नवीन आँकड़ों का समावेश
- वस्तुनिष्ठ प्रश्न (MCQs) का अध्यायवार संग्रह
- विगत वर्षों के प्रश्नों का समावेश
- राज्य की समसामयिक घटनाओं का विवरण

हम आशा करते हैं कि यह पुस्तक परीक्षा में आपको सफलता दिलाने में आवश्य सहायक सिद्ध होगी।

सफलता की शुभकामनाओं सहित...

लेखक
संजीत कुमार

विषय-सूची

मध्य प्रदेश

एक दृष्टि में...

मध्य प्रदेश का भौगोलिक परिदृश्य

अक्षांशीय विस्तार	21°6′-26° 30′ उत्तरी अक्षांश
देशान्तर विस्तार	74°9′-82° 48′ पूर्वी देशान्तर
क्षेत्रफल	3,08,252 वर्ग किमी
क्षेत्रफल की दृष्टि से देश में स्थान	दूसरा (देश के कुल क्षेत्रफल का 9.38%)
मध्य प्रदेश की सीमा से लगे कुल राज्य	उत्तर प्रदेश, महाराष्ट्र, छत्तीसगढ़, गुजरात और राजस्थान
कर्क रेखा राज्य के कुल कितने जिलों से होकर गुजरती है	14 जिलों से
मध्य प्रदेश का सबसे उत्तरी जिला	मुरैना
मध्य प्रदेश का सबसे दक्षिणी जिला	बुरहानपुर

मध्य प्रदेश का जनसंख्या परिदृश्य

कुल जनसंख्या	7,26,26,809
• *पुरुष*	3,76,12,306
• *स्त्री*	3,50,14,503
जनसंख्या घनत्व	236
लिंगानुपात	931
साक्षरता दर	69.32%

मध्य प्रदेश का राजनीतिक परिदृश्य

मुख्य नाम	मध्य प्रदेश
मध्य प्रदेश के उपनाम	हृदय प्रदेश, लघु भारत
स्थापना	1 नवम्बर, 1956
पुनर्गठन	1 नवम्बर, 2000
जिले	52
सम्भाग	10
क्षेत्रफल की दृष्टि से सबसे बड़ा सम्भाग	जबलपुर
क्षेत्रफल की दृष्टि से सबसे छोटा सम्भाग	नर्मदापुरम
क्षेत्रफल की दृष्टि से सबसे बड़ी तहसील	इन्दौर
क्षेत्रफल की दृष्टि से सबसे छोटी तहसील	अजयगढ़ (पन्ना)
प्रदेश का उच्च न्यायालय	जबलपुर
उच्च न्यायालय की खण्डपीठें	ग्वालियर और इन्दौर

मध्य प्रदेश में संवैधानिक पदों को प्राप्त करने वाले प्रथम व्यक्ति

मुख्यमन्त्री	पण्डित रविशंकर शुक्ल
राज्यपाल	डॉ. बी पट्टाभि सीतारमैया
महिला मुख्यमन्त्री	सुश्री उमा भारती
महिला राज्यपाल	सुश्री सरला ग्रेवाल
विधानसभा के अध्यक्ष	पं कुंजीलाल दुबे
विधानसभा के उपाध्यक्ष	विष्णु विनायक सरवटे
उच्च न्यायालय के मुख्य न्यायाधीश	मोहम्मद हिदायतुल्ला

उच्च न्यायालय की महिला मुख्य न्यायाधीश	श्रीमती सरोजनी सक्सेना
मुख्य सचिव	एच एस कामथ
लोक सेवा आयोग	डी बी रेगे
वित्त आयोग के अध्यक्ष	शीतला सहाय
महाधिवक्ता	एम अधिकारी
राज्य निर्वाचन आयुक्त	नन्दावल्लभ लोहानी
लोकायुक्त	पी वी दीक्षित
पुलिस महानिदेशक	वी पी दुबे
पुलिस महानिरीक्षक	वी जी घाटे
महिला मुख्य सचिव	निर्मला बुच
महिला IAS	निर्मला बुच
महिला IPS	कु. आशा गोपाल

मध्य प्रदेश की प्रमुख विभूतियाँ व उनकी उपाधियाँ उपनाम

तानसेन	संगीत सम्राट
कालिदास	भारत का शेक्सपीयर
सन्त सिंगाजी	मालवा का कबीर
अलाउद्दीन खाँ	सरोद सम्राट
रानी लक्ष्मीबाई	मनु
आचार्य केशवदास	कठिन काव्य का प्रेत
पं. द्वारिका प्रसाद मिश्र	आधुनिक चाणक्य
चन्द्रशेखर आजाद	शहीद
अहिल्याबाई होल्कर	देवी, लोकमाता
रानी अवन्तीबाई	रामगढ़ की झाँसी की रानी
शंकर लक्ष्मण	गोली
लक्ष्मण सिंह गौड़	दादा
माखनलाल चतुर्वेदी	एक भारतीय आत्मा
कुंजी लाल दुबे	मध्य प्रदेश के विधि पुरुष
विजयाराजे सिन्धिया	राजमाता
लता मंगेशकर	स्वर साम्राज्ञी
राजेन्द्र जैन	भगवान रजनीश, ओशो
सुमित्रा महाजन	ताई
सैयद मुस्ताक अली	कैप्टन
अशोक कुमार	दादा मुनि

मध्य प्रदेश के प्रमुख दिवस

बेटी बचाओ दिवस	5 अक्टूबर
जनसंख्या नियन्त्रण दिवस	11 मई
महिला सशक्तिकरण दिवस	18 जून
वृद्धजन दिवस	1 अक्टूबर
लोक सेवा दिवस	25 सितम्बर

मध्य प्रदेश सरकार द्वारा घोषित प्रमुख वर्ष

बाँस वर्ष	2010
महुआ वर्ष	2011
ट्राफिक वर्ष	2011
कृषि उत्पादकता वर्ष	2011
सूचना प्रौद्योगिकी सशक्तिकरण वर्ष	2013
पर्यटन वर्ष	2015
गरीब कल्याण वर्ष	2016

मध्य प्रदेश के राज्य चिन्ह

राजकीय पशु : बारहसिंगा

मध्य प्रदेश सरकार ने वेड्डरी प्रजाति के बारहसिंगा (हिरण) को अपना राजकीय पशु घोषित किया गया है। यह मुख्यतः राज्य के 'कान्हा राष्ट्रीय उद्यान' में पाया जाता है। यह प्रायः दलदले घास क्षेत्र में रहने वाला हिरण है।

राजकीय खेल : मलखम्ब

मध्य प्रदेश का राजकीय खेल मलखम्ब है। यह भारत का एक पारम्परिक खेल है। इसमें खिलाड़ी लकड़ी के एक खम्बे या रस्सी के ऊपर तरह-तरह के करतब दिखाते हैं।

राजकीय पक्षी : दूधराज

राज्य सरकार द्वारा दूधराज को राजकीय पक्षी घोषित किया गया है, जिसे शाह बुलबुल या पैराडाइज फ्लाई कैचर के नाम से भी जाना जाता है। भारत में यह सामान्यतः दो रंगों दूधिया सफेद एवं हल्का नारंगी रंग में पाया जाता है।

राजकीय पुष्प : पलाश

मध्य प्रदेश का राजकीय पुष्प पलाश (सफेद लिली) है। इस फूल का व्यास सामान्यतः 6 इंच का तथा आकार तुरही के समान होता है। यह लिलियेसी कुल का सदस्य पुष्प है।

राजकीय वृक्ष : बरगद

राज्य सरकार द्वारा वर्ष 1981 में बरगद को राजकीय वृक्ष घोषित किया गया था। इसे फाइकस वेनगैलेसिस के वैज्ञानिक नाम से भी जाना जाता है। भारत में बरगद के वृक्ष का अत्यधिक ऐतिहासिक, औषधीय एवं पर्यावरणीय महत्त्व है। यह भारत का भी राष्ट्रीय वृक्ष है।

राजकीय फसल : सोयाबीन

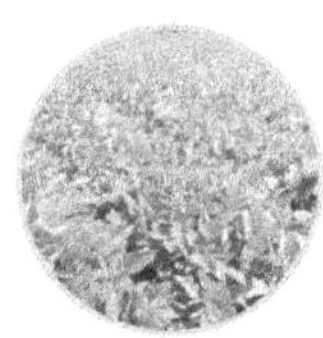

राज्य की राजकीय फसल सोयाबीन है। यह मानव पोषण एवं स्वास्थ्य के लिए बहु उपयोगी खाद्य एवं वसायुक्त होती है। राज्य को देश की **सोया राजधानी** के नाम से भी जाना जाता है।

अध्याय 1

ऐतिहासिक परिदृश्य

- मध्य प्रदेश के इतिहास को जानने के लिए ऐतिहासिक स्रोत की महत्त्वपूर्ण भूमिका होती है।
- ऐतिहासिक स्रोतों की दृष्टि से मध्य प्रदेश के इतिहास को तीन भागों–प्रागैतिहासिक काल (जिसका लिखित विवरण उपलब्ध नहीं है), आद्य ऐतिहासिक काल (जिसके लिखित विवरण को नहीं पढ़ा जा सका है) तथा ऐतिहासिक काल (जिसके लिखित विवरण को पढ़ा जा सका है) में बाँटा जाता है।

प्रागैतिहासिक काल

- प्रदेश के विभिन्न भागों में किए गए उत्खनन और खोजों में प्रागैतिहासिक सभ्यता के चिह्न मिले हैं। आदिम प्रजातियाँ नदियों के किनारे और कन्दराओं में रहती थीं।
- मध्य प्रदेश के भोपाल, रायसेन, छनेरा, नेमावर, भोजावाड़ी, महेश्वर, देहगाँव, बरखेड़ा, हण्डिया, कबरा, सिधनपुर, होशंगाबाद इत्यादि स्थानों पर आदिम प्रजातियों के रहने के प्रमाण मिले हैं।
- होशंगाबाद जिले की गुफाओं, रायसेन जिले की भीमबेटका की कन्दराओं तथा सागर के निकट पहाड़ियों से प्रागैतिहासिक शैलचित्र प्राप्त हुए हैं।

प्रागैतिहासिक काल को तीन कालों में विभाजित किया जाता है

1. पाषाण काल

- मध्य प्रदेश में नर्मदा घाटी, चम्बल घाटी, बेतवा घाटी, सोनार घाटी, भीमबेटका की गुफाएँ आदि प्रमुख पाषाणकालीन स्थल हैं।
- इस काल के औजार बिना बेंट अथवा लकड़ी के बेंट वाले हस्तकुठार के अतिरिक्त खुरचनी, मुष्टिकुठार तथा क्रोड आदि मध्य प्रदेश के विभिन्न स्थलों पर पाए गए हैं।
- **भीमबेटका की गुफाएँ** मध्य प्रदेश के रायसेन जिले में स्थित है। ये गुफाएँ आदिमानव द्वारा निर्मित शैलाश्रयों व शैलचित्रों के लिए प्रसिद्ध हैं। भीमबेटका में लगभग 750 गुफाओं में 500 गुफाएँ चित्रों द्वारा सुसज्जित हैं।
  इस स्थल को मानव विकास का प्रारम्भिक स्थान माना जाता है। यूनेस्को द्वारा वर्ष 2003 में भीमबेटका को विश्व धरोहर स्थल के रूप में घोषित किया गया।

2. मध्यपाषाण काल

- मध्यपाषाण काल की सभ्यता नर्मदा, चम्बल, बेतवा एवं इनकी सहायक नदियों की घाटियों में विकसित हुई थी।
- इस काल में जैस्पर, चर्ट, क्वाट्‌र्ज इत्यादि उच्चकोटि के पत्थरों से बने औजारों में खुरचनियाँ, नोंक व बेधनी प्रमुख थे।
- इस काल में औजारों का आकार छोटा होना प्रारम्भ हुआ।
- मध्य प्रदेश में इस काल की संस्कृति का महत्त्वपूर्ण स्थल आदमगढ़ (होशंगाबाद) है।

3. नवपाषाण काल

- मध्य प्रदेश के सागर, जबलपुर, दमोह, होशंगाबाद तथा छतरपुर जिलों से नवपाषाण कालीन औजार प्राप्त हुए हैं।
- इन औजारों में सेल्ट, कुल्हाड़ी, बसूला इत्यादि प्रमुख रूप से शामिल हैं।
- इस काल में कृषि, पशुपालन, गृह निर्माण एवं अग्नि प्रयोग जैसे क्रान्तिकारी कार्यों को अपनाया गया था।

आद्यऐतिहासिक काल

ताम्र पाषाण काल

- ताम्र पाषाण काल की सभ्यता मोहनजोदड़ो एवं हड़प्पा सभ्यता के समकालीन थी, जो नर्मदा की घाटी क्षेत्र में विकसित हुई थी।
- महेश्वर, नवदाटोली, कायथा (उज्जैन), नागदा, बरखेड़ा (भोपाल), ऐरण इत्यादि क्षेत्र इस काल के प्रमुख केन्द्र थे।
- मध्य प्रदेश में बालाघाट एवं जबलपुर जिलों के कुछ भागों में ताम्रकालीन औजार मिले हैं।

ऐतिहासिक या प्राचीनकाल

वैदिक युग

- इस काल का इतिहास 1500-600 ई. पू. के आस-पास शुरू होता है।
- आर्य उत्तर वैदिक (1000-600 ई. पू.) के समय में ही विन्ध्यांचल को पार कर मध्य प्रदेश में आए थे।
- ऐतरेय ब्राह्मण में जिस निषाद जाति का उल्लेख है, वह मध्य प्रदेश के जंगलों में निवास करती थी।

महापाषाण युग

- 1700-1000 ई.पू. की समयावधि में यहाँ दक्षिण की महापाषाण संस्कृति का प्रभाव भी देखा जाता है।
- दक्षिण भारत के कुछ स्थलों से प्राप्त विशाल पाषाण समाधियों को **महापाषाण स्मारक** (मेगालिथ) कहा जाता है। सिवनी व रीवा जिले से ये स्मारक मिले हैं।

लौह युगीन संस्कृति

लौह युग के धूसर चित्रित मृद्भाण्ड मध्य प्रदेश के श्योपुर, ग्वालियर, मुरैना एवं भिण्ड से प्राप्त हुए हैं।

महाकाव्य काल

- रामायण काल में प्राचीन मध्य प्रदेश के अन्तर्गत महाकान्तार एवं दण्डकारण्य (वर्तमान में छत्तीसगढ़ में) के घने वन क्षेत्र थे।
- जनश्रुतियों के अनुसार राम ने वनवास का अधिकांश समय दण्डकारण्य (वर्तमान में छत्तीसगढ़) में बिताया था।
- रामायण काल में विन्ध्य, सतपुड़ा के अतिरिक्त यमुना के काठे का दक्षिण भू-भाग और गुर्जर प्रदेश के कई क्षेत्र इसके घेरे में थे।
- यदुवंशी नरेश मधु इस क्षेत्र के शासक थे, जो अयोध्या के राजा दशरथ के समकालीन थे।
- महाभारत युद्ध में मध्य प्रदेश के राज्यों ने भाग लिया था। वत्स, चेदि, कारुष तथा दर्शाण आदि ने पाण्डवों तथा माहिष्मति, अवन्ति, भोज तथा विदर्भ आदि ने कौरवों की ओर से युद्ध में भाग लिया था।

महाजनपद काल

- लगभग छठी शताब्दी ईसा पूर्व में बौद्ध व जैन ग्रन्थों में वर्णित महाजनपदों की संख्या 16 (सोलह) थी।
- महाजनपद काल में **चेदि** व **अवन्ति** जनपद मध्य प्रदेश के इतिहास से सम्बन्धित थे।
- अवन्ति महाजनपद अत्यन्त विशाल था, यह जनपद पश्चिमी एवं मध्य मालवा के क्षेत्र में बसा हुआ था।
- अवन्ति महाजनपद को दो भागों में विभक्त किया गया था। उत्तरी अवन्ति, जिसकी राजधानी उज्जयिनी थी एवं दक्षिणी अवन्ति, जिसकी राजधानी माहिष्मती थी।

- उत्तरी अवन्ति तथा दक्षिणी अवन्ति के बीच वर्तमान बेतवा नदी बहती थी, जो इन्हें दो भागों में विभाजित करती थी।

प्राचीन जनपद के परिवर्तित नाम

प्राचीन जनपद	*नया जनपद*
अवन्ति (अवन्तिका)	उज्जैन
वत्स	ग्वालियर
चेदि	खजुराहो
अनूप	निमाड़ (खण्डवा)
दशार्ण	विदिशा
तुण्डीकेर	दमोह
नलपुर	नरवर (शिवपुरी)

प्राचीन काल के प्रमुख राजवंश एवं उनका योगदान

प्राचीन काल के प्रमुख राजवंश एवं उनका योगदान निम्नलिखित है

कारुष वंश

- जनुश्रुतियों के अनुसार मनुष्यों की परम्परा में अन्तिम मनु 'वैवस्वत' के दस पुत्र थे, इनमें से एक **पुत्र कारुष** के नाम पर कारुष वंश की स्थापना हुई।
- इस वंश के शासकों ने कारुष देश (वर्तमान में रीवा नदी के पास बघेलखण्ड क्षेत्र) पर शासन किया।

चन्द्रवंश

- मनु वैवस्वत की पुत्री इला का विवाह (सोम) चन्द्र से हुआ था, जिसके नाम पर 'चन्द्रवंश' की स्थापना हुई। इसे **ऐल साम्राज्य** भी कहा जाता था।
- चन्द्रवंश साम्राज्य का विस्तार बुन्देलखण्ड तक था। चन्द्र के दो पुत्र आयु एवं अमावसु थे।

क्षहरात वंश

- क्षहरात वंश के नहपान तथा भूमक नामक दो प्रसिद्ध राजा हुए।
- नहपान का संघर्ष गौतमी पुत्र शातकर्णि से हुआ था।
- जुगलथुम्बी तथा शिवपुरी से नहपान के सिक्के प्राप्त हुए हैं।

कार्दकम वंश

- यशोमिति और चष्टन ने 'कार्दकम वंश' की स्थापना की थी। इस वंश का प्रसिद्ध राजा रुद्रदामन था, जो संस्कृत का महान् पण्डित था।
- रुद्रदामन ने ही मध्य प्रदेश में सर्वप्रथम तिथि युक्त चाँदी के सिक्के चलवाए थे।
- गिरनार के अभिलेख के अनुसार, रुद्रदामन ने सुदर्शन झील का पुनर्निर्माण भी करवाया था।

नन्द वंश

- मगध में नन्द वंशी राजा महापद्मनन्द ने साम्राज्य विस्तार की नीति के अन्तर्गत चेदि जनपद को मगध राज्य में मिला लिया था। बड़वानी से नन्द वंश की मुद्राएँ प्राप्त हुई हैं।

मौर्य वंश

- मध्य प्रदेश में 'मौर्य सत्ता' के व्यापक साक्ष्य मिले हैं। अशोक (बिन्दुसार का पुत्र) सम्राट बनने से पहले उज्जैन का गवर्नर था।
- ऐतिहासिक साक्ष्यों के अनुसार, अशोक ने बौद्ध धर्म के प्रचार हेतु साँची के स्तूप का निर्माण कराया था। यह स्तूप मध्य प्रदेश के रायसेन जिले में स्थित है, जो एक छोटा सा गाँव है, यह स्थान भोपाल से 46 किमी पूर्वोत्तर में एवं बेसनगर तथा विदिशा से 10 किमी. की दूरी पर स्थित है। साँची स्तूप को सम्राट अशोक ने तीसरी शती ई. पू. में बनवाया था, स्तूप का केन्द्र एक सामान्य अर्द्धगोलाकार, ईंट निर्मित ढाँचे पर था, जो बुद्ध के कुछ अवशेषों पर बना था, स्तूप के शिखर पर एक छत्र था, जोकि स्मारक के सम्मान का प्रतीक था, स्तूप के तोरण द्वार वास्तुकला के सर्वोत्तम उदाहरण प्रस्तुत करते हैं।

- मौर्य सम्राट अशोक ने विदिशा राज्य के श्रेष्ठी की पुत्री श्रीदेवी के साथ वैवाहिक सम्बन्ध स्थापित किए थे, जिससे अशोक की सन्तानों में पुत्र महेन्द्र तथा पुत्री संघमित्रा का जन्म हुआ था।
- मौर्य युग में व्यापारिक मार्गों की संख्या चार थी, जिनमें तीसरा मार्ग दक्षिण में प्रतिष्ठान से उत्तर में श्रावस्ती तक जाता था। इसके पथ में माहिष्मती, उज्जैन, विदिशा इत्यादि नगर आते थे।
- चौथे प्रसिद्ध व्यापारिक मार्ग में उज्जयिनी नगर पड़ता था। यह मार्ग भृगुकच्छ से मथुरा तक जाता था।
- मध्य प्रदेश के दतिया जिले में गुर्जरा नामक स्थान से अशोक के लघु शिलालेख मिले हैं, जिसमें अशोक का नाम **अशोक** उत्कीर्ण मिला है।
- साँची के अतिरिक्त अशोक के लघु शिलालेख रूपनाथ (जबलपुर), साँची (रायसेन), गुजर्रा (दतिया), कसरावाद (पश्चिमी निमाड़), कारीलताई (जबलपुर), खखई (रायसेन), भैन्यापुरा (सीहोर) आदि से प्राप्त हुए हैं।

शुंग वंश

- मौर्य वंश के अन्तिम शासक बृहद्रथ के सेनापति पुष्यमित्र शुंग ने इसकी हत्या कर लगभग 185 ई. पू. में शुंग वंश की स्थापना की थी।
- पुष्यमित्र शुंग ने अपने शासनकाल में साँची स्तूपों को नष्ट करवा दिया था।
- पुष्यमित्र शुंग का पुत्र अग्निमित्र विदिशा का शासक था। अग्निमित्र और मालविका के प्रेमप्रसंग को आधार बनाकर कालीदास ने अपनी पहली रचना **मालविकाग्निमित्र** लिखी थी।
- यवन राजदूत **हेलियोडोरस** ने शुंग वंश के पाँचवें शासक भागभद्र के समय विदिशा में भागवत धर्म से प्रभावित होकर यहाँ गरुड़ ध्वज की स्थापना की थी।
- शुंगवंशीय राजाओं द्वारा भरहुत में एक स्तूप बनवाने के साक्ष्य प्राप्त हुए हैं।

सातवाहन वंश

- सातवाहनवंशीय शासक गौतमीपुत्र शातकर्णि के द्वारा मालवा पर शासन करने के साक्ष्य पुराणों में मिले हैं।
- उज्जैन, देवास, तेवर, त्रिपुरी इत्यादि स्थानों से सातवाहन वंश के सिक्के प्राप्त हुए हैं।
- सातवाहन शासक गौतमीपुत्र शातकर्णि के पुत्र वशिष्ठीपुत्र पुलुमावी को नासिक गुहालेख से प्राप्त साक्ष्यों के आधार पर मध्य प्रदेश के अनूप (नर्मदा घाटी के क्षेत्र), पूर्वी मालवा व अवन्ति क्षेत्रों का विजेता बताया गया है।
- सातवाहन वंश के राजाओं के काल में रोम के साथ व्यापार सम्बन्ध के साक्ष्य मिले हैं। आवा, चकरखेड़ा एवं बिलासपुर से प्राप्त रोमन के सिक्के इस व्यापार-सम्बन्ध के प्रमाण हैं।
- सातवाहन शासक अपीलक के ताँबे के सिक्के मध्य प्रदेश के विभिन्न क्षेत्रों से मिले हैं।

कुषाण वंश

- कुषाण शासकों का प्रभाव मध्य प्रदेश में आक्रमण तथा सांस्कृतिक गतिविधियों के लिए था।
- कुषाण वंश के शासक बिम कैडफिसेस का सिक्का विदिशा जिले से प्राप्त हुआ है। इस वंश के प्रतापी शासक कनिष्क के भी सिक्के शहडोल जिले से प्राप्त हुए हैं।
- साँची अभिलेखानुसार हुविष्क के शासन काल में दुहिता मधुकरि ने एक बौद्ध प्रतिमा का निर्माण करवाया था। कुषाणकालीन कला की दो मूर्तिलेख तथा बौद्ध प्रतिमाएँ भेड़ाघाट से प्राप्त हुई हैं।

नाग वंश

- मध्य प्रदेश में नागवंश का संस्थापक वृषनाथ था। जिसने विदिशा को राजधानी बनाया था। इस वंश के शासकों के सिक्के विदिशा से प्राप्त हुए हैं।
- नागवंशीय राजाओं ने कुषाणों का प्रतिरोध किया था

गुप्त वंश

- गुप्त वंश की स्थापना तीसरी शताब्दी में श्रीगुप्त (240-280 ई.) ने की थी।
- गुप्त वंश का **राजकीय चिह्न गरुड़** था, इसके प्रमाण गुप्तकाल के शिलालेखों व स्तम्भ अभिलेखों में मिले हैं, साथ ही ऐरण (सागर) के सिक्कों पर सिंह एवं गरुड़ के चित्र भी प्राप्त हुए हैं।
- चन्द्रगुप्त विक्रमादित्य ने पाटलिपुत्र के अतिरिक्त उज्जयिनी को भी अपनी राजधानी बनाया था।
- चन्द्रगुप्त विक्रमादित्य के राजदरबार में नवरत्न रहते थे जिनको अपने क्षेत्रों में महारथ हासिल थी। विक्रमादित्य के नवरत्नों में (i) कालीदास (ii) बेतालभट्ट (iii) धन्वंतरि (iv) वराहमिहिर (v) अमरसिंह (vi) वररूचि (vii) घटकपर (viii) अपणक (ix) शुक शामिल थे।
- भैंसला विदिशा के निकट उदयगिरि की पहाड़ी से इसके तीन अभिलेख प्राप्त हुए हैं।
- उदयगिरी की गुफाओं तथा तिगवाँ के विष्णु मन्दिर का निर्माण गुप्तकाल में हुआ था।
- ऐरण, विदिशा, सकारे, त्रिपुरी, सिवनी, उज्जयिनी, बैतूल एवं जबलपुर से गुप्तकालीन सिक्के प्राप्त हुए हैं।
- गुप्त वंश के प्रतापी राजा समुद्रगुप्त की विस्तृत जानकारी प्रयाग प्रशस्ति अभिलेख में मिलती है।
- समुद्रगुप्त ने महाकान्तार, महाकोशल एवं बैतूल तक के क्षेत्र को जीता था।
- समुद्रगुप्त ने तत्कालीन विदिशा शासक श्रीधर को पराजित कर विदिशा पर अधिकार कर लिया था।
- समुद्रगुप्त ने शकों को पश्चिमी भारत में हराया, जिससे नर्मदा के उत्तर के अधिकांश क्षेत्र गुप्तों के अधीन आ गए थे।

वाकाटक वंश

- पुराणों के अनुसार, विंध्यशक्ति नामक ब्राह्मण ने विदिशा में वाकाटक वंश की स्थापना की थी।
- इस वंश के साक्ष्य व्याघ्रराज के नचना कुठार (सतना) एवं गज अभिलेख (पन्ना) से प्राप्त हुए हैं।

राष्ट्रकूट वंश

- 7वीं सदी में इस वंश की दो शाखाओं ने बैतूल (अमरावती) तथा मान्यखेट पर शासन किया था।
- राष्ट्रकूट नरेश गोविन्द तृतीय ने प्रतिहार नरेश नागभट्ट को परास्त किया था।

गुर्जर प्रतिहार वंश

- गुर्जर प्रतिहार वंश का प्रसिद्ध राजा **नागभट्ट प्रथम** था, जिसका शासनकाल 730 से 760 ई. तक था।
- नागभट्ट प्रथम ने उज्जयिनी में शासन किया था। इसने भारत पर अरबों के आक्रमण को विफल कर दिया था।

परमार वंश

- परमार वंश की स्थापना **उपेन्द्र कृष्णराज** ने की थी, परन्तु इस वंश का प्रथम स्वतन्त्र शासक सीयक (श्री हर्ष) था।
- परमार वंश की राजधानी धार थी, अमझेरा रियासत का सम्बन्ध इसी (धार) प्रदेश से था। इस वंश का विख्यात राजा भोज था।
- राजा भोज ने भोजताल (भोपाल), सरस्वती मन्दिर (धार) इत्यादि का निर्माण कराया था।
- इस वंश के राजा जयसिंह को हराकर गुजरात के चालुक्य शासक भीम प्रथम तथा कलचुरि शासक कर्ण के संघ ने मालवा पर आधिपत्य कर लिया था।

चन्देल वंश

- चन्देल वंश के शासकों ने महोबा के क्षेत्र में शासन किया था। इस वंश का संस्थापक नन्नुक था।
- राजा धंगदेव के शासनकाल में चन्देलों ने प्रतिहारों से स्वतन्त्र होकर अपने साम्राज्य का विस्तार किया था।
- **खजुराहो** चन्देल वंश की राजधानी थी। खजुराहो के प्रसिद्ध मन्दिरों-पार्श्वनाथ एवं विश्वनाथ का निर्माण धंगदेव ने कराया था। खजुराहों के प्रसिद्ध मन्दिरों का निर्माण चन्देल शासकों ने ही कराया था।
- अन्तिम स्वतन्त्र चन्देल शासक परमार्दी देव को कुतुबुद्दीन ऐबक ने हराकर महोबा को अपने राज्य में सम्मिलित कर लिया था।
- खजुराहो का उल्लेख अलबरुनी के द्वारा मोहम्मद गजनी के छापे और विजय के दौरान राजधानी के रूप में किया गया था।

कलचुरि वंश

- मध्य प्रदेश में कलचुरि वंश की दो शाखाएँ **माहिष्मति** (वर्तमान महेश्वर) के कलचुरि व त्रिपुरी के कलचुरि थी।
- माहिष्मति के कलचुरियों का सर्वप्रथम ज्ञात शासक कृष्णराज था और इनकी राजधानी माहिष्मति थी।
- कृष्णराज के पश्चात् ज्ञात शासक शंकरगण एवं बुद्धराज हैं।
- बुद्धराज को चालुक्य शासक मंगलेश ने हराकर माहिष्मति पर अधिकार कर लिया था।
- त्रिपुरी (वर्तमान तवर, जबलपुर) के कलचुरि वंश की स्थापना कोकल्ल प्रथम ने की थी।
- कोकल्ल प्रथम के समय में ही कलचुरि शक्ति का उत्थान हुआ।

गुहिल वंश

जीरण (मन्दसौर) अभिलेख से मन्दसौर में गुहिल वंश के शासन की पुष्टि होती है। विग्रह पाल वंश का पहला ज्ञात शासक है।

मध्यकालीन इतिहास

मध्य प्रदेश के मध्यकालीन इतिहास में अनेक राजाओं व वंशों ने शासन किया, जो निम्न हैं

मोहम्मद गोरी

- 1195-96 ई. में मोहम्मद गोरी ने ग्वालियर के शासक लोहंग देव पर आक्रमण किया, जिसके फलस्वरूप लोहंग देव (सल्लक्षण) ने गोरी की अधीनता स्वीकार कर ली। गोरी ने इसे ग्वालियर का शासक बना दिया था।
- गोरीयों के अधीन 1206 तक मध्य प्रदेश में ग्वालियर, कालिंजर तथा मालवा क्षेत्र आ चुके थे।

सल्तनतकाल (गुलाम वंश)

- सल्तनत काल का आरम्भ **कुतुबुद्दीन ऐबक** से होता है, जो **गुलाम वंश** का प्रारम्भकर्ता भी था।
- ऐबक ने अंतिम चन्देल शासक परिमलदेव (परमार्दी देव) को हराकर कालिंजर किला विजित किया था।
- गुलाम वंश के सबसे प्रभावशाली सुल्तानों में **इल्तुतमिश** का नाम भी आता है।
- इल्तुतमिश ने 1228 ई. में सिन्ध को अपने राज्य में सम्मिलित करने के पश्चात् मध्य प्रदेश में माण्डू, ग्वालियर, मालवा एवं उज्जैन (महाकालेश्वर मन्दिर) को भी जीत लिया एवं नर्मदा नदी तक अपने साम्राज्य का विस्तार किया था।

तोमर वंश

- वीर सिंह तोमर ने 14वीं सदी में मुस्लिम सत्ता की अराजक स्थिति का लाभ उठाकर ग्वालियर में तोमर वंश की स्थापना की थी।
- इस वंश के प्रसिद्ध राजा सूरजसेन ने ग्वालियर का मजबूत किला बनवाया था, इसे **किलों का रत्न** या **किलों का जिब्राल्टर** के उपनाम से जाना जाता है।

- तोमर वंश के शासक **मानसिंह तोमर** ने ग्वालियर में प्रसिद्ध सास-बहू का मन्दिर तथा **गुर्जरी महल** बनवाए थे।
- अन्तिम तोमर राजा विक्रमादित्य को हराकर इब्राहिम लोदी ने ग्वालियर पर आधिपत्य कर लिया था।

गोण्ड राजवंश

- गोण्ड राजवंश की स्थापना यादव राय ने गढ़ कटंगा में की थी।
- गोण्ड राजवंश का सबसे प्रसिद्ध राजा संग्राम शाह था।
- इस राजवंश की शासिका रानी दुर्गावती भी रहीं थी। इन्होंने मध्य प्रदेश के गोण्डवाना क्षेत्र में शासन किया। यह मुगल सम्राट अकबर के समकालीन थीं।
- मुगल शासक अकबर के सिपहसालार आसफ खाँ ने रानी दुर्गावती को पराजित कर गोण्डवाना क्षेत्र में मुगल साम्राज्य का विस्तार किया।

मुगलकाल

- बाबर ने राणा सांगा को खानवा युद्ध (1527 ई.) में परास्त करके मालवा क्षेत्र पर नियन्त्रण कर लिया था।
- अकबर के समय मालवा का शासक बहादुरशाह था, अकबर ने बहादुरशाह पर आक्रमण किया, इस युद्ध में बहादुरशाह की पराजय हुई, जिसे बाद में अकबर ने अपने नवरत्नों में स्थान दिया।
  गोण्डवाना विजय अकबर की महत्त्वपूर्ण विजय थी।

बुन्देला वंश

- बुन्देला वंश का उदय 14वीं शताब्दी में हुआ था।
- इस वंश के शासक **रुद्रप्रताप बुन्देला** ने 1531 ई. में ओरछा को अपनी राजधानी बनाया था।
- इस वंश के शासक **वीर सिंह बुन्देला** ने मुगल बादशाह जहाँगीर के कहने पर अबुल फजल की हत्या की थी।
- वीर सिंह बुन्देला के पुत्र जुझार सिंह ने शाहजहाँ के विरुद्ध युद्ध किया था।
- इस वंश का प्रसिद्ध **राजा छत्रसाल** था, जिसने मुगलों के साथ युद्ध किया था, परन्तु बाद में मुगल दरबार में चार हजार का मनसब पद प्राप्त किया था।
- इस राजवंश के शासक **हृदयशाह बुन्देला ने गढ़ा के समीप गंगासागर जलाशय** का निर्माण करवाया था।

बघेल राजवंश

- बघेल वंश का शासन भथा (रीवा) में था। इस वंश का पहला ज्ञात शासक धवल था।
- इस वंश के शासक वीरभान सिंह ने चौसा के युद्ध में हुमायूँ की सहायता की थी।
- बघेल वंश के शक्तिशाली शासक रामचन्द्र थे। इनके दरबार से ही संगीतज्ञ तानसेन को मुगल सम्राट अकबर ने अपने दरबार में बुला लिया था।

आधुनिक इतिहास

मध्य प्रदेश के इतिहास में आधुनिक युग का प्रारम्भ मराठों के उत्कर्ष एवं ईस्ट इण्डिया कम्पनी के आगमन के साथ हुआ। कालान्तर में सिन्धिया तथा होल्कर वंश ने इसमें महत्त्वपूर्ण योगदान दिया।

मराठा वंश

- मध्य प्रदेश के **खानदेश** एवं **गोण्डवाना** क्षेत्र में मराठा शासकों ने आधिपत्य किया था। 1722 ई. में पेशवा बाजीराव प्रथम ने मालवा पर प्रथम बार आक्रमण किया था। 1724 ई. में इस भू-भाग पर चौथ वसूली को लेकर युद्ध किया था।
- 1737-38 ई. में पेशवा बाजीराव प्रथम व निजाम को एक सन्धि करनी पड़ी, जिसे **दुरई की सन्धि** कहते हैं।
- पानीपत के तृतीय युद्ध के बाद 1731 ई. में सिन्धिया व होल्कर वंश स्वतन्त्र हो गए।

होल्कर वंश

- इस वंश का संस्थापक मल्हार राव होल्कर थे, जिसने 1732 ई. में इन्दौर (मालवा क्षेत्र) को राजधानी बनाया था।
- 1766 ई. में मल्हार राव की मृत्यु के पश्चात् मालेराव होल्कर शासक बना। 1767 से 1797 ई. तक अहिल्याबाई ने पेशवा की अनुमति से इन्दौर राज्य का प्रशासन सम्भाला।
- तुकोजी तृतीय के समय राज्य का भारत संघ में विलय कर दिया गया।

1732 ई. में मालवा में स्थापित हुए पाँच राज्य

राज्य	*वंश*
ग्वालियर	सिन्धिया राजवंश
इन्दौर	होल्कर राजवंश
धार	आनन्द राव पँवार वंश
देवास, बड़ी पान्ती	तुकोजी वंश
देवास, छोटी पान्ती	जीवाजी वंश

सिन्धिया वंश

- ग्वालियर में सिन्धिया वंश के संस्थापक राणोजी सिन्धिया थे।
- इस वंश के सबसे प्रतापी शासक महादजी सिन्धिया ने तृतीय मराठा युद्ध में भाग लिया था। उन्होंने 1765 ई. में गोहद के जाट राणा लोकेन्द्र सिंह से ग्वालियर किला जीत लिया था।
- महादजी सिन्धिया ने दिल्ली पर कब्जा करके मुगल सम्राट शाह आलम को गुलाम कादिर के नियन्त्रण से मुक्त कराया, इसके बदले में सम्राट ने महादजी को अपना प्रधानमन्त्री नियुक्त कर सभी प्रशासनिक अधिकार दे दिए।
- 1794 ई. में दौलतराव सिन्धिया महादजी के उत्तराधिकारी बने।
- 1810 ई. में ही दौलतराव सिन्धिया ने ग्वालियर को अपनी राजधानी बनाया। इससे पूर्व सिन्धिया वंश की राजधानी उज्जैन थी।
- इसके बाद जाकोजी (1827-43 ई.), जयाजीराव (1843-86 ई.), माधवराव (1886-1925 ई.) तथा जीवाजी राव शासक हुए।
- सिन्धिया वंश के राजा जीवाजी राव ने वर्ष 1948 में राज्य का भारत संघ में विलय किया तथा वे संयुक्त संघ पहले के राज प्रमुख बनाए गए।
- जीवाजी राव सिन्धिया का निवास स्थल **जयविलास पैलेस** वर्तमान में एक संग्रहालय के रूप में ग्वालियर में स्थित है।

1857 ई. की क्रान्ति एवं मध्य प्रदेश

- 1818 ई. में मध्य प्रदेश के महाकौशल क्षेत्र में सर्वप्रथम अंग्रेजों के विरुद्ध विद्रोह हुआ था, जिसका नेतृत्व नागपुर के शासक **अप्पाजी भोंसले** ने किया था।
- 1833 ई. में रामगढ़ नरेश जुझारु सिंह के पुत्र देवनाथ सिंह ने अंग्रेजों के विरुद्ध विद्रोह किया था।
- 1842 ई. में नरसिंहपुर के जमींदार दिल्हन शाह तथा हीरापुर के किरेनशाह ने अंग्रेजों के विरुद्ध विद्रोह किया।

मध्य प्रदेश में 1857 ई. की क्रान्ति के मुख्य बिन्दु

- 1857 के प्रथम स्वतन्त्रता संग्राम के समय मध्य प्रदेश में सबसे पहले विद्रोह **नीमच** छावनी में 3 जून, 1857 में हुआ।
- कर्नल सोबर्स ने राजपूत सैनिकों की सहायता से इस विद्रोह को दबा दिया।
- तात्याँ टोपे एवं नाना साहेब के प्रयासों से सैनिकों, किसानों व ग्रामीणों के मध्य क्रान्ति सन्देश कमल एवं रोटी के माध्यम से पहुँचाया गया।
- 1857 ई. की क्रान्ति में सिन्धिया तथा भोपाल के नवाब ने अंग्रेजों का साथ दिया, जबकि होल्कर महाराजा ने गुप्त रूप से क्रान्तिकारियों को सहायता दी।

- 14 जून, 1857 को ग्वालियर के निकट मुरार छावनी में सैनिक विद्रोह हुआ। सैनिकों ने विद्रोह कर संचार व्यवस्था भंग कर दी।
- रानी दुर्गावती के वंशज शंकर शाह और उनके पुत्र ने गढ़ा मण्डला में स्वतन्त्रता के लिए विद्रोह किया।
- 20 जून, 1857 को शिवपुरी में विद्रोह हुआ। इसी समय महू छावनी में **शहादत खान** के नेतृत्व में विद्रोह हुआ एवं अंग्रेजी सेना को हार का सामना करना पड़ा।
- प्रथम स्वतन्त्रता संग्राम के समय मुगल शासक बहादुर शाह जफर के शहजादे हुमायूँ ने मन्दसौर में बलायती, देवती एवं सिन्धिया के कुछ सैनिकों की सहायता से एक स्वतन्त्र राज्य की स्थापना की तथा फिरोजशाह के नाम से मन्दसौर पर शासन किया।
- अंग्रेजों की हड़प नीति से नाराज मण्डला जिले की रामगढ़ रियासत की **रानी अवन्तिबाई** ने विद्रोह कर दिया।
- 20 मार्च, 1858 को अंग्रेज सेनापति वार्डन के साथ युद्ध में पराजय होता देख रानी अवन्तिबाई ने अपने प्राणों की आहूति दे दी।
- रानी अवन्तिबाई को रामगढ़ की झाँसी की रानी के नाम से भी जाना जाता है।
- तात्याँ टोपे को सिन्धिया के सामन्त मानसिंह ने धोखे से पकड़वा दिया, जिसके पश्चात् इन्हें शिवपुरी में फाँसी दी गई।

1857 ई. की क्रान्ति के प्रमुख विद्रोही

विद्रोही	*सम्बन्धित स्थल*
शेख रमजान	सागर
टेण्टया भील	खरगौन
शंकरशाह	गढ़ा मण्डला
राजा ठाकुर प्रसाद	राघवगढ़
नारायण सिंह	रायपुर
शहादत खान	महू (इन्दौर)
रानी लक्ष्मीबाई	झाँसी-काल्पी
तात्याँ टोपे	कानपुर-झाँसी-ग्वालियर
भीमा नायक	मण्डलेश्वर (उज्जैन)
रानी अवन्तिबाई	रामगढ़
झलकारीबाई	झाँसी (लक्ष्मीबाई की अंगरक्षिका)
गिरधारीबाई	रामगढ़ (अवन्तीबाई की अंगरक्षिका)

प्रमुख राष्ट्रीय आन्दोलन एवं मध्य प्रदेश

जबलपुर झण्डा सत्याग्रह

- जबलपुर में कांग्रेस ने अजमल खाँ तथा अन्य कांग्रेसियों के सम्मान में झण्डा फहराने की रणनीति बनाई, जिसका अंग्रेज पुलिस कमिश्नर ने अपमान किया। इस अपमान के विरोध में प. सुन्दरलाल, सुभद्राकुमारी चौहान, लक्ष्मण सिंह चौहान आदि ने जुलूस निकाला।
- राष्ट्रीय ध्वज फहराने पर पं. सुन्दरलाल को 6 माह के लिए कारावास की सजा सुनाई गई। 13 अप्रैल, 1923 को नागपुर में शुरू हुए इस सत्याग्रह के साथ जबलपुर में पुनः झण्डा सत्याग्रह का आयोजन हुआ था।
- इस सत्याग्रह का निर्देशन देवदास गाँधी, रामगोपालाचार्य एवं डॉ. राजेन्द्र प्रसाद ने किया था।
- सरोजनी नायडू तथा मौलाना आजाद की जबलपुर में उपस्थिति के दौरान कन्छोड़ी लाल, बंशालाल एवं काशीप्रसाद ने टाउनहॉल पर फिर से तिरंगा लहरा दिया था।

असहयोग आन्दोलन

- असहयोग आन्दोलन में प्रदेश की जनता ने बढ़-चढ़ कर भाग लिया।
- **प्रभाकर डुण्डीराज** ने मध्य प्रदेश में असहयोग आन्दोलन का नेतृत्व किया था।
- असहयोग आन्दोलन के दौरान वर्ष 1922 में भोपाल रियासत की सीहोर कोतवाली के सामने विदेशी वस्त्रों की होली जलाई गई।

नमक सत्याग्रह

- जबलपुर में सेठ गोविन्द दास तथा प. द्वारिका प्रसाद मिश्र के नेतृत्व में 6 अप्रैल, 1930 में नमक सत्याग्रह की शुरुआत की गई।
- सिवनी जिले के **दुर्गाशंकर मेहता** ने गाँधी चौक पर नमक बनाकर सत्याग्रह की शुरुआत की।

जंगल सत्याग्रह

- वर्ष 1930 में सिवनी, टुरिया तथा घोडा-डोंगरी (बैतूल) के आदिवासियों ने जंगल सत्याग्रह किया।
- घोडा-डोगरी में **गंजनसिंह कोरकू** एवं **बंजारीसिह कोरकू** के नेतृत्व में यह सत्याग्रह हुआ।

चरणपादुका नरसंहार

वर्ष 1931 में छतरपुर क्षेत्र में चरणपादुका ग्राम में स्वतन्त्रता सेनानियों की शान्तिपूर्ण बैठक पर पुलिस ने अन्धाधुन्ध गोलियाँ चलाईं, जिसमें छः सेनानी शहीद हो गए थे।

इसे **मध्य प्रदेश का जलियाँ वाला बाग हत्याकाण्ड** के नाम से भी जाना जाता है। यहाँ गोली चलाने का आदेश कर्नल फिशर ने दिया था।

स्वतन्त्रता के बाद मध्य प्रदेश

- 15 अगस्त, 1947 को स्वतन्त्रता के पश्चात् सभी रियासतों को भारतीय संघ में मिला दिया गया, परन्तु वर्ष 1948-49 के राजनीतिक आन्दोलन के पश्चात् भोपाल के नवाब ने भोपाल रियासत को भारतीय संघ में सम्मिलित करने की घोषणा की।
- 1 जून, 1949 को भोपाल राज्य भारतीय संघ में शामिल किया गया।
- भोपाल के नवाब हमीदुल्ला खाँ 'मेम्बर ऑफ प्रिन्सेप' के दो बार अध्यक्ष बनाए गए थे।
- 1 नवम्बर, 1956 को **मध्य प्रदेश राज्य का गठन** करके **भोपाल को राजधानी** बनाया गया। दोस्त मोहम्मद को वर्तमान भोपाल का संस्थापक माना जाता है।
- 1 नवम्बर, 2000 में मध्य प्रदेश का विभाजन कर नए राज्य छत्तीसगढ़ की स्थापना की गई।

ऐतिहासिक परिदृश्य

स्व-मूल्यांकन

1. भीमबेटका की गुफाएँ मध्य प्रदेश में कहाँ स्थित हैं?
(a) रायसेन (b) सागर
(c) नीमच (d) मुरैना

2. निम्नलिखित में से कहाँ से पुरापाषाण काल के साक्ष्य मिले हैं?
(a) नर्मदा घाटी
(b) चम्बल घाटी
(c) बेतबा घाटी
(d) उपरोक्त सभी

3. आदमगढ़ कहाँ पर स्थित है?
(a) होशंगाबाद (b) भोपाल
(c) साँची (d) मुरैना

4. मध्य प्रदेश में कहाँ से मेगालिथ के साक्ष्य मिले हैं?
(a) बरखेड़ा (b) जबलपुर
(c) रीवा (d) नीमच

5. पुरातत्व स्थल 'कायथा' किस नगर के समीप स्थित है? डेयरी फेडरेशन रिक्रूटमेन्ट 2016
(a) उज्जैन (b) इन्दौर
(c) जबलपुर (d) रीवा

6. ऐतरेय ब्राह्मण में वर्णित कौन-सी जाति मध्य प्रदेश के जंगलों में निवास करती थी?
(a) सन्थाल (b) औरेया
(c) कोल (d) निषाद

7. किस महाजनपद का सम्बन्ध मध्य प्रदेश से है?
(a) अवन्ति (b) काशी
(c) मगध (d) वैशाली

8. साँची स्तूप का निर्माण किसने करवाया था? परिवहन आरक्षक 2012
(a) चन्द्रगुप्त (b) गौतमबुद्ध
(c) महावीर (d) अशोक

9. बिन्दुसार की मृत्यु के समय अशोक एक प्रान्त का गवर्नर था, इस प्रान्त की पहचान करें। अस्सिटैंट मैनेजर 2015
(a) उज्जैन (b) तक्षशिला
(c) सुवर्ण गिरि (d) तोसली

10. किस शुंग शासक ने साँची स्तूप को नष्ट कर दिया था? ए एन एम 2016
(a) हर्ष शुंग (b) मित्रा शुंग
(c) पुष्यमित्र शुंग (d) राणा प्रताप शुंग

11. भागभद्र नामक शासक किस वंश से सम्बन्धित थे? एम पी पी एस सी 2013
(a) नाग वंश (b) गुप्त वंश
(c) शुंग वंश (d) सातवाहन वंश

12. उज्जैन प्राचीनकालीन अवन्ति की राजधानी थी और वहाँ किसका शासन था? ए एन एम 2016
(a) राजा विक्रमादित्य (b) राणा प्रताप
(c) रानी दुर्गावती (d) सम्राट अशोक

13. राजा भोज एक प्लाटून कमाण्डर 2014
(a) परमार राजा थे
(b) चालुक्य राजा थे
(c) चन्देल राजा थे
(d) मुस्लिम राजा थ

14. राजा भोज ने कहाँ शासन किया? प्लाटून कमाण्डर 2013
(a) बस्तर (b) धार
(c) महाकौशल (d) उज्जैन

15. अमझेरा रियासत का सम्बन्ध किस जिले से है?
(a) झाबुआ
(b) धार
(c) खरगोन
(d) उपरोक्त में से कोई नहीं

16. खजुराहो किस वंशज की सांस्कृतिक राजधानी थी? एम पी एस आई 2011
(a) चन्देल (b) मौर्य
(c) गुप्त (d) पल्लव

17. खजुराहो का उल्लेख ...... के द्वारा मोहम्मद गजनी के छापे और विजय के दौरान राजधानी के रूप में किया गया था। ए एन एम 2016
(a) फाह्यान (b) तानसेन
(c) पुष्यमित्र (d) अलबरूनी

18. खजुराहो के प्रसिद्ध मन्दिरों का निर्माण किस वंश के शासकों ने करवाया था? एम पी पी एस सी 2008
(a) चन्देल वंश (b) शुंग वंश
(c) प्रतिहार वंश (d) परमार वंश

19. मध्य प्रदेश के जबलपुर जिले में कलचुरि शासकों की राजधानी कहाँ पर थी? कराधान सहायक 2010
(a) त्रिपुरी (b) गढ़ा
(c) भेड़ाघाट (d) सिहोरा

20. किस दुर्ग को किलों का रत्न व किलों का जिब्राल्टर कहा जाता है? एम पी पी एस सी 2014
(a) मालवा का दुर्ग
(b) ग्वालियर का दुर्ग
(c) कालिंजर का दुर्ग
(d) गोण्ड राजाओं का किला

21. बुन्देला शासकों की राजधानी कहाँ स्थित थी? मध्य प्रदेश पर्यटन विभाग 2013
(a) ओरछा (b) शिवपुरी
(c) सागर (d) दतिया

22. ग्वालियर में सिन्धिया वंश की स्थापना किसने की थी? एम पी पी एस सी 2009
(a) माधवराव सिन्धिया
(b) जीवाजी राव सिन्धिया
(c) राणोजी सिन्धिया
(d) दौलतराव सिन्धिया

23. जीवाजी राव सिन्धिया का निवास स्थल जय विलास पैलेस (अब संग्रहालय) मध्य प्रदेश में कहाँ स्थित है? मध्य प्रदेश पर्यटन विभाग 2013
(a) ग्वालियर (b) इन्दौर
(c) जबलपुर (d) विदिशा

24. इन्दौर के होल्कर राजाओं ने कहाँ शासन किया? एम पी एस आई 2011
(a) महाकोशल (b) गोण्डवाना
(c) मालवा (d) उज्जैन

25. वह युद्ध जो इन्दौर, नागपुर एवं रीवा तत्कालीन राज्यों को ब्रिटिश राज के अन्तर्गत ले आया था। निम्न में से कौन-सा है? ए एन एम 2016
(a) पानीपत की तृतीय लड़ाई
(b) चौसा की लड़ाई
(c) तृतीय आंग्ल मराठा
(d) द्वितीय आंग्ल मराठा

26. अहिल्याबाई निम्न में से किस राजवंश से सम्बन्धित थी? पटवारी परीक्षा 2008
(a) होल्कर (b) भोपाल
(c) सिन्धिया (d) त्रिपुरी

27. होल्कर वंश की राजधानी कहाँ थी?
(a) इन्दौर (b) भोपाल
(c) खण्डवा (d) ग्वालियर

28. मध्य प्रदेश में 1857 ई. का स्वतन्त्रता संग्राम कहाँ से शुरू हुआ? डेयरी फेडरेशन रिक्रूटमेन्ट 2016
(a) जबलपुर
(b) ग्वालियर
(c) नीमच
(d) मुरैना

29. मध्य प्रदेश में निम्नलिखित में से किसने 1857 ई. में अंग्रेजों से संघर्ष किया? डेयरी फेडरेशन रिक्रूटमेन्ट 2016
(a) चन्द्रशेखर आजाद
(b) रामप्रसाद बिस्मिल
(c) शहादत खान
(d) माखनलाल चतुर्वेदी

30. महान् योद्धा तात्याँ टोपे को किसने धोखा दिया था? लैब टेक्निशियन 2015

(a) मानसिंह (b) जीत सिंह
(c) राजाभोज (d) करण सिंह

31. 1818 ई. में महाकोशल क्षेत्र में अग्रेजों के विरुद्ध हुए विद्रोह का नेतृत्व किसने किया?

(a) देवनाथ सिंह
(b) जीवाजी राव
(c) अप्पाजी भोंसले
(d) राणोजी सिन्धिया

32. तात्याँ टोपे को कहाँ फाँसी दी गई थी? लैब टेक्निशियन 2015

(a) ग्वालियर (b) जबलपुर
(c) शिवपुरी (d) दतिया

33. मध्य प्रदेश में असहयोग आन्दोलन का नेतृत्व किसने किया था?

(a) पं. हरिप्रसाद
(b) प्रभाकर डुण्डी राज
(c) हरिसिंह गौड़
(d) श्यामलाल वर्मा

34. गोविन्द दास एवं प. द्वारिका प्रसाद मिश्र के नेतृत्व में शुरू हुआ 'नमक सत्याग्रह' किस नगर से शुरू हुआ? डेयरी फेडरेशन रिक्रूटमेन्ट 2016

(a) सतना (b) जबलपुर
(c) सागर (d) दमोहा

35. मध्य प्रदेश के जलियावाला बाग हत्याकाण्ड से राज्य का कौन-सा क्षेत्र सम्बन्धित है?

(a) दतिया
(b) चरणपादुका ग्राम
(c) सिजोई ग्राम
(d) कंछेडी ग्राम

36. सुमेलित कीजिए

सूची I *(विद्रोही)*	***सूची II*** *(स्थल)*
A. शेख रमजान	1. गढ़ा मण्डला
B. शंकरशाह	2. सागर
C. नारायण सिंह	3. महू
D. शहादत खान	4. रायपुर

कूट

	A	B	C	D
(a)	2	1	4	3
(b)	1	2	3	4
(c)	3	4	1	2
(d)	2	4	1	3

37. भोपाल को राज्य की राजधानी कब बनाया गया?

(a) 1 नवम्बर, 1956
(b) 1 जून 1949
(c) 26 जनवरी, 1950
(d) 1 नवम्बर, 2000

38. भोपाल के नवाब हमीदुल्ला को मेम्बर ऑफ प्रिंसेप का कितनी बार अध्यक्ष बनाया गया?

(a) दो (b) तीन
(c) चार (d) एक

39. वर्तमान भोपाल का संस्थापक कौन था? जेल प्रहरी 2009

(a) दोस्त मोहम्मद
(b) कैलाश नाथ काटजू
(c) बाबर
(d) रविशंकर शुक्ल

40. मध्य प्रदेश का विभाजन कब किया गया था?

(a) 1 नवम्बर, 2000
(b) 10 नवम्बर, 2000
(c) 15 नवम्बर, 2000
(d) 5 नवम्बर, 2000

41. आदिम प्रजातियों के रहने के प्रमाण मिले हैं

(a) रायसेन (b) कोल्डिहवा
(c) सोनार घाटी (d) ये सभी

42. निम्न में से कौन प्रमुख पाषाणकालीन स्थल है?

(a) सोनार घाटी
(b) भीमबेटका की गुफाएँ
(c) चम्बल घाटी
(d) ये सभी

43. मध्यपाषाण काल में मध्य प्रदेश की संस्कृति का प्रमुख स्थल कौन-सा था?

(a) घनेरा (b) नेमावर
(c) आदमगढ़ (d) देहगाँव

44. निम्न में से कौन-सा महाजनपद पश्चिमी एवं मध्य मालवा के क्षेत्र में बसा था?
(a) चेदि (b) अवन्ति
(c) महिष्मती (d) वातापी

45. बघेल राजवंश का शासन किस क्षेत्र में था?
(a) गढ कटंगा (b) मालवा
(c) रीवा (d) ग्वालियर

46. दक्षिणी अवन्ति महाजनपद की राजधानी कहाँ थी?
(a) उज्जैन (b) महिष्मती
(c) नखर (d) विदिशा

47. उत्तरी अवन्ति और दक्षिणी अवन्ति को दो भागों में कौन-सी नदी विभाजित करती थी?
(a) केन (b) यमुना
(c) बेतवा (d) काली

48. गिरनार अभिलेख के अनुसार सुदर्शन झील का पुनर्निर्माण किसने करवाया था?
(a) भोज ने
(b) महापद्मनन्द ने
(c) पुष्यमित्र शुंग ने
(d) रुद्रदामन ने

49. 'मालविकाग्निमित्र' की रचना किसने की है?
(a) भोज (b) कालिदास
(c) विक्रमादित्य (d) अन्हिलवाड़

50. मध्य प्रदेश में नागवंश के संस्थापक कौन थे?
(a) गौतमीपुत्र शातकर्णि
(b) विंध्यशक्ति
(c) वृषनाथ
(d) गोविन्द तृत्त्रीय

51. उदयगिरि की गुफाओं व तिगवाँ के विष्णु मन्दिर का निर्माण किस काल में हुआ?
(a) नागवंश
(b) सातवाहन काल
(c) गुप्त वंश
(d) वाकाटक वंश

52. 'किलों का जिब्राल्टर' के नाम से कौन-सा किला प्रसिद्ध था?
(a) रीवा का किला
(b) भोपाल का किला
(c) झाँसी का किला
(d) ग्वालियर का किला

53. प्रथम बार गोण्डवाना क्षेत्र में मुगल शासन का विस्तार किस शासक के द्वारा किया गया?
(a) अकबर (b) शाहजहाँ
(c) जहाँगीर (d) औरंगजेब

54. अंग्रेजी की हड़प नीति से नाराज होकर किस रियासत ने विद्रोह कर दिया था?
(a) देवास (b) हीरापुर
(c) रामगढ़ (d) ये सभी

उत्तरमाला

1. (a) **2.** (d) **3.** (a) **4.** (c) **5.** (a) **6.** (d) **7.** (a) **8.** (d) **9.** (a) **10.** (c)
11. (c) **12.** (a) **13.** (a) **14.** (b) **15.** (b) **16.** (a) **17.** (d) **18.** (a) **19.** (a) **20.** (b)
21. (a) **22.** (c) **23.** (a) **24.** (c) **25.** (c) **26.** (a) **27.** (a) **28.** (c) **29.** (c) **30.** (a)
31. (c) **32.** (c) **33.** (b) **34.** (b) **35.** (b) **36.** (a) **37.** (a) **38.** (a) **39.** (a) **40.** (a)
41. (a) **42.** (d) **43.** (c) **44.** (b) **45.** (c) **46.** (b) **47.** (c) **48.** (d) **49.** (b) **50.** (c)
51. (c) **52.** (d) **53.** (a) **54.** (c)

अध्याय 2

अवस्थिति और विस्तार

मध्य प्रदेश का विस्तार

अक्षांशीय विस्तार

- मध्य प्रदेश का अक्षांशीय विस्तार 21°6′ से 26°30′ उत्तरी अक्षांश है।
- मध्य प्रदेश का देशान्तर विस्तार 74°59′ से 82°66′ पूर्वी देशान्तर है।
- प्रदेश का कुल अक्षांशीय विस्तार 4°70′ तथा देशान्तरीय विस्तार 8°07′ है।

सीमाओं का विस्तार

- मध्य प्रदेश की सीमाएँ उत्तर प्रदेश, राजस्थान, गुजरात, महाराष्ट्र तथा छत्तीसगढ़ सहित कुल 5 राज्यों से मिलती हैं।
- मध्य प्रदेश के उत्तर में उत्तर प्रदेश, दक्षिण में महाराष्ट्र, पूर्व में छत्तीसगढ़ तथा पश्चिम में गुजरात व राजस्थान राज्य अवस्थित है।
- मध्य प्रदेश के सिंगरौली, भिण्ड, दतिया, शिवपुरी, अशोकनगर, सागर, टीकमगढ़, छतरपुर, पन्ना, सतना, रीवा तथा मुरैना कुल 12 जिलों की सीमाएँ उत्तर प्रदेश से मिलती हैं।
- शिवपुरी, गुना, राजगढ़, मुरैना, रतलाम, झाबुआ, नीमच, मन्दसौर, श्योपुर तथा आगर कुल 10 जिलों की सीमाएँ राजस्थान से मिलती हैं।
- झाबुआ और अलीराजपुर 2 जिलों की सीमाएँ गुजरात से मिलती हैं।
- खरगौन, अलीराजपुर, बुरहानपुर, बड़वानी, खण्डवा, सिवनी, छिन्दवाड़ा, बैतूल व बालाघाट कुल 9 जिलों की सीमाएँ महाराष्ट्र से मिलती हैं।
- सीधी, बालाघाट, अनूपपुर, शहडोल, सिंगरौली तथा डिण्डोरी कुल 7 जिलों की सीमाएँ छत्तीसगढ़ से मिलती हैं।
- मध्य प्रदेश की सर्वाधिक सीमा उत्तर प्रदेश और सबसे कम सीमा गुजरात (बड़ोदरा जिला) राज्य से मिलती है।
- मध्य प्रदेश की उत्तरी सीमा चम्बल नदी द्वारा और दक्षिणी सीमा ताप्ती नदी द्वारा निर्मित की जाती है।

दो राज्यों की सीमाओं से मिलने वाले जिले

- मध्य प्रदेश के अलीराजपुर जिले की सीमा महाराष्ट्र और गुजरात राज्यों की सीमाओं से मिलती है।
- प्रदेश के बालाघाट जिले की सीमा छत्तीसगढ़ और महाराष्ट्र राज्यों की सीमाओं से मिलती है।
- प्रदेश के झाबुआ जिले की सीमा राजस्थान और गुजरात राज्यों की सीमाओं से मिलती है।
- सिंगरौली जिले की सीमा उत्तर प्रदेश और छत्तीसगढ़ राज्यों की सीमाओं से मिलती है।

कर्क रेखा का विस्तार

- कर्क रेखा मध्य प्रदेश के मध्य से गुजरती है।
- मध्य प्रदेश के भोपाल, राजगढ़, उज्जैन, रतलाम, विदिशा, रायसेन, सागर, दमोह, जबलपुर, कटनी, उमरिया, अनूपपुर, शहडोल तथा आगर कुल 14 जिलों से होकर कर्क रेखा गुजरती है।
- भारतीय मानक समय रेखा 82.5° पूर्वी अक्षांश से गुजरती है। मध्य प्रदेश में यह रेखा सिंगरौली से गुजरती है।
- यह रेखा मालवा के पठार को दो भागों में विभाजित करती हुई नर्मदा नदी के समानान्तर गुजरती है।

मध्य प्रदेश का क्षेत्रफल

- यह राज्य भारत के मध्य में स्थित है। इसे भारत का हृदय भी कहा जाता है। पं. नेहरू ने मध्य प्रदेश को हृदय प्रदेश की संज्ञा दी थी।
- मध्य प्रदेश का क्षेत्रफल 3,08,252 वर्ग किमी है।
- मध्य प्रदेश का क्षेत्रफल भारत के कुल क्षेत्रफल का 9.38% है।
- क्षेत्रफल की दृष्टि से राजस्थान के बाद मध्य प्रदेश देश में दूसरे स्थान पर है।
- उत्तर से दक्षिण तक मध्य प्रदेश की कुल लम्बाई 605 किमी और पूर्व से पश्चिम तक इसकी लम्बाई 870 किमी है।
- मध्य प्रदेश का सबसे पूर्वी जिला सिंगरौली तथा सबसे पश्चिमी जिला अलीराजपुर है तथा सबसे उत्तरी जिला मुरैना है, जबकि सबसे दक्षिणी जिला बुरहानपुर है।
- **छिन्दवाड़ा** (11, 815 वर्ग किमी) और **सागर** (10,252 वर्ग किमी) प्रदेश के दो सबसे बड़े जिले हैं। वहीं **दतिया** (2,691 वर्ग किमी) प्रदेश का सबसे छोटा जिला है।
- मध्य प्रदेश का क्षेत्रफल की दृष्टि से सबसे बड़ा सम्भाग जबलपुर तथा सबसे छोटा सम्भाग चम्बल है।

मध्य प्रदेश की भू-वैज्ञानिक संरचना

- मध्य प्रदेश भू-गर्भिक दृष्टिकोण से प्राचीनतम **गोण्डवानालैण्ड** का भू-भाग है।
- यह पूर्णतः भू-आवेष्ठित राज्य है। राज्य की सीमा न तो किसी समुद्री सीमा को स्पर्श करती है और न ही अन्तर्राष्ट्रीय सीमा बनाती है।
- राज्य का अधिकतम भाग प्रायद्वीपीय पठार का हिस्सा है। इस कारण प्रदेश के विभिन्न भागों में प्राचीनकाल से लेकर अद्यतन काल की भू-वैज्ञानिक संरचना देखने को मिलती है।

प्रदेश में निम्नलिखित कालों की संरचना पाई जाती है

आद्य महाकल्प (आर्कियन)

- आर्कियन काल की चट्टानें पृथ्वी की प्रथम कठोर चट्टानें मानी जाती हैं। भू-वैज्ञानिकीय संरचना की दृष्टि से आर्कियन चट्टानें प्राचीनतम हैं।
- इन प्रारम्भिक चट्टानों में जीवाश्म नहीं पाए जाते हैं, क्योंकि तत्कालीन समय में पृथ्वी पर जीवन का विकास नहीं हुआ था।
- मध्य प्रदेश में इस काल की चट्टानें नीस के रूप में बुन्देलखण्ड क्षेत्र में मिलती हैं।

धारवाड़ शैल समूह

- मध्य प्रदेश में धारवाड़ समूह की चट्टानें जबलपुर, बालाघाट और छिन्दवाड़ा में मिलती हैं।
- छिन्दवाड़ा में धारवाड़ शैल समूह को **सौन्सर सीरीज** कहा जाता है। इसमें मैंगनीज की परत मिलती है।
- **चिल्पी सीरीज** बालाघाट और उसके निकटवर्ती क्षेत्रों में पाए जाने वाली धारवाड़ चट्टानों को चिल्पी सीरीज कहा जाता है। इसमें स्लेट व फाइलाइट की परतें मिलती हैं।

- **बिजावर सीरीज** यह निचली कड़प्पा शैल समूह का ऊपरी स्तर होता है। इसी सीरीज में पन्ना क्षेत्र की प्रसिद्ध हीरों की खान मिलती है।
- मध्य प्रदेश के विन्ध्याचल शैल समूह में चूना-पत्थर, बलुआ-पत्थर, डोलोमाइट, चीनी मिट्टी आदि पाई जाती हैं।

पुराण शैल समूह

पुराण शैल समूह को निम्नलिखित दो भागों में बाँटा जाता है

(i) कड़प्पा शैल समूह

मध्य प्रदेश में कड़प्पा शैल समूह की चट्टानें बिजावर, पन्ना एवं ग्वालियर में शैल, जैस्पर, पोसेलिनाइट एवं हार्न स्टोन के रूप में पाई जाती हैं। इस समूह की चट्टानें अत्यधिक टूटी एवं कायान्तरित रूप में देखने को मिलती हैं। प्रदेश में बिजावर की कड़प्पा शैल में हीरा मिलता है।

(ii) विन्ध्यन शैल चट्टान

- मध्य प्रदेश में इन चट्टनों का विस्तार सोन नदी के उत्तर-पश्चिम में रीवा से लेकर चम्बल नदी के पश्चिम में राजस्थान तक विस्तृत है। विन्ध्यन शैल समूह की चट्टानों को लोअर विन्ध्यन एवं अपर विन्ध्यन समूह में विभाजित किया जाता है।
- **लोअर विन्ध्यन** शैल समूह की चट्टानें सोन घाटी में चूने के पत्थर, शैल तथा बालू-पत्थर के रूप में फैली हैं।
- **अपर विन्ध्यन** शैल समूह की चट्टानें नर्मदा के उत्तर में कैमूर, रीवा तथा भाण्डेर सीरीज के रूप में फैली हैं। अपर विन्ध्यन समूह की चट्टानों में अल्प मात्रा में छोटे जन्तुओं एवं वनस्पति के अंश मिलते हैं।

गोण्डवाना शैल समूह

- गोण्डवाना युग की चट्टानें मध्य प्रदेश के सतपुड़ा और बघेलखण्ड क्षेत्रों में पाई जाती हैं।
- गोण्डवाना शैल समूह में ही मध्य प्रदेश के पेंच घाटी और मोहपानी के कोयला क्षेत्र मिलते हैं।
- इसकी प्रमुख श्रेणियाँ पेंच घाटी, मोहपानी देनवा एवं बागरा, पंचमढी तथा महादेव हैं।

प्रदेश में इस समूह की चट्टानों का अध्ययन निम्न तीन भागों में किया जाता है

- **लोअर गोण्डवाना समूह** की चट्टानें मध्य प्रदेश में सोन एवं महानदी घाटी में सतपुड़ा क्षेत्र में फैली हैं।
- **मध्य गोण्डवाना समूह** मध्य प्रदेश में मध्य गोण्डवाना शैल समूह की चट्टानें सतपुड़ा के चारों स्तर—पंचेत, पंचमढ़ी, देनवा एवं बागरा में मिलती हैं।
- **अपर गोण्डवाना समूह** मध्य प्रदेश में अपर गोण्डवाना समूह की चट्टानें सतपुड़ा एवं बघेलखण्ड क्षेत्रों में मिलती हैं।

क्रिटेशियस कल्प

- प्रदेश में क्रिटेशियस कल्प की चट्टानें **बाघ सीरीज** व **लमेटा सीरीज** के रूप में पाई जाती हैं।
- ये क्रिटेशियस काल में नदी और एस्चुअरी के निक्षेपण से बने शैल समूह हैं। ये मुख्यतः नर्मदा घाटी के कुछ हिस्सों में पाए जाते हैं।
- **दक्कन ट्रैप** का निर्माण क्रिटेशियस काल (135 मिलियन वर्ष पूर्व) के ज्वालामुखी के दरारी उद्गार से निर्मित बेसाल्ट चट्टानों से हुआ है।
- मध्य प्रदेश के इन्दौर, भोपाल, जबलपुर क्षेत्रों में दक्कन ट्रैप का विस्तार पाया जाता है।

मध्य प्रदेश का भौतिक विभाजन

धरातलीय विशेषताओं के आधार पर प्रदेश को मुख्यतः तीन भागों में बाँटा गया है

1. मध्य उच्च प्रदेश

राज्य में सर्वाधिक विस्तृत मध्य उच्च प्रदेश है। यह प्रदेश विभिन्न पठारों की संयुक्त संरचना है।

इसके मुख्यतः पाँच भाग हैं

(*i*) मालवा का पठार

- मध्य प्रदेश के **मध्य पश्चिमी** भाग को मालवा पठार के नाम से जाना जाता है।
- मालवा का पठार नर्मदा नदी के उत्तर में स्थित है। यह पठार दक्कन ट्रैप का ही भाग है। यह लावा निर्मित पठार है। मालवा पठार नर्मदा व चम्बल के मध्य में पड़ता है।
- मालवा के पठार का क्षेत्रफल मध्य प्रदेश के कुल क्षेत्रफल का 28% है।
- इसकी भौगोलिक स्थिति 20°10′ से 25°8′ उत्तरी अक्षांश तथा 74°59′ से 79°20′ पूर्वी देशान्तर के मध्य है।
- कर्क रेखा इसे दो भागों में विभाजित करती है।
- मालवा का पठार काली मिट्टी के लिए प्रसिद्ध है, जो कपास के उत्पादन के लिए सर्वाधिक उपयुक्त होती है।
- इस पठारी क्षेत्र में उज्जैन, साँची, भीमबेटका, विदिशा और उदयगिरि की गुफाएँ पाई जाती हैं।
- मालवा के पठार की **सबसे ऊँची चोटी सिंगार** (881मी) है।
- इस पठार का विस्तार गुना, राजगढ़, भोपाल, रायसेन, सागर, विदिशा, शाजापुर, देवास, इन्दौर, सीहोर, उज्जैन, रतलाम, मन्दौर, झाबुआ तथा घाट जिले में है। राज्य का वृहद भू-भाग मालवा पठार के अन्तर्गत आता है।

(*ii*) मध्य भारत का पठार

- मध्य भारत का पठार मालवा पठार के पूर्वोत्तर में स्थित है।
- इसका कुल क्षेत्रफल 32,896 वर्ग किमी है, जो मध्य प्रदेश के क्षेत्रफल का 10.68% है।
- शिवपुरी, मुरैना, भिण्ड, ग्वालियर, मन्दसौर और नीमच आदि क्षेत्र इस पठार के अन्तर्गत आते हैं।
- इस क्षेत्र की प्रमुख नदियाँ चम्बल, पावर्ती, कालीसिन्ध है।
- जलोढ़ एवं काली मिट्टी पाए जाने के कारण यहाँ गेहूँ, ज्वार, बाजरा की फसल उगाई जाती है।
- शीशम, सागौन, नीम, पीपल तथा खैर आदि यहाँ के वनों में पाए जाने वाले प्रमुख वृक्ष हैं।
- इस पठारी क्षेत्र में सहरिया जनजाति रहती है।

(*iii*) बुन्देलखण्ड का पठार

- इस पठार का विस्तार छतरपुर, पन्ना, टीकमगढ़, दतिया, शिवपुरी और गुना आदि जिलों में पाया जाता है।
- इस पठार का विस्तार प्रदेश के कुल क्षेत्र के 7.70% पर है।
- बुन्देलखण्ड का पठार ग्रेनाइट व नीस चट्टानों से बना है। इस क्षेत्र की चट्टानों में फॉस्फेट की प्रमुखता पाई जाती है।
- इस क्षेत्र में लाल और काली मिट्टी का सम्मिश्रण पाया जाता है।
- इस पठार से बेतवा, केन, धसान व सिन्ध नदियाँ प्रवाहित होती हैं।
- यहाँ **समतलप्राय मैदान** (Peneplain) व **टोर आकृतियाँ** पाई जाती हैं।
- बुन्देलखण्ड पठार की सबसे ऊँची चोटी **सिद्ध बाबा** (1172 मी) है।

(*iv*) विन्ध्यन कगारी प्रदेश (रीवा-पन्ना का पठार)

- विन्ध्यन कगारी प्रदेश मालवा पठार के उत्तर-पूर्व में फैला हुआ है तथा कर्क रेखा के उत्तर में स्थित है।
- यह एक त्रिकोण आकार का पठारी क्षेत्र है।
- इसकी भौगोलिक स्थिति 23°10′ से 25°12′ उत्तरी अक्षांश और 78°4′ से 82°18′ पूर्वी देशान्तर के मध्य विस्तृत है।
- इसके अन्तर्गत सतना, रीवा, पन्ना, दमोह आदि क्षेत्र आते हैं। इसी प्रदेश की कगार भूमि में 'जबेरा का गुम्बद' पाया जाता है।

- इस पठार के सहारे टोंस और सहायक नदियाँ चचाई, केवटी, बहुती, विण्डम आदि जल प्रपात बनाती हैं।
- यमुना और सोन नदियों के जलद्विभाजक का कार्य कैमूर श्रेणी करती है।
- केन, सोनार, बेथरमा, टोंस इस प्रदेश में बहने वाली प्रमुख नदियाँ हैं।
- केन नदी इस क्षेत्र में गहरी कन्दराएँ बनाती है।
- यह क्षेत्र **चूना-पत्थर** और **हीरा** के लिए प्रसिद्ध है।
- गेहूँ इस क्षेत्र की प्रमुख फसल है। इस क्षेत्र में पूर्व की ओर चावल की खेती भी होती है।

(*v*) नर्मदा सोन घाटी

- यह घाटी प्रदेश का सबसे निम्न भौगोलिक क्षेत्र है, जिसकी औसत ऊँचाई 300 मीटर है। यह घाटी एक भ्रंश घाटी है।
- जबलपुर, नरसिंहपुर, होशंगाबाद, रायसेन, खण्डवा आदि जिलों में इस घाटी का विस्तार पाया जाता है।
- यहाँ से दक्कन ट्रैप की चट्टानें मिलती हैं।
- इस घाटी क्षेत्र में नर्मदा नदी ने विन्ध्यन शैल समूह को काटकर मन्धाता कन्दरा का निर्माण किया है।
- बड़वाह में नर्मदा नदी पर मन्धार और दर्दी दो जल प्रपात हैं।
- नर्मदा नदी अखरानी की पहाड़ियों में **मुकरता** नामक गॉर्ज का निर्माण करती है।
- इस क्षेत्र में कैमूर की श्रेणियाँ प्रपाती कछार का निर्माण करती हैं।
- इस क्षेत्र में **चूने का पत्थर, संगमरमर, कोयला, टंगस्टन** आदि पाए जाते हैं।
- यह प्रदेश का सर्वाधिक जायद फसल वाला क्षेत्र है। प्रसिद्ध प्रागैतिहासिक स्थल नवदाटोली इसी क्षेत्र में स्थित है।

2. सतपुड़ा–मैकाल की श्रेणियाँ

सतपुड़ा की श्रेणियाँ मध्य प्रदेश के सबसे ऊँचे क्षेत्र हैं। ये श्रेणियाँ नर्मदा तथा ताप्ती नदियों के मध्य स्थित हैं।

सतपुड़ा-मैकाल श्रेणी को मुख्यतः तीन भागों में बाँटा जाता है

- **प्रथम भाग** पश्चिमी भाग है, जिसे **सतपुड़ा** अथवा **राजपीपला** की पहाड़ियाँ कहा जाता है।
- पश्चिमी सतपुड़ा श्रेणी टेड़ी-मेढ़ी, सँकरी, प्रतापी ढलान वाली श्रेणी है, जो गुजरात तथा मध्य प्रदेश की पश्चिमी सीमा से बुरहानपुर दर्रे तक आती है। बुरहानपुर दर्रे के पूर्व में सतपुड़ा की श्रेणी पर्याप्त रूप से चौड़ी हो जाती है, जिसे **पूर्वी सतपुड़ा की श्रेणी** कहा जाता है।
- इसका **दूसरा भाग** मध्य श्रेणी है, जो राजपीपला के पूर्व में एक चौड़ी श्रेणी है। इस श्रेणी के मुख्य भाग ग्वालीगढ़ श्रेणी, महादेव श्रेणी आदि हैं। महादेव श्रेणी में **राज्य की सर्वोच्च चोटी धूपगढ़** (1350 मी) स्थित है।
- इस श्रेणी का **तीसरा भाग** मैकाल श्रेणी है। मैकाल श्रेणी की पूर्वी सीमा अर्द्धचन्द्रकार है, जो उत्तर से दक्षिण की ओर फैली है।

3. पूर्वी या बघेलखण्ड का पठार

- मध्य प्रदेश के पूर्व में फैला हुआ पहाड़ी क्षेत्र बघेलखण्ड पठार के नाम से जाना जाता है।
- यह **प्रदेश का सबसे बड़ा पठार** है। इस पठार का क्षेत्रफल लगभग 25,000 वर्ग किमी है।
- बघेलखण्ड का पठार प्राचीन गोण्डवाना शैल समूह से निर्मित भू-खण्ड है।
- इसका प्रसार शहडोल, सीधी, सिंगरौली, उमरिया तथा डिण्डोरी आदि जिलों में है।
- सोन, नर्मदा एवं जोहिला नदियाँ यहाँ प्रवाहित होने वाली प्रमुख नदियाँ हैं।
- बघेलखण्ड के पठारी क्षेत्रों में लाल-पीली मिट्टी पाई जाती है।

- इस पठार से **बॉक्साइट, चूने का पत्थर** और **कोयला** मुख्य रूप से पाया जाता है। सिंगरौली बघेलखण्ड के पठार में स्थित है।
- इस पठार से कर्क रेखा गुजरती है।

मध्य प्रदेश के प्रमुख पर्वत एवं श्रेणियाँ

मध्य प्रदेश में निम्नलिखित पर्वत एवं श्रेणियाँ पाई जाती हैं

अरावली पर्वत

- यह पृथ्वी की सबसे पुरानी पर्वत शृंखला मानी जाती है।
- अरावली की सबसे ऊँची चोटी आबू पर्वत (राजस्थान) है, इसकी ऊँचाई 1,158 मी है।
- इसका विस्तार दिल्ली से अहमदाबाद (800 किमी) तक है।

विन्ध्याचल पर्वत

- इसका विस्तार नर्मदा नदी के उत्तर में पूर्व से पश्चिम की ओर है।
- इस पर्वत की औसत ऊँचाई 457 से 610 मी तक है। इस पर्वत की सर्वाधिक ऊँची चोटी अमरकण्टक (1,057 मी) है।
- इस पर्वत से नर्मदा, सोन एवं बेतवा नदियों का उद्भव हुआ है। इसका निर्माण क्वाट्र्ज और बालू-पत्थरों से हुआ है।

सतपुड़ा पर्वत

- मध्य प्रदेश में सतपुड़ा पर्वत का विस्तार नर्मदा नदी के दक्षिण में विन्ध्यांचल के समानान्तर है।
- इसका निर्माण ग्रेनाइट और बेसाल्ट चट्टानों से हुआ है।
- इस पर्वत के दक्षिण में **ग्वालिगढ़ की श्रेणियाँ** उत्तर में **महादेव** पर्वत की श्रेणी तथा पूर्व में **छिन्दवाड़ा** एवं **बैतूल के पठार** स्थित हैं।

मैकाल-अमरकण्टक श्रेणी

- यह श्रेणी सतपुड़ा पर्वत का दक्षिण-पूर्वी विस्तार है।
- यह श्रेणी छोटा नागपुर (झारखण्ड) तक विस्तृत है।
- मैकाल-अमरकण्टक श्रेणी का निर्माण बलुआ-पत्थर, क्वाट्र्ज और अवसादी चट्टानों से हुआ है।
- यहाँ पर लेटेराइट मृदा मुख्य रूप से पाई जाती है।
- यह श्रेणी प्रदेश के शहडोल, मण्डला और डिण्डोरी जिलों में विस्तृत है।
- यहाँ से नर्मदा, सोन, जोहिला तथा रिहन्द नदियों का उद्भव हुआ है।

महादेव श्रेणी

- यह सतपुड़ा श्रेणी का पूर्वी विस्तार है। इसका विस्तार प्रदेश के छिन्दवाड़ा, नरसिंहपुर, सिवनी और होशंगाबाद जिलों में है।
- महादेव श्रेणी का निर्माण बलुआ-पत्थर और क्वाट्र्ज चट्टानों से हुआ है।
- मध्य प्रदेश का एकमात्र हिल स्टेशन **पंचमढ़ी** इसी पर्वत श्रेणी में स्थित है।

कैमूर-भाण्डेर श्रेणी

- यह श्रेणी विन्ध्याचल पर्वत का पूर्वी विस्तार है। इसका निर्माण लाल बलुआ पत्थर और क्वाट्र्ज चट्टानों से हुआ है। यह श्रेणी **यमुना** और **सोन** नदी की जलद्विभाजक है।
- सीधी, सतना, रीवा, पन्ना, छतरपुर आदि जिलों में इस पर्वत श्रेणी का विस्तार हुआ है।

विन्ध्याचल श्रेणी

- यह श्रेणी विन्ध्याचल, भाण्डेर, कैमूर तथा पारसनाथ पहाड़ियों के समूह के रूप में पाई जाती है। यह श्रेणी गंगा और नर्मदा नदी बेसिन की जलद्विभाजक है।
- इस श्रेणी से चम्बल, बेतवा एवं केन नदियाँ निकलती हैं।
- विन्ध्याचल श्रेणी में चूना-पत्थर सतना से, हीरा पन्ना से और कोरण्डम रीवा जिले से प्राप्त किया जाता है।

अवस्थिति और विस्तार

स्व-मूल्यांकन

1. मध्य प्रदेश राज्य कितने राज्यों से घिरा हुआ है? कराधान सहायक 2010
(a) 3 (b) 4 (c) 5 (d) 6

2. मध्य प्रदेश की सीमाएँ किस राज्य से नहीं मिलती हैं? मध्य प्रदेश पटवारी 2008
(a) उत्तर प्रदेश (b) गुजरात
(c) उड़ीसा (d) महाराष्ट्र

3. मध्य प्रदेश की सीमा निम्न में से किस राज्य से मिलती है? जेल प्रहरी 2009
(a) पंजाब (b) केरल
(c) महाराष्ट्र (d) पश्चिम बंगाल

4. मध्य प्रदेश के दक्षिण में निम्नलिखित में से कौन-सा राज्य है? पुलिस कांस्टेबल 2013
(a) राजस्थान (b) गुजरात
(c) छत्तीसगढ़ (d) महाराष्ट्र

5. मध्य प्रदेश के कितने जिले राजस्थान की सीमा को छूते हैं? जेल प्रहरी 2015
(a) 10 (b) 11 (c) 9 (d) 8

6. इनमें से मध्य प्रदेश का कौन-सा जिला महाराष्ट्र के साथ सीमा साझा नहीं करता? जेल प्रहरी 2015
(a) बड़वानी (b) बुरहानपुर
(c) बैतूल (d) देवास

7. मध्य प्रदेश के पश्चिम में कौन-सा राज्य पड़ता है? पी जी टी 2016
(a) गुजरात
(b) राजस्थान
(c) उत्तर प्रदेश
(d) उपरोक्त में से कोई नहीं

8. इनमें से कौन-सा राज्य मध्य प्रदेश का सीमावर्ती राज्य नहीं है? परिवहन आरक्षक 2012
(a) उत्तर प्रदेश (b) छत्तीसगढ़
(c) गुजरात (d) आन्ध्र प्रदेश

9. निम्नलिखित में से मध्य प्रदेश के किस जिले की सीमा उत्तर प्रदेश को स्पर्श नहीं करती है?
(a) भिण्ड (b) सतना
(c) शिवपुरी (d) श्योपुर

10. मध्य प्रदेश से कौन-सी अक्षांश रेखा गुजरती है? ए एन एम 2016
(a) भूमध्य रेखा (b) मकर रेखा
(c) कर्क रेखा
(d) उत्तरी ध्रुव वृत्त रेखा

11. कर्क रेखा मध्य प्रदेश के किस पठार को दो भागों में विभाजित करती है? जेल प्रहरी 2015
(a) छोटानागपुर का पठार
(b) मालवा का पठार
(c) बुन्देलखण्ड का पठार
(d) रीवा-पन्ना का पठार

12. मध्य प्रदेश राज्य का भौगोलिक क्षेत्रफल कितना है? डेयरी फेडरेशन रिक्रूटमेन्ट 2016
(a) 3,08,252 वर्ग किमी
(b) 4,08,252 वर्ग किमी
(c) 5,08,245 वर्ग किमी
(d) 3,58,245 वर्ग किमी

13. किस राज्य को 'भारत का हृदय' कहा जाता है? इंजीनियरिंग रिक्रूटमेन्ट 2016
(a) उत्तर प्रदेश (b) राजस्थान
(c) मध्य प्रदेश (d) दिल्ली

14. क्षेत्रफल के आधार पर भारत में मध्य प्रदेश राज्य कौन-से स्थान पर है? जेल प्रहरी 2015
(a) चौथे (b) पहले
(c) तीसरे (d) दूसरे

15. मध्य प्रदेश के किस जिले का भौगोलिक क्षेत्रफल सर्वाधिक है? डेयरी फेडरेशन रिक्रूटमेन्ट 2016
(a) मण्डला (b) छिन्दवाड़ा
(c) सिवनी (d) जबलपुर

16. मध्य प्रदेश के किस जिले का क्षेत्रफल न्यूनतम है? जेल प्रहरी 2015
(a) इन्दौर (b) हरदा
(c) दतिया (d) भोपाल

17. मध्य प्रदेश की सर्वाधिक सीमा किस राज्य से मिलती है? मध्य प्रदेश पटवारी 2012
(a) गुजरात (b) राजस्थान
(c) महाराष्ट्र (d) उत्तर प्रदेश

18. भू-वैज्ञानिकीय संरचना की दृष्टि से प्राचीनतम चट्टानें हैं स्टेट इंजीनियरिंग 2014
(a) गोण्डवाना चट्टानें
(b) आर्कियन चट्टानें
(c) क्रिटेशियस चट्टानें
(d) तृतीयक चट्टानें

19. मध्य प्रदेश में सबसे बड़ा भू-भाग किस क्षेत्र में आता है? कराधान सहायक 2012
(a) सतपुड़ा क्षेत्र
(b) नर्मदा घाटी क्षेत्र
(c) मालवा का पठार
(d) बघेलखण्ड क्षेत्र

20. निम्नलिखित में से मध्य प्रदेश के किस भाग में सबसे अधिक ऊँची चोटियाँ हैं? कराधान सहायक 2012
(a) बघेलखण्ड (b) सतपुड़ा
(c) नर्मदा घाटी (d) मालवा

21. मध्य प्रदेश के निम्न में से किस क्षेत्र में सतपुड़ा शृंखला मौजूद नहीं है? प्लाटून कमाण्डर 2015
(a) खण्डवा (b) बैतूल
(c) हरदा (d) छिन्दवाड़ा

22. मध्य प्रदेश का सबसे बड़ा पठार है
(a) मालवा का पठार प्लाटून कमाण्डर 2015
(b) रीवा-पन्ना का पठार
(c) बघेलखण्ड का पठार
(d) उपरोक्त में से कोई नहीं

23. मध्य प्रदेश में कोयला किस समूह की चट्टानों में पाया जाता है? मध्य प्रदेश पटवारी 2012
(a) कड़प्पा समूह (b) विन्ध्यन समूह
(c) गोण्डवाना समूह (d) धारवाड़ समूह

24. निम्न में से किसमें 'जबेरा का गुम्बद' स्थित है? एम पी फॉरेस्ट गार्ड 2015
(a) कगार भूमि
(b) बुन्देलखण्ड पठार
(c) मालवा का पठार
(d) मध्य भारत का पठार

25. महादेव पहाड़ियाँ किस राज्य में स्थित हैं? मध्य प्रदेश पटवारी 2010
(a) मध्य प्रदेश (b) असोम
(c) ओडिशा (d) हिमाचल प्रदेश

26. कौन-सी श्रेणी यमुना और सोन के मध्य जलद्विभाजक का कार्य करती है? डेयरी फेडरेशन रिक्रूटमेन्ट 2016
(a) भाण्डेर (b) कैमूर
(c) मैकाल (d) मुकुन्दवारा

27. चम्बल, बेतवा और केन नदियाँ किस श्रेणी से निकलती हैं?
(a) विन्ध्याचल श्रेणी (b) महादेव श्रेणी
(c) कैमूर श्रेणी (d) मैकाल श्रेणी

28. विन्ध्याचल श्रेणी में चूना पत्थर कहाँ से प्राप्त होता है?
(a) पठार (b) रीवा
(c) सतना (d) भोपाल

29. नर्मदा सोन घाटी की औसत ऊँचाई कितनी है?
(a) 350 मी (b) 320 मी
(c) 310 मी (d) 300 मी

30. मुकरता नामक गार्ज का निर्माण किस नदी द्वारा होता है?
(a) ताप्ती (b) नर्मदा
(c) बेतवा (d) सोन

उत्तरमाला

1. (c)	**2.** (c)	**3.** (c)	**4.** (d)	**5.** (a)	**6.** (d)	**7.** (a)	**8.** (d)	**9.** (d)	**10.** (c)
11. (b)	**12.** (a)	**13.** (c)	**14.** (d)	**15.** (b)	**16.** (c)	**17.** (d)	**18.** (b)	**19.** (c)	**20.** (b)
21. (c)	**22.** (c)	**23.** (c)	**24.** (a)	**25.** (a)	**26.** (b)	**27.** (a)	**28.** (c)	**29.** (d)	**30.** (b)

अध्याय 3

मृदा एवं जलवायु

- धरातल की वह ऊपरी परत जो पेड़-पौधों के उगने तथा बढ़ने में तत्त्वों को महत्त्वपूर्ण सम्मिश्रण प्रदान करती है तथा शैलों के विघटन एवं नियोजन से उत्पन्न टीले एवं असंगठित भू-पदार्थों को मृदा या मिट्टी कहते हैं।
- मध्य प्रदेश राज्य देश के दक्षिणी प्रायद्वीपीय पठार का वह भू-भाग है, जहाँ पर विस्तृत भू-भाग में अवशिष्ट मृदा पाई जाती है।
- मध्य प्रदेश प्राचीन भू-खण्ड का भाग है एवं चट्टानों द्वारा बना है, इसलिए मृदा भी इन्हीं चट्टानों से मिलकर बनी है, यही कारण है कि नदी कछारों के अतिरिक्त लगभग सम्पूर्ण राज्य में प्रौढ़ मृदा पाई जाती है।

मध्य प्रदेश की प्रमुख मृदाएँ

मध्य प्रदेश में निम्नलिखित पाँच प्रकार की मृदाएँ पाई जाती हैं

1. काली मृदा (रेगड़ की मृदा)

- काली मृदा मध्य प्रदेश में सर्वाधिक (47%) पाई जाने वाली मृदा है। यह गहरे रंग की दोमट मृदा होती है। इसके दो प्रधान अवयव चीका एवं बालू हैं।
- काली मृदा में मुख्य रूप से लोहा-चूना की प्रधानता होती है। इसमें फॉस्फोरस, नाइट्रोजन तथा जैव तत्त्वों की कमी होती है।
- इस मृदा का निर्माण ज्वालामुखी से निकलने वाले लावा के जमने से होता है। यह मृदा क्षारीय प्रकृति की होती है, जिसका pH मान 7.5 से 8.5 होता है।
- बेसाल्ट नामक आग्नेय चट्टान से निर्मित लावा के रासायनिक परिवर्तन के कारण इसका रंग काला हो जाता है।
- इस मृदा को **रेगुर मृदा** भी कहा जाता है। स्थानीय भाषा में काली मृदा को **भर्री** या **कन्हर** कहा जाता है। यह पानी डालने पर चिपचिपी हो जाती है तथा सूखने पर इसमें दरारें पड़ जाती हैं।
- भारत में काली मृदा की अधिकता महाराष्ट्र क्षेत्र में पाई जाती है, इसके बाद दूसरे क्रम में मध्य प्रदेश के क्षेत्र आते हैं।
- कपास, गेहूँ एवं सोयाबीन के लिए काली मृदा उपयुक्त मानी जाती है।
- मध्य प्रदेश में काली मृदा दक्षिणी बुन्देलखण्ड, मालवा पठार, मैकाल श्रेणी, सतपुड़ा के कुछ भाग तथा नर्मदा-सोन घाटी में मिलती है।
- मध्य प्रदेश में मन्दसौर, रतलाम, झाबुआ, धार, खण्डवा, खरगौन, इन्दौर, देवास, सीहोर, उज्जैन, शाजापुर, राजगढ़, भोपाल, रायसेन, विदिशा, सागर, दमोह, जबलपुर, नरसिंहपुर, होशंगाबाद, बैतूल, छिन्दवाड़ा, सिवनी, गुना, शिवपुरी इत्यादि जिलों में काली मृदा की अधिकता पाई जाती है।

काली मृदा को तीन भागों में बाँटा गया है

(*i*) **गहरी काली मृदा**

- यह मृदा नर्मदा तथा सोन घाटी, मालवा एवं सतपुड़ा पठार के विस्तृत भागों में पाई जाती है। इस मृदा का भूमि विस्तार 1.4 लाख हेक्टेयर क्षेत्र में पाया जाता है।
- यह मृदा काली मृदा के कुल क्षेत्र के 3.5% भागों में पाई जाती है। यह मृदा गेहूँ, तिलहन, ज्वार एवं चने की खेती के लिए उपयुक्त होती है। गहरी काली मृदा 20% से 60% तक चिकनी होती है।

(*ii*) **साधारण गहरी काली मृदा**

- यह मृदा प्रदेश के मालवा पठार, उत्तरी राज्य तथा निमाड़ क्षेत्र में लगभग 400 लाख एकड़ क्षेत्र में मिलती है। यह राज्य में सबसे अधिक क्षेत्रफल पर पाई जाने वाली मृदा है।
- यह मृदा काली मृदा के कुल क्षेत्र के 37% भू-भाग पर पाई जाती है। इस मृदा का रंग भूरा अथवा हल्का काला होता है।
- इस प्रकार की मृदा में सिंचाई की अत्यधिक आवश्यकता नहीं होती है।

(*iii*) **छिछली काली मृदा**

- यह मृदा मुख्य रूप से छिन्दवाड़ा, सिवनी, सीधी तथा बैतूल जिलों में पाई जाती है।
- राज्य में इसका क्षेत्रफल लगभग 57 लाख एकड़ है, जो राज्य के कुल मृदा में इस मृदा की मात्रा 7.1% तक पाई जाती है।
- यह मृदा गेहूँ एवं चावल की कृषि के लिए उपयोगी है।
- छिछली काली मृदा चिकनी दोमट है, जिसमें 15 से 30% चिकनी मात्रा पाई जाती है।
- इसका pH मान 7.5 से 8.5 तक होता है।

2. लाल-पीली मृदा

- यह मध्य प्रदेश में दूसरी सर्वाधिक (37%) पाई जाने वाली मृदा है। लाल-पीली मृदा का निर्माण आर्कियन, धारवाड़ तथा गोण्डवाना चट्टानों के अपरदन से हुआ है।
- यह मृदा अधिकांशतः हल्की बलुई होती है, किन्तु कहीं-कहीं पर यह मृदा चिकनी एवं दोमट रूप में पाई जाती है।
- इस मृदा में लोहे के **ऑक्सीकरण** के कारण लाल रंग तथा फेरिक आक्साइड के जलयोजन के कारण यह मृदा **पीली रंग** में पाई जाती है।
- इस मृदा में उर्वरता की मात्रा कम पाई जाती है, क्योंकि इसमें उर्वरता हेतु आवश्यक ह्यूमस एवं नाइट्रोजन तत्त्व कम मात्रा में पाए जाते हैं।
- इस मृदा का pH मान 5.5 से 8.5 तक होता है। चूने की मात्रा अत्यधिक होने पर यह मृदा कम उर्वर होती है।
- राज्य में यह मृदा मुख्य रूप से मण्डला, बालाघाट, शहडोल तथा सीधी आदि जिलों में पाई जाती है। बघेलखण्ड के लाल-पीली मृदा वाले क्षेत्रों में चावल की कृषि की जाती है।
- इस प्रकार की मृदा वाले अधिकांश क्षेत्र छत्तीसगढ़ के अन्तर्गत आते हैं।

3. जलोढ़ मृदा (काप मृदा)

- मध्य प्रदेश में जलोढ़ मृदा का निर्माण चम्बल नदी के निक्षेपों और बुन्देलखण्ड की नीस चट्टानों के अपरदन से होता है।
- इसका मुख्य घटक कार्बोनेट है। यह मृदा राज्य के कुल क्षेत्र के 3% भू-भाग पर पाई जाती है।
- यह मृदा प्रदेश के मुरैना, भिण्ड, ग्वालियर, श्योपुर तथा शिवपुरी जिलों में लगभग 30 लाख एकड़ क्षेत्रफल में विस्तृत है।
- इस मृदा में नाइट्रोजन, जैव तत्त्व तथा फॉस्फोरस की कमी होती है।
- इस मृदा का pH मान 7 से अधिक होता है। बालू की अधिकता के कारण इस मृदा का अपरदन सबसे अधिक होता है।

- जलोढ़ मृदा की उर्वरता अधिक होने के कारण इस मृदा में गेहूँ, कपास, गन्ना इत्यादि फसलें उगाई जाती हैं। यह मृदा सर्वाधिक उपजाऊ मृदा होती है।

4. मिश्रित मृदा

- यह मृदा प्रदेश के अनेक भागों में लाल, पीली तथा काली मृदा के मिश्रित रूप में पाई जाती है।
- यह मृदा बुन्देलखण्ड क्षेत्रों, टीकमगढ़, पन्ना, रीवा, सतना तथा सीधी आदि जिलों में प्रमुख रूप से पाई जाती है।
- यह मृदा फॉस्फेट, नाइट्रोजन एवं कार्बनिक पदार्थों की कमी के कारण कम उपजाऊ है। इस मृदा में मुख्य रूप से ज्वार, बाजरा जैसे मोटे अनाजों की खेती की जाती है।

5. कछारी मृदा

- कछारी मृदा का निर्माण नदियों द्वारा बाढ़ के समय अपवाह क्षेत्र में **निक्षेपित पदार्थों** से हुआ है।
- इसका विस्तार श्योपुर, भिण्ड, मुरैना तथा ग्वालियर आदि जिलों में है। यह मृदा गेहूँ, गन्ना, तिलहन तथा कपास के लिए उपयुक्त होती है।

राज्य में मृदा अपरदन

अपरदन के विभिन्न कारकों द्वारा मृदा की सतह से मृदा के महीन कणों का कट-कटकर बहना मृदा अपरदन कहलाता है। चम्बल तथा नर्मदा घाटी में मृदा अपरदन की समस्या है। चम्बल घाटी अपरदन की समस्या देश के लिए एक गम्भीर समस्या है। मृदा के अपक्षरण को ''रेंगती हुई मृत्यु'' कहते हैं।

मृदा अपरदन से श्योपुर, भिण्ड एवं मुरैना जिले सर्वाधिक प्रभावित हैं। मृदा अपरदन की इस समस्या के निवारण के लिए राज्य का कृषि विभाग, विश्व बैंक के साथ मिलकर अनेक प्रयास कर रहा है।

राज्य में मृदा अपरदन रोकने के लिए पशु चराई पर नियन्त्रण, कण्टूर की खेती एवं वृक्षारोपण को बढ़ावा दिया जा रहा है तथा छोटे-छोटे बाँधों का निर्माण एवं भूमि का चक्रीय पद्धति के अनुसार उपयोग किया जा रहा है।

मध्य प्रदेश की जलवायु

- किसी क्षेत्र विशेष की दीर्घकालीन मौसमी दशाओं के समग्र रूप को जलवायु कहते हैं। राज्य की जलवायु उष्णकटिबन्धीय मानसूनी जलवायु है।
- कर्क रेखा द्वारा राज्य को दो बराबर भागों में बाँटने तथा राज्य के विशाल आकार के कारण राज्य के विभिन्न भागों में भिन्न-भिन्न प्रकार की जलवायु पाई जाती है। *राज्य के जलवायु क्षेत्रों को निम्नलिखित पाँच भागों में विभाजित किया गया है*

1. मालवा पठार क्षेत्र

- यहाँ की जलवायु समशीतोष्ण प्रकार की होती है।
- इसमें ग्रीष्म ऋतु सामान्य गर्म तथा शीत ऋतु सामान्य ठण्डी होती है।
- मालवा पठार क्षेत्र का औसत दैनिक तापमान गर्मियों में 40° से 42.5° सेग्रे तथा सर्दियों में 10° से 12.5° सेग्रे तक होता है।
- इस क्षेत्र की अधिकतर वर्षा **अरब सागर** के मानसून से होती है। वर्षा का वितरण दक्षिण-पूर्व क्षेत्र से उत्तर-पूर्व की ओर घटता जाता है।

2. उत्तर का मैदानी क्षेत्र

- समुद्र से दूर स्थित होने के कारण इस क्षेत्र में गर्मियों में अधिक गर्मी तथा सर्दियों में अधिक सर्दी पड़ती है।
- गर्मियों में औसत तापमान 40° से 45.5° सेग्रे तथा सर्दियों में 15° से 18° सेग्रे तक रहता है।
- इस क्षेत्र में औसत वर्षा 75 सेमी से कम होती है, जिससे यह क्षेत्र उप-आर्द्र प्रदेश की श्रेणी में आता है। इसके प्रमुख क्षेत्र बुन्देलखण्ड, रीवा-पन्ना का पठार तथा मध्य भारत हैं।

3. विन्ध्य/सतपुड़ा पर्वतीय क्षेत्र

- विन्ध्य पर्वतीय क्षेत्र में सम जलवायु पाई जाती है। पर्वतीय क्षेत्र में अधिक गर्मी नहीं पड़ती तथा सर्दी भी सामान्य रहती है। यही कारण है कि यह क्षेत्र स्वास्थ्य की दृष्टि से अत्यन्त महत्त्वपूर्ण है।
- इस क्षेत्र में वर्षा बंगाल की खाड़ी तथा अरब सागर दोनों मानसूनों से होती है।
- मध्य प्रदेश के प्रसिद्ध पर्यटक स्थल **पंचमढ़ी** व **अमरकण्टक** इसी जलवायु क्षेत्र में स्थित हैं।

4. नर्मदा घाटी क्षेत्र

- कर्क रेखा के समीप होने के कारण नर्मदा घाटी क्षेत्र में ग्रीष्म ऋतु अत्यधिक गर्म तथा शीत ऋतु साधारण ठण्डी रहती है।
- इस क्षेत्र में अधिकतम औसत दैनिक तापमान मई में तथा न्यूनतम तापमान दिसम्बर में रहता है।
- इस क्षेत्र में वर्षा सामान्यतः 57.5-142.5 सेमी तक होती है। नर्मदा घाटी क्षेत्र में वर्षा की मात्रा पूर्व से पश्चिम की ओर कम होती जाती है।
- इस क्षेत्र में नर्मदा के अतिरिक्त तवा, दुधी, शक्कर इत्यादि नदियाँ भी प्रवाहित होती हैं।

5. बघेलखण्ड पठार क्षेत्र

- कर्क रेखा बघेलखण्ड पठार को दो भागों में विभाजित करती है, इसलिए इस क्षेत्र की जलवायु मानसूनी प्रकार की है। इस क्षेत्र में ग्रीष्म ऋतु अधिक गर्म तथा शीत ऋतु सामान्य ठण्डी होती है।
- बघेलखण्ड पठारी क्षेत्र का औसत तापमान गर्मियों में 35.5° सेग्रे तथा सर्दियों में 12.5° सेग्रे रहता है। इस क्षेत्र में औसत वर्षा 125 सेमी होती है तथा इस क्षेत्र की औसत ऊँचाई 400 मी व अधिकतम ऊँचाई 1500 मी है। इस क्षेत्र में सोन नदी का अपवाह तन्त्र है।

मध्य प्रदेश की ऋतुएँ

मध्य प्रदेश की ऋतुओं को जलवायु के आधार पर तीन वर्गों में विभाजित किया गया है

1. ग्रीष्म ऋतु

- राज्य में ग्रीष्म ऋतु मार्च से प्रारम्भ होकर मध्य जून तक रहती है।
- राज्य में मार्च के पश्चात् तापमान निरन्तर बढ़ता जाता है तथा सम्पूर्ण राज्य में तापमान मई के मध्य तक आते-आते 30° सेग्रे से ऊपर हो जाता है।
- मई में राज्य के उत्तरी-पश्चिमी क्षेत्र में तापमान अधिक होता है। इस दौरान राज्य के ग्वालियर, मुरैना, दतिया तथा दक्षिणी बालाघाट जिलों में 47° सेग्रे तक तापमान मिलता है।
- राज्य में ग्रीष्म ऋतु को **युनाला** कहा जाता है। ग्रीष्म ऋतु में समताप रेखा 40° सेग्रे राज्य को दो भागों में विभाजित करती है।
- इस रेखा के पूर्वी हिस्से में मण्डला, शहडोल, सिवनी, छिन्दवाड़ा एवं बैतूल जिले आते हैं तथा पश्चिम हिस्से में देवास, शाजापुर, इन्दौर, धार, उज्जैन, झाबुआ, रतलाम एवं मन्दसौर जिले आते हैं।
- **गंजबासौदा** (विदिशा जिला) राज्य में **सर्वाधिक गर्म क्षेत्र** माना जाता है। जिसका तापमान 48.7° तक मापा गया है।

2. वर्षा ऋतु

- राज्य में वर्षा ऋतु का आगमन मध्य जून से प्रारम्भ हो जाता है। जून माह में उत्तर-पश्चिमी भारत में न्यून वायुदाब केन्द्र बनने से महासागरों के ऊपर से बहने वाली हवाएँ इस ओर चलने लगती हैं।
- यहाँ दक्षिण-पश्चिम मानसून के कारण अधिक वर्षा होती है। वर्षा, धूप की कमी तथा अधिक आर्द्रता होने के कारण तापमान गिरने लगता है, परन्तु जुलाई के पश्चात् औसत मासिक तापमान एक समान रहता है। पठारी तथा पहाड़ी क्षेत्रों में अधिक वर्षा होती है, क्योंकि ऐसे स्थलों की ऊँचाई अपेक्षाकृत अधिक होती है।

- अक्टूबर तक आते-आते वर्षा की मात्रा न्यूनतम हो जाती है, जिसके कारण तापमान पुनः बढ़ जाता है, इसलिए सितम्बर-अक्टूबर की गर्मी को द्वितीय ग्रीष्म ऋतु कहा जाता है।
- सम्पूर्ण राज्य की औसत वर्षा लगभग 112 सेमी है। राज्य में वर्षा ऋतु को **चौमासा** कहते हैं।

वर्षा के आधार पर राज्य को निम्नलिखित चार भागों में बाँटा गया है

(i) अधिक वर्षा वाले क्षेत्र

- राज्य के पूर्वी हिस्से में औसत वर्षा 150 सेमी से अधिक होती है। इस क्षेत्र में स्थित पंचमढ़ी, महादेव पर्वत, मण्डला, सीधी तथा बालाघाट में अधिक वर्षा होती है।
- सर्वाधिक वर्षा वाला क्षेत्र पंचमढ़ी (199 सेमी) सतपुड़ा श्रेणी के अन्तर्गत आता है।

(ii) औसत से अधिक वर्षा वाले क्षेत्र

- इस क्षेत्र में बैतूल, छिन्दवाड़ा, सिवनी, होशंगाबाद, नरसिंहपुर इत्यादि जिले आते हैं।
- पूर्वी भाग में स्थित होने के कारण इन जिलों में अधिक आर्द्रता होने से अधिक वर्षा होती है। इन क्षेत्रों में लगभग 125 सेमी से 150 सेमी तक वर्षा होती है।

(iii) औसत वर्षा वाले क्षेत्र

- इस क्षेत्र में औसतन वर्षा 75 सेमी से 100 सेमी के बीच होती है। प्रदेश के उत्तरी-पूर्वी जिले इस क्षेत्र के अन्तर्गत आते हैं।
- मध्य उच्च पठार, बुन्देलखण्ड का पठार, रीवा-पन्ना पठार में औसत वर्षा होने का कारण वायुमण्डलीय आर्द्रता का कम होना एवं क्षेत्रीय स्थलाकृति का प्रभाव है।

(iv) निम्न वर्षा वाले क्षेत्र

- राज्य का पश्चिमी क्षेत्र निम्न वर्षा वाला क्षेत्र है। यहाँ औसत वर्षा 50 सेमी से 75 सेमी तक होती है। इस क्षेत्र में निम्न वर्षा होने का प्रमुख कारण मानसून का आर्द्रता से न्यून होना है।
- दक्षिण-पूर्वी मानसून यहाँ तक पहुँचते-पहुँचते आर्द्रता रहित या न्यून आर्द्रता से युक्त रह जाता है, इसलिए इस क्षेत्र में निम्न वर्षा होती है। राज्य के नीमच, मन्दसौर, रतलाम, धार, झाबुआ इत्यादि जिले इस क्षेत्र में आते हैं।
- गोहद (भिण्ड) में सबसे कम वर्षा होती है। मध्य प्रदेश राज्य की अधिकांश वर्षा दक्षिण-पश्चिमी मानसून से होती है।

3. शीत ऋतु

- मध्य प्रदेश में शीत ऋतु का काल नवम्बर से फरवरी माह तक का होता है। स्थानीय भाषा में शीत ऋतु को **सियाला** कहते हैं।
- 23 सितम्बर से सूर्य के दक्षिणायन होने के साथ ही औसत तापमान कम होने लगता है।
- 21.1° सेग्रे की समताप रेखा जनवरी माह में राज्य को उत्तरी एवं दक्षिणी दो भागों में विभाजित करती है।
- दिसम्बर-जनवरी माह में पश्चिमी विक्षोभ से राज्य के उत्तरी पश्चिमी भागों में हल्की वर्षा होती है, इसे **मावठ** कहते हैं।
- मार्च तक आते-आते सूर्य की स्थिति बदलने से तापमान बढ़ने लगता है एवं ग्रीष्म ऋतु का आगमन होने लगता है।
- शीत ऋतु में रात्रि का तापमान गिरने से ऊँचे पठारी एवं पहाड़ी भागों में स्थानीय रूप से पाला (शीत की पराकाष्ठा) तथा कोहरा होता है। शिवपुरी, राज्य का सबसे ठण्डा क्षेत्र है। **मध्य प्रदेश की ऋतु वेधशाला इन्दौर** में स्थित है।

तापमान

- मध्य प्रदेश में तापमान सूर्य की स्थिति की अपेक्षा समुद्र की निकटता तथा समुद्र तल की ऊँचाई से अधिक प्रभावित होता है। मध्य प्रदेश का औसत तापमान 21° सेग्रे दर्ज किया गया है।
- मध्य प्रदेश में मई महीने का सर्वाधिक तापमान खजुराहो में होता है। इस राज्य का सर्वाधिक दैनिक तापान्तर मार्च माह में मापा जाता है। मध्य प्रदेश में न्यूनतम तापमान दिसम्बर माह में तथा सागर जिले में न्यूनतम तापमान जनवरी माह में मापा जाता है।

मृदा एवं जलवायु

स्व-मूल्यांकन

1. शैलों के विघटन तथा नियोजन से उत्पन्न टीले एवं असंगठित भू-पदार्थों को क्या कहते हैं?
(a) पठार (b) पहाड़
(c) मृदा (d) इनमें से कोई नहीं

2. मध्य प्रदेश की कुल भूमि के कितने प्रतिशत भाग पर काली मृदा पाई जाती है?
(a) 47% (b) 50%
(c) 53% (d) 57%

3. काली मिट्टी की प्रकृति कैसी होती है?
(a) अम्लीय (b) क्षारीय
(c) उदासीन (d) इनमें से कोई नहीं

4. निम्न में से किसे काली मिट्टी के नाम से जाना जाता है? **स्टेट इंजीनियरिंग सर्विस 2016**
(a) रेगुर (b) बाँगर
(c) खादर (d) इनमें से कोई नहीं

5. कौन-सी मिट्टी कपास की खेती के लिए सबसे उपयुक्त है? **लैब टेक्नीशियन 2015**
(a) काली मिट्टी
(b) लाल मिट्टी
(c) जलोढ़ मिट्टी
(d) लैटेराइट मिट्टी

6. दक्षिणी बुन्देलखण्ड क्षेत्र में साधारणत: निम्नलिखित में से किस प्रकार की मिट्टी पाई जाती है? **असिस्टेंट ग्रेड 2016**
(a) लाल मिट्टी (b) काली मिट्टी
(c) जलोढ़ मिट्टी (d) लैटेराइट मिट्टी

7. मालवा का पठार किस मिट्टी से बना है? **लैब टेक्नीशियन 2015**
(a) समृद्ध मिट्टी
(b) लाल एवं पीली मिट्टी
(c) काली मिट्टी
(d) कछारी मिट्टी

8. मध्य प्रदेश में सर्वाधिक कौन-सी मिट्टी पाई जाती है? **स्टेनो ग्रेड 2016**
(a) लाल मिट्टी
(b) पीली मिट्टी
(c) मिश्रित मिट्टी
(d) इनमें से कोई नहीं

9. छिछली काली मृदा का pH मान कितना होता है?
(a) 7.9 से 9.7 (b) 7.5 से 8.5
(c) 8 से 9.5 (d) 7

10. लाल-पीली मिट्टी प्रदेश के किस पठार में पाई जाती है?
(b) मालवा
(b) बघेलखण्ड
(c) बुन्देलखण्ड
(d) नर्मदा-सोन की घाटी

11. निम्न में से कौन-सी मिट्टी (मृदा) सर्वाधिक उपजाऊ है?
(a) काली मृदा
(b) कछारी मृदा
(c) जलोढ़ मृदा
(d) इनमें से कोई नहीं

12. किसकी कमी के कारण मिश्रित मृदा कम उपजाऊ होती है?
(a) फॉस्फेट (b) नाइट्रोजन
(c) कार्बनिक पदार्थ (d) ये सभी

13. कछारी मृदा किसके लिए उपयुक्त नहीं होती है?
(a) गेहूँ (b) गन्ना
(c) तिलहन (d) धान

14. मध्य प्रदेश के निम्नलिखित में से किस जिले में मृदा अपरदन (मिट्टी का कटाव) की समस्या है? **चतुर्थ श्रेणी 2014**
(a) जबलपुर (b) भोपाल
(c) मुरैना (d) खण्डवा

15. मध्य प्रदेश की जलवायु कैसी है?
जेल प्रहरी, लैब टेक्नीशियन 2015
(a) मानसूनी जलवायु
(b) शुष्क जलवायु
(c) गर्म एवं शुष्क जलवायु
(d) ठण्डी जलवायु

16. मालवा पठार क्षेत्र में वर्षा किसके मानसून से होती है?
(a) अरब सागर (b) हिन्द महासागर
(c) बंगाल की खाड़ी (d) कच्छ की खाड़ी

17. नर्मदा घाटी क्षेत्र अत्यधिक गर्म क्यों होता है?
(a) विषुवत् रेखा पर होने के कारण
(b) कर्क रेखा के समीप होने के कारण
(c) मकर रेखा के समीप होने के कारण
(d) उपरोक्त में से कोई नहीं

18. मध्य प्रदेश में कितने प्रकार की ऋतुएँ पाई जाती हैं? स्टेट इंजीनियरिंग सर्विस 2016
(a) चार (b) तीन
(c) दो (d) इनमें से कोई नहीं

19. मध्य प्रदेश में सर्वाधिक तापमान कहाँ अंकित किया जाता है?
डेयरी फेडरेशन रिक्रूटमेण्ट 2016
(a) बालाघाट (b) ग्वालियर
(c) गुना (d) गंजबासौदा

20. मध्य प्रदेश में सबसे ज्यादा वर्षा किससे होती है? डेयरी फेडरेशन रिक्रूटमेण्ट 2016
(a) दक्षिण मानसून
(b) दक्षिण-पूर्वी मानसून
(c) दक्षिण-पश्चिमी मानसून
(d) उपरोक्त सभी

21. मध्य प्रदेश में वार्षिक औसत वर्षा है
(a) 112 सेमी
(b) 50 सेमी से कम
(c) 50 से 75 सेमी
(d) 102 मिमी

22. मध्य प्रदेश के किस भाग में अधिक वर्षा होती है? कराधान सहायक 2012
(a) उत्तरी भाग (b) दक्षिणी भाग
(c) पश्चिमी भाग (d) पूर्वी भाग

23. मध्य प्रदेश का सर्वाधिक वर्षा वाला स्थान किस पठार में अवस्थित है?
(a) मालवा का पठार
(b) नर्मदा-सोन की घाटी
(c) सतपुड़ा मैकाल श्रेणी
(d) उपरोक्त में से कोई नहीं

24. मध्य प्रदेश में न्यूनतम वर्षा कहाँ होती है? स्टेट इंजीनियरिंग सर्विस 2014
(a) मन्दसौर (b) रायसेन
(c) भिण्ड (गोहद)
(d) उपरोक्त में से कोई नहीं

25. मध्य प्रदेश में शीत ऋतु का समय है
(a) जुलाई से अक्टूबर
(b) मार्च से जून
(c) नवम्बर से फरवरी
(d) उपरोक्त में से कोई नहीं

26. स्थानीय भाषा में शीत ऋतु को क्या कहते हैं?
(a) सियाला (b) पिंपरा
(c) श्योरा (d) मुर्खी

27. मध्य प्रदेश में न्यूनतम तापमान कहाँ दर्ज किया जाता है?
(a) शिवपुरी (b) खजुराहो
(c) भोपाल (d) भिण्ड

28. राज्य में 'ऋतु वेधशाला' किस स्थान पर स्थित है? म प्र राज्य वन सेवा परीक्षा
(a) उज्जैन (b) भोपाल
(c) इन्दौर (d) जबलपुर

29. मध्य प्रदेश का औसत तापमान कितना है?
(a) 20°C (b) 21°C
(c) 25°C (d) 30°C

उत्तरमाला

1. (c) **2.** (a) **3.** (b) **4.** (a) **5.** (a) **6.** (b) **7.** (c) **8.** (d) **9.** (b) **10.** (b)
11. (c) **12.** (d) **13.** (d) **14.** (c) **15.** (a) **16.** (a) **17.** (b) **18.** (b) **19.** (d) **20.** (c)
21. (a) **22.** (d) **23.** (c) **24.** (c) **25.** (c) **26.** (a) **27.** (a) **28.** (c) **29.** (b)

अध्याय 4

नदियाँ एवं सिंचाई

मध्य प्रदेश की प्रमुख नदियाँ व अपवाह प्रतिरूप

- नदियों का निश्चित वाहिकाओं में जल प्रवाह **अपवाह** कहलाता है। इन वाहिकाओं को **अपवाह तन्त्र** कहते हैं।
- एक मुख्य नदी एवं उसकी सहायक नदियाँ जिन क्षेत्रों से अपवाहित होती हैं, उसे **अपवाह द्रोणी** कहा जाता है।
- मध्य प्रदेश की अधिकांश नदियाँ 'वृक्षाभ प्रतिरूप' प्रस्तुत करती हैं। इसमें नदियों के अपवाह प्रतिरूप वृक्ष के तने के रूप में फैले होते हैं।
- नर्मदा एवं ताप्ती नदी अनुगामी अपवाह प्रतिरूप का उदाहरण प्रस्तुत करती हैं, जिसमें नदियाँ धरातल के स्वरूप का अनुसरण करती हैं।
- चम्बल नदी अध्यारोपित प्रतिरूप एवं सोन नदी कहीं-कहीं आयताकार प्रतिरूप में अपवाहित होती है।

राज्य की प्रमुख नदियों का विस्तृत विवरण निम्न प्रकार है

नर्मदा नदी

- नर्मदा नदी का उद्‌गम अनूपपुर जिले में मैकाल श्रेणी की सबसे ऊँची चोटी **अमरकण्टक** से होता है।
- अमरकण्टक चोटी से नर्मदा नदी के साथ-साथ सोन नदी का भी उद्‌गम स्थल है।
- यह नदी पश्चिम की ओर बहती है। यह नदी डेल्टा नहीं बनाती अपितु एस्चुअरी बनाती है।
- नर्मदा नदी मध्य प्रदेश, महाराष्ट्र तथा गुजरात में बहती हुई भड़ौच के निकट खम्भात की खाड़ी में गिरती है।
- यह राज्य की सबसे बड़ी तथा भारत की पाँचवीं सबसे बड़ी नदी है। इसे **मध्य प्रदेश की जीवन रेखा** भी कहा जाता है।
- इस नदी की कुल लम्बाई 1,312 किमी है, परन्तु राज्य में इसकी लम्बाई **1,077 किमी** है।
- इस नदी का कुल जल प्रवाह क्षेत्र **93,180** वर्ग किमी है, जिसका 89.9% भाग राज्य में 6.5% भाग गुजरात तथा 2.7% भाग महाराष्ट्र में है।
- नर्मदा नदी के अन्य नाम रेवा, मैकाल सुता, सोगो देवी एवं नामोदास भी हैं। यह नदी राज्य के 15 जिलों से होकर बहती है।
- इस नदी की लगभग 41 सहायक नदियाँ हैं। यह नदी जबलपुर के निकट भेड़ाघाट पर **धुआँधार जलप्रपात** व महेश्वर के निकट सहस्रधारा जलप्रपात का निर्माण करती है।
- प्राचीन राज्य महेश्वर नर्मदा नदी पर स्थित था।
- वर्तमान जबलपुर, झाबुआ, ओंकारेश्वर मण्डला इत्यादि नगर स्थित हैं।

चम्बल नदी

- चम्बल नदी का उद्गम इन्दौर जिले की महू तहसील की **जनापाव पहाड़ी** से होता है। यह नदी इटावा (उत्तर प्रदेश) के पास यमुना में मिल जाती है।
- प्राचीनकाल में इस नदी को **धर्मावती** (चर्मावती) के नाम से जाना जाता था तथा महाभारत में पूर्णा नदी कहा गया।
- इस नदी की सम्पूर्ण लम्बाई 965 किमी है। यह राज्य की दूसरी बडी बड़ी नदी है। यह नदी मध्य प्रदेश तथा राजस्थान की सीमा निर्धारित करती है तथा उत्तर प्रदेश, मध्य प्रदेश एवं राजस्थान में बहती है।
- इस नदी की प्रमुख सहायक नदियाँ क्षिप्रा-सिन्ध, कुनो, बीहड़, काली सिन्ध, पार्वती तथा बनास हैं।
- बीहड़ नदी पर रीवा जिले में बनाया गया **चचाई जलप्रपात** प्रदेश का सबसे ऊँचा (130 मी) जलप्रपात है।
- चम्बल नदी कोटा जिले में भैसरोडगढ़ के निकट (18 मी ऊँचा) **चूलिया जलप्रपात** बनाती है।
- यह नदी मध्य प्रदेश के मुरैना एवं भिण्ड जिलों में अवनालिका अपरदन करती है।
- राज्य की **प्रथम विद्युत परियोजना गाँधी सागर बाँध चम्बल नदी पर मन्दसौर** में बनाई गई थी।

सोन नदी

- सोन नदी का उद्गम अनूपपुर जिले में स्थित मैकाल श्रेणी की **अमरकण्टक चोटी** से हुआ है।
- इस नदी की कुल लम्बाई 780 किमी है। इस नदी के जल प्रवाह का कुल क्षेत्रफल 17,900 वर्ग किमी है।
- सोन नदी को स्वर्ण नदी, शोणभद्र तथा हिरण्य-बाहु आदि अनेक नामों से भी जाना जाता है।
- यह राज्य के उत्तर-पूर्व में बहती हुई बिहार (दानापुर के पास) में गंगा नदी में मिल जाती है। यह नदी **दक्षिण से उत्तर की ओर** बहती है।
- सोन नदी मध्य प्रदेश के शहडोल, सीधी, उमरिया तथा उत्तर प्रदेश के सोनभद्र जिले में प्रवाहित होती है।
- **जोहिला** तथा **रिहन्द** इसकी प्रमुख सहायक नदियाँ हैं। इस नदी पर बाणसागर परियोजना निर्मित है, जो शहडोल जिले में स्थित है।
- कछुओं की दुर्लभ प्रजातियाँ सोन नदी में पाई जाती हैं।

ताप्ती नदी

- ताप्ती नदी राज्य के **बैतूल जिले** में सतपुड़ा श्रेणी पर स्थित **मुल्ताई** से निकलती है। महाभारत में इस नदी को सूर्य भगवान की पुत्री कहा गया है।
- यह नदी नर्मदा की भाँति पूर्व से पश्चिम की ओर भ्रंश घाटी में प्रवाहित होती है।
- ताप्ती नदी महाराष्ट्र से होती हुई गुजरात में सूरत के निकट **खम्भात की खाड़ी** में गिरती है।
- इसकी कुल लम्बाई 725 किमी तथा अपवाह क्षेत्र 17,900 वर्ग किमी है।
- ताप्ती नदी राज्य के बैतूल एवं खण्डवा जिलों में बहती है। **पूर्णा (महाराष्ट्र)** इस नदी की प्रमुख सहायक नदी है।

बेतवा नदी

- इस नदी का उद्गम रायसेन जिले के कुमरा गाँव से होता है। यह नदी उत्तर प्रदेश में हमीरपुर जिले के निकट यमुना में मिलती है।
- इसकी कुल **लम्बाई 480 किमी** है। उत्तर-पूर्व दिशा में बहने वाली यह नदी मध्य प्रदेश एवं उत्तर प्रदेश की सीमा निर्धारित करती है।
- बेतवा नदी का प्राचीन नाम 'वेत्रावती' था। इसे प्रदूषणता के समान स्तर के कारण **मध्य प्रदेश की गंगा** भी कहा जाता है।
- इसकी प्रमुख सहायक नदियाँ बीना, धसान, सिन्धु हैं। बेतवा की सहायक नदी बीना राहतगढ़ में **थालकुण्ड** जलप्रपात बनाती है।

- मध्य प्रदेश व उत्तर प्रदेश की संयुक्त परियोजना केन-बेतवा लिंक परियोजना का निर्माण जारी है।
- बेतवा नदी पर माताटीला बाँध भी बनाया गया है।

क्षिप्रा नदी

- इस नदी का उद्‌गम स्थल इन्दौर के निकट काकरी बरड़ी पहाड़ी से होता है। इसकी कुल लम्बाई 195 किमी है। इस नदी की दिशा उत्तर की ओर है।
- राज्य में यह नदी देवास, उज्जैन, रतलाम एवं मन्दसौर जिलों से होकर बहती हुई चम्बल नदी में मिलती है। इसकी प्रमुख सहायक नदी **खान** है।
- उज्जैन का प्रसिद्ध महाकालेश्वर मन्दिर व रामघाट क्षिप्रा नदी के तट पर स्थित है।

कुनो नदी

- यह नदी गुना जिले में शिवपुरी पठार से निकलती है।
- इस नदी की कुल लम्बाई 180 किमी है, जो उत्तर में मुरैना तक बहती है। यह चम्बल की सहायक नदी है।

काली सिन्ध नदी

- यह नदी देवास जिले के बागली गाँव के निकट **विन्ध्याचल पर्वत** से निकलती है तथा 150 किमी की दूरी तय कर बारा कोटा, (राजस्थान) के निकट चम्बल नदी में मिल जाती है।
- मध्य प्रदेश में यह नदी राजगढ़ एवं शाजापुर जिलों में बहती है।

केन नदी

- यह नदी जबलपुर जिले में अहीर गाँव के निकट **विन्ध्याचल पर्वत** से निकलती है एवं उत्तर की ओर प्रवाहित होती हुई कटनी एवं बाँदा जिलों से होते हुए उत्तर प्रदेश में यमुना नदी में मिल जाती है।
- केन नदी को कर्णावती नाम से भी जाना जाता है।
- इस नदी पर पाण्डव जलप्रपात अविस्थित है, जो पन्ना के निकट पड़ता है।

तवा नदी

- तवा नदी का उद्‌गम पंचमढ़ी में महादेव पर्वत की कालीभीत पहाड़ियों से होता है तथा होशंगाबाद जिले में यह नदी नर्मदा में मिल जाती है।
- तवा-नर्मदा नदी के संगम पर मन्धार जलप्रपात स्थित है।
- मालनी, सुखतवा एवं देनवा, तवा नदी की प्रमुख सहायक नदियाँ हैं।
- होशंगाबाद के निकट तवा नदी पर मध्य प्रदेश का सबसे लम्बा बाँध तवा बाँध बनाया गया है।

सिन्ध नदी

- गुना जिले में स्थित **सिरोंज के निकट** से यह नदी निकलती है। प्रदेश में यह नदी शिवपुरी, गुना, दतिया एवं भिण्ड जिलों से प्रवाहित होती हुई इटावा के पास चम्बल नदी में मिल जाती है।

अन्य नदियाँ

मध्य प्रदेश में उपर्युक्त नदियों के अतिरिक्त वेनगंगा, टोंस (तमसा), कुँवारी, पार्वती, सिन्ध, गार, छोटी तवा, शक्कर, वर्धा, धसान इत्यादि प्रमुख नदियाँ भी प्रवाहित होती हैं।

मध्य प्रदेश की प्रमुख नदियाँ

नदियाँ (लम्बाई)	*उद्‌गम स्थल*	*मिलन स्थल (समापन)*
नर्मदा (1077 किमी)	अमरकण्टक (अनूपपुर)	खम्भात की खाड़ी (अरब सागर)
चम्बल (965 किमी)	जनापाव पहाड़ी (महू)	यमुना (इटावा, उ. प्र.)
सोन (780 किमी)	अमरकण्टक (अनूपपुर)	गंगा (दानापुर, पटना) बिहार
ताप्ती (725 किमी)	मुल्ताई (बैतूल)	खम्भात की खाड़ी (अरब सागर)
बेतवा (480 किमी)	कुमरा गाँव (रायसेन)	यमुना (हमीरपुर) उत्तर प्रदेश

नदियाँ (लम्बाई)	*उद्गम स्थल*	*मिलन स्थल (समापन)*
क्षिप्रा (195 किमी)	काकरी बरड़ी पहाड़ी (इन्दौर)	चम्बल
काली सिन्ध (150 किमी)	बागली गाँव (देवास)	चम्बल (राजस्थान)
केन (427 किमी)	विन्ध्याचल पर्वत	यमुना
तवा	महादेव पर्वत (पंचमढ़ी)	नर्मदा
वेनगंगा	परसवाड़ा पठार (सिवनी)	गोदावरी
शक्कर	अमरवाड़ा (छिन्दवाड़ा)	नर्मदा

प्रमुख नदियों की सहायक नदियाँ

नदी	*सहायक नदियाँ*
नर्मदा	हिरण, तिनदोली, कानर, चन्द्रकेशर, मान, ऊटी, हथनी आदि
चम्बल	बनास, पार्वती, काली सिन्ध, क्षिप्रा, कुनो
सोन	जोहिला, रिहन्द
ताप्ती	पूर्णा
बेतवा	धसान, बीना, सिन्ध
तवा	मालिनी, देनवा, सुखतवा
क्षिप्रा	खान
वेनगंगा	पेंच, कानन

मध्य प्रदेश की नदियों के किनारे बसे प्रमुख नगर

नदी	*नगर*
नर्मदा	ओंकारेश्वर, अमरकण्टक, होशंगाबाद, मण्डला, बड़वानी, निमाड़, जबलपुर, धार, झाबुआ, नेमावर, महेश्वर हण्डिया, पुनासा, बड़वाह
चम्बल	श्योपुर, महू, रतलाम, मुरैना
बेतवा	ओरछा, साँची, विदिशा, गुना
ताप्ती	मुल्ताई, बुरहानपुर
पार्वती	शाजापुर, आष्टा, राजगढ़
सिन्ध	शिवपुरी, दतिया
काली सिन्ध	बागली, देवास, सोनकच्छ
क्षिप्रा	उज्जैन, रामघाट
खान	इन्दौर
माही	कुक्षी, धार

राज्य के प्रमुख जलप्रपात

नदी/स्थल	*जलप्रपात*
नर्मदा	धुआँधार, दुग्धधारा, मन्धार, कपिलधारा, सहस्रधारा, दर्दी
बीहड़	चचाई, केवटी, बहुटी
केन	पाण्डव
चम्बल	चूलिया, राहतगढ़, पातालपानी, झाड़ीदाहा
पंचमढ़ी	डचेस फॉल, अप्सरा, रजत प्रपात
रीवा	पियावन, पुरवा, बेलौही
अरावली	केदारनाथ प्रपात

राज्य में सिंचाई

- राज्य के 10 प्रमुख नदी बेसिनों में 81.5 अरब घन मीटर पानी होने की सम्भावना है, जिसमें से 56.8 अरब घन मीटर प्रदेश को आवण्टित है।
- सर्वाधिक जल (घटते क्रम में) क्रमशः नर्मदा बेसिन, गोदावरी बेसिन एवं यमुना बेसिन में है।
- राज्य के वर्ष 2018-19 आर्थिक सर्वेक्षण के अनुसार, वर्ष 2017-18 में शुद्ध सिंचित क्षेत्र 105.66 लाख हेक्टेयर है, जो 2016-17 में 98.76 लाख हेक्टेयर था।
- राज्य का **सर्वाधिक सिंचित जिला** (प्रतिशत में) **ग्वालियर** तथा **सबसे कम सिंचित जिला डिण्डोरी** है।
- राज्य के औसत से अधिक सिंचाई वाले क्षेत्रों में ग्वालियर, मुरैना, दतिया, भिण्ड, शिवपुरी, टीकमगढ़ व छतरपुर मुख्य रूप से आते हैं।

सिंचाई के आधार पर राज्य को निम्नलिखित दो भागों में बाँटा गया है

1. **अधिक सिंचाई वाले क्षेत्र**

- राज्य में अधिक सिंचाई वाले क्षेत्र मुख्यतः **चम्बल सम्भाग** तथा **नर्मदापुरम सम्भाग** में आते हैं।

- इन क्षेत्रों में सिंचाई के साधनों का अधिक विकास हुआ है।
- राज्य में अधिक सिंचाई चम्बल बेसिन, मध्य नर्मदा घाटी, बुन्देलखण्ड उच्च भूमि, मालवा पठार एवं वेनगंगा घाटी क्षेत्र में की जाती है।

2. **कम सिंचाई वाले क्षेत्र**

- राज्य के डिण्डोरी, अनूपपुर, मण्डला, शहडोल जिले सिंचाई की दृष्टि से अत्यन्त पिछड़े हैं।
- यहाँ सिंचाई का प्रतिशत डिण्डोरी, अनूपपुर, मण्डला तथा शहडोल में न्यूनतम है।
- राज्य के पश्चिमी भागों मैकाल पठार, सतपुड़ा क्षेत्र, रीवा-पन्ना पठार इत्यादि क्षेत्रों में ऊबड़- खाबड़ धरातल, छिछली अनुपजाऊ मिट्टी सघन वनों की स्थिति होने के कारण सिंचाई के साधनों का समुचित विकास नहीं हुआ है।

राज्य में सिंचित पेटियाँ

सिचाई के प्रतिशत के आधार पर मध्य प्रदेश में चार पेटियाँ पाई जाती हैं

उच्च सिंचित पेटी यह मुख्यतः उत्तरी मध्य प्रदेश मे स्थित चम्बल घाटी क्षेत्र है, जहाँ शुद्ध बोये गए क्षेत्र का औसतन 40% से अधिक भाग सिंचित है। वस्तुतः यहाँ सर्वाधिक सिंचाई नहरों द्वारा होती है।

मध्यम सिंचित पेटी यह उत्तरी पेटी के ठीक नीचे पश्चिम से मध्य पूर्व तक फैली है। इसमें सिंचाई का औसत 35 से 40% के मध्य है। शिवपुरी से लेकर छतरपुर तक के जिले इसमें शामिल हैं।

अल्प सिंचित क्षेत्र नर्मदा घाटी में स्थित राज्य के पश्चिमी जिलों में 25 से 35% कृषि सिंचित है। इनमें उज्जैन, इन्दौर सम्भाग के सभी जिले और होशंगाबाद सम्भाग का हरदा जिला शामिल है।

न्यूनतम सिंचित पेटी पूर्वी मध्य प्रदेश में ऊपर से नीचे तक गई इस पेटी में 25% से कम क्षेत्र सिंचित है रीवा पठार, बुन्देलखण्ड क्षेत्र और सतपुड़ा क्षेत्र में स्थित समस्त जिले (बालाघाट को छोड़कर) इसमें आते हैं।

राज्य में सिंचाई के साधन

- आर्थिक सर्वेक्षण 2018-19 के अनुसार, राज्य में 2017-18 में शुद्ध सिंचित भूमि 11,394 हजार हेक्टेयर है, जो गतवर्ष से 6.77% अधिक है।
- इसमें से दो-तिहाई भूमि (सर्वाधिक भूमि पर) पर कुओं एवं नलकूपों द्वारा सिंचाई की जाती है।
- आर्थिक सर्वेक्षण 2018-19 के अनुसार, राज्य में 2017-18 में सर्वाधिक शुद्ध सिंचित क्षेत्र 67.34% कुएँ एवं नलकूपों से है। नहरों, तालाबों से सिंचाई का प्रतिशत 20.24 है तथा अन्य स्रोतों से शुद्ध सिंचित क्षेत्र का प्रतिशत 12.42 रहा है।
- इसके अतिरिक्त राज्य में नहरों एवं तालाबों का भी सिंचाई में विशेष योगदान है।

सिंचाई के विभिन्न साधनों का विवरण निम्नलिखित है

कुएँ एवं नलकूप

- कुएँ एवं नलकूप राज्य में सिंचाई के प्रमुख साधन हैं।
- कुओं एवं नलकूपों के द्वारा सर्वाधिक सिंचाई पश्चिमी मध्य प्रदेश में होती है।
- नलकूप द्वारा सर्वाधिक सिंचाई इन्दौर जिले तथा कुओं द्वारा सर्वाधिक सिंचाई मन्दसौर जिले में होती है।

नहरें

- नहर सिंचाई का क्षेत्रफल वर्ष 1950-51 में 118 हजार हेक्टेयर से बढ़कर वर्ष 2017-18 में 1856.9 हेक्टेयर हो गया है।
- राज्य का सिंचित क्षेत्र तेजी से घटता जा रहा है। इसके लिए राज्य के धरातल की विपरीत स्थितियाँ जिम्मेदार हैं।
- राज्य में सर्वप्रथम वेनगंगा नहर का निर्माण हुआ था।

तालाब

- राज्य के आर्थिक सर्वेक्षण 2018-19 के अनुसार, वर्ष 2017-18 में तालाबों द्वारा कुल सिंचित क्षेत्रफल 281.6 हेक्टेयर हो गया है।
- राज्य में तालाब द्वारा सबसे अधिक सिंचाई **बालाघाट** जिले में होती है।

मध्य प्रदेश की प्रमुख सिंचाई परियोजनाएँ

राज्य की प्रमुख सिंचाई परियोजनाओं का उल्लेख निम्नलिखित है

नर्मदा-मालवा गम्भीर लिंक परियोजना

- वर्ष 2014 में नर्मदा नियन्त्रण मण्डल ने नर्मदा-मालवा गम्भीर लिंक परियोजना को मंजूरी प्रदान की गई है। यह परियोजना वर्ष 2024 से पहले कार्य करने लगेगी।
- इस परियोजना से इन्दौर और उज्जैन जिलों की सात तहसीलों के 158 गाँवों में पेयजल की सुविधा उपलब्ध होने के साथ **50 हजार हेक्टेयर** क्षेत्र में सिंचाई सुविधा उपलब्ध हो सकेगी।

नर्मदा घाटी विकास परियोजनाएँ

- यह परियोजना मध्य प्रदेश, महाराष्ट्र एवं गुजरात की सम्मिलित परियोजना है, जो नर्मदा तथा उसकी सहायक नदियों पर निर्मित है।
- नर्मदा जल विवाद न्यायाधिकरण द्वारा नर्मदा का कुल प्रवाह 3,453.7 करोड़ घन मीटर आँका गया है।
- इस कुल मात्रा में से मध्य प्रदेश को 2,251.1 करोड़ घन मीटर जल आवण्टित किया गया है।
- इस योजना के तहत 27.55 लाख हेक्टेयर क्षेत्र में सिंचाई तथा लगभग 2,600 मेगावाट विद्युत उत्पादन प्रस्तावित है।
- मध्य प्रदेश को आवण्टित इस जल के उपयोग के लिए 29 वृहद्, 135 मध्यम तथा 3,000 से अधिक लघु सिंचाई परियोजनाएँ प्रस्तावित हैं।
- इस घाटी की परियोजना में से बरगी, तवा, बासा, सुक्ता तथा कोलार का कार्य पूरा कर लिया गया है।

नर्मदा घाटी की प्रमुख परियोजनाएँ इस प्रकार हैं

तवा घाटी परियोजना

- नर्मदा नदी की सहायक नदी तवा, महादेव पहाड़ियों का जल निकास करती है।
- इसके बेसिन में औसत वर्षा 125-187 सेमी तक होने के कारण जल की उपलब्धता अधिक रहती है।
- इस जल का प्रयोग करने हेतु तवा नदी पर **होशंगाबाद** जिले में एक 1815 मी लम्बा एवं 58 मी ऊँचा बाँध बनाया गया है।
- इस परियोजना के अन्तर्गत बाँध एवं नहर का निर्माण कार्य वर्ष 1978 में पूर्ण हो गया है।
- वर्ष 1990-91 में इसकी सिंचाई क्षमता 3.03 लाख हेक्टेयर अनुमानित की गई थी। वर्तमान में इससे 2.47 लाख हेक्टेयर भूमि पर सिंचाई की जा रही है।

मान परियोजना

- यह परियोजना धार जिले के **जीराबाद** गाँव के निकट मान नदी (नर्मदा की सहायक) पर प्रस्तावित है।
- इससे धार जिले के 57 आदिवासी ग्रामों की 15,000 हेक्टेयर भूमि की सिंचाई हो सकेगी।

शहीद चन्द्रशेखर आजाद सागर परियोजना

- इस परियोजना को **जोबट परियोजना** भी कहा जाता है। इसका प्रारम्भ वर्ष 1974 में हुआ था।
- यह परियोजना नर्मदा की सहायक नदी हथनी पर झाबुआ जिले में बनाई गई है।

- इस परियोजना के अन्तर्गत धार जिले की लगभग 9,848 हेक्टेयर भूमि पर सिंचाई की जाती है।

बारना घाटी परियोजना

- यह परियोजना रायसेन जिले के बाड़ी गाँव के निकट **बारना नदी** (नर्मदा नदी की सहायक नदी) पर निर्मित है। इससे रायसेन तथा सीहोर जिलों की लगभग **60,500 हेक्टेयर** भूमि पर सिंचाई की जा रही है।
- यह योजना वर्ष 1994-95 मे पूर्ण हो चुकी है।

इन्दिरा सागर परियोजना

- यह परियोजना एक बहुउद्देशीय परियोजना है, जिसका शिलान्यास 23 अक्टूबर, 1984 को इन्दिरा गाँधी ने किया था। यह नर्मदा घाटी विकास परियोजना की सबसे महत्त्वपूर्ण परियोजना है।
- इस परियोजना के तहत छोड़े जाने वाले नियन्त्रित जल से ही निचले क्षेत्रों में ओंकारेश्वर, महेश्वर एवं सरदार सरोवर परियोजनाएँ अपनी विद्युत एवं सिंचाई क्षमताओं को प्राप्त करती है।
- इस परियोजना से नर्मदा घाटी के बाएँ तट पर खण्डवा, खरगौन एवं बड़वानी जिलों की 1.23 लाख हेक्टेयर भूमि में सिंचाई प्रस्तावित है।
- इस परियोजना से 1,015 मेगावाट विद्युत उत्पादन होना भी प्रस्तावित है।
- इन्दिरा सागर परियोजना मध्य प्रदेश में सबसे बड़ी **पनबिजली परियोजना** है, जो देश में सबसे बड़ी जल भण्डारण क्षमता रखती है।

सरदार सरोवर परियोजना

यह परियोजना गुजरात के केवड़िया ग्राम के निकट बनाई गई है। यह बहुउद्देशीय परियोजना मध्य प्रदेश, गुजरात, राजस्थान एवं महाराष्ट्र की संयुक्त परियोजना है। इस परियोजना से राज्य को 1462 **मेगावाट** बिजली प्राप्त होगी।

ओंकारेश्वर बहुउद्देशीय परियोजना

- यह परियोजना खण्डवा जिले के **मन्धाता** गाँव के निकट निर्मित है।
- इस पर स्थापित जल-विद्युत केन्द्र की क्षमता **520 मेगावाट** है।
- यहाँ से निकली नहरों की लम्बाई 202 किमी होगी, जिनसे 183 हजार हेक्टेयर क्षेत्र की सिंचाई हो सकेगी।
- इस योजना के परिणामस्वरूप खण्डवा, धार तथा झाबुआ जिलों के किसानों को लाभ पहुँच सकेगा।

रानी अवन्तिबाई सागर परियोजना

- रानी अवन्तिबाई सागर बाँध परियोजना **विजोरा गाँव** (जबलपुर) के निकट **नर्मदा** नदी पर निर्मित है।
- इस बाँध की लम्बाई 5,360 मी तथा ऊँचाई 69 मी है।
- इस परियोजना के तहत चार विद्युत इकाइयों द्वारा कुल 105 मेगावाट विद्युत उत्पन्न की जा रही है।
- इससे बने जलाशय की क्षमता 392.2 मिलियन घन मीटर जल संचय की है।
- इस परियोजना से मण्डला, सिवनी, नरसिंहपुर, जबलपुर जिलों को लाभ मिल रहा है।
- इस परियोजना का निर्माण कार्य वर्ष 1990 में पूर्ण हो गया था।

चम्बल घाटी परियोजना

- चम्बल नदी के बेसिन क्षेत्र में पूर्वी राजस्थान तथा पश्चिमी मध्य प्रदेश के क्षेत्र शामिल हैं।
- इन क्षेत्रों में औसत वर्षा लगभग 62-75 सेमी के होती है।
- मध्य प्रदेश एवं राजस्थान सरकार ने एक सम्मिलित बहुमुखी योजना की शुरुआत वर्ष 1953-54 में की थी। अतः यह परियोजना मध्य प्रदेश की पहली परियोजना है।

इस परियोजना को *तीन चरणों में पूरा किया गया है*

(*i*) **गाँधी सागर योजना** (मन्दसौर) इस योजना के अन्तर्गत 115 मेगावाट विद्युत का उत्पादन किया जाता है। इस परियोजना को वर्ष 1960 में पूर्ण कर लिया गया।

(*ii*) **राणा प्रताप सागर बाँध योजना** इसके अन्तर्गत चित्तौड़गढ़ के रावत भाटा में 172 मेगावाट विद्युत उत्पादन किया जाता है। इस योजना को वर्ष 1970 में पूर्ण कर लिया गया।

(*iii*) **जवाहर सागर बाँध** (कोटा बैराज) इसके अन्तर्गत 99 मेगावाट विद्युत उत्पादन होता है, जिसकी कुल विद्युत उत्पादन क्षमता 386 मेगावाट है। इसके द्वारा वर्ष 1960 से सिंचाई सुविधा आरम्भ की गई। चम्बल की दाईं ओर की नहरें मध्य प्रदेश के कृषि प्रदेश को सींचती हैं, जबकि बाईं ओर की नहरें राजस्थान को जल उपलब्ध कराती हैं।

हलाली नदी परियोजना

- यह परियोजना बेतवा नदी की सहायक नदी **हलाली** पर शुरू की गई है।
- इस नदी पर बाँध बनाकर रायसेन एवं विदिशा जिलों की लगभग 16,000 हेक्टेयर भूमि पर सिंचाई सुविधा उपलब्ध की जा सकेगी।
- इस परियोजना का नाम अब **सम्राट अशोक सागर** परियोजना है।

महेश्वर परियोजना

- महेश्वर परियोजना नर्मदा नदी पर प्रस्तावित प्रदेश की अन्तिम योजना है।
- इसके बाँध के शीर्ष की लम्बाई 3,170 मी तथा ऊँचाई 35 मी है।
- इस परियोजना द्वारा **400 मेगावाट विद्युत** उत्पादन किया जाना प्रस्तावित है।
- यह परियोजना महेश्वर (धार) के निकट स्थित है तथा यह योजना सरदार सरोवर की पूरक परियोजना है।

बाणसागर परियोजना

- यह बिहार, उत्तर प्रदेश तथा मध्य प्रदेश की सम्मिलित परियोजना है, जो सोन नदी पर अवस्थित है।
- इस योजना के अन्तर्गत **विद्युत उत्पादन क्षमता 405 मेगावाट** है।
- यह परियोजना मध्य प्रदेश के शहडोल जिले के देवलोद के निकट निर्मित है।
- इस परियोजना में मध्य प्रदेश, बिहार तथा उत्तर प्रदेश के अंशदान का अनुपात 2:1:1 है।

राजघाट परियोजना

- यह मध्य प्रदेश एवं उत्तर प्रदेश की संयुक्त परियोजना है, जो बेतवा नदी पर निर्मित है।
- इस परियोजना में उत्तर प्रदेश के ललितपुर जिले में माताटीला बाँध को निर्मित किया गया है।
- राजघाट परियोजना को **लक्ष्मीबाई परियोजना** और **माताटीला परियोजना** के नाम से भी जाना जाता है।

बावनथड़ी परियोजना

- यह मध्य प्रदेश एवं महाराष्ट्र राज्य की संयुक्त परियोजना है।
- यह परियोजना बालाघाट जिले की कटंगी तहसील के गाँव **कुरटवा** में **बावनथड़ी** नदी के पास निर्मित की जा रही है।
- इसे **राजीव गाँधी परियोजना** के नाम से भी जाना जाता है।

उपरी वेनगंगा परियोजना

- यह महाराष्ट्र और मध्य प्रदेश की संयुक्त परियोजना है। यह गोदावरी की सहायक नदी वेनगंगा पर **सिवनी** जिले में स्थित है।
- इस योजना को **संजय सरोवर** के नाम से भी जाना जाता है।
- बालाघाट व सिवनी इससे लाभान्वित जिले हैं।
- इस योजना की सिंचाई क्षमता 1,03,722 हेक्टेयर है।

माही परियोजना

- यह मध्य प्रदेश व राजस्थान की संयुक्त परियोजना है।
- यह परियोजना माही नदी पर स्थापित की गई है। इसके तहत् दो बाँध बनाए गए हैं, जिसमें मुख्य बाँध **माही नदी** पर (धार) तथा सहायक बाँध **रामखेड़ा नाला** पर (झाबुआ) बनाया गया है।
- इस परियोजना से **धार** और **झाबुआ** जिलों में पेयजल की आपूर्ति तथा सिंचाई की सुविधा उपलब्ध कराई जाती है।

पेंच परियोजना

- यह मध्य प्रदेश व महाराष्ट्र की संयुक्त परियोजना है। यह परियोजना पेंच नदी पर छिन्दवाड़ा जिले में चौरई तहसील के **मंचगोरा** गाँव के निकट अवस्थित है।
- इस परियोजना का मुख्य उद्देश्य छिन्दवाड़ा और बालाघाट जिले में 63,338 हेक्टेयर भूमि को सिंचाई उपलब्ध कराना है।

केन-बेतवा लिंक परियोजना

- यह योजना बुन्देलखण्ड में आरम्भ की जा रही है। यह मध्य प्रदेश एवं उत्तर प्रदेश की संयुक्त परियोजना है। इसके अन्तर्गत केन एवं बेतवा नदियों को जोड़ा जाएगा।
- इस परियोजना के तहत राज्य को 40,000 हेक्टेयर भूमि के लिए सिंचाई की सुविधा तथा दोनों नदियों की लिंक योजना के मार्ग में पड़ने वाले गाँवों को पेयजल मिल सकेगा। इस योजना से 72 मेगावाट बिजली उत्पादन भी प्रस्तावित किया गया है।

पार्वती-काली सिन्ध-चम्बल लिंक परियोजना

- यह मध्य प्रदेश एवं राजस्थान की सम्मिलित परियोजना है।
- इस परियोजना में सात बाँध एवं 98 किमी लम्बी नहर बनाकर 1.12 लाख हेक्टेयर क्षेत्र पर सिंचाई सुविधा उपलब्ध कराई जाएगी।

नर्मदा-क्षिप्रा लिंक परियोजना

- यह परियोजना दो पवित्र नदियों नर्मदा एवं क्षिप्रा (उज्जैनी ग्राम में) को जोड़ती है।
- परियोजना की क्षमता 432 MLT है। इसके तहत् 115 किमी दूर महाकाल की नगरी उज्जैन तक पानी पहुँचाया जाएगा।

राज्य की संयुक्त परियोजनाएँ

परियोजनाएँ	*नदी*	*सम्बन्धित राज्य*
राणा प्रताप सागर परियोजना	चम्बल	मध्य प्रदेश एवं राजस्थान
जवाहर सागर परियोजना	चम्बल	मध्य प्रदेश एवं राजस्थान
कोटा बैराज परियोजना	चम्बल	मध्य प्रदेश एवं राजस्थान
सरदार सरोवर परियोजना	नर्मदा एवं सहायक नदियाँ	मध्य प्रदेश, महाराष्ट्र, गुजरात तथा राजस्थान
बाणसागर परियोजना	सोन	मध्य प्रदेश, उत्तर प्रदेश एवं बिहार
उर्मिल परियोजना	उर्मिल	मध्य प्रदेश एवं उत्तर प्रदेश
सिंहपुर बैराज, ग्रेटर गंगऊ बाँध	केन	मध्य प्रदेश एवं उत्तर प्रदेश
रानी लक्ष्मीबाई (राजघाट/माताटीला) परियोजना	बेतवा	मध्य प्रदेश एवं उत्तर प्रदेश
पेंच परियोजना	पेंच	मध्य प्रदेश एवं महाराष्ट्र
बाघ परियोजना	बाघ	मध्य प्रदेश एवं महाराष्ट्र
काली सागर परियोजना	बाघ एवं सहायक नदी	मध्य प्रदेश एवं महाराष्ट्र
बावनथड़ी परियोजना (राजीव सागर)	बावनथड़ी	मध्य प्रदेश एवं महाराष्ट्र

नदियाँ एवं सिंचाई

स्व-मूल्यांकन

1. नर्मदा नदी का उद्गम स्रोत है जेल प्रहरी 2015

(a) अमरकण्टक से (b) पंचमढ़ी से
(c) भेड़ाघाट से (d) चित्रकूट से

2. निम्नलिखित में से कौन-सी नदी पश्चिम की ओर बहती है? वन रक्षक 2015

(a) गंगा (b) नर्मदा
(c) गोदावरी (d) यमुना

3. किस स्थान से दो नदियाँ निकलती हैं? एम पी एस आई 1999

(a) गंगोत्री (b) मुल्ताई
(c) यमुनोत्री (d) अमरकण्टक

4. मध्य प्रदेश से निकलने वाली निम्नलिखित में से कौन-सी नदी है, जो मध्य प्रदेश, महाराष्ट्र तथा गुजरात से होकर बहती है? पुलिस कांस्टेबल 2013

(a) नर्मदा (b) चम्बल (c) बेतवा (d) केन

5. मध्य प्रदेश में नर्मदा नदी की लम्बाई कितनी है? एम पी पी एस सी 2010

(a) 1,013 किमी (b) 1,077 किमी
(c) 1,090 किमी (d) 1,000 किमी

6. चम्बल नदी का प्रवाह निम्न में से किन राज्यों में होता है? परिवहन आरक्षक 2012

(a) मध्य प्रदेश, उत्तर प्रदेश एवं ओड़िशा
(b) मध्य प्रदेश, राजस्थान एवं गुजरात
(c) मध्य प्रदेश, उत्तर प्रदेश एवं बिहार
(d) मध्य प्रदेश, उत्तर प्रदेश एवं राजस्थान

7. प्रदेश का सबसे ऊँचा चचाई जलप्रपात किस नदी पर स्थित है? एम पी पी एस सी 2008

(a) चम्बल नदी (b) नर्मदा नदी
(c) बीहड़ नदी (d) बीहड़ नदी

8. निम्न में से कौन-सी नदी यमुना नदी से नहीं मिलती है? ए एन एम 2016

(a) केन (b) बेतवा (c) सोन (d) चम्बल

9. बैतूल जिले से कौन-सी नदी का उद्गम होता है? कम्बाइण्ड असिस्टेंट ग्रेड III 2012

(a) नर्मदा (b) बेतवा
(c) यमुना (d) ताप्ती

10. सतपुड़ा तथा विन्ध्याचल के मध्य कौन-सी नदी बहती है? एम पी एस आई 2005

(a) गोदावरी (b) गण्डक
(c) ताप्ती (d) नर्मदा

11. कछुओं की दुर्लभ प्रजातियाँ किस नदी में पाई जाती हैं? ए एन एम 2016

(a) चम्बल (b) सोन
(c) जामनी (d) कुँवारी

12. महेश्वर (माहिष्मती) निम्नलिखित में से किस नदी के तट पर स्थित है? कराधान सहायक 2010

(a) ताप्ती (b) नर्मदा
(c) चम्बल (d) बेतवा

13. नर्मदा नदी के निकट निम्न में से कौन-सा शहर स्थित है? लोअर डिवीजन क्लर्क 2013

(a) ओंकारेश्वर (b) जबलपुर
(c) झाबुआ (d) ये सभी

14. शिवपुरी किस नदी के तट पर स्थित है? लोअर डिवीजन क्लर्क 2013

(a) सिन्ध (b) नर्मदा
(c) टोंस (d) ये सभी

15. काली सिन्ध नदी के किनारे कौन-सा नगर बसा है? पटवारी 2008

(a) कटनी (b) सोनकच्छ
(c) उज्जैन (d) बीना

16. ऐतिहासिक नगर उज्जैन किस नदी के किनारे अवस्थित है?
लोअर इंस्पेक्टर रिक्रूटमेण्ट 2017
(a) क्षिप्रा (b) चम्बल
(c) बेतवा (d) नर्मदा

17. 'रामघाट' मध्य प्रदेश की कौन-सी नदी पर स्थित है? प्लाटून कमाण्डर 2014
(a) क्षिप्रा (b) नर्मदा
(c) बेतवा (d) सोन

18. निम्न में से कौन-सा झरना नर्मदा नदी पर अवस्थित है? पुलिस आरक्षक 2016
(a) कोटी (b) चचाई
(c) सहस्रधारा (d) रनेह

19. कपिलधारा, मन्धार तथा धुआँधार में क्या समानता है? ए एन एम 2016
(a) सभी सहायक नदियाँ हैं
(b) सभी ज्वारनदमुख हैं
(c) सभी झरने हैं
(d) सभी डेल्टा हैं

20. कपिलधारा झरना किस नदी पर स्थित है? कम्बाइण्ड रिक्रूटमेण्ट 2017
(a) नर्मदा (b) सोन
(c) ताप्ती (d) क्षिप्रा

21. 'चचाई जलप्रपात' किस जिले में अवस्थित है?
डेयरी फेडरेशन रिक्रूटमेण्ट 2016
(a) सीधी (b) रीवा
(c) सतना (d) दतिया

22. रजत प्रपात मध्य प्रदेश के किस स्थान पर अवस्थित है?
सब इंजीनियर रिक्रूटमेण्ट 2016
(a) सागर (b) पंचमढ़ी
(c) जबलपुर (d) रीवा

23. मध्य प्रदेश में सिंचाई तथा विद्युत उत्पादन के उद्देश्य से कौन-सी नदी बहुत महत्त्वपूर्ण है? कराधान सहायक 2012
(a) चम्बल (b) नर्मदा (c) सोन (d) बेतवा

24. मध्य प्रदेश में सबसे अधिक क्षेत्र किस साधन से सिंचित होता है?
(a) नहर कराधान सहायक 2012
(b) कुएँ एवं नलकूप
(c) तालाब
(d) उपरोक्त में से कोई नहीं

25. राज्य का सर्वाधिक सिंचित जिला (प्रतिशत में) कौन-सा है?
(a) डिण्डोरी (b) होशंगाबाद
(c) जबलपुर (d) ग्वालियर

26. राज्य में तालाब द्वारा सबसे अधिक सिंचित जिला है
(a) बालाघाट (b) बैतूल
(c) शहडोल (d) ग्वालियर

27. राज्य में कुल सिंचित भूमि (2017-18 के अनुसार) कितने हजार हेक्टेयर है?
(a) 9276
(b) 10336
(c) 11394
(d) उपरोक्त में से कोई नहीं

28. चम्बल नदी पर निम्न में से कौन-से बाँध का निर्माण हुआ है?
सब-इंजीनियर रिक्रूटमेण्ट 2016
(a) कोलार बाँध
(b) राजघाट बाँध
(c) गाँधी सागर बाँध
(d) केरवा बाँध

29. सरदार सरोवर बाँध किस नदी पर बनाया जा रहा है? लोअर इंस्पेक्टर रिक्रूटमेण्ट 2017
(a) चम्बल (b) कावेरी
(c) नर्मदा (d) साबरमती

30. बाणसागर बाँध कौन-सी नदी पर बना है? लैब टेक्निशियन 2015
(a) नर्मदा (b) ताप्ती
(c) सोन (d) तवा

31. माताटीला बाँध का निर्माण किस नदी पर हुआ है? पर्यटन विभाग 2013
(a) ताप्ती (b) नर्मदा
(c) बेतवा (d) चम्बल

32. 'बावनथड़ी सिंचाई परियोजना' किन राज्यों की संयुक्त परियोजना है? चतुर्थ श्रेणी 2015
(a) मध्य प्रदेश एवं राजस्थान
(b) मध्य प्रदेश एवं उत्तर प्रदेश
(c) मध्य प्रदेश एवं महाराष्ट्र
(d) मध्य प्रदेश एवं गुजरात

33. बारना नदी पर बाँध कहाँ स्थित है?
(a) डिण्डोरी
(b) अशोकनगर
(c) बड़वानी
(d) रायसेन

34. राणा प्रताप सागर बाँध निम्न में से किस नदी पर बनाया गया है?
पुलिस उपनिरीक्षक 2016
(a) केन
(b) बेतवा
(c) चम्बल
(d) नर्मदा

35. निम्न में से कौन-सी मध्य प्रदेश एवं गुजरात की संयुक्त परियोजना है?
प्लाटून कमाण्डर 2015
(a) तवा घाटी
(b) नर्मदा घाटी
(c) तुंगभद्रा घाटी
(d) महानदी बेसिन

36. शिवपुरी से लेकर छतरपुर तक के जिले किस सिंचित पेटी के अन्तर्गत आते हैं?
(a) उच्च
(b) मध्यम
(c) अल्प
(d) न्यूनतम

37. सुमेलित कीजिए

सूची I *(नदियाँ)*	सूची II *(उद्गम स्थल)*
A. नर्मदा	1. बैतूल (मुल्ताई नगर)
B. चम्बल	2. अमरकण्टक चोटी (अनूपपुर)
C. ताप्ती	3. जनापाव पहाड़ी (इन्दौर)
D. क्षिप्रा	4. काकरी बरड़ी पहाड़ी (इन्दौर)

कूट

	A	B	C	D
(a)	1	2	3	4
(b)	1	3	2	4
(c)	1	4	3	2
(d)	2	3	1	4

38. सुमेलित कीजिए

सूची I *(सहायक नदी)*	सूची II *(मूल नदी)*
A. हिरन	1. नर्मदा
B. बनास	2. चम्बल
C. जोहिला	3. सोन
D. खान	4. क्षिप्रा

कूट

	A	B	C	D
(a)	1	2	3	4
(b)	2	3	4	1
(c)	3	4	1	2
(d)	4	3	1	2

उत्तरमाला

1. (a) **2.** (b) **3.** (d) **4.** (a) **5.** (b) **6.** (d) **7.** (c) **8.** (c) **9.** (d) **10.** (c)
11. (b) **12.** (b) **13.** (d) **14.** (a) **15.** (b) **16.** (a) **17.** (a) **18.** (c) **19.** (c) **20.** (a)
21. (b) **22.** (b) **23.** (b) **24.** (b) **25.** (d) **26.** (a) **27.** (c) **28.** (c) **29.** (c) **30.** (c)
31. (c) **32.** (c) **33.** (d) **34.** (c) **35.** (b) **36.** (b) **37.** (d) **38.** (a)

अध्याय 5

कृषि एवं पशुपालन

- मध्य प्रदेश एक कृषि प्रधान राज्य है। यहाँ की 79% आबादी कृषि पर आधारित है।
- राज्य के 49% भाग पर कृषि की जाती है। अनाज उत्पादन में मध्य प्रदेश का देश में 9वाँ स्थान है। देश के कुल उत्पादन का 4.65% उत्पादन मध्य प्रदेश राज्य में होता है।
- मध्य प्रदेश के आर्थिक सर्वेक्षण 2018-19 के अनुसार, वर्ष 2017-18 में राज्य की अर्थव्यवस्था (सकल मूल्य वर्धन) में फसल क्षेत्र का योगदान 25.86% रहा है।
- प्रदेश की फसल संरचना तथा उत्पादन में विविधता पाई जाती है, क्योंकि प्रदेश की धरातल, मिट्टी, जलवायु तथा सामाजिक-आर्थिक परिस्थितियों में काफी विभिन्नता देखने को मिलती है।

राज्य के कृषि प्रक्षेत्र व कृषि प्रदेश

कृषि प्रक्षेत्र

फसल के आधार पर मध्य प्रदेश को निम्नलिखित सात कृषि प्रक्षेत्रों में बाँटा जाता है

(*i*) **ज्वार का क्षेत्र** इसके अन्तर्गत गुना, शिवपुरी, श्योपुर तथा पश्चिमी मुरैना जिले आते हैं।

(*ii*) **गेहूँ व ज्वार का क्षेत्र** इसके अन्तर्गत बघेलखण्ड तथा मालवा पठार का मध्य भाग, भिण्ड, मुरैना एवं ग्वालियर जिले आते हैं।

(*iii*) **कपास तथा गेहूँ का क्षेत्र** इसके अन्तर्गत उज्जैन, मन्दसौर, शाजापुर, राजगढ़, देवाल व सीहोर जिले आते हैं।

(*iv*) **कपास का क्षेत्र** इसके अन्तर्गत पश्चिमी मध्य प्रदेश (खण्डवा, खरगौन, बड़वानी, धार, रतलाम, झाबुआ) के जिले आते हैं।

(*v*) **चावल व कपास क्षेत्र** इसके अन्तर्गत खण्डवा का क्षेत्र शामिल है।

(*vi*) **चावल, कपास, ज्वार क्षेत्र** इसके अन्तर्गत सिवनी, छिन्दवाड़ा तथा बैतूल जिले शामिल हैं।

(*vii*) **चावल का क्षेत्र** इसके अन्तर्गत मण्डला, बालाघाट, शहडोल, सिवनी, सीधी तथा जबलपुर आता है। (बघेलखण्ड क्षेत्र जिले आते है।)

कृषि प्रदेश

राज्य के प्रमुख कृषि प्रदेश निम्न प्रकार हैं

- **पश्चिम में काली मिट्टी का प्रदेश** मन्दसौर, नीमच, रतलाम, झाबुआ, बड़वानी, हरदा, धार तथा देवास, उज्जैन।
- **उत्तर में ज्वार गेहूँ का प्रदेश** मुरैना, श्योपुर, भिण्ड, ग्वालियर, दतिया, शिवपुरी, गुना तथा छतरपुर, टीकमगढ़।
- **मध्य में गेहूँ का प्रदेश** भोपाल, सीहोर, होशंगाबाद, नरसिंहपुर, रायसेन तथा विदिशा, सागर, व दमोह।।

- **चावल व गेहूँ का प्रदेश** पन्ना, सतना, कटनी, उमरिया, जबलपुर तथा सिवनी।
- **सम्पूर्ण पूर्वी मध्य प्रदेश** (चावल का प्रदेश) रीवा, सीधी, शहडोल, अनूपपुर, डिण्डोरी, मण्डला तथा बालाघाट।

फसलों का वर्गीकरण

मध्य प्रदेश की प्रमुख फसलों का वर्गीकरण निम्न है

- **खाद्यान्न फसलें** चावल, गेहूँ, मक्का, बाजरा।
- **दलहनी फसलें** अरहर, चना।
- **तिलहन फसलें** राई-सरसों, सोयाबीन।
- **वाणिज्यिक फसलें** गन्ना, कपास।
- **रबी फसलें** गेहूँ, चना, मटर, राई, सरसों, अलसी तथा मसूर।
- **खरीफ फसलें** चावल, सोयाबीन, कपास, गन्ना, मूँगफली, तिल, तुअर, ज्वार, मक्का तथा सूर्यमूखी।
- **जायद फसलें** खीरा, ककड़ी, तरबूज, लौकी तथा कद्दू।

राज्य की प्रमुख फसलें

राज्य में उत्पादन की दृष्टि से फसलों का घटता क्रम सोयाबीन, गेहूँ, चावल, मक्का, ज्वार, चना, कपास, गन्ना इत्यादि हैं।

राज्य की प्रमुख फसलों का विवरण निम्नलिखित है

गेहूँ

- राज्य में गेहूँ, अनाजों (खाद्यान्नों) में सर्वाधिक तथा सभी फसलों में सोयाबीन के पश्चात् पैदा की जाने वाली प्रमुख फसल है। रबी की फसलों में गेहूँ सबसे प्रमुख फसल है। यह राज्य की प्रमुख सिंचित फसल भी है।
- मध्य प्रदेश में गेहूँ का उत्पादन इन्दौर, उज्जैन, धार, रतलाम, गुना, कटनी, होशंगाबाद, रायसेन, भोपाल एवं विदिशा जिलों में किया जाता है।
- राज्य में गेहूँ काली एवं जलोढ़ दोमट मृदा क्षेत्र में उगाया जाता है।
- गेहूँ का सबसे अधिक संकेन्द्रण मध्य नर्मदा घाटी तथा पूर्वी मालवा प्रदेश में है।
- आर्थिक सर्वेक्षण 2018-19 के अनुसार, राज्य में वर्ष 2016-17 के अन्तर्गत गेहूँ उत्पादन 21,918 हजार मीट्रिक टन था, जो वर्ष 2017-18 में घटकर 20,020 हजार मीट्रिक टन हो गया है।

कृषि कर्मण पुरस्कार 2018

मध्य प्रदेश राज्य ने यह पुरस्कार सर्वाधिक गेहूँ उत्पादन के सन्दर्भ में पाँचवीं बार जीता है। दिल्ली में 17 मार्च, 2018 को प्रधानमन्त्री नरेन्द्र मोदी द्वारा मध्य प्रदेश के मुख्यमन्त्री शिवराज सिंह चौहान को इस अवार्ड से सम्मानित किया गया।

चावल

- मध्य प्रदेश में चावल की खेती प्रमुख रूप से भिण्ड, शहडोल, छिन्दवाड़ा, बालाघाट, सिवनी, मण्डला तथा डिण्डोरी सीधी, रीवा, बैतूल तथा सतना, भिण्ड आदि जिलों में की जाती है।
- मध्य प्रदेश में अनाजों की दृष्टि से चावल, क्षेत्रफल एवं उत्पादन में गेहूँ के बाद द्वितीय स्थान पर है।
- चावल सर्वाधिक क्षेत्रफल पर बालाघाट जिले में उगाया जाता है।
- आर्थिक सर्वेक्षण 2018-19 के अनुसार, चावल (धान) उत्पादन में वर्ष 2016-17 की तुलना में वर्ष 2017-18 में 9.47% की कमी हुई है।

मक्का

- मक्का, गेहूँ एवं चावल के बाद राज्य की तीसरी प्रमुख खाद्यान्न फसल है।
- यह फसल प्रमुख रूप से प्रदेश के उत्तर-पश्चिमी भाग में उगाई जाती है।

- मक्का की खेती झाबुआ, छिन्दवाड़ा, धार, रतलाम, मन्दसौर, शाजापुर तथा राजगढ़ जिलों में प्रमुख रूप से उत्पादित की जाती है।
- मक्का कम उपजाऊ तथा ऊबड़-खाबड़ भूमि पर पैदा की जाती है।
- आर्थिक सर्वेक्षण 2018-19 के अनुसार, मक्का के उत्पादन में वर्ष 2016-17 की तुलना में वर्ष 2017-18 में 8.81% की वृद्धि हुई है।

चना

- देश के कुल दलहन क्षेत्रफल एवं उत्पादन में मध्य प्रदेश का सर्वप्रमुख स्थान है।
- राज्य में चने का उत्पादन पूर्वी मालवा पठार, बुन्देलखण्ड पठार तथा ऊपरी-मध्य नर्मदा घाटी के क्षेत्रों में किया जाता है।
- राज्य में सर्वाधिक चना उत्पादक जिला **विदिशा** है, जबकि सर्वाधिक क्षेत्रफल एवं उत्पादकता क्रमशः उज्जैन तथा हरदा जिलों में पाई जाती है।

तुअर (अरहर दाल)

- तुअर की फसल प्रदेश के कुल कृषित क्षेत्र के लगभग 1.6% भूमि पर बोई जाती है।
- देश का लगभग 8.9% तुअर क्षेत्र मध्य प्रदेश में है।
- राज्य में तुअर चने के बाद दूसरी प्रमुख खरीफ फसल है।
- प्रदेश में तुअर प्रमुख रूप से सीधी छिन्दवाड़ा, बैतूल, नरसिंहपुर, रायसेन, खण्डवा, रीवा तथा सतना में पैदा होती है।
- राज्य के **नरसिंहपुर** जिले में तुअर का सर्वाधिक उत्पादन होता है।

कपास

- राज्य में कपास कुल कृषित क्षेत्रफल के लगभग 3.1% भाग पर पैदा की जाती है।
- कपास की कृषि के लिए महत्त्वपूर्ण क्षेत्र निमाड़ का मैदान है। राज्य में कपास की कृषि खरगौन, खण्डवा, बड़वानी एवं बुरहानपुर आदि जिलों में होती है।
- खण्डवा-2, मालझरी व शंकर-4 कपास की प्रमुख किस्में हैं।
- राज्य में *बी टी कॉटन* की खेती वर्ष 2002-03 में प्रारम्भ की गई थी
- कपास की खेती का सर्वाधिक क्षेत्रफल, उत्पादन तथा उत्पादकता खरगौन जिले (इंदौर सम्भाग) में पाई जाती है।
- कपास मध्य प्रदेश की सबसे महत्त्वपूर्ण नकदी फसल है।

गन्ना

- राज्य में गन्ने की उत्पादकता 5,114 किग्रा प्रति हेक्टेयर है। गन्ना पूर्णतः सिंचित फसल है, इसलिए इसकी कृषि सिंचाई सुविधा वाले क्षेत्रों में अधिक की जाती है।
- राज्य के नरसिंहपुर, छिन्दवाड़ा, ग्वालियर, दतिया, सीहोर, बैतूल, बुरहानपुर, बड़वानी एवं मण्डला जिलों में यह प्रमुख रूप से पैदा किया जाता है।
- राज्य में गन्ने का सर्वाधिक क्षेत्रफल, उत्पादन एवं उत्पादकता क्रमशः नरसिंहपुर, छिन्दवाड़ा एवं रतलाम जिलों में पाई जाती है।

राई-सरसों

- राज्य में तिलहन फसलों में सोयाबीन के बाद राई-सरसों का द्वितीय स्थान है।
- इसका उत्पादन मुरैना, भिण्ड, श्योपुर, ग्वालियर एवं शिवपुरी जिलों में होता है।
- राई-सरसों का प्रदेश में सर्वाधिक क्षेत्रफल एवं उत्पादन भिण्ड जिले में पाया जाता है, जबकि उत्पादकता रतलाम जिले में सर्वाधिक पाई जाती है।

सोयाबीन

- सोयाबीन राज्य के सर्वाधिक कृषि क्षेत्र में बोई जाने वाली तिलहन फसल है। यहाँ देश का लगभग 88% सोयाबीन पैदा किया जाता है। इसलिए इसे **सोया राजधानी** भी कहा जाता है। राज्य में लगभग 50,000 हेक्टेयर में सोयाबीन की खेती की जाती है।

- **अंकुर, जवाहर, दुर्गा, पंजाब-1** तथा **गौरव** सोयाबीन की महत्त्वपूर्ण किस्मे हैं।
- राज्य में सीहोर सोयाबीन का सबसे बड़ा उत्पादक जिला है, जबकि सर्वाधिक क्षेत्रफल एवं उत्पादकता क्रमशः उज्जैन एवं ग्वालियर जिलों में पाई जाती है।
- एशिया का सबसे बड़ा सोयाबीन कारखाना **उज्जैन** में स्थित है।
- आर्थिक सर्वेक्षण 2018-19 के अनुसार, वर्ष 2016-17 की अपेक्षा वर्ष 2017-18 में सोयाबीन उत्पादन में 19.97% की कमी हुई है।

मूँगफली

- राज्य की प्रमुख फसलों में मूँगफली की भी खेती की जाती है और यह राज्य की प्रमुख नकदी फसल है।
- इसकी खेती राज्य के बलुआ दोमट वाली मृदा में की जाती है।
- राज्य में मूँगफली की **गंगापुरी, फुले कान्ति, ज्योति, टीजी-26** इत्यादि किस्मों की खेती की जाती है।
- इस फसल की बुआई जून-जुलाई में तथा खुदाई नवम्बर-दिसम्बर के महीनों में की जाती है।
- राज्य के खरगौन, खण्डवा, बड़वानी, छिन्दवाड़ा, बैतूल, दतिया, शिवपुरी इत्यादि जिलों में मूँगफली की खेती की जाती है।

अफीम

- देश में सर्वाधिक अफीम की खेती मध्य प्रदेश में की जाती है। राज्य में देश के 64% अफीम की खेती की जाती है।
- इसका उपयोग औषधियों के निर्माण के लिए किया जाता है।
- राज्य में **नीमच** सबसे बड़ा अफीम उत्पादक जिला है तथा दूसरे स्थान पर **मन्दसौर** है।

गाँजा

- गाँजा की खेती राज्य के **खण्डवा** जिले में सरकार के नियन्त्रण में की जाती है।
- इसके पौधे से निकलने वाले रस से 'चरस' बनाई जाती है। 'चरस' की बिक्री सरकारी नियन्त्रण द्वारा की जाती है, जिससे राज्य सरकार को करोड़ों रुपये की वार्षिक आय प्राप्त होती है। इससे ब्राउन शुगर तथा हैरोइन भी बनती है

राज्य के प्रमुख फसल उत्पादक जिले

फसल	***प्रमुख उत्पादक जिले***
सोयाबीन	उज्जैन, शाजापुर, राजगढ़, देवास, धार, हरदा
गेहूँ	होशंगाबाद, रायसेन, उज्जैन, हरदा, सीहोर, विदिशा, सतना, सागर, रीवा
चावल	बालाघाट, मण्डला, शहडोल, बैतूल, रीवा, सीधी, कटनी, छिन्दवाड़ा, सिवनी
मक्का	धार, छिन्दवाड़ा, झाबुआ, खरगौन, बड़वानी
ज्वार	खरगौन, बड़वानी, मन्दसौर, रतलाम, उज्जैन
चना	विदिशा, नरसिंहपुर, रायसेन, गुना होशंगाबाद, सागर, छिन्दवाड़ा, राजगढ़
तुअर	नरसिंहपुर, सिवनी, सिंगरौली, छिन्दवाड़ा, बैतूल, रायसेन
तिल	सीधी, छतरपुर, टीकमगढ़, शहडोल
मूँगफली	खरगौन, खण्डवा, बड़वानी, छिन्दवाड़ा, सिवनी
कपास	खरगौन, खण्डवा, बड़वानी, बुरहानपुर, इन्दौर
गन्ना	नरसिंहपुर, छिन्दवाड़ा, ग्वालियर, दतिया, सीहोर
प्याज	शाजापुर, आगर, इन्दौर, निमाड, सतना
आलू	इन्दौर, देवास, शाजापुर, आगर-मालवा
गाँजा	खण्डवा,

राज्य की कृषि विकास योजनाएँ

राज्य में कृषि के विकास के लिए निम्नलिखित महत्त्वपूर्ण योजनाएँ चलाई जा रही हैं

- **कृषि ऋण समाधान योजना** किसानों को आर्थिक सहायता प्रदान करने के लिए यह योजना सरकार द्वारा संचालित की गई है।

- **मुख्यमन्त्री किसान विदेश अध्ययन यात्रा योजना** मध्य प्रदेश में विकसित देशों में प्रचलित कृषि तकनीकों का प्रत्यक्ष अवलोकन कराने के लिए मुख्यमन्त्री किसान विदेश अध्ययन यात्रा योजना 2018 में शुरू की गई।
- **जैविक खेती प्रोत्साहन योजना** यह योजना प्रदेश स्तर पर जैविक खेती को प्रोत्साहन देने के लिए राज्य सरकार द्वारा चलाई गई है।
- **भावान्तर भुगतान योजना** किसानों को उनकी उपज का उचित मूल्य प्रदान कराने के लिए राज्य सरकार ने इस योजना को वर्ष 2017 में शुरू किया है।
- **परम्परागत कृषि विकास योजना** वर्ष 2015-16 में पर्यावरण एवं स्वास्थ्य की रक्षा हेतु जैविक खेती को बढ़ावा देने के लिए इस योजना को प्रारम्भ किया गया है।
- **किसान लक्ष्मी योजना** किसानों की निजी भूमि पर पौधारोपण को प्रोत्साहित करने के लिए वर्ष 2013-14 में किसान लक्ष्मी योजना शुरू की गई।
- **बी टी कॉटन योजना** राज्य सरकार ने कपास की खेती को व्यावसायिक रूप में बढ़ावा देने के लिए इस योजना को प्रारम्भ किया है।
- **बलराम ताल योजना** राज्य में वर्षा के जल को खेतों में रोककर फसलों की सिंचाई एवं भू-जल संवर्द्धन के लिए मई, 2007 में यह योजना प्रारम्भ की गई। इस योजना के अन्तर्गत अनुसूचित जाति एवं जनजाति के किसानों को 75% अनुदान राशि प्रदान की जाएगी।
- **मुख्यमन्त्री कृषक कल्याण योजना** प्रदेश के कृषि सम्बन्धी कार्य से जुड़े सभी लोगों को दुर्घटना होने पर आर्थिक सहयोग प्रदान करने के लिए यह योजना राज्य सरकार द्वारा चलाई गई है।
- **अन्नपूर्णा एवं सूरजधारा योजना** अनुसूचित जाति एवं जनजाति किसानों के कल्याण हेतु राज्य सरकार ने इन योजनाओं को वर्ष 2000-01में प्रारम्भ किया। सूरजधारा योजना में दलहन व तिलहन तथा अन्नपूर्णा योजना में खाद्यन्न फसलों के बीज उपलब्ध कराए जाते हैं।

मध्य प्रदेश कृषि महोत्सव 2017

राज्य में कृषि महोत्सव वर्ष 2017 का आयोजन 15 अप्रैल से 2 मई, 2017 तक आयोजित किया गया।

राज्य कृषि महोत्सव आयोजन के दौरान भारत उदय कार्यक्रम, कृषि क्रान्ति रथ की जिला स्तर से लेकर ग्राम स्तर तक विभिन्न गतिविधियाँ आयोजित की गईं।

इस महोत्सव का मुख्य लक्ष्य कृषि से जुड़े विषयों पर किसानों एवं कृषि वैज्ञानिकों के मध्य सीधा सम्पर्क कराना है तथा साथ ही नवीन एवं वैज्ञानिक तकनीकी सुधार से वर्तमान फसलों की उत्पादकता को बढ़ाना है।

राज्य में जैविक कृषि

- राज्य में सर्वप्रथम वर्ष 2001-02 में जैविक कृषि को प्रारम्भ किया गया था।
- जिन गाँवों में जैविक कृषि को राज्य सरकार द्वारा प्रारम्भ किया गया, उन गाँवों को **जैविक गाँव** का नाम दिया गया।
- जनवरी, 2018 में मध्य प्रदेश जैविक कृषि को बढ़ावा देने वाले पहले तीन राज्यों में शामिल हो गया है। वर्ष 2011 में प्रदेश ने अपनी जैविक कृषि नीति बनाई।

जैविक कृषि नीति, 2011

- राज्य सरकार ने जैविक कृषि नीति, 2011 को 2 जुलाई, 2011 को मंजूरी दी है। इस नीति के प्रमुख उद्देश्य जलवायु परिवर्तन की विभीषिका, वैश्वीकरण का कृषि उत्पादों पर पड़ने वाले प्रभावों को कम करना तथा उत्पादन एवं उत्पादकता दोनों में वृद्धि लाना है।
- इस नीति को समस्त धान्य फसलों, सब्जियों, फल, मसाले तथा सुगन्धित एवं औषधीय फसलों पर लागू किया जाएगा।

मध्य प्रदेश की कृषि सम्बन्धी प्रमुख संस्थाएँ एवं केन्द्र

संस्था/केन्द्र	*मुख्यालय*
राष्ट्रीय सोयाबीन अनुसन्धान केन्द्र	इन्दौर
चावल (धान) अनुसन्धान केन्द्र	बड़वानी (भारत का कटक में)
अन्तर्राष्ट्रीय मक्का एवं गेहूँ अनुसन्धान केन्द्र	उमरिया (प्रस्तावित)
राष्ट्रीय अँगूर अनुसन्धान केन्द्र	रतलाम
कपास अनुसन्धान केन्द्र	खरगौन
कृषि अभियान्त्रिकी अनुसन्धान केन्द्र	भोपाल
कृषि अभियान्त्रिकी महाविद्यालय	जबलपुर
उद्यान महाविद्यालय	मन्दसौर

कृषि सम्बन्धी प्रमुख संगठन एवं योजनाएँ

संगठन/योजनाएँ	*स्थापना-वर्ष*
मध्य प्रदेश राज्य भण्डार गृह निगम	1958
मध्य प्रदेश कृषि उद्योग विकास निगम	1969-70
लघु कृषक विकास प्राधिकरण	1971
मध्य प्रदेश राज्य कृषि विपणन बोर्ड	1972
सरकारी डेयरी विकास कार्यक्रम	1975
भूमि विकास निगम	1977-78
मध्य प्रदेश बीज तथा फार्म विकास निगम	1980
मध्य प्रदेश राज्य बीज प्रमाणीकरण संस्था	1980

कृषि विश्वविद्यालय

राज्य में कृषि के विकास, शिक्षा एवं अनुसन्धान के लिए दो कृषि विंश्वविद्यालय-जवाहर लाल नेहरू कृषि विश्वविद्यालय जबलपुर (वर्ष 1964 में स्थापित) एवं राजमाता विजयराजे सिन्धिया कृषि विश्वविद्यालय ग्वालियर (अगस्त, 2008 में स्थापित) हैं।

उद्यानिकी फसलें

- उत्पादन एवं उत्पादकता में वृद्धि करने के लिए उद्यानिकी संचालनालय द्वारा मुख्य रूप से मसाले, साग-सब्जी, फल, औषधीय एवं सुगन्धित फूल इत्यादि पर विशेष ध्यान एवं अनेक कार्यक्रम आयोजित किए जा रहे हैं।
- प्रमुख रूप से उद्यानिकी फसलों का उत्पादन क्षेत्र मालवा है।
- राज्य का एकमात्र कॉफी उत्पादन क्षेत्र, **कुकरू खामला** (भैंसदेही, जिला बैतूल) है। यहाँ पर 22 हेक्टेयर भूमि पर कॉफी का उत्पादन होता है।
- उद्यानिकी से सम्बन्धित सभी योजनाओं की अनुदान राशि में राज्य सरकार ने वर्ष 2016-17 में संशोधन किए हैं।
  ये योजनाएँ निम्न हैं
  - फल पौध रोपण योजना।
  - सब्जी क्षेत्र विस्तार योजना।
  - औषधीय एवं सुगन्धित फसल क्षेत्र विस्तार योजना।
  - उद्यानिकी के विकास हेतु यन्त्रीकरण को बढ़ावा देने की योजना।
  - मौसम आधारित फसल बीमा योजना।

राज्य में पशुपालन

- राज्य में दुग्ध, मांस, चमड़ा, ऊन इत्यादि उत्पादों का आधार भी है।
- वर्ष 2019 की पशु संगणना के अनुसार, प्रदेश में कुल पशुओं की संख्या 40.6 मिलियन है।

राज्य में पशु एवं पशुधन विकास

- राज्य में सर्वाधिक संख्या में पाया जाने वाला पशु **बकरी** है।
- राज्य में सर्वाधिक पशु घनत्व टीकमगढ़ एवं रीवा में एवं न्यूनतम पशु घनत्व होशंगाबाद में पाया जाता है।

- मध्य प्रदेश में एक बकरी प्रक्षेत्र में सात बकरी प्रजनन इकाइयाँ हैं।
- राज्य में सर्वाधिक पशु सीधी जिले में तथा न्यूनतम पशु बुरहानपुर जिले में हैं।
- राज्य के उत्तर-पूर्वी भागों में पशु घनत्व अधिक पाया जाता है। दक्षिणी हिस्सों में पशु घनत्व न्यूनतम है।
- देश में सर्वाधिक गौवंश (सांड, बैल, बछड़ा) मध्य प्रदेश में पाया जाता है।
- राज्य की प्रमुख गाय की नस्ल निमाड़ी है। इनके अलावा राज्य में थारपारकर, हरियाणवी, साहिवाल मालवी, जर्सी तथा मुर्रा नस्ल की गाय पाली जाती है।
- प्रदेश में सर्वाधिक दुग्ध उत्पादन मुरैना एवं श्योपुर जिलों में होता है। दुग्ध उत्पादन की दृष्टि से मध्य प्रदेश का देश में सातवाँ स्थान है।
- राज्य में सूअर पालन का कार्य प्रमुख रूप से आदिवासी बाहुल्य जिलों में किया जाता है।
- पशु चिकित्सा विज्ञान एवं पशुपालन कॉलेज की स्थापना राज्य में 8 जुलाई, 1948 को कृषि विश्वविद्यालय, जबलपुर में की गई थी।
- राज्य में **पशुधन एवं कुक्कुट विकास निगम** की स्थापना 1 नवम्बर, 1982 में की गई थी।
- दुग्ध उत्पादन को प्रोत्साहन देने के लिए वर्ष 1997 में विश्व बैंक के सहयोग से एकीकृत डेयरी विकास परियोजना की शुरूआत हुई थी।
- पशु चिकित्सा विज्ञान नानाजी देशमुख विश्वविद्यालय अधिनियम 2009 के अन्तर्गत 3 नवम्बर, 2009 को जबलपुर में एक पृथक् विश्वविद्यालय की स्थापना की गई।

राज्य में पशुपालन सम्बन्धी महत्त्वपूर्ण तथ्य (पशु संगणना 2019)

गोवंश	18.7 मिलियन
भैंसे	10.3 मिलियन
बकरी	11.06 मिलियन
भेड़	3.09 लाख
बकरे/बकरियाँ	80.14 लाख
पशु चिकित्सालय	1063
पशु औषधालय	1585
चल पशु चिकित्सा इकाइयाँ	38
विरूजालय	27
जिला स्तरीय रोग अनुसन्धान शालाएँ	34
माता महामारी जाँच चौकियाँ	19
माता महामारी रोग शमनदल	2

मध्य प्रदेश की कुछ प्रसिद्ध देशी नस्लें

जमुनापरी (बकरी)

- यह बकरी की भारत में सर्वाधिक पाई जाने वाली नस्ल है। यह मध्य प्रदेश में भिण्ड जिले में पाई जाती है।
- इसके शरीर पर सफेद और लाल रंग के धब्बे होते हैं। इस नस्ल की दूध की पैदावार 2.25 से 2.7 ली प्रतिदिन है।
- **निमाड़ी (गाय)** इस नस्ल की गाय खण्डवा तथा खरगोश (निमाड़ क्षेत्र) जिलों में पाई जाती है। इन गायो का सींग मध्यम आकार के लम्बे तथा शकीर से मजबूत होते हैं इस नस्ल की विकसित थन वाली गाय प्रतिदिन 4 से 5 लीटर तक दुध दूती है। इस गाय को निमाड़ की रानी कहते हैं।

बन्धवारी (भैंस)

- **मालवी गाय** इस नस्ल की गाय राज्य के राजगढ़, शाजापूर तथा मन्दसौर जिलों में पाई जाती है। इस नस्ल की गाये प्रतिदिन 4 से 5 लीटर तक दूध देती है, इस नस्ल की गायों का मध्यम आकार के छोटे सिर घुमावदार सिंग एवं पूँछ लम्बी होती है। इसे मालवा की रानी कहते है।
- यह नस्ल मध्य प्रदेश के ग्वालियर और भिण्ड जिलों में पाई जाती है। इस नस्ल का सिर छोटा, पूँछ लम्बी, पतली और काले या सफेद रंग की होती है।

पोल्ट्री बर्ड: कड़कनाथ

- इसे **मध्य प्रदेश का गौरव** भी कहा जाता है। यह राज्य के पश्चिमी भाग में झाबुआ, अलीराजपुर और धार आदि जिलों की प्रसिद्ध स्वदेशी नस्ल है।
- कडकनाथ की विशेषता काली चोंच व कंघी पैर (काले रंग के) हैं।
- जनजातीय क्षेत्रों में इस पक्षी का औषधीय प्रयोजनों के लिए प्रयोग किया जाता है।

राज्य में संचालित योजनाएँ व कार्यक्रम

रानीखेत रोग उन्मूलन योजना

- पक्षियों में 'रानीखेत' एक जानलेवा रोग है। जिससे बड़ी संख्या में कुक्कुट पक्षी मर जाते हैं।
- इस रोग की रोकथाम हेतु योजनाबद्ध तरीके से प्रतिबन्धात्मक टीका लगाया जाता है।
- राज्य में दुग्ध उत्पादन बढ़ाने के लिए राज्य में ऑपरेशन फ्लड की शुरूआत की गई, इसके अन्तर्गत आनन्द मॉडल पर सहकारी डेयरी विकास कार्यक्रम की शेरूआत वर्ष 1907 में की गई जिसके तहत दो चरणों को पूरा करके तीसरे चरण में दुग्ध उत्पादन व उपलब्धता के कार्य किए जा रहे है।

प्रदेश में संचालित अन्य प्रमुख योजना कार्यक्रम निम्न हैं

- अनुदान के आधार पर बकरों का प्रदाय
- सहकारी डेयरी विकास कार्यक्रम
- विशेष पशु प्रजनन कार्यक्रम
- गौ सेवक योजना
- राष्ट्रीय डेयरी योजना

कृषि एवं पशुपालन

स्व-मूल्यांकन

1. मध्य प्रदेश की कुल भूमि के कितने प्रतिशत भाग पर कृषि होती है?
(a) 45% (b) 49% (c) 50% (d) 55%

2. मध्य प्रदेश राज्य की प्रमुख फसल है
जेल प्रहरी, पैरामेडिकल 2015
(a) सोयाबीन (b) गेहूँ
(c) चावल (d) बाजरा

3. मध्य प्रदेश का प्रमुख कपास उत्पादन वाला क्षेत्र है कराधान सहायक 2010
(a) पश्चिमी मध्य प्रदेश
(b) उत्तरी मध्य प्रदेश
(c) पूर्वी मध्य प्रदेश
(d) उपरोक्त में से कोई नहीं

4. निम्नलिखित में से कौन जायद फसल नहीं है?
(a) गन्ना (b) खीरा
(c) ककड़ी (d) खरबूजा

5. मध्य प्रदेश में खरीफ मौसम में कौन-सी फसल बोई जाती है? कराधान सहायक 2012
(a) चावल (b) सरसों
(c) मक्का (d) कपास

6. निम्नलिखित में से कौन-सा जिला गेहूँ-चावल प्रदेश के अन्तर्गत नहीं आता?
(a) पन्ना (b) सतना
(c) कटनी (d) होशंगाबाद

7. मध्य प्रदेश की सबसे महत्त्वपूर्ण अनाज वाली फसल कौन-सी है? ए डी ए 2013
(a) मक्का (b) ज्वार
(c) जौ (d) गेहूँ

8. मध्य प्रदेश में गेहूँ का सर्वाधिक उत्पादन किस क्षेत्र में होता है?
(a) मालवा (b) बुन्देलखण्ड
(c) बघेलखण्ड (d) मैकाल क्षेत्र

9. मध्य प्रदेश में किस दाल का उत्पादन सबसे अधिक होता है?
कराधान सहायक 2012
(a) चना (b) मटर
(c) तुअर (अरहर) (d) मसूर

10. मध्य प्रदेश किस तिलहन के उत्पादन में सबसे अधिक महत्त्व रखता है?
स्टेनो टाईपिस्ट, असिस्टेंट ग्रेड III 2016
(a) अलसी (b) सोयाबीन
(c) सरसों (d) मूँगफली

11. कपास का सर्वाधिक उत्पादन मध्य प्रदेश के किस जिले में होता है?
डेयरी फेडरेशन रिक्रूटमेण्ट 2016
(a) खण्डवा (b) इन्दौर
(c) खरगौन (d) देवास

12. देश में सबसे बड़ा सोयाबीन और दालों का उत्पादक कौन-सा राज्य है?
जेल प्रहरी 2015
(a) अरुणाचल प्रदेश (b) सिक्किम
(c) मध्य प्रदेश (d) हिमाचल प्रदेश

13. मध्य प्रदेश में सोयाबीन की खेती लगभग कितने हेक्टेयर क्षेत्र पर की जाती है?
कराधान सहायक 2012
(a) 10,000 हेक्टेयर (b) 25,000 हेक्टेयर
(c) 50,000 हेक्टेयर (d) 75,000 हेक्टेयर

14. अंकुर, अलंकार एवं गौरव किस फसल की महत्त्वपूर्ण किस्में हैं? ए डी ए 2013
(a) सोयाबीन (b) गेहूँ
(c) सूर्यमुखी (d) कुसुम

15. मध्य प्रदेश के कौन-से जिला समूह में सर्वाधिक सरसों (तिलहन) का उत्पादन होता है? जेल प्रहरी 2015
(a) भिण्ड, मुरैना (b) बस्तर, रायपुर
(c) खरगौन, खण्डवा (d) सीहोर, भोपाल

16. भारत में सबसे अधिक अरहर उत्पादन वाला राज्य कौन-सा है?
(a) मध्य प्रदेश (b) आन्ध्र प्रदेश
(c) उत्तर प्रदेश (d) हिमाचल प्रदेश

17. निम्नलिखित में से कौन-सी मध्य प्रदेश की एक नकदी फसल है?
लोअर डिवीजन क्लर्क, 2013
(a) बाजरा (b) मूँगफली
(c) मक्का (d) ज्वार

18. मध्य प्रदेश के कौन-से जिले में अफीम की खेती की जाती है? ए एन एम 2016
(a) मन्दसौर (b) शिवपुरी
(c) सागर (d) बिलासपुर

19. मध्य प्रदेश के किस जिले में अफीम की फसल नहीं होती है?
स्टेट इंजीनियरिंग 2014
(a) मन्दसौर (b) नीमच
(c) रतलाम (d) सागर

20. मध्य प्रदेश में पौधारोपण को प्रोत्साहित करने के लिए कौन-सी योजना चल रही है?
(a) किसान लक्ष्मी योजना
(b) बलराम ताल योजना
(c) पौधा विकास योजना
(d) उपरोक्त सभी

21. देश में जैविक खेती को प्रोत्साहित करने वाला पहला राज्य कौन सा है?
(a) राजस्थान (b) महाराष्ट्र
(c) मध्य प्रदेश (d) छतीसगढ़

22. दिए गए विकल्पों में से मध्य प्रदेश भारत में किसका बड़ा उत्पादक नहीं है?
सब इंजीनियर 2016
(a) सोयाबीन (b) दाल
(c) अफीम (d) सीमेन्ट

23. जवाहरलाल नेहरू कृषि विश्वविद्यालय कहाँ स्थित है?
सब इंजीनियरिंग रिक्रूटमेण्ट 2016
(a) इन्दौर में (b) भोपाल में
(c) जबलपुर में (d) सागर में

24. निम्न में से कृषि विश्वविद्यालय कहाँ स्थित है?
(a) इन्दौर (b) भोपाल
(c) जबलपुर (d) सागर

25. मध्य प्रदेश में कितने पशु प्रजनन केन्द्र हैं?
(a) 6 (b) 7 (c) 8 (d) 9

26. राज्य में सर्वाधिक संख्या में पाया जाने वाला पशु कौन-सा है?
(a) गाय (b) भेड़
(c) बकरी (d) भैंस

27. राज्य में 'पशु चिकित्सा एवं पशुपालन कॉलेज' की स्थापना कब हुई थी?
(a) वर्ष 1940 . (b) वर्ष 1948 .
(c) वर्ष 1950 . (d) वर्ष 1955 .

28. नानाजी देशमुख विश्वविद्यालय का सम्बन्ध किससे है?
(a) कृषि विकास (b) शिशु चिकित्सा
(c) अरहर शोध केन्द्र (d) पशु चिकित्सा

29. 'जमुनापरी' किसकी देशी नस्ल है?
(a) बकरी (b) गाय
(c) भैंस (d) ऊँट

30. मध्य प्रदेश के ग्वालियर तथा भिण्ड में भैंस की कौन-सी नस्ल पाई जाती है?
(a) गिरधारी (b) बन्धवारी
(c) मुंगर (d) बेकतारी

31. ऑपरेशन फ्लड का सम्बन्ध किससे है?
(a) मछली उत्पादन (b) तेल उत्पादन
(c) पटसन उत्पादन (d) दुग्ध उत्पादन

उत्तरमाला

1. (b) **2.** (a) **3.** (d) **4.** (a) **5.** (a) **6.** (d) **7.** (d) **8.** (a) **9.** (a) **10.** (b)
11. (c) **12.** (c) **13.** (c) **14.** (a) **15.** (a) **16.** (a) **17.** (b) **18.** (a) **19.** (d) **20.** (a)
21. (c) **22.** (d) **23.** (c) **24.** (c) **25.** (c) **26.** (c) **27.** (b) **28.** (d) **29.** (a) **30.** (b)
31. (d)

अध्याय 6

वन एवं वन्यजीव

- वन एवं वन सम्पदा की दृष्टि से मध्य प्रदेश एक सम्पन्न राज्य है।
- इण्डिया स्टेट ऑफ फॉरेस्ट रिपोर्ट 2019 के अनुसार, देश में क्षेत्रफल की दृष्टि से मध्य प्रदेश भारत का सर्वाधिक वनाच्छादित राज्य है।
- राज्य में वनों का विस्तार 94,689 वर्ग किमी क्षेत्रफल पर है, जो राज्य के भौगोलिक क्षेत्रफल का 30.72% है। पर्यावरणीय दृष्टि से 33% वनों का होना आवश्यक है।
- राज्य का कुल भौगोलिक क्षेत्रफल 3,08,252 वर्ग किमी है। इण्डिया स्टेट ऑफ फॉरेस्ट रिपोर्ट 2019 के अनुसार 77482 वर्ग किमी भाग पर वनावरण है।
- मध्य प्रदेश राज्य वनों का राष्ट्रीयकरण (1970) करने वाला प्रथम राज्य है।
- राज्य का सर्वाधिक वन व वन घनत्व वाला जिला **बालाघाट** हैं, जबकि न्यूनतम वन वाला जिला **उज्जैन** है।

वनों का वर्गीकरण

राज्य में सामान्यतः उष्णकटिबन्धीय वन पाए जाते हैं, परन्तु जलवायु, मिट्टी, तापमान एवं वर्षा की विविधता के कारण वनों में विभिन्नता पाई जाती है।

राज्य में वनों का वर्गीकरण निम्न प्रकार है

भौगोलिक आधार पर वनों का वर्गीकरण

भौगोलिक आधार पर राज्य के वनों को निम्न तीन वर्गों में वर्गीकृत किया जाता है

1. उष्ण कटिबन्धीय अर्द्ध पर्णपाती वन

- उष्ण कटिबन्धीय अर्द्ध पर्णपाती वनों का विस्तार राज्य के बालाघाट, सिवनी, मण्डला, उमरिया, अनूपपुर एवं शहडोल वन जिलों में है।
- यह वन 100-150 सेमी वर्षा वाले क्षेत्रों में पाए जाते हैं। इन वनों के वृक्ष थोड़े समय के लिए पत्तियाँ गिराते हैं।
- यह वन अधिपादप सदाबहार अथवा अर्द्ध सदाबहार होते हैं।
- इन वनों में साल, सागौन, बाँस, आम, पीपल, शीशम तथा महुआ आदि वृक्ष होते हैं। यह वन अधिकतर लाल-पीली मृदा वाले क्षेत्रों में पाए जाते हैं।

2. उष्णकटिबन्धीय पर्णपाती वन

- इन वनों का विस्तार राज्य में जबलपुर छिन्दवाड़ा, होशंगाबाद, बैतूल, सिवनी, निमाड़ तथा छतरपुर आदि जिलों में है।
- यह वन वहाँ पाए जाते हैं, जहाँ वर्षा 50 से 100 सेमी होती है।

- इन वनों के वृक्ष पानी की कमी को पूरा करने के लिए ग्रीष्मकाल से पहले पत्तियाँ गिरा देते हैं।
- इन वनों की लकड़ियाँ इमारती कार्यों के लिए महत्त्वपूर्ण होती हैं।
- सागौन, शीशम, नीम, पीपल आदि इस वन के प्रमुख वृक्ष हैं।

3. उष्ण कटिबन्धीय शुष्क पर्णपाती वन

- राज्य में ये वन मुख्य रूप से चम्बल की घाटी में फैले हुए हैं। राज्य में इनका विस्तार सर्वाधिक है।
- ये वन मुख्य रूप से 25 सेमी से 75 सेमी वर्षा वाले क्षेत्रों में पाए जाते हैं।
- इन क्षेत्रों में वनों की जगह कँटीली झाड़ियाँ पाई जाती हैं।
- ये वन प्रदेश के शिवपुरी, भिण्ड, मुरैना, ग्वालियर, रतलाम, टीकमगढ़, मन्दसौर दतिया तथा निमाड़ आदि जिलों में पाए जाते हैं।
- हर्रा, बबूल, कीकर, पलाश, तेंदू, खेतड़ी तथा शीशम इस वन प्रदेश में पाए जाने वाले प्रमुख वृक्ष हैं।

वनों का प्रशासनिक वर्गीकरण

राज्य में वनों को प्रशासनिक वर्गीकरण की दृष्टि से तीन भागों में विभाजित किया गया है

1. आरक्षित वन

- फॉरेस्ट रिपोर्ट 2019 के अनुसार, राज्य में आरक्षित वन लगभग 61,886 वर्ग किमी क्षेत्र में फैले हुए हैं, जो राज्य के कुल वन क्षेत्र का 65.36% भाग है।
- आरक्षित वन क्षेत्र में प्रशासकीय नियम अत्यन्त कठोर होते हैं। इन वनों पर शासन का पूर्णतः नियन्त्रण रहता है।
- इन वनों में आवागमन, पशुचारण, लकड़ी काटना दण्डनीय अपराध माना जाता है।
- सबसे अधिक आरक्षित वन खण्डवा वन वृत्त तथा न्यूनतम छतरपुर वन वृत्त में प्राप्त होते हैं।
- इन वनों में ही **राष्ट्रीय उद्यान** स्थापित किए जाते हैं।

2. संरक्षित वन

- फॉरेस्ट रिपोर्ट 2019 के अनुसार, राज्य में संरक्षित वन लगभग 31,098 वर्ग किमी क्षेत्रफल पर फैले हुए हैं, जो कुल वन क्षेत्रफल का 33% है।
- इन वनों का प्रबन्धन प्रशासन की देख-रेख में होता है।
- इन वनों में पशुचारण, आवागमन विशेष परिस्थिति में अनुमति द्वारा वृक्ष काटने की सुविधा होती है। संरक्षित वनों का वितरण, आरक्षित वनों का पूरक है।
- संरक्षित वनों का प्रतिशत हिस्सा सर्वाधिक राजगढ़ में (100%) तथा न्यूनतम उज्जैन में (0%) पाया जाता है।

3. अवर्गीकृत वन

- फॉरेस्ट रिपोर्ट 2019 के अनुसार, राज्य में अवर्गीकृत वन लगभग 1,705 वर्ग किमी क्षेत्रफल पर फैले हुए हैं, जिसका क्षेत्रफल कुल वन क्षेत्रफल का लगभग 2% है।
- ऐसे वन जिनका वर्गीकरण न किया गया हो, उन्हें अवर्गीकृत वन कहा जाता है।
- इन वनों में पशुचारण, आवागमन एवं वन काटने की सुविधा होती है।

मध्य प्रदेश का वन क्षेत्र (इण्डिया स्टेट ऑफ फॉरेस्ट रिपोर्ट, 2019 के अनुसार)

वर्ग	***क्षेत्रफल*** (वर्ग किमी)
आरक्षित क्षेत्र	61,886 वर्ग किमी
संरक्षित क्षेत्र	31,098 वर्ग किमी
अवर्गीकृत क्षेत्र	1,705 वर्ग किमी
कुल	**94,689 वर्ग किमी**

राज्य के सर्वाधिक वन क्षेत्र वाले पाँच जिले (फॉरेस्ट रिपोर्ट, 2019) (वर्ग किमी में)

क्र. सं.	*जिला*	*भौगोलिक क्षेत्र*	*अति सघन वन*	*मध्य सघन वन*	*खुला वन*	*कुल*	*भौगोलिक क्षेत्र (% में)*
1.	बालाघाट	9229	1409	2638	883	4932	53.44
2.	छिन्दवाड़ा	11815	576	2027	1983	4588	38.83
3.	बैतूल	10043	230	1938	1495	3663	36.48
4.	सिवनी	8758	237	1791	1041	3069	35.05
5.	रायसेन	8466	23	1306	1346	2676	31.61

राज्य के निम्न वन क्षेत्र वाले पाँच जिले (फॉरेस्ट रिपोर्ट, 2019) (वर्ग किमी में)

क्र. सं.	*जिला*	*भौगोलिक क्षेत्र*	*अति सघन वन*	*मध्य सघन वन*	*खुला वन*	*कुल*	*भौगोलिक क्षेत्र (% में)*
1.	उज्जैन	6091	0	2.60	33.62	36.52	0.59
2.	शाजापुर	6195	0	2.44	60.91	63.35	1.02
3.	रतलाम	4861	0	2.53	57.32	59.85	1.23
4.	भिण्ड	4459	0	28.55	78	106	2.39
5.	राजगढ़	6153	0	37.99	134	172	2.80

राज्य के प्रमुख वन संस्थान/शिक्षा केन्द्र

संस्थान/स्कूल	*मुख्यालय*
प्रादेशिक वन स्कूल/ फॉरेस्ट गार्ड ट्रेनिंग स्कूल (8)	शिवपुरी, बैतूल, झाबुआ, अमरकण्टक, गोविन्दपुर, पंचमढ़ी, ताला, शिवनी
वन राजकीय महाविद्यालय	बालाघाट
फॉरेस्ट गार्ड रेजिंग स्कूल	बैतूल, शिवपुरी, रीवा, अमरकण्टक, लखनादौन
वन प्रबन्धन शिक्षा केन्द्र	बैतूल
संजीवनी संस्थान	भोपाल
भारतीय वन अनुसन्धान संस्थान (क्षेत्रीय कार्यालय)	जबलपुर
भारतीय वन प्रबन्ध संस्थान	भोपाल
वन विकास निगम	भोपाल
मध्य प्रदेश इको पर्यटन विकास निगम	भोपाल
उष्ण कटिबन्धीय वन संस्थान	जबलपुर

वन सम्पदा

वन सम्पदा की दृष्टि से मध्य प्रदेश के वन अत्यधिक सम्पन्न हैं। *राज्य के प्रमुख वन निम्न हैं*

सागौन (सागवान)

- इसका बॉटनीकल नाम ***टेक्टोनेग्रेण्डाई*** है।
- यह उष्ण कटिबन्धीय अर्द्ध पर्णपाती वनों के प्रमुख वृक्ष हैं। यह राज्य के सर्वाधिक क्षेत्र में पाए जाते हैं।
- राज्य में सागौन के वृक्ष 18,332.67 वर्ग किमी क्षेत्रफल पर फैले हुए हैं।
- यह वन 75 से 125 सेमी वर्षा वाले तथा काली मृदा के क्षेत्रों में पाए जाते हैं।
- इनकी लकड़ी इमारती होती है, जो घरों एव लकड़ी के सामान बनाने के काम आती है।
- होशंगाबाद की बोरी घाटी जबलपुर, बैतूल आदि क्षेत्रों में यह वृक्ष अत्यधिक पाए जाते हैं।

साल

- यह उष्णकटिबन्धीय अर्द्ध पर्णपाती वन के वृक्ष हैं। इसका बॉटनीकल नाम ***शोरीया रोबुस्ता*** है।
- राज्य के कुल वन क्षेत्रफल के 4.15% क्षेत्र में साल के वन पाए जाते हैं।
- साल की लकड़ी का प्रयोग रेलवे स्लीपर एवं इमारती लकड़ी के रूप में होता है।
- साल राज्य के लाल एवं पीली मिट्टी वाले तथा 125 सेमी वर्षा वाले पूर्वी क्षेत्रों में पाए जाते हैं।
- शहडोल, बालाघाट, उमरिया एवं मण्डला जिले में साल वृक्ष अधिक पाए जाते हैं, परन्तु साल के वृक्ष बोर नामक कीड़े से क्षतिग्रस्त हो रहे हैं।

बाँस

- राज्य में बाँस दक्षिणी एवं पूर्वी जिलों शहडोल, अनूपपुर, बालाघाट, बैतूल, जबलपुर, सिवनी, मण्डला, खण्डवा एवं होशंगाबाद में पाया जाता है।
- इसका बॉटनीकल नाम ***डेण्डोकेलेमस*** है। यह 75-125 सेमी वर्षा वाले क्षेत्र में पाए जाते हैं।
- बाँस का प्रयोग अमलाई एवं नेपानगर के कागज कारखानों में तथा भवन निर्माण के लिए किया जाता है। बालाघाट एवं होशंगाबाद वन वृत्त बाँस के प्रमुख उत्पादक क्षेत्र हैं।
- बाँस उत्पादन में मध्य प्रदेश का स्थान देश में अरुणाचल प्रदेश के बाद दूसरा है।

खैर

- राज्य में शिवपुरी तथा बानमौर में कत्था बनाने के कारखाने हैं, जिन्हें खैर की लकड़ी श्योपुर, शिवपुरी, गुना तथा मुरैना के वनों से मिलती है।
- खैर राज्य के जबलपुर, सागर, दमोह, उमरिया इत्यादि जिलों में भी पाया जाता है।
- इसका प्रयोग पेण्ट,चर्मशोधन औषधि आदि में होता है।

लाख

- राज्य में पलास, कुसुम, बेर के वृक्षों तथा अरहर के पौधे से लाख प्राप्त होती है।
- **उमरिया** में लाख बनाने का कारखाना है।
- राज्य में लाख मण्डला, जबलपुर, सिवनी, शहडोल तथा होशंगाबाद के वनों में पाया जाता है।
- इसका प्रयोग औषधि, चर्म शोधन, रसायन एवं सौन्दर्य प्रसाधन के रूप में किया जाता है।

हर्रा

- हर्रा मुख्यतः छिन्दवाड़ा, बालाघाट, मण्डला, श्योपुर एवं शहडोल के वनों से प्राप्त होता है।
- हर्रा वृक्ष के फलों में 35 से 40 प्रतिशत तक **ट्रैनिंग** पाई जाती है।
- इसका प्रयोग चर्म शोधन, स्याही, पेन्ट तथा औषधि के रूप में किया जाता है।

तेन्दूपत्ता

- मध्य प्रदेश तेन्दूपत्ता का सबसे बड़ा **संग्राहक** है।

- यह मुख्यतः सागर, जबलपुर, शहडोल एवं सीधी जिलों में प्रचुर मात्रा में पाया जाता है।
- तेन्दूपत्ता का प्रयोग मुख्यतः बीड़ी बनाने में होता है।

गोंद

- गोंद का उत्पादन ग्वालियर, खण्डवा, मुरैना, शिवपुरी तथा रतलाम आदि जिलों में किया जाता है।
- यह बबूल, कूल्लू एवं सलाई इत्यादि वृक्षों से प्राप्त होता है।
- गोंद का प्रयोग तीन रूपों में होता है, जिसमें **बबूल** का प्रयोग खाने में, **कुल्लू** का प्रयोग कॉफी एवं पेस्टी बनाने में तथा **सलाई** गोंद का प्रयोग पेण्ट तथा वार्निश बनाने में किया जाता है।
- इसके अतिरिक्त गोंद का प्रयोग पेपर प्रिण्टिंग, दवा उद्योग आदि में किया जाता है।

भिलावा

- भिलावा एक फल का नाम है। भिलावा मुख्य रूप से छिन्दवाड़ा वन वृत्त से एकत्रित किया जाता है।
- इसका प्रयोग स्याही एवं पेण्ट बनाने में किया जाता है।
- छिन्दवाड़ा जिले में भिलावा से स्याही बनाने का कारखाना है।

मध्य प्रदेश के औषधीय पौधे

मध्य प्रदेश के प्रमुख औषधीय पौधे काली हल्दी (*करकूमा केशिया*), मुल्हटी (*ग्लेशिरहिजा गलेब्रा*), जंगली हल्दी (*करकूमा एरोमैटिका*), काली मूसली (*करकुलिगो आर्कियोडीज़*), अश्वगन्धा (*विथेनिआ सोमनिफेरा*), सर्पगन्धा (*राउवोल्फिआ सर्पेन्टिना*), सफेद मूसली (*क्लरोफायटम ट्यूबरोसम*), नागरमोठा (*साइप्रस स्कारिओसस*) आदि है।

राज्य की प्रमुख वन संरक्षण योजनाएँ/कार्यक्रम

मध्य प्रदेश सरकार की प्रमुख वन संरक्षण योजनाएँ/कार्यक्रम निम्न हैं

- **दीनदयाल वनांचल सेवा** का 20 अक्टूबर 2016 को मुख्यमन्त्री द्वारा शुभारम्भ किया गया। यह वन सुरक्षा एवं विकास के साथ सुदूर वनांचलों में पदस्थ वन अधिकारियों/कर्मचारियों के सहयोग से वनवासियों के कल्याण एवं सेवा का एक अभिनव प्रयास है। यह स्वस्थ जन, स्वस्थ वन की अवधारणा पर आधारित है।
- **वाणिज्यिक बागवानी योजना** औद्योगिक और वाणिज्यिक प्रयोजनों के उपयोग के लिए सागौन और बाँस जैसे उच्च आर्थिक मूल्य की प्रजातियों का रोपण कर वानिकी उत्पादन में वृद्धि करना इस योजना का मुख्य उद्देश्य है।
- **पंचवन योजना** इसका मुख्य उद्देश्य 33% से कम क्षेत्रफल वाले जिलों में वृक्षारोपण करना है।
- **सूखा उन्मुख क्षेत्र कार्यक्रम** इसके अन्तर्गत झाबुआ, बैतूल, सीधी, खरगौन एवं शहडोल जिले में निगम द्वारा चरागाह विकास के साथ सड़क के किनारे वृक्षारोपण किया गया है।
- **जंगल गलियारा** पर्यावरण संरक्षण की दृष्टि से यह राज्य की प्रमुख योजना है, जिसकी शुरुआत वर्ष 1999 में हुई थी। इसके तहत् दो अभयारण्यों तथा दो राष्ट्रीय उद्यानों को जोड़कर उनके बीच एक वन क्षेत्र की पट्टी विकसित करने की योजना बनाई गई है। इस जंगल गलियारा के तहत् जोड़े जाने वाले राष्ट्रीय उद्यानों में बाँधवगढ़ (शहडोल) व कान्हा (मण्डला) शामिल हैं।
- **लोक वानिकी योजना** इसके तहत् सीधी, होशंगाबाद एवं देवास जिलों में किसान संघ का गठन किया गया। यह योजना वर्ष 1995 में प्रारम्भ हुई। इसका उद्देश्य वैज्ञानिक प्रबन्धन लाकर वानिकी को लोकप्रिय व्यवसाय के रूप में स्थापित करना है।
- **सामाजिक वानिकी योजना** इसकी शुरुआत वर्ष 1976 में की गई। इसका उद्देश्य निजी क्षेत्रों में वृक्षारोपण को बढ़ावा देना, कृषि वानिकी को बढ़ावा तथा प्रोत्साहन देना आदि है।

राज्य की वन नीति, 2005

राज्य की वन नीति, 2005 के मुख्य बिन्दु निम्न हैं

- मध्य प्रदेश सरकार ने वर्ष 1952 की प्रथम नीति के बाद अपनी दूसरी नीति **4 अप्रैल, 2005** को घोषित की।
- वर्ष 1988 में पुनरीक्षित राष्ट्रीय वन नीति घोषित की गई, जिसके प्रावधानों के अनुरूप राज्य की वन नीति में व्यवस्थाएँ की जानी आवश्यक थीं।
- पूर्व की नीति में वन प्रबन्धन कार्य जहाँ विभाग के कड़े नियन्त्रण में ठेकेदारों के माध्यम से कराया जाता था, वहीं वर्तमान नीति में जन-भागीदारी से वनों के विकास को महत्त्व दिया गया है।
- पूर्व की वन नीति में जहाँ राजस्व आय को प्राथमिकता दी गई थी, वहीं वर्तमान नीति में इसे गौण मानते हुए मुख्य वनों के संवहनीय प्रबन्धन से पर्यावरण संरक्षण तथा स्थानीय समुदायों को रोजगार उपलब्ध कराना प्रमुख उद्देश्य उनकी आय के साधन बढ़ाना तथा उनकी मूलभूत वनाधारित आवश्यकताओं को पूर्ण करना प्रमुख उद्देश्य है।
- वनाश्रित समुदायों के सर्वांगीण विकास एवं महिलाओं के सशक्तीकरण पर पर्याप्त बल दिया गया है।
- वन सुरक्षा प्रणाली को सुदृढ़ बनाने के लिए बिना तार वाले तन्त्र आदि संचार सुविधाओं का विस्तार किया जाएगा।
- संवेदनशील क्षेत्रों में विशेष सुरक्षा बल की व्यवस्था सुदृढ़ करना एवं वन कर्मियों को आवश्यकतानुसार शस्त्र उपलब्ध कराए जाएँगे।

वन्यजीव अभयारण्य एवं राष्ट्रीय उद्यान

- राज्य में अभयारण्य तथा राष्ट्रीय उद्यानों के अन्तर्गत वन क्षेत्र, राज्य के कुल वन क्षेत्र का लगभग 11% है।
- राज्य में वर्ष 1971 में वनों में शिकार पर प्रतिबन्ध लगाया गया तथा वन्य जीवों के संरक्षण के लिए राष्ट्रीय उद्यान एवं अभयारण्यों की स्थापना की शुरुआत की गई।
- वर्ष 1972 में वन्य जीव संरक्षण अधिनियम अस्तित्व में आया। प्रोजेक्ट टाइगर की शुरुआत 1973 में की गई। वर्ष 1974 से मध्य प्रदेश **वन्य प्राणी संरक्षण अधिनियम** लागू हुआ।
- राज्य का सबसे बड़ा अभयारण्य **नौरादेही** (सागर) है, जबकि सबसे छोटा अभयारण्य **राला मण्डल** (इन्दौर) है।
- एशियाई सिंहों को श्योपुर के पालपुर-कूनो अभयारण्य में संरक्षित किया जा रहा है।

वन्यजीव अभयारण्य

राज्य के प्रमुख अभयारण्य निम्न हैं

राष्ट्रीय चम्बल अभयारण्य

- इस अभयारण्य को **राष्ट्रीय घड़ियाल** अभयारण्य का दर्जा प्रदान किया गया।
- उत्तरी भारत में यह तीन राज्यों मध्य प्रदेश छत्तीसगढ़ और उत्तर प्रदेश से घिरा हुआ चम्बल नदी के किनारे स्थित है।
- यह अभयारण्य लगभग 5,400 वर्ग किमी क्षेत्र में (तीनों राज्यों के क्षेत्र को मिलाकर) फैला हुआ है। इस अभयारण्य में मगरमच्छ, कछुआ, ऊदबिलाव एवं डॉल्फिन भी पाई जाती है।

बोरी वन्यजीव अभयारण्य

- बोरी अभयारण्य 1865 ई. में होशंगाबाद जिले की तवा नदी के किनारे स्थापित किया गया।
- यह लगभग 518 वर्ग किमी के क्षेत्र में फैला हुआ है। इसके उत्तर में सतपुड़ा राष्ट्रीय पार्क स्थित है।
- यहाँ शेर, तेन्दुआ एवं चीतल प्रमुख वन्य प्राणी पाए जाते हैं। साथ ही इस अभयारण्य में सागौन, बाँस और पर्णपाती वृक्ष भी पाए जाते हैं।

घाटी गाँव अभयारण्य

- यह मध्य प्रदेश के ग्वालियर के समीप लगभग 512 वर्ग किमी क्षेत्र में फैला हुआ है।
- इस पार्क का निर्माण वर्ष 1981 में किया गया। यहाँ पर 'ग्रेट इण्डियन बस्टर्ड' पक्षी अधिक संख्या में पाया जाता है। यहाँ काला हिरण तथा तेन्दुआ भी पाए जाते हैं।

गाँधी सागर अभयारण्य

- गाँधी सागर अभयारण्य मन्दसौर एवं नीमच जिले की उत्तरी सीमा पर स्थित है। यह लगभग 368.62 वर्ग किमी क्षेत्र में फैला हुआ है।
- यह अभयारण्य चम्बल नदी के पश्चिमी व पूर्वी भाग को अलग करता है। यहाँ नीलगाय, चिंकारा तथा तेन्दुआ पाए जाते हैं।

नौरादेही वन्यजीव अभयारण्य

- नौरादेही वन्यजीव अभयारण्य भारत में चीते के संरक्षण के लिए प्रसिद्ध है। यह लगभग 1194.67 वर्ग किमी क्षेत्र में विस्तृत है।
- यह अभयारण्य संरक्षित अभयारण्य है। यह जबलपुर, दमोह एवं सागर जिले के समीप स्थित है। यह मध्य प्रदेश का सबसे बड़ा वन्यजीव अभयारण्य है। यहाँ नीलगाय, काला हिरण, चीतल आदि पाए जाते हैं।

राज्य के अन्य महत्त्वपूर्ण वन्यजीव अभयारण्य

अभयारण्य	*जिला*	*क्षेत्रफल (वर्ग किमी)*	*प्रमुख वन्यजीव*
नरसिंहगढ़	राजगढ़	57.19	तेन्दुआ, साम्भर, चीतल, मोर, जंगली सुअर
डुबरी (संजय)	सीधी	364.59	शेर, तेन्दुआ, चीतल, नीलगाय, साम्भर, चिंकारा
पंचमढ़ी	होशंगाबाद	461.85	शेर, तेन्दुआ, साम्भर, चीतल, गौर, नीलगाय, हिरण, चिंकारा
रातापानी	रायसेन	825.90	शेर, साम्भर, तेन्दुआ, चीतल, नीलगाय
पेंच	सिवनी	118.473	शेर, तेन्दुआ, साम्भर, चीतल, गौर
सोन (घड़ियाल)	सोन नदी, सीधी	209	घड़ियाल, मगरमच्छ, कछुआ, प्रवासी पक्षी
सरदारपुर	धार	348.12	खरमोर, डॉल्फिन
सैलाना	रतलाम	12.96	खरमोर
गंगऊ	पन्ना	68.53	तेन्दुआ, जंगली सुअर, साम्भर, चीतल, नीलगाय, चिंकारा
राला मण्डल	इन्दौर	2.345	बाघ, तेन्दुआ, चीतल, साम्भर, गौर, भालू
ओरछा	टीकमगढ़	45	तेन्दुआ, जंगली सुअर, साम्भर, चीतल, चिंकारा
वीरांगना दुर्गावती	दमोह	23.97	साम्भर, नीलगाय, कृष्ण मृग, चीतल
पालपुर कूनों	श्योपुर	350	शेर, चीतल, साम्भर, नीलगाय चिंकारा

राष्ट्रीय उद्यान

- राष्ट्रीय उद्यान ऐसे आरक्षित क्षेत्र होते हैं, जहाँ वन्यजीवों एवं वनों को पूर्णरूप से संरक्षित किया जाता है।
- राष्ट्रीय उद्यान में किसी भी प्रकार की मानवीय गतिविधियों एवं पशुचारण पर पूर्णतः प्रतिबन्ध होता है तथा इसमें एक या एक से अधिक पारिस्थितिक तन्त्र शामिल होते हैं। मध्य प्रदेश में वन्यजीवों को संरक्षण प्रदान करने की दृष्टि से मध्य प्रदेश राष्ट्रीय उद्यान अधिनियम के अन्तर्गत अनेक राष्ट्रीय उद्यान स्थापित किए गए हैं।

राज्य के प्रमुख राष्ट्रीय उद्यान निम्नलिखित हैं

कान्हा-किसली राष्ट्रीय उद्यान

- कान्हा-किसली राष्ट्रीय उद्यान मण्डला जिले में 940 वर्ग किमी क्षेत्रफल पर फैला हुआ है। **क्षेत्रफल की दृष्टि** से यह **मध्य प्रदेश का सबसे बड़ा राष्ट्रीय उद्यान** है।
- वर्ष 1933 में कान्हा क्षेत्र को विलुप्त होते **बारहसिंगा** को बचाने के लिए अभयारण्य बनाया गया था।
- वर्ष 1955 में इसे **मध्य प्रदेश का पहला राष्ट्रीय उद्यान** बनाया गया। इसे प्रोजेक्ट टाइगर के अन्तर्गत वर्ष 1974 में शामिल किया गया।
- यहाँ बाघ, तेन्दुआ, चीतल, साम्भर, कृष्ण मृग, बारहसिंगा प्रमुख वन्य प्राणी पाए जाते हैं।
- यह बालाघाट जिले में सर्वाधिक फैला है।

माधव राष्ट्रीय उद्यान

- माधव राष्ट्रीय उद्यान की स्थापना वर्ष 1958 में **शिवपुरी** जिले में की गई थी। इसका विस्तार 375.23 वर्ग किमी क्षेत्रफल पर है।
- इस उद्यान में बाघ, तेन्दुआ, चीतल, बारहसिंगा, साम्भर, लकड़बग्घा, चौसिंगा इत्यादि जानवर पाए जाते हैं। इस उद्यान में **जॉर्ज कैसल** नामक प्रसिद्ध भवन भी है।

बाँधवगढ़ राष्ट्रीय उद्यान

- बाँधवगढ़ राष्ट्रीय उद्यान की स्थापना उमरिया जिले में वर्ष 1968 में की गई। इस उद्यान का विस्तार लगभग 593 वर्ग किमी क्षेत्र पर है। यह शहडोल की 32 पहाड़ियों से घिरा हुआ है।
- बाघों की दृष्टि से देश में सर्वाधिक घनत्व वाला राष्ट्रीय उद्यान बाँधवगढ़ है। इस उद्यान में **सफेद शेर** भी पाए जाते हैं।
- इस राष्ट्रीय उद्यान में मुख्य रूप से बाघ, तेन्दुआ, गौर, बारहसिंगा, नीलगाय, चिंकारा और चीता भी पाए जाते हैं। इसे **व्हाइट टाइगर** रिजर्व क्षेत्र भी कहा जाता है।

फासिल (जीवाश्म) राष्ट्रीय उद्यान

- यह राष्ट्रीय उद्यान डिण्डोरी जिले में स्थित है। इसकी स्थापना वर्ष 1968 में की गई थी। इसे वर्ष 1983 में राष्ट्रीय उद्यानों में शामिल किया गया।
- यह राज्य का पहला जीवाश्म उद्यान है। इसमें वनस्पति जीवाश्मों को रखा गया है। यह भारत के चार जीवाश्म उद्यानों में से एक है। यह **मध्य प्रदेश का सबसे छोटा राष्ट्रीय उद्यान** (क्षेत्रफल 0.27 वर्ग किमी) है।

वन विहार राष्ट्रीय उद्यान

- यह राष्ट्रीय उद्यान मध्य प्रदेश के जीवाश्म राष्ट्रीय उद्यान के बाद सबसे छोटा राष्ट्रीय उद्यान है। इसका क्षेत्रफल 4.45 वर्ग किमी है।
- यह उद्यान भोपाल में अवस्थित है। वन विहार राष्ट्रीय उद्यान की स्थापना वर्ष 1979 में भोपाल में की गई। इसमें राज्य में पाए जाने वाले सभी जीव पाए जाते हैं।

पेंच राष्ट्रीय उद्यान

- यह मध्य प्रदेश के सिवनी-छिन्दवाड़ा जिलों में विस्तृत है। इस राष्ट्रीय उद्यान को 1977 में अभयारण्य तथा 1983 में राष्ट्रीय उद्यान घोषित किया गया। यह 293 वर्ग किमी क्षेत्रफल पर फैला हुआ है।

- पेंच राष्ट्रीय उद्यान को वर्ष 1992-93 में प्रोजेक्ट टाइगर योजना में शामिल किया गया।
- इस उद्यान को **इन्दिरा गाँधी प्रियदर्शनी उद्यान** के नाम से भी जाना जाता है।
- यहाँ बाघ, तेन्दुआ, चीतल, साम्भर, गौर, हिरण आदि वन्य प्राणी पाए जाते हैं।

पन्ना राष्ट्रीय उद्यान

- पन्ना राष्ट्रीय उद्यान की स्थापना वर्ष 1981 में छतरपुर एवं पन्ना जिलों में की गई। यह 543 वर्ग किमी क्षेत्रफल पर फैला हुआ है।
- इस उद्यान को वर्ष 1994 में प्रोजेक्ट टाइगर में शामिल किया गया। इस उद्यान में प्रदेश के एकमात्र **रेप्टाइल पार्क** (रेंगने वाले जीव) की स्थापना की गई है।
- यहाँ बाघ, तेन्दुआ, साम्भर, चिंकारा, भालू आदि प्रमुख वन्य प्राणी पाए जाते हैं।

सतपुड़ा राष्ट्रीय उद्यान

- इस उद्यान की स्थापना वर्ष 1983 में होशंगाबाद जिले में 524 वर्ग किमी क्षेत्रफल पर हुई। इस उद्यान को वर्ष 1999-2000 में प्रोजेक्ट टाइगर में शामिल किया गया है।
- यहाँ बाघ, तेन्दुआ, चीतल, गौर, भालू, मुजक, हिरण आदि वन्य प्राणी पाए जाते हैं।

संजय राष्ट्रीय उद्यान

- यह राष्ट्रीय उद्यान मध्य प्रदेश के सीधी, शहडोल तथा छत्तीसगढ़ के सरगुजा जिले में 466 वर्ग किमी (मध्य प्रदेश में 198 वर्ग किमी) क्षेत्र पर फैला हुआ है।
- इस उद्यान को वर्ष 2008 में प्रोजेक्ट टाइगर में शामिल किया गया। इसे वर्ष 1981 में राष्ट्रीय उद्यान घोषित किया गया था।
- यहाँ बाघ, नीलगाय, चिंकारा, तेन्दुएँ आदि प्रमुख वन्य प्राणी पाए जाते हैं।

डायनासोर राष्ट्रीय उद्यान

- डायनासोर के जीवाश्मों को संरक्षित करने के उद्देश्य से इस उद्यान की स्थापना धार जिले में 108 वर्ग किमी में की जा रही है।
- यह उद्यान (2013 में अधिसूचित) ही विश्व में ऐसा एकमात्र क्षेत्र है, जो डायनासोर के जीवाश्म के लिए सबसे समृद्ध है। यहाँ पर डायनासोर की सभी प्रजातियों के अवशेष मिलते हैं।

प्रोजेक्ट टाइगर में शामिल राष्ट्रीय उद्यान एवं अभयारण्य

राष्ट्रीय उद्यान/ अभयारण्य	*जिला*	*स्थापना वर्ष*
कान्हा-किसली	मण्डला	1955
बाँधवगढ़	उमरिया	1968
पन्ना	पन्ना, छतरपुर	1981
पेंच	सिवनी, छिन्दवाड़ा	1983
सतपुड़ा	होशंगाबाद	1983
संजय	सीधी	1981
रातापानी (अभयारण्य)	रायसेन	2012
पन्ना-2	पन्ना	प्रस्तावित
ओंकारेश्वर	खण्डवा	प्रस्तावित

राज्य के बायो रिज़र्व क्षेत्र

बायो रिज़र्व क्षेत्र	*जिला*	*स्थापना*
पंचमढ़ी बायोस्फियर रिज़र्व क्षेत्र	बैतूल, होशंगाबाद, छिन्दवाड़ा	1999
अमरकण्टक अयानअर जैवमण्डलीय आरक्षित क्षेत्र	डिण्डोरी, अनूपपुर	2005
पन्ना	पन्ना, छतरपुर	2011

प्रमुख पर्यावरण संरक्षण संस्थान

संगठन	स्थापना	उद्देश्य
मध्य प्रदेश प्रदूषण नियन्त्रण बोर्ड	1974	भोपाल में प्रदूषण को नियन्त्रित करना।
पर्यावरण नियोजन एवं समन्वय संगठन (एप्को), भोपाल	1981	पर्यावरण सम्बन्धी शोध, शिक्षण, प्रशिक्षण करना, प्रदूषण रोकना।
आपदा प्रबन्धन संस्थान, भोपाल	1987	प्राकृतिक व मानव जनित आपदा के प्रभावों को कम करना।

राज्य में पाए जाने वाले मुख्य पक्षी

राज्य में तीन प्रकार के मुख्य पक्षी पाए जाते हैं

1. **वक्षीय पक्षी** लायबर तोता, टयूंगा, बसथ, कक्कू, चातक, महोख तथा कोयल (सम्पूर्ण मध्य प्रदेश में) वक्षीय पक्षी हैं। चातक मानसून के समय मध्य प्रदेश में पहुँचता है, जो अफ्रीका महाद्वीप से आता है।
2. **थलीय पक्षी** खंजन, चराचरी, तीतर व बटेर प्रमुख थलीय पक्षी हैं, जो सभी ऋतुओं (गर्मी को छोड़कर) में पाए जाते हैं।
3. **जलीय पक्षीय** बत्तख, टिटहरी, हंस, रैल्स, थेकारी, चैती, फुलचुकी (सबसे छोटा) राज्य के प्रमुख जलीय पक्षी हैं। टिटहरी राज्य में बड़ी संख्या में पाया जाता है।

प्रमुख वानिकी पुरस्कार

राज्य के प्रमुख वानिकी पुरस्कारों का वर्णन निम्न है

- **अमृता देवी स्मृति पुरस्कार** यह पुरस्कार वन तथा वन्य जीव संरक्षण के क्षेत्र में महत्त्वपूर्ण योगदान हेतु (वीरांगना अमृता देवी की याद में) दिया जाता है। इसकी शुरुआत वर्ष 1994 में हुई।
- **महावृक्ष पुरस्कार** प्राचीन एवं विशिष्ट प्रणालियों के वृक्षों को पहचानकर सुरक्षित एवं संरक्षित करने के उद्देश्य से यह पुरस्कार प्रदान किया जाता है। इसकी शुरुआत वर्ष 1995 में हुई थी।
- **वन प्रहरी पुरस्कार** वनों के बचाव के क्षेत्र में उल्लेखनीय योगदान हेतु यह पुरस्कार दिया जाता है। यह पुरस्कार जिला तथा राज्य दोनों स्तरों पर दिया जाता है।
- **वृक्ष मित्र पुरस्कार** पूर्व प्रधानमन्त्री श्री इन्दिरा गाँधी की स्मृति में उनकी जन्म तिथि (19 नवम्बर) पर **इन्दिरा प्रियदर्शनी वृक्ष मित्र पुरस्कार** दिया जाता है।

भारत का पहला गाय अभ्यारण्य मध्यप्रदेश में स्थापित

भारत का पहला गाय अभ्यारण्य मध्य प्रदेश के आगर-मालवा में स्थापित हुआ है। इसे राज्य सरकार द्वारा स्थापित किया गया। यह अभ्यारण्य कामधेनु गाय अभ्यारण्य के नाम से भी जाना जाता है। इस अभ्यारण्य का विकास मध्य प्रदेश गाय सम्वर्द्धन बोर्ड के द्वारा किया गया, जो मुख्यालय से 50 किमी दूर सालारिया गाँव में अवस्थित है। मध्य प्रदेश सरकार ने गाय के लिए मंत्रालय स्थापित करने की घोषणा की। जिसमें यह कहा गया कि गाय मंत्रालय मध्य प्रदेश गौपालन पशुधन संवर्द्धन बोर्ड का स्थान लेगा।

वन एवं वन्यजीव

स्व-मूल्यांकन

1. भारत के किस राज्य का सर्वाधिक क्षेत्र वन-आच्छादित है? एम पी एस आई 2016
(a) असम (b) उत्तर प्रदेश
(c) हिमाचल प्रदेश (d) मध्य प्रदेश

2. कौन-सा राज्य अनुपात में सबसे ज्यादा जंगल द्वारा व्यापित है? एम पी एस आई 2011
(a) मध्य प्रदेश (b) बिहार
(c) अरुणाचल प्रदेश (d) नागालैण्ड

3. निम्न में से कौन-सा वन मध्य प्रदेश में सबसे अधिक पाया जाता है? कम्बाइण्ड रिक्रूटमेण्ट 2017
(a) उष्णकटिबन्धीय नम पर्णपाती वन
(b) उष्णकटिबन्धीय शुष्क पर्णपाती वन
(c) उष्णकटिबन्धीय कँटीले वन
(d) उष्ण कटिबन्धीय वर्षा वन

4. मध्य प्रदेश में सर्वाधिक वन किस जिले में हैं? डेयरी फेडरेशन रिक्रूटमेण्ट 2016
(a) बालाघाट (b) झाबुआ
(c) अलीराजपुर (d) शहडोल

5. निम्नलिखित में से मध्य प्रदेश का वह कौन-सा जिला है, जिसका वन घनत्व सर्वाधिक है? इंजीनियर रिक्रूटमेण्ट 2016
(a) धार (b) बालाघाट
(c) गुना (d) विदिशा

6. मध्य प्रदेश के निम्न किस जिले में न्यूनतम वन क्षेत्र पाया जाता है? डेयरी फेडरेशन रिक्रूटमेण्ट 2016
(a) शाजापुर (b) शुजालपुर
(c) रायसेन (d) डिण्डोरी

7. भारतीय वन अनुसन्धान संस्थान की क्षेत्रीय अनुसन्धान शाखा मध्य प्रदेश के किस जिले में स्थित है? एम पी पी एस सी 2016
(a) बालाघाट (b) भोपाल
(c) बैतूल (d) जबलपुर

8. सागवान एवं साल मुख्य रूप से मध्य प्रदेश के सभी राष्ट्रीय उद्यानों में पाए जाते हैं। ये पेड़ होते हैं ए एन एम 2016
(a) सदाबहार (b) पर्णपाती
(c) शंकुधर (d) अल्पाइन

9. सागौन मध्य प्रदेश में कहाँ पाए जाते हैं?
(a) होशंगाबाद (b) जबलपुर
(c) बैतूल (d) ये सभी

10. बाँस का प्रयोग इनमें से किस कार्य के लिए होता है? डेयरी फेडरेशन रिक्रूटमेण्ट 2016
(a) रेलवे स्लीपर (b) भवन निर्माण
(c) बीड़ी निर्माण (d) कत्था निर्माण

11. खैर वृक्ष से क्या निकाला जाता है? पटवारी 2008
(a) तेल (b) गोंद
(c) लाख (d) कत्था

12. मध्य प्रदेश में वन क्षेत्र लगभग 27% हैं, जिसमें राष्ट्रीय उद्यान एवं अभयारण्य हैं? डेयरी फेडरेशन रिक्रूटमेण्ट 2016
(a) 09% (b) 11%
(c) 22% (d) 26%

13. वन्यजीव संरक्षण अधिनियम किस वर्ष से प्रभाव में आया? ए एन एम 2016
(a) वर्ष 1991 (b) वर्ष 1972
(c) वर्ष 1984 (d) वर्ष 2000

14. प्रोजेक्ट टाइगर योजना की शुरुआत कब की गई थी? एम पी पटवारी 2012
(a) वर्ष 1989 में (b) वर्ष 1979 में
(c) वर्ष 1973 में (d) वर्ष 1983 में

15. राज्य का सबसे छोटा अभयारण्य कौन-सा है? एम पी पी एस सी 2013
(a) पेंच (b) ओरछा
(c) राला मण्डल (d) नरसिंह गढ़

16. पालपुर-कुनों अभयारण्य किस जिले में स्थित है? एम पी पी एस सी 2008
(a) मुरैना (b) श्योपुर
(c) डबरा (d) दतिया

17. नौरादेही मध्य प्रदेश का सबसे बड़ा .... है। डेयरी फेडरेशन रिक्रूटमेण्ट 2016
(a) अस्पताल
(b) रक्तदान केन्द्र
(c) वन्यजीव अभयारण्य
(d) संग्रहालय

18. डॉल्फिन .... अभयारण्य की नदियों में पाई जाती है। ए एन एम 2016
(a) चम्बल (b) घड़ियाल
(c) सरदारपुर (d) शिवपुरी

19. 'वीरांगना दुर्गावती' वन्य जीव अभयारण्य किस जिले में स्थित है?
(a) दमोह (b) धार
(c) रायसेन (d) सीधी

20. मध्य प्रदेश का सबसे बड़ा राष्ट्रीय उद्यान कौन-सा है?
डेयरी फेडरेशन रिक्रूटमेण्ट 2016
(a) कान्हा-किसली (b) बाँधवगढ़
(c) पन्ना (d) सतपुड़ा

21. मध्य प्रदेश में सर्वाधिक प्राचीन नेशनल पार्क कौन-सा है?
कौशल विकास संचालनालय रिक्रूटमेण्ट 2016
(a) बाँधवगढ़ नेशनल पार्क
(b) कान्हा नेशनल पार्क
(c) माधव नेशनल पार्क
(d) सतपुड़ा नेशनल पार्क

22. 'माधव राष्ट्रीय उद्यान' किस जिले के क्षेत्र के अन्तर्गत आता है? जेल प्रहरी 2015
(a) भोपाल (b) शिवपुरी
(c) ग्वालियर (d) चम्बल

23. मध्य प्रदेश में सबसे लोकप्रिय रिज़र्व, जोकि बाघ के संरक्षण में लगा हुआ है
ए एन एम 2016
(a) चम्बल राष्ट्रीय उद्यान
(b) बोरी वन्यजीव अभयारण्य
(c) पन्ना रिजर्व
(d) बाँधवगढ़ वन्यजीव अभयारण्य

24. 'व्हाइट टाइगर क्षेत्र' का दूसरा नाम है
ए एन एम 2016
(a) चम्बल (b) शिवपुरी
(c) बाँधवगढ़ (d) कान्हा

25. इन्दिरा गाँधी प्रियदर्शनी उद्यान किस राष्ट्रीय उद्यान का नाम है?
लोअर डिवीजन क्लर्क 2013
(a) पेंच (b) सतपुड़ा
(c) कान्हा-किसली (d) बाँधवगढ़

26. सतपुड़ा राष्ट्रीय जीव उद्यान किस जिले में है? जेल प्रहरी 2015
(a) मण्डला (b) शहडोल
(c) होशंगाबाद (d) टीकमगढ़

27. 'संजय राष्ट्रीय उद्यान' मध्य प्रदेश के किस जिले में है?
लोअर डिवीजन क्लर्क 2013
(a) जबलपुर (b) सीधी
(c) नरसिंहपुर (d) छिन्दवाड़ा

28. डायनासोर जीवाश्म उद्यान कहाँ बनाया जा रहा है? एम पी पी एस सी 2010
(a) उज्जैन (b) श्योपुर
(c) धार (d) दतिया

29. निम्नलिखित टाइगर रिज़र्व में से कौन-सा मध्य प्रदेश में स्थित नहीं है?
सब इंजीनियर रिक्रूटमेण्ट 2016
(a) कान्हा (b) बाँधवगढ़
(c) पन्ना (d) जिम कॉर्बेट

उत्तरमाला

1. (d) **2.** (a) **3.** (b) **4.** (a) **5.** (b) **6.** (a) **7.** (d) **8.** (b) **9.** (d) **10.** (b)
11. (d) **12.** (b) **13.** (b) **14.** (c) **15.** (c) **16.** (b) **17.** (c) **18.** (c) **19.** (a) **20.** (b)
21. (b) **22.** (b) **23.** (d) **24.** (c) **25.** (a) **26.** (c) **27.** (b) **28.** (c) **29.** (d)

अध्याय 7

खनिज एवं ऊर्जा संसाधन

- खनिज सम्पदा की दृष्टि से मध्य प्रदेश देश के 8 खनिज सम्पन्न राज्यों में से एक है। राज्य में खनिज भण्डार प्रचुर मात्रा में हैं। राज्य में लगभग 30 प्रकार के खनिज पाए जाते हैं, जिसमें 20 प्रकार के खनिजों का उत्पादन मध्य प्रदेश राज्य द्वारा किया जाता है।
- आर्थिक सर्वेक्षण 2018-19 के अनुसार, राज्य को भारत में हीरा उत्पादन में एकाधिकार प्राप्त होने के साथ-साथ मैंगनीज अयस्क तथा ताम्र अयस्क उत्पादन में भी प्रथम स्थान प्राप्त है।
- राज्य को रॉक फॉस्फेट, चूना-पत्थर के उत्पादन में द्वितीय तथा कोयला उत्पादन में चौथा स्थान प्राप्त है। खनिज वितरण तथा उत्पादन में मध्य प्रदेश को देश में चौथा स्थान प्राप्त है, किन्तु खनिजों के भण्डार की दृष्टि से राज्य का तृतीय स्थान है।
- खनिज उत्पादन व उचित भण्डारण के लिए राज्य सरकार द्वारा 19 जनवरी, 1962 में मध्य प्रदेश राज्य खनिज विकास निगम की स्थापना की गई, जिसका मुख्यालय भोपाल में स्थित है।

मध्य प्रदेश में खनिज वितरण

राज्य में खनिजों का वितरण विशिष्ट शैल समूह द्वारा निर्धारित होता है। अतः राज्य में खनिजों का वितरण असमान पाया जाता है।

राज्य के प्रमुख खनिज निम्नलिखित हैं

लौह–अयस्क

- राज्य के ग्वालियर, जबलपुर, विदिशा, खण्डवा तथा झाबुआ जिलों में लौह-अयस्क के निक्षेप मुख्य रूप से पाए जाते हैं।
- राज्य में मुख्य रूप से हेमेटाइट व मैग्नेटाइट लौह-अयस्क पाए जाते हैं।
- जबलपुर के उत्तर-पूर्वी भाग में बिजावर सीरीज में हेमेटाइट अयस्क के संचय हैं।
- इनमें अगरिया, सरोली, जौली, कन्हवारा पहाड़ियाँ और सिहोरा क्षेत्र के निक्षेप मुख्य हैं।

मैंगनीज

- राज्य का मैंगनीज उत्पादन में महत्त्वपूर्ण स्थान है। इसके भण्डार आर्कियन काल की चट्टानों में पाए जाते हैं। यही कारण है कि मैंगनीज की प्रचुर मात्रा **बालाघाट** एवं **छिन्दवाड़ा** जिलों में पाई जाती है।
- इसका उपयोग इस्पात बनाने, रसायन उद्योग तथा शुष्क बैट्री बनाने में किया जाता है। राज्य में मैंगनीज का भण्डार लगभग 680 लाख टन है, जिसमें लगभग 500 लाख टन का भण्डार बालाघाट में पाया जाता है।

- **भर्वेली** (बालाघाट) एशिया की सबसे बड़ी मैंगनीज खान भर्वेली (बालघाट) में स्थित है।
- राज्य से मैंगनीज अमेरिका, ब्रिटेन, जर्मनी और रूस को निर्यात किया जाता है।

ताँबा

- राज्य में ताँबा बालाघाट (मलाजखण्ड क्षेत्र), जबलपुर, सागर, होशंगाबाद तथा छतरपुर इत्यादि क्षेत्रों में पाया जाता है। **मलाजखण्ड** क्षेत्र का ताँबा उत्तम कोटि का होता है।
- ताँबा अयस्क के उत्पादन में राज्य को देश में प्रथम स्थान प्राप्त है, जबकि भण्डारण में द्वितीय स्थान प्राप्त है।
- राज्य में ताँबा कायान्तरित चट्टानों से प्राप्त होता है। चूँकि ताँबा सुचालक होता है, अतः इसका उपयोग बिजली उपकरणों में मुख्य रूप से किया जाता है।

बॉक्साइट

- बॉक्साइट खनिज एल्युमीनियम धातु का अयस्क है। बॉक्साइट भण्डारण में राज्य का देश में पाँचवाँ स्थान है। यह दक्कन ट्रैप के ऊँचे पठारों में पाया जाता है।
- राज्य में बॉक्साइट के भण्डार जबलपुर, बालाघाट, अनूपपुर, मण्डला, सतना, रीवा, शहडोल एवं कटनी आदि जिलों में संचित पाए जाते हैं।

चूना-पत्थर

- चूना-पत्थर रसायन, धात्विक उद्योगों तथा निर्माण कार्यों का मूल पदार्थ है। यह प्रायः सभी अवसादी शैलों में मिलते हैं।
- चूना-पत्थर के भण्डार क्रिटेशियस शैलों एवं विन्ध्यनयुगीन शैल समूहों में संचित है। राज्य में चूना-पत्थर सतना, रीवा, दमोह, कटनी, सागर, पन्ना, श्योपुर, मुरैना एवं नीमच आदि जिलों में पाया जाता है।
- चूना-पत्थर के उत्पादन में राज्य का देश में द्वितीय स्थान है।

डोलोमाइट

- चूना-पत्थर में जब 45% से अधिक मैग्नीशियम पाया जाता है, तब उसे डोलोमाइट कहा जाता है।
- राज्य में डोलोमाइट के भण्डार बालाघाट, नरसिंहपुर, छतरपुर, सागर, मण्डला, कटनी, सिंगरौली, देवास, झाबुआ, जबलपुर एवं सिवनी आदि जिलों में पाए जाते हैं।
- इसका उपयोग सीमेण्ट के कारखाने, ढलाई तथा लोहा साफ करने में होता है।

हीरा

- राज्य का पन्ना जिला हीरे के उत्पादन में देश में प्रथम स्थान रखता है। यहाँ हीरे का क्षेत्र 90 किमी लम्बी एवं 15 किमी चौड़ी पट्टी में विस्तृत है।
- पन्ना के निकट मझगवाँ क्षेत्र में स्थित किम्बरलाइट पाइप्स से ही हीरे का उत्पादन होता है।
- राज्य में हीरा उत्पादक क्षेत्रों में पन्ना जिले के पन्ना और हनोता, सतना जिले के मझगवाँ तथा छतरपुर जिले के अंगोर आदि प्रमुख हैं।
- हीरे की प्रमुख किस्मों **कोहिनूर, महान् मुगल पिट, ओरलोक** आदि का खनन इसी प्रदेश से हुआ है। राज्य में हीरे का अधिकांश खनन नेशनल मिनरल डेवलपमेण्ट कॉर्पोरेशन द्वारा कराया जाता है।

टंगस्टन

- टंगस्टन वूलफ्राम खनिज के रूप में पाया जाता है। राज्य में इसका उत्पादन अगरगाँव (होशंगाबाद) में किया जाता है।
- इसका उपयोग विद्युत बल्ब के तन्तु बनाने एवं इस्पात काटने में किया जाता है।

चीनी मिट्टी

- इसे केओलिन नाम से भी जाना जाता है।
- चीनी मिट्टी राज्य में मुख्य रूप से जबलपुर, ग्वालियर, रीवा आदि जिलों में पाई जाती है।

- सिरेमिक तथा रिफैक्टरी वर्क्स जबलपुर, प्रदेश का सबसे पुराना चीनी मिट्टी की वस्तुएँ बनाने का कारखाना है।

संगमरमर

- संगमरमर राज्य के जबलपुर, ग्वालियर तथा छिन्दवाड़ा जिलों में मुख्य रूप से पाया जाता है।
- जबलपुर में श्वेत, बैतूल, सिवनी तथा नरसिंहपुर में रंगीन एवं ग्वालियर में लाल-पीला संगमरमर मिलता है।

कोयला

- राज्य के आर्थिक सर्वेक्षण 2018-19 के अनुसार, प्रदेश में कोयले के भण्डार 27,673 मिलियन टन (2016-17) हैं।
- इस दृष्टि से मध्य प्रदेश का देश में झारखण्ड, ओडिशा, छत्तीसगढ़ तथा पश्चिम बंगाल के पश्चात् पाँचवाँ स्थान आता है, जबकि उत्पादन में राज्य को चौथा स्थान प्राप्त है। राज्य में बिटुमिनस प्रकार का कोयला सर्वाधिक पाई जाती है।
- मध्य प्रदेश के पूर्वी तथा दक्षिणी भाग के गोण्डवाना कल्प क्षेत्र में कोयला भण्डार स्थित हैं, *जिन्हें दो भागों में बाँटा गया है*

  (i) **मध्य भारत कोयला क्षेत्र** इसे **विन्ध्य प्रदेश कोयला क्षेत्र** भी कहते हैं। यह राज्य के पूर्वी जिलों सिंगरौली, उमरिया, सीधी और शहडोल में स्थित है। प्रदेश का सबसे बड़ा कोयला क्षेत्र **सोहागपुर** (शहडोल) है।

  (ii) **सतपुड़ा कोयला क्षेत्र** यह क्षेत्र राज्य के दक्षिणी जिलों बैतूल, होशंगाबाद एवं छिन्दवाड़ा में स्थित है। इसका विस्तार कान्हन घाटी, मोहपानी, शहपुरा, तवा क्षेत्र तथा पेंच घाटी क्षेत्र में है।

मध्य प्रदेश के प्रमुख खनिज एवं उत्पादक जिले

खनिज	*उत्पादक जिले*
ग्रेफाइट	बैतूल
सुरमा (एण्टीमनी)	जबलपुर
एस्बेस्टॉस	झाबुआ
हीरा	पन्ना, छतरपुर, सतना (मझगवाँ)
कोयला	सिंगरौली, शहडोल, छिन्दवाड़ा, बैतूल एवं सीधी
बॉक्साइट	मण्डला, जबलपुर, रीवा, सतना, सीधी, अनूपपुर एवं शहडोल
ताँबा	मलाजखण्ड (बालाघाट), सलीमनाबाद (कटनी), सागर, होशंगाबाद
लौह-अयस्क	जबलपुर, विदिशा, मण्डला, बालाघाट
मैंगनीज	बालाघाट, छिन्दवाड़ा, झाबुआ, खरगौन
चूना-पत्थर	जबलपुर, मन्दसौर, सतना, कटनी, धार
डोलोमाइट	बालाघाट, छिन्दवाड़ा, जबलपुर
पायराइट	टीकमगढ़, देवास, धार
अभ्रक स्लेट	बालाघाट, छिन्दवाड़ा, होशंगाबाद, मन्दसौर
सीसा	होशंगाबाद, दतिया, शिवपुरी, झाबुआ, जबलपुर
टिन	बैतूल, गोविन्दपुर, चुखाड़ा
फेलस्पार	जबलपुर, छिन्दवाड़ा, शहडोल
रॉक फॉस्फेट	छतरपुर, झाबुआ, सागर

राज्य में खोजे गए कुछ नवीन खनिज क्षेत्र

खनिज	*क्षेत्र*
सोना	सीधी, कटनी, शहडोल
निकेल	सीधी
कॉपर	शहडोल
प्लेटिनम	बैतूल
पैलेडियम	बैतूल

राज्य में खनिज नीति 2010

राज्य में प्रथम खनिज नीति को वर्ष 1995 में लागू किया गया था। इस नीति में सुधार करते हुए खनिज नीति 2010 को लागू किया गया।

खनिज नीति 2010 के मुख्य बिन्दु निम्न हैं

- नवीन खनिजों की खोज एवं भण्डार के आकलन के लिए अत्याधुनिक प्रौद्योगिकी का उपयोग कर खनिजों की खोज करने के लिए निजी क्षेत्र सहभागिता को प्रोत्साहित किया जाएगा।
- एक निश्चित अनुपात में उच्च एवं निम्न श्रेणी खनिज के मिश्रण के लिए अध्ययनों एवं उपयोग को प्रोत्साहित किया जाएगा तथा खनिज विकास निधि का गठन किया जाएगा।
- खनिजों के अवैध उत्खनन एवं परिवहन की रोकथाम के लिए विभिन्न विभागों से समन्वय किया जाएगा।
- खनिजों के परिवहन के लिए **ई-परमिट** की व्यवस्था पर बल दिया जाएगा। खनिज रियायत आवेदन-पत्रों की प्रक्रिया को पारदर्शी बनाया जाएगा।
- बहुमूल्य धातुओं की खोज को विशेष प्राथमिकता दी जाएगी। खनिजों के अवैध उत्खनन एवं परिवहन पर नियन्त्रण रखने के लिए विद्यमान नियमों को और अधिक कठोर बनाया जाएगा।
- वर्ष 2004 से खनिज विभाग द्वारा गौण खनिजों से प्राप्त होने वाली राजस्व की सूचना पंचायत विभाग को उपलब्ध कराई जा रही है।

ऊर्जा संसाधन

- राज्य में 10 सितम्बर, 1948 को विद्युत प्रदाय अधिनियम लागू किया गया। इसके पश्चात् 1 दिसम्बर, 1950 को मध्य प्रदेश विद्युत मण्डल (देश का प्रथम) का गठन हुआ। इसका मुख्यालय जबलपुर में है। राज्य में ऊर्जा विकास निगम की स्थापना वर्ष 1982 में की गई थी।
- उत्पादन, पारेषण (Transmission) एवं विद्युत वितरण हेतु कम्पनी अधिनियम 1956 के तहत् विद्युत कम्पनियों का गठन जुलाई, 2002 में किया गया है।
- मध्य प्रदेश राज्य विद्युत मण्डल का पावर मैनेजमेण्ट कम्पनी में अप्रैल, 2012 को विलय कर दिया गया।
- सिंगरौली को मध्य प्रदेश की **ऊर्जा राजधानी** भी कहा जाता है।
- विश्व के तीसरे एवं एशिया के पहले लेसर परमाणु अनुसन्धान केन्द्र की स्थापना 19 फरवरी, 1984 को इन्दौर में की गई।

राज्य में ऊर्जा संसाधनों को दो भागों में वर्गीकृत किया जाता है

1. परम्परागत ऊर्जा स्रोत

- परम्परागत ऊर्जा स्रोत ऐसे ऊर्जा स्रोत हैं, जिनका भण्डार पृथ्वी पर सीमित है। ये ऊर्जा स्रोत भविष्य में समाप्त हो सकते हैं क्योंकि इनका उपयोग मानव लम्बे समय से कर रहा है।
- परम्परागत ऊर्जा स्रोत में कोयला, परमाणु ऊर्जा, पेट्रोलियम एवं प्राकृतिक गैस आदि आते हैं।

परम्परागत ऊर्जा स्रोत से उत्पन्न होने वाली ऊर्जा को दो भागों जल विद्युत एवं तापीय विद्युत में विभाजित किया जाता है

(*i*) जल विद्युत

- मध्य प्रदेश का पहला जल विद्युत केन्द्र मन्दसौर में चम्बल नदी पर अवस्थित **गाँधी सागर जल विद्युत केन्द्र** है। यह वर्ष 1960-61 में स्थापित हुआ था।
- मध्य प्रदेश की कुल उपलब्ध ऊर्जा में जल विद्युत ऊर्जा का भाग लगभग 30% है।

राज्य के प्रमुख जल विद्युत गृह (केन्द्र)

जल विद्युत केन्द्र	*स्थिति*
ओंकारेश्वर जल विद्युत गृह	ओंकारेश्वर (खण्डवा)
टौंस जल विद्युत गृह	सिरमोर (रीवा)
रानी अवन्तिबाई सागर विद्युत गृह	बरगी (जबलपुर)
बीरसिंहपुर जल विद्युत गृह	बीरसिंहपुर (उमरिया)
पुनासा जल विद्युत गृह	पुनासा (खण्डवा)

जल विद्युत केन्द्र	*स्थिति*
महेश्वर जल विद्युत गृह	महेश्वर (खरगौन)
गाँधी सागर जल विद्युत गृह	भानपुरा (मन्दसौर)
बाण सागर जल विद्युत गृह	सिरमौर (रीवा)
इन्दिरा सागर जल विद्युत गृह	पुनासा (खण्डवा)

मध्य प्रदेश की संयुक्त जल विद्युत परियोजनाएँ

संयुक्त परियोजना	*सम्बन्धित राज्य*
पेंच जल विद्युत परियोजना	मध्य प्रदेश एवं महाराष्ट्र
बाण सागर जल विद्युत परियोजना	मध्य प्रदेश एवं बिहार
राजघाट जल विद्युत गृह	मध्य प्रदेश एवं उत्तर प्रदेश
रिहन्द जल विद्युत परियोजना	मध्य प्रदेश एवं उत्तर प्रदेश
गाँधी सागर जल विद्युत गृह	मध्य प्रदेश एवं राजस्थान
राणा प्रताप सागर जल विद्युत गृह	मध्य प्रदेश एवं राजस्थान
जवाहर सागर जल विद्युत गृह	मध्य प्रदेश एवं राजस्थान

(*ii*) तापीय विद्युत गृह

- राज्य में लगभग दो-तिहाई विद्युत, ताप विद्युत गृहों से उत्पन्न की जाती है। ताप विद्युत गृहों में कोयले का प्रयोग किया जाता है। *राज्य में तापीय विद्युत गृहों का विवरण निम्नलिखित है*

अमरकण्टक तापीय विद्युत गृह

- यह विद्युत गृह शहडोल जिले के चचाई स्थान पर वर्ष 1965 (द्वितीय पंचवर्षीय योजना) में स्थापित किया गया था। वर्तमान में यह अनूपपुर जिले में स्थित है। प्रारम्भ में यहाँ पर 30-30 मेगावाट की दो इकाइयाँ लगाई गई थीं। वर्ष 1977-78 में इसका विस्तार करके 120 -120 मेगावाट की दो और इकाइयाँ लगाई गईं।
- वर्ष 2001 में इसका पुनः विस्तार कर इसकी कुल विद्युत उत्पादन क्षमता 500 मेगावाट तक बढ़ाई गई। यह सोन नदी से जल तथा सोहागपुर से कोयले की आपूर्ति करता है।

सतपुड़ा तापीय विद्युत गृह

- यह बैतूल जिले के सारणी नामक स्थान पर बनाया गया है। इसका निर्माण वर्ष 1963 में प्रारम्भ किया गया था।
- इसकी पाँचों इकाइयों की कुल विद्युत क्षमता 312.5 मेगावाट थी। बाद में वर्ष 1979 में 200 मेगावाट व वर्ष 1980 में 210 मेगावाट की दो अन्य इकाइयाँ लगाई गईं।
- सतपुड़ा तापीय विद्युत गृह की सभी इकाइयों की कुल विद्युत क्षमता अब 1437 मेगावाट हो गई है। इस संयन्त्र में मध्य प्रदेश एवं राजस्थान राज्यों की 3 : 2 के अनुपात में साझेदारी है।
- यह पाथर खेड़ा से कोयला तथा तवा नदी से जल की आपूर्ति करता है।

संजय गाँधी तापीय विद्युत गृह

- यह तापीय विद्युत गृह उमरिया जिले के बीरसिंहपुर स्थान पर स्थापित किया गया है। इसमें लगी चारों इकाइयों की क्षमता 210-210 मेगावाट की है।
- यहाँ पर 500 मेगावाट विस्तृत इकाई की स्थापना की गई, जिससे इसकी कुल क्षमता 1,340 मेगावाट हो गई है। इस तापीय संयन्त्र के साथ एक जल विद्युत संयन्त्र भी लगाया गया है, जिसकी क्षमता 20 मेगावाट है। यह जल-विद्युत संयन्त्र **जोहिला नदी** पर स्थापित किया गया है।

चाँदनी ताप विद्युत गृह

- नेपानगर के कागज कारखाने को विद्युत आपूर्ति हेतु वर्ष 1953 में **खण्डवा** में स्थापित किया गया। यह **प्रदेश का प्रथम ताप विद्युत केन्द्र है।** इसकी कुल उत्पादन क्षमता 17 मेगावाट है।
- तवा क्षेत्र इस विद्युत गृह को कोयला आपूर्ति करता है।

जबलपुर ताप विद्युत गृह

- जबलपुर में 44 मेगावाट की तीन, 2 मेगावाट की चार तथा 1 मेगावाट की एक इकाई कार्यरत है। इसकी उत्पादन क्षमता 151 मेगावाट है। यह जबलपुर से कोयला तथा नर्मदा नदी से जलापूर्ति करता है।

विन्ध्याचल वृहत ताप विद्युत केन्द्र

- यह ताप परियोजना सिंगरौली जिले के बैढ़न नामक स्थान पर लगाई गई है। इसकी संस्थापित क्षमता 3,760 मेगावाट है।
- यह परियोजना प्रथम एवं द्वितीय चरण में सोवियत रूस की सहायता से शुरू की गई थी। यह परियोजना राष्ट्रीय ताप विद्युत निगम (NTPC) द्वारा संचालित है।
- यह सुपर विद्युत तापग्रहों की श्रृंखला का हिस्सा है।
- यह सिंगरौली से कोयला तथा रिहन्द नदी से जल की आपूर्ति करता है।
- इस परियोजना के प्रथम चरण में 210 मेगावाट (प्रत्येक) की 6 इकाइयाँ, द्वितीय चरण में 500 मेगावाट (प्रत्येक) की दो इकाइयाँ, तीसरे व चौथे चरण में 500 मेगावाट (प्रत्येक) की चार इकाइयाँ लगाई गईं हैं।
- इस परियोजना से उत्पन्न विद्युत को मध्य प्रदेश, महाराष्ट्र, गोवा, गुजरात, दमन एवं दीव तथा दादरा एवं नगर हवेली में वितरित किया जाता है। यह मध्य प्रदेश का बड़ा तापीय विद्युत केन्द्र है।

बीना ताप विद्युत गृह

- यह परियोजना सागर जिले के बीना नामक स्थान पर लगाई गई है। इसकी क्षमता 1,000 मेगावाट है। बीना ताप विद्युत गृह में विन्ध्य प्रदेश के कोयले का प्रयोग किया जाता है।

राज्य के प्रमुख ताप विद्युत गृह

विन्ध्याचल ताप विद्युत गृह	सिंगरौली
अमरकण्टक ताप विद्युत गृह	चचाई (शहडोल)
सतपुड़ा ताप विद्युत गृह	सारणी (बैतूल)
संजय गाँधी ताप विद्युत गृह	बीरसिंहपुर (उमरिया)
जबलपुर ताप विद्युत गृह	जबलपुर
बीना ताप विद्युत गृह	सागर
चाँदनी ताप विद्युत गृह	नेपानगर (खण्डवा)
पेंच ताप विद्युत गृह	छिन्दवाड़ा
मालवा ताप विद्युत गृह	खण्डवा

ऊर्जा अध्ययन अनुसन्धान

राज्य में तीन ऊर्जा अध्ययन अनुसन्धान एवं विकास केन्द्र देवी अहिल्याबाई विश्वविद्यालय (इन्दौर), प्रशासनिक अकादमी (भोपाल) एवं डॉ. बाबा साहब अम्बेडकर सामाजिक विज्ञान संस्थान, (महू) स्थापित किए गए।

2. गैर-परम्परागत ऊर्जा स्रोत

यह वे ऊर्जा स्रोत होते हैं, जिनका नवीनीकरण किया जा सकता है तथा जिन्हें असीमित समय तक प्राप्त किया जा सकता है।

राज्य में गैर-परम्परागत ऊर्जा के स्रोत निम्नलिखित हैं

पवन ऊर्जा

- यद्यपि मध्य प्रदेश में वायु का वेग सामान्य है, परन्तु पवन ऊर्जा संयन्त्रों की स्थापना में राज्य का देश में प्रथम स्थान है।
- राज्य में सर्वाधिक पवन चक्कियाँ इन्दौर में स्थित हैं।
- देवास में राज्य की सबसे बड़ी पवन ऊर्जा परियोजना संचालित है।
- पवन ऊर्जा का प्रयोग मुख्यतः विद्युत उत्पादन एवं सिंचाई के लिए जल निकालने में किया जा रहा है।
- मध्य प्रदेश सरकार ने पवन ऊर्जा से विद्युत उत्पादन की परियोजनाओं के क्रियान्वयन हेतु **पवन ऊर्जा परियोजना नीति 2012** लागू की।

  इस नीति के मुख्य बिन्दु इस प्रकार हैं
- इस नीति के लागू हो जाने से देश में तकनीकी रूप से सम्भावित 1,200 मेगावाट क्षमता की पवन ऊर्जा परियोजनाओं का विकास किया जाएगा। इस नीति के तहत् लगभग ₹ 7,200 करोड़ का निवेश, निवेशकों द्वारा किया जाएगा। इस परियोजना की स्वीकृति 25 वर्ष की होगी।
- इस नीति में लघु स्तर के पवन ऊर्जा संयन्त्रों की स्थापना को प्रोत्साहन दिया जाएगा।

राज्य में अपरम्परागत ऊर्जा स्रोतों से विद्युत उत्पादन परियोजनाओं की स्थापना ऊर्जा नीति 2006 के तहत् की जाती थी, जिसकी अवधि को अक्टूबर, 2011 में समाप्त कर दिया गया।

बायोगैस प्लाण्ट

राज्य में पहला बायोगैस प्लाण्ट भोपाल के भदभदा पशुपालन विभाग में वर्ष 1984 में लगाया गया था। इसकी कार्यक्षमता 85 घन मीटर थी। राज्य में ऐसे 17 संयन्त्र प्रदेश में स्थापित किए गए हैं।

सौर ऊर्जा

- राज्य के झाबुआ, होशंगाबाद, अलीराजपुर और बैतूल जिलों में सौर ऊर्जा कार्यक्रम संचालित किए गए हैं।
- देश की सबसे बड़ी सौर ऊर्जा परियोजना नीमच जिले के भगवानपुरा गाँव में लगाई गई है।
- राज्य का प्रथम सौर ऊर्जा ग्राम कस्तूरबा (इन्दौर) है। विश्व का सबसे बड़ा सौर ऊर्जा संयन्त्र इटारसी में लगाया गया है।
- **सोलर डिस्टिल वाटर प्लाण्ट** ऐसे संयन्त्रों का प्रयोग शैक्षणिक संस्थानों में किया जाता है। इनमें वाष्पन आसुत जल एकत्रित करने हेतु **सौर ऊर्जा** का प्रयोग किया जाता है।
- **सोलर कुकर** में सौर ऊर्जा के द्वारा खाना पकाया जाता है। इसके द्वारा ईंधन बचाने में सहायता मिलती है। सोलर कुकर के विक्रय पर **राज्य** एवं **केन्द्र सरकार** द्वारा अनुदान दिया जाता है।
- **सौर ऊर्जा गर्म पानी संयन्त्रों** का प्रयोग डेयरी, उद्योग, चीनी मिल, कपड़ा मिल, होटल तथा हॉस्टल इत्यादि में पानी को गर्म करने के लिए किया जाता है। राज्य सरकार इन संयन्त्रों को बढ़ावा दे रही है।

बायोमास

- पौधों एवं कचरे से ऊर्जा उत्पन्न करने की प्रणाली को **बायोमास** कहते हैं। इसे सुलभ ऊर्जा भी कहते हैं।
- मध्य प्रदेश आर्थिक सर्वेक्षण 2018-19 के अनुसार, राज्य में बायोमास से विद्युत उत्पादन की दिसम्बर, 2017 तक 45.336 मेगावाट क्षमता की परियोजनाएँ स्थापित की गई हैं।
- बायोमास से बिजली उत्पन्न करने वाला पहला गाँव **कसई** (बैतूल) है। धार में धान की भूसी से विद्युत उत्पादन का संयन्त्र कार्यरत है।

ग्रामीण विद्युतीकरण

- राज्य में 97% ग्रामीण विद्युतीकरण हो चुका है। राज्य में अब वही गाँव विद्युतीकृत गाँव की श्रेणी में आएगा, जिसकी आबादी के 10% घरों में विद्युत कनेक्शन होंगे।
- गाँव में विद्युत वितरण ट्रांसफॉर्मर लगाकर एल टी लाइन का विस्तार किया जाएगा तथा गाँव स्थित स्कूलों, पंचायत, ऑफिस, स्वास्थ्य केन्द्रों, डिस्पेन्सरियों तथा सामुदायिक केन्द्रों को विद्युतीकृत किया जाएगा।

राज्य एवं केन्द्र सरकार के प्रमुख कार्यक्रम एवं योजनाएँ

- **प्रधानमन्त्री सहज बिजली हर घर योजना** (सौभाग्य) केन्द्र सरकार द्वारा सितम्बर, 2017 में प्रारम्भ की गई इस योजना के अन्तर्गत राज्य के लगभग 35 लाख घरों को ऊर्जित किया जाना है।
- **आभा योजना** राज्य सरकार द्वारा रायसेन जिले से प्रारम्भ की गई है, जिसके अन्तर्गत महिला स्वसहायता समूह ने राजस्व संग्रहण, मीटर रीडिंग आदि से सम्बन्धित कार्य किए हैं। इस योजना से महिला सशक्तीकरण को बढ़ावा मिला है। वहीं दूसरी ओर उपभोक्ताओं की विद्युत सम्बन्धी समस्याओं का भी निराकरण हुआ है।

- **स्मार्ट बिजली मोबाइल ऐप** मध्य प्रदेश पूर्व क्षेत्र विद्युत वितरण कम्पनी लिमिटेड, जबलपुर द्वारा उपभोक्ताओं के लिए यह ऐप विकसित किया गया है, जिसके अन्तर्गत मुख्यमन्त्री कृषि पम्प योजना, बिजली बिल का भुगतान आदि 12 सेवाओं को शामिल किया गया है।
- **उजाला योजना** ऊर्जा संरक्षण एवं बिजली की बचत हेतु इस योजना का आरम्भ अप्रैल, 2016 में किया गया। इस योजना के अन्तर्गत ऊर्जा दक्ष उत्पादों; जैसे—एल ई डी बल्ब का वितरण किया जाएगा, जिससे प्रतिवर्ष लगभग 3300 मिलियन यूनिट्स बिजली की बचत होगी।

राज्य में उपलब्ध विद्युत क्षमता

विद्युत उत्पादन	***क्षमता*** *(मेगावाट में)*
मध्य प्रदेश पावर जेनरेटिंग कम्पनी के ताप विद्युत गृह	4,080
मध्य प्रदेश पावर जेनरेटिंग कम्पनी के जल-विद्युत गृह	917
संयुक्त उपक्रम जल परियोजना (नर्मदा प्रोजेक्ट एवं अन्य)	2,427
केन्द्रीय विद्युत उत्पादन क्षेत्र एवं DVC से प्राप्त अंश	4,000
निजी क्षेत्र के ताप विद्युत गृह से प्राप्त अंश	3,397
अपारम्परिक ऊर्जा स्रोत	2,945
कुल उपबल्ध विद्युत क्षमता	17,766

स्रोत *आर्थिक सर्वेक्षण 2017-18* (सितम्बर, 2017 में स्थिति)

खनिज एवं ऊर्जा संसाधन

स्व-मूल्यांकन

1. भारत में मध्य प्रदेश का खनिज उत्पादन में कौन-सा स्थान है?
कराधान सहायक 2010, जेल प्रहरी 2015
(a) द्वितीय (b) तृतीय
(c) प्रथम (d) चतुर्थ

2. निम्न में से मध्य प्रदेश के अधिक महत्त्वपूर्ण खनिज कौन-से हैं?
ए एन एम 2016, पुलिस आरक्षक 2016
(a) जस्ता और मैंगनीज
(b) अभ्रक और कोयला
(c) चाँदी और ताँबा
(d) कोयला और लौह

3. मध्य प्रदेश में कौन-सा जिला अधिकतम मैंगनीज का उत्पादन करता है? सब इंजीनियर रिक्रूटमेण्ट 2016
(a) बालाघाट
(b) जबलपुर
(c) सतना
(d) उपरोक्त में से कोई नहीं

4. मध्य प्रदेश में मैंगनीज का सबसे बड़ा स्रोत कहाँ है? एम पी पी एस सी 2004
(a) छिन्दवाड़ा (b) बालाघाट
(c) मण्डला (d) सतना

5. मध्य प्रदेश में मैंगनीज निम्न में से किन जिलों में पाया जाता है?
ए एन एम 2016, पुलिस आरक्षक 2016
(a) मुरैना व रीवा
(b) बालाघाट व छिन्दवाड़ा
(c) दुर्ग व बस्तर
(d) उज्जैन व कालुमार

6. मलाजखण्ड में ताँबे की खदानें किस जिले में हैं?
स्टेनो टाइपिस्ट, असिस्टेण्ट ग्रेड III 2016
(a) बालाघाट (b) झाबुआ
(c) सिवनी (d) बैतूल

7. निम्न स्थानों में ताँबा कहाँ पाया जाता है?
वन रक्षक 2015
(a) केसली (मण्डला)
(b) दल्ली राजहरा (दुर्ग)
(c) बैलाडिला (बस्तर)
(d) मलाजखण्ड (बालाघाट)

8. मलाजखण्ड परियोजना किस अयस्क के लिए है? एम पी एस आई 1998
(a) चाँदी (b) यूरेनियम
(c) मैंगनीज (d) ताँबा

9. मध्य प्रदेश भारत में ...... का सबसे बड़ा भण्डार घर है। ए एन एम 2016
(a) ताँबा (b) सोना
(c) कोयला (d) लौह-अयस्क

10. बॉक्साइट किस धातु का अयस्क है?
कराधान सहायक 2012
(a) लोहा (b) ताँबा
(c) चाँदी (d) एल्युमीनियम

11. मध्य प्रदेश में कौन-सा क्षेत्र बॉक्साइट, कॉपर और डोलोमाइट के लिए प्रसिद्ध है?
ए एड, एम एड (कम्बाइण्ड थ्री ईयरस) 2017
(a) बालाघाट (b) जवाद
(c) भैरोगढ़ (d) सतना

12. बॉक्साइट एल्युमीनियम एक अयस्क है, यह प्रचुर मात्रा में किस खदान में पाया जाता है? पुलिस आरक्षक 2016
(a) पन्ना (b) कटनी
(c) दुर्ग (d) बस्तर

13. निम्नलिखित में कौन-सा चूना-पत्थर स्रोत है और भारत के कुल सीमेण्ट उत्पादन में 10% से भी अधिक का योगदान देता है?
ए एन एम 2016
(a) भोपाल (b) सतना
(c) इन्दौर (d) जबलपुर

14. मध्य प्रदेश में डोलोमाइट के भण्डार कहाँ पाए जाते हैं?
बी एड, एम एड, बी पी एड 2017
(a) बालाघाट (b) छतरपुर
(c) कटनी (d) ये सभी

15. मध्य प्रदेश का पन्ना शहर किस कारण प्रसिद्ध है?
रूरल हॉर्टिकल्चर एक्सटेन्शन ऑफिसर 2016
(a) सिल्क के लिए
(b) हीरे की खदानों के लिए
(c) खूबसूरत महलों के लिए
(d) कागज की मिल के लिए

16. देश में मध्य प्रदेश निम्न खनिजों का सबसे बड़ा उत्पादक है
एम पी पी एस सी 2008
(a) कोयला एवं हीरा
(b) ताँबा एवं लोहा
(c) कोयला एवं ताँबा
(d) ताँबा एवं हीरा

17. आगरगाँव किसके उत्पादन के लिए प्रसिद्ध है? स्टेट इंजीनियरिंग 2014
(a) एस्बेस्टॉस (b) टंगस्टन
(c) कोरण्डम (d) ग्रेनाइट

18. मध्य प्रदेश के किस क्षेत्र से टंगस्टन प्राप्त होता है? एम पी पी एस सी 2010
(a) ग्वालियर (b) बघेलखण्ड
(c) होशंगाबाद (d) मालवा

19. चीनी मिट्टी के लिए कौन-सा नगर प्रसिद्ध है? एम पी पी एस सी 2010
(a) उज्जैन (b) इन्दौर
(c) जबलपुर (d) माण्डू

20. मध्य प्रदेश में कोयले की खानें मुख्यत: किस कल्प की हैं? एम पी पी एस सी 2013
(a) चतुर्थ कल्प
(b) गोण्डवाना कल्प
(c) तृतीय कल्प
(d) विन्ध्य कल्प

21. निम्न में से कौन-से क्षेत्र विन्ध्य प्रदेश कोयला क्षेत्र का उपक्षेत्र हैं?
(a) मोहपानी (b) शाहपुर
(c) कान्हन घाटी (d) उमरिया

22. मध्य प्रदेश के बैतूल में क्या प्रसिद्ध है?
पुलिस उपनिरिक्षक सूबेदार परिक्षा 2016
(a) मैंगनीज (b) कोयला भण्डार
(c) बॉक्साइट (d) लोहा

23. कौन-सा कोयला क्षेत्र सतपुड़ा कोयला क्षेत्र में नहीं आता है?
डेयरी फेडरेशन रिक्रूटमेण्ट 2016
(a) उमरिया (b) मोहपानी
(c) कान्हन (d) पेंच

24. मध्य प्रदेश में कोयला कहाँ मिलता है?
जेल प्रहरी 2009
(a) मन्दसौर (b) धार
(c) रायसेन (d) छिन्दवाड़ा

25. मध्य प्रदेश विद्युत मण्डल का गठन कब हुआ?
(a) वर्ष 1948 में
(b) वर्ष 1950 में
(c) वर्ष 1952 में
(d) वर्ष 1955 में

26. मध्य प्रदेश की 'ऊर्जा राजधानी' है
मध्य प्रदेश राज्य वन सेवा परीक्षा 2010
(a) सीधी (b) जबलपुर
(c) सिवनी (d) सिंगरौली

27. निम्नलिखित में से कौन-सा ऊर्जा का परम्परागत स्रोत नहीं है?
कराधान सहायक 2012
(a) कोयला (b) पेट्रोलियम
(c) सौर ऊर्जा (d) प्राकृतिक गैस

28. पेंच जल विद्युत परियोजना किन दो राज्यों की संयुक्त परियोजना है?
(a) मध्य प्रदेश एवं उत्तर प्रदेश
(b) मध्य प्रदेश एवं राजस्थान
(c) मध्य प्रदेश एवं महाराष्ट्र
(d) मध्य प्रदेश एवं छतीसगढ़

29. चम्बल नदी पर बनी गाँधीसागर जल विद्युत परियोजना किन राज्यों की संयुक्त परियोजना है? स्टेट इंजीनियरिंग 2014
(a) मध्य प्रदेश एवं उत्तर प्रदेश
(b) मध्य प्रदेश एवं गुजरात
(c) मध्य प्रदेश एवं राजस्थान
(d) मध्य प्रदेश एवं महाराष्ट्र

30. मध्य प्रदेश के किस जिले में अमरकण्टक तापीय विद्युत स्टेशन स्थित है?
एम पी पी एस सी 2016

(a) बालाघाट (b) सिवनी
(c) अनूपपुर (d) हरदा

31. सतपुड़ा ताप विद्युत गृह किस जिले में अवस्थित है? पटवारी 2008

(a) शहडोल (b) बैतूल
(c) रीवा (d) सीधी

32. किस जिले में संजय गाँधी ताप विद्युत केन्द्र स्थित है? चतुर्थ श्रेणी 2015

(a) शहडोल (b) छिन्दवाड़ा
(c) उमरिया (d) सागर

33. चाँदनी ताप गृह की शुरुआत हुई
डेयरी फेडरेशन रिक्रूटमेण्ट 2016

(a) वर्ष 1983 (b) वर्ष 1963
(c) वर्ष 1953 (d) वर्ष 1973

34. जबलपुर ताप विद्युत केन्द्र जल की आपूर्ति किस नदी से करता है?

(a) नर्मदा नदी (b) चम्बल
(c) तापी (d) सोन

35. विन्ध्याचल सुपर विद्युत ताप संयन्त्र की विशेषताएँ क्या हैं? लैब टेक्निशियन 2015

1. विन्ध्याचल, सिंगरौली मध्य प्रदेश में स्थित है।
2. यह सुपर विद्युत तापगृहों की शृंखला का हिस्सा है।
3. NTPC द्वारा संचालित है।

कूट

(a) 1 और 2 (b) 1 और 3
(c) 2 और 3 (d) ये सभी

36. निम्न में से किस जिले में पवन चक्कियों की संख्या सर्वाधिक है?
स्टेट इंजीनियरिंग 2014

(a) भोपाल (b) इन्दौर
(c) रतलाम (d) देवास

37. राज्य का पहला बायोगैस प्लाण्ट कहाँ स्थापित किया गया था?
एम पी पी एस सी 2014

(a) भोपाल (1984)
(b) मण्डला (1982)
(c) होशंगाबाद (1986)
(d) श्योपुर (1982)

38. मध्य प्रदेश के नीमच में सबसे बड़ी सौर परियोजना का उद्घाटन कब हुआ?

(a) वर्ष 2012 में
(b) वर्ष 2013 में
(c) वर्ष 2014 में
(d) वर्ष 2015 में

39. मध्य प्रदेश में प्रथम सौर ऊर्जा गाँव है
कराधान सहायक 2010

(a) कस्तूरबा
(b) तेवर
(c) भवई
(d) अमवार

40. मध्य प्रदेश का कौन-सा प्रथम जिला है, जो बायोमास से ऊर्जा का उत्पादन करता है? ग्रुप -2 (सब ग्रुप 2) कम्बाइण्ड रिक्रूटमेण्ट 2017

(a) बैतूल
(b) मुरैना
(c) ग्वालियर
(d) मन्दसौर

उत्तरमाला

1. (d)	**2.** (d)	**3.** (a)	**4.** (b)	**5.** (b)	**6.** (a)	**7.** (d)	**8.** (d)	**9.** (a)	**10.** (d)
11. (a)	**12.** (b)	**13.** (b)	**14.** (d)	**15.** (b)	**16.** (d)	**17.** (b)	**18.** (c)	**19.** (c)	**20.** (b)
21. (d)	**22.** (b)	**23.** (a)	**24.** (d)	**25.** (b)	**26.** (d)	**27.** (c)	**28.** (c)	**29.** (c)	**30.** (c)
31. (b)	**32.** (c)	**33.** (c)	**34.** (a)	**35.** (d)	**36.** (b)	**37.** (a)	**38.** (b)	**39.** (a)	**40.** (a)

अध्याय 8

औद्योगिक संरचना

- आर्थिक सर्वेक्षण 2018-19 के अनुसार, विनिर्माण क्षेत्र में गत वर्ष की तुलना में वर्ष 2017-18 (त्वरित) के दौरान 6.16% की वृद्धि हुई है। राज्य के सकल मूल्यवर्धन में उद्योग क्षेत्र (द्वितीयक क्षेत्र) का योगदान वर्ष 2017-18 के त्वरित अनुमानों के अनुसार 24.14% आंका गया है।
- औद्योगिक विकास की दृष्टि से राज्य का देश में सातवाँ स्थान है।
- राज्य की नवीन उद्योग संवर्द्धन नीति, 2014 द्वारा राज्य में नए लक्ष्य एवं उद्देश्य घोषित करके राज्य में औद्योगिकीकरण को प्रभावशाली बनाया जा रहा है।

राज्य के प्रमुख उद्योग

राज्य के प्रमुख उद्योग निम्न प्रकार हैं

कृषि पर आधारित प्रमुख उद्योग

मध्य प्रदेश एक कृषि प्रधान राज्य है। यहाँ विभिन्न नकदी फसलों का उत्पादन भी किया जाता है। प्रदेश में सर्वप्रथम कृषि आधारित उद्योग की स्थापना की गई थी।

राज्य में कृषि पर आधारित उद्योग निम्न प्रकार हैं

चीनी उद्योग

- राज्य में सबसे पहली चीनी मिल वर्ष 1934 में **जावरा** (रतलाम) में लगाई गई थी।
- चीनी मिलों की स्थापना मध्य प्रदेश के पश्चिमी क्षेत्र में अधिक हुई है, क्योंकि गन्ना उत्पादक जिले इसी क्षेत्र में स्थित हैं।
- राज्य के मुख्य चीनी कारखाने भोपाल शुगर मिल (सीहोर), डबरा शुगर मिल (ग्वालियर), जीवाजी राव शुगर कम्पनी (मन्दसौर), जावरा शुगर मिल (रतलाम), सेठ गोविन्ददास शुगर मिल्स (उज्जैन), सारंगपुर, बरलाई तथा आलोट इत्यादि मिलें हैं।
- राज्य का सबसे बड़ा चीनी कारखाना बरलाई (इन्दौर) में स्थित है।

वनस्पति घी

- राज्य में तिलहन एवं सोयाबीन की कृषि व्यापक पैमाने पर की जाती है। फलस्वरूप राज्य में वनस्पति घी बनाने की मिलों की संख्या में तेजी से बढ़ोतरी हुई है।
- वनस्पति घी बनाने के अधिकतर कारखाने, तिलहन उत्पादक क्षेत्रों–मालवा पठार, बैतूल, छिन्दवाड़ा पठार, मध्य नर्मदा घाटी तथा चम्बल की घाटी क्षेत्रों में लगाए गए हैं।
- राज्य के प्रमुख वनस्पति घी के कारखाने गंजबासौदा, जबलपुर, खण्डवा, ग्वालियर, इन्दौर एवं मुरैना में स्थित हैं।

कृत्रिम रेशे का कपड़ा उद्योग

- राज्य में कृत्रिम रेशे से कपड़ा बनाने का उद्योग अपेक्षाकृत नवीन उद्योग है। इसके लिए कच्चा माल ग्वालियर, मुम्बई एवं देवास की कृत्रिम रेशे उत्पादक मिलों से प्राप्त होता है।

- राज्य में प्रमुख रूप से कृत्रिम रेशे के कपड़ा उत्पादक केन्द्र इन्दौर, ग्वालियर, नागदा, उज्जैन तथा देवास हैं।
- **ग्रेसीम मिल**, (नागदा) राज्य में कृत्रिम रेशा बनाने वाला सबसे बड़ा कारखाना है।

सूती कपड़ा उद्योग

- प्रदेश में सबसे पहली सूती वस्त्र मिल **बुरहानपुर** में वर्ष 1906 में स्थापित की गई थी। इन्दौर राज्य का सबसे बड़ा सूती कपड़ा उत्पादन केन्द्र है।
- इस उद्योग के लिए वर्धा एवं पूर्णा नदी घाटियों से कपास, बरोरा खानों से कोयला एवं चम्बल परियोजना से सस्ती विद्युत प्राप्त होती है।
- सूती वस्त्र उद्योग राज्य में पश्चिमी कपास उत्पादक जिलों में केन्द्रित हैं। राज्य के प्रमुख सूती वस्त्र केन्द्र इन्दौर, ग्वालियर एवं उज्जैन इत्यादि हैं।
- सूती कपड़ा उत्पादन की दृष्टि से राज्य का देश में तीसरा स्थान है।

कृषि उद्योग विकास निगम द्वारा स्थापित कृषि आधारित उद्योग

कृषि पर आधारित उद्योग	*मुख्यालय*
जीवाणु खाद संयन्त्र	भोपाल
कीटनाशक संयन्त्र	बीना (सागर)
ऑयल एवं पशु आहार संयन्त्र	मुरैना
दानेदार मिश्रित खाद संयन्त्र	होशंगाबाद
फल व सब्जी संरक्षण एवं प्रक्रिया इकाई	भोपाल

खनिजों पर आधारित उद्योग

राज्य में खनिजों पर आधारित प्रमुख उद्योग निम्नलिखित हैं

चीनी मिट्टी उद्योग

- राज्य में चीनी मिट्टी पर्याप्त रूप से उपलब्ध है। यही कारण है कि राज्य में चीनी मिट्टी उद्योग में तेजी से वृद्धि हुई है।
- राज्य में ग्वालियर, जबलपुर तथा रतलाम इत्यादि क्षेत्रों में चीनी मिट्टी के बर्तन बनाने के उद्योग स्थापित हैं।
- राज्य में फायर क्ले से ईंटें, पाइप तथा बेसिन इत्यादि कटनी तथा जबलपुर जिलों में बनाई जाती हैं।

सीमेण्ट उद्योग

- राज्य में चूना-पत्थर के भण्डार बड़े पैमाने पर पाए जाते हैं, जिससे प्रदेश में सीमेण्ट उद्योग की स्थापना में वृद्धि हुई है।
- राज्य में पहला सीमेण्ट कारखाना एसोसिएटेड सीमेण्ट कम्पनी (ACC) द्वारा बानमौर (मुरैना) में वर्ष 1922-23 में स्थापित किया गया।
- सतना स्थित सीमेण्ट कारखाना बिरला कॉर्पोरेशन द्वारा स्थापित किया गया है।

हीरा उद्योग

- प्रदेश के पन्ना जिले में हीरा प्रचुर मात्रा में पाया जाता है।
- मझगवाँ हीरा खान एशिया की पहली यान्त्रिक हीरा खान है। यहाँ से प्रतिवर्ष ₹ 50 से 55 करोड़ के हीरों का कारोबार होता है।

भारी विद्युत उपकरण

- भोपाल में वर्ष 1960 में ब्रिटेन की सहायता से बिजली का भारी सामान बनाने का कारखाना लगाया गया इसे **भारत हैवी इलेक्ट्रिकल्स** (BHEL) के नाम से जाना जाता है।
- BHEL कारखाना ताँबा, लोहा और अन्य अयस्कों का प्रयोग कर बिजली के भारी उपकरण बनाता है।

वनों पर आधारित उद्योग

राज्य में वन आधारित प्रमुख उद्योग निम्नलिखित हैं

कागज उद्योग

- राज्य में सलाई की लकड़ी एवं अन्य कच्चा माल पर्याप्त होने के कारण कागज उद्योग का विकास हुआ है।

- राज्य में कागज उद्योग की स्थापना सर्वप्रथम वर्ष 1956 में की गई थी, उसी समय खण्डवा के **नेपानगर** में **नेशनल न्यूज प्रिण्ट एण्ड पेपर मिल** की स्थापना की गई थी।
- **करेन्सी प्रिण्टिंग प्रेस** अथवा **बैंक नोट प्रेस** देवास में स्थित है। यहाँ कागजी मुद्रा का निर्माण किया जाता है।
- **सिक्योरिटी पेपर** मिल होशंगाबाद में स्थित है। यहाँ मुख्य रूप से नोट छापने का कागज तैयार किया जाता है।
- 30 मई, 2015 को राज्य के होशंगाबाद जिले में न्यू बैंक नोट कागज लाइन के उत्पादन के लिए एक नई पेपर लाइन यूनिट को प्रारम्भ किया गया।
- राज्य में शहडोल जिले के अमलाई स्थान पर निजी क्षेत्र में स्थापित ओरिएन्ट पेपर मिल सबसे प्रमुख है।

लकड़ी उद्योग

- राज्य में सागौन व साल की बहुमूल्य लकड़ी बहुतायत मात्रा में पाई जाती है।
- राज्य में लकड़ी चीरने का व्यवसाय भी बड़े पैमाने पर होता है। इसका मुख्य केन्द्र जबलपुर है।
- राज्य के मण्डला तथा छिन्दवाड़ा में इमारती लकड़ी को चीरने के कारखाने स्थापित हैं।

बीड़ी उद्योग

बीड़ी उद्योग का विकास राज्य में जबलपुर, सागर, कटनी, दमोह तथा सतना में हुआ है। यह कृषि आधारित उद्योग नहीं है। प्रदेश में **तेन्दू पत्ते** का संग्रहण देश में सर्वाधिक होता है।

कत्था उद्योग

- खैर वृक्ष से कत्था बनाने का कार्य पूर्वी मध्य प्रदेश की खैरवार जनजाति द्वारा किया जाता है।
- शिवपुरी तथा बानमौर में भी कत्था उत्पादक इकाइयाँ उत्पादन कर रही हैं।

लाख उद्योग

- राज्य के विन्ध्य क्षेत्र में लाख उद्योग का केन्द्रीकरण है।
- कच्चे लाख से सीड लाख तथा शैलाख बनाने का एक शासकीय कारखाना उमरिया में है। लाख का प्रयोग चमड़े पर वार्निश तथा सौन्दर्य उद्योग इत्यादि में किया जाता है।

चिप-बोर्ड एवं माचिस डिब्बा उद्योग

- चिप-बोर्ड तथा पार्टिकल बोर्ड बनाने का कारखाना इटारसी में स्थित है।
- माचिस की डिब्बी बनाने का कारखाना ग्वालियर में स्थित है। ये कारखाने स्थानीय कच्चे माल का प्रयोग करते हैं।

वाहन उद्योग

- राज्य में इन्दौर के निकट **पीथमपुर** को वाहन उद्योग केन्द्र के रूप में विकसित किया जा रहा है। पीथमपुर को भारत का डेट्राइट कहा जाता है।
- यहाँ पर स्कूटर, कार के इंजन, हल्के वाणिज्यिक वाहन आदि बनाए जाते हैं।
- जबलपुर में सेना के वाहन बनाने का एक कारखाना कार्यरत् है।
- बैतूल एवं पीथमपुर में टायर एवं ट्यूब बनाने के कारखाने कार्यरत् हैं।
- राज्य की व्यावसायिक राजधानी इन्दौर में डीजल ईंधन संयन्त्र की स्थापना की गई है।
- राज्य में **पहला डीजल लोकोमोटिव** संयन्त्र सीहोर में स्थित है। रेलवे वैगन वर्कशॉप भोपाल में स्थित है।

हथकरघा उद्योग

- हथकरघा उद्योग परम्परागत एवं कलात्मक वस्त्रों के उत्पादन के साथ-साथ राज्य में बुनकरों को रोजगार भी उपलब्ध कराता है।
- राज्य में मुख्य हथकरघा केन्द्र सीहोर, खरगौन, नीमच बालाघाट, सीधी, मण्डला एवं नीमच में स्थित है।
- वर्ष 1976 में राज्य में **हथकरघा संचालनालय** का गठन किया गया था।

- राज्य के कुटीर एवं ग्रामोद्योग विभाग के अन्तर्गत संतरविदास मध्य प्रदेश हस्तशिल्प एवं हथकरघा निगम, हथकरघा क्षेत्र में विकासात्मक गतिविधियों का संचालन करता है।
- राज्य सरकार ने बुनकरों के लिए **कबीर बुनकर पुरस्कार** योजना भी संचालित की है, जिसके अन्तर्गत उत्कृष्ट हथकरघा वस्त्र उत्पादन करने वाले तीन बुनकरों को ₹ 1,00,000 (प्रथम), ₹ 50,000 (द्वितीय) तथा ₹ 25,000 (तृतीय) की धनराशि व प्रतीक चिन्ह प्रदान करने का प्रावधान किया है।

राज्य के अन्य उद्योग

औषधि उद्योग

राज्य में औषधि उद्योग के प्रमुख केन्द्र भोपाल, छिन्दवाड़ा, देवास, धार, जबलपुर, मालनपुर, पीलूखेड़ी, कटनी इत्यादि हैं।

रसायन उद्योग

राज्य में उज्जैन, पीथमपुर, मण्डीद्वीप, बैढ़न, मक्सी, सीहोर, पन्ना, रतलाम इत्यादि क्षेत्रों में हल्के रसायन, उर्वरक तथा रोगाणुनाशक दवाइयाँ बनाने के कारखाने स्थापित किए गए हैं।

पेट्रो रसायन उद्योग

प्रदेश में भोपाल, मण्डला, पीथमपुर, सीहोर एवं जबलपुर में रसोई गैस की फिलिंग का कार्य किया जाता है।

इलेक्ट्रॉनिक्स उद्योग

राज्य में टेलीविजन (भोपाल, पीथमपुर), टेलीविजन के पुर्जे (मालनपुर), फोटो कॉपियर्स का एकत्रण (इन्दौर) इत्यादि में इलेक्ट्रॉनिक्स उद्योगों की स्थापना की गई है। इन्दौर में इलेक्ट्रॉनिक कॉम्प्लेक्स स्थित है।

रत्न परिष्कृत उद्योग

ग्रेनाइट काटने एवं पॉलिश करने का उद्योग राज्य के दतिया जिले में प्रमुख रूप से होता है, जबकि जबलपुर में प्रथम रत्न परिष्कृत केन्द्र है।

मृगनयनी एम्पोरियम

मध्य प्रदेश उद्योग निगम, मृगनयनी के नाम से 10 एम्पोरियम संचालित करता है। ये एम्पोरियम भोपाल, इन्दौर, ग्वालियर, जबलपुर, रायपुर, भिलाई, रीवा, उज्जैन, नई दिल्ली तथा कोलकाता में संचालित हैं।

राज्य में औद्योगिक विकास योजनाएँ

राज्य में औद्योगिक विकास योजनाएँ निम्न हैं

विशेष आर्थिक प्रक्षेत्र इन्दौर

भारत सरकार द्वारा अधिसूचित विशेष आर्थिक प्रक्षेत्र (Special Economic Zone, SEZ) 2006 के अन्तर्गत मध्य प्रदेश इन्दौर जिले के कालीबिल्लोद तथा धार के खेड़ा बरदारी, जामोदी एवं अकोलिया ग्राम की लगभग 1113.72 हेक्टेयर भूमि को चिह्नित किया गया है।

पीथमपुर ऑटो क्लस्टर इन्दौर

भारत सरकार द्वारा औद्योगिक क्षेत्र पीथमपुर के लिए ऑटो क्लस्टर योजना स्वीकृत की गई है, जिसकी कुल लागत ₹ 73.29 करोड़ है, जिसमें भारत तथा राज्य सरकार दोनों का अंशदान होगा।

फूड पार्क

विभिन्न औद्योगिक केन्द्र विकास निगमों द्वारा 6 फूड पार्क क्रमशः जग्गाखेड़ी जिला मन्दसौर, निमरानी जिला खरगौन, घिरोंगी, मालनपुर, जिला भिण्ड, बावई-पिपरिया जिला होशंगाबाद, बोरेगाँव जिला छिन्दवाड़ा तथा मनेरी जिला मण्डला में विकसित किए जा रहे हैं।

एपरेल पार्क की स्थापना

भारत सरकार द्वारा एपरेल पार्क फॉर एक्सपोर्ट योजनान्तर्गत एस ई जेड (SEZ) इन्दौर में एपरेल पार्क की स्थापना हेतु सैद्धान्तिक स्वीकृति प्रदान की गई है।

राज्य में प्रमुख विशेष आर्थिक प्रक्षेत्र (SEZ)

SEZ का प्रकार	विकासकर्ता एजेन्सा का नाम	प्रस्तावित स्थल	वर्तमान स्थिति
मल्टी प्रोडक्ट SEZ, इन्दौर	औद्योगिक केन्द्र विकास निगम, इन्दौर	जिला धार	प्रदेश का प्रथम ग्रीन फील्ड आर्थिक प्रक्षेत्र कार्यरत् है। वर्तमान में 48 उद्योगों को 147 हेक्टेयर भूमि आवण्टित है। 20 इकाइयों द्वारा उद्योग स्थापित कर उत्पादन प्रारम्भ कर दिया गया है।
क्रिस्टल IT पार्क, इन्दौर	औद्योगिक केन्द्र विकास निगम, इन्दौर	जिला इन्दौर	बोर्ड ऑफ एप्रूवल, वाणिज्य मन्त्रालय भारत सरकार से ITSEZ हेतु अधिसूचित
प्रोडक्ट स्पेसिफिक (एल्युमीनियम) SEZ, सीधी	मेसर्स हिण्डालको इण्टर इण्डस्ट्रीज लि. मुम्बई	जिला सीधी	बोर्ड ऑफ एप्रूवल, वाणिज्य मन्त्रालय, भारत सरकार से सैद्धान्तिक स्वीकृति प्राप्त।
मिनरल एवं मिनरल बेस्ड प्रोडक्ट्स	औद्योगिक केन्द्र विकास निगम, जबलपुर	जिला जबलपुर	बोर्ड ऑफ एप्रूवल वाणिज्य मन्त्रालय, भारत सरकार से सैद्धान्तिक स्वीकृति प्राप्त, विकास कार्य वर्ष 2010 में पूर्ण किए गए।

मध्य प्रदेश में प्रमुख केन्द्रीय सार्वजनिक क्षेत्र के उद्योग

प्रतिष्ठान	स्थापना वर्ष	सम्बन्धित मन्त्रालय	अवस्थिति
द न्यू भोपाल टेक्स्टाइल लि.	1938-39	राष्ट्रीय कपड़ा एवं उद्योग निगम	भोपाल
गवर्नमेण्ट ऑर्डनेन्स फैक्ट्री	1943-44	रक्षा मन्त्रालय	खमरिया
गवर्नमेण्ट पोस्ट एण्ड टेलीग्राफ वर्कशाप	1943-44	संचार मन्त्रालय	जबलपुर
भारत हैवी इलेक्ट्रीकल लि	1961-62	केन्द्रीय सार्वजनिक निगम प्रतिष्ठान	पिपलानी, भोपाल
कॉटनसीड सालवेण्ट एक्सट्रेक्सन प्लाण्ट	1963-64	भारतीय खाद्य निगम	उज्जैन
सिक्योरिटी पेपर मिल्स	1967-68	वित्त मन्त्रालय	होशंगाबाद
बेलाडीला आयरन प्रोजेक्ट	1967-68	खनन मन्त्रालय	बचेली
रेलवे कोच फैक्ट्री	1975-76	रेल मन्त्रालय	भोपाल

मध्य प्रदेश में राज्य सरकार के प्रमुख सार्वजनिक उपक्रम

उद्योग का नाम	स्थापना	उत्पादन	अवस्थिति
टिम्बर ट्रिटमेण्ट प्लाण्ट	1952	इमारती लकड़ी	इन्दौर
ग्वालियर लेदर फैक्ट्री एण्ड ट्रेनरी	1958	जूते, तम्बू, त्रिपाल	ग्वालियर
कलेडरिंग प्लाण्ट	1962	रंगाई, विरंजन तथा परिष्करण	उज्जैन
सनावद कताई मिल	1963-64	सूती धागा	सनावद
रतलाम एल्कोहॉल प्लाण्ट एण्ड कार्बन डाइ-ऑक्साइड इण्डस्ट्रीज	1963-64	स्प्रिट, एल्कोहल तथा कार्बन डाइ-ऑक्साइड	रतलाम

मध्य प्रदेश की औद्योगिक विकास संस्थाएँ

संस्थाएँ	*मुख्यालय*
मध्य प्रदेश वित्त निगम	इन्दौर
मध्य प्रदेश औद्योगिक विकास निगम	भोपाल
मध्य प्रदेश लघु उद्योग निगम	भोपाल
मध्य प्रदेश राज्य उद्योग निगम	भोपाल
मध्य प्रदेश वस्त्रोद्योग निगम	इन्दौर
मध्य प्रदेश निर्यात निगम	भोपाल
मध्य प्रदेश खादी एवं ग्रामोद्योग	भोपाल
मध्य प्रदेश हैण्डलूम संचालनालय	भोपाल
मध्य प्रदेश हस्तशिल्प मण्डल	भोपाल
मध्य प्रदेश माइनिंग कार्पोरेशन	भोपाल

राज्य के जिलों का औद्योगिक वर्गीकरण

वर्ष 1990 के वर्गीकरण के अनुसार, 45 में से 40 जिले (नए मध्य प्रदेश के सन्दर्भ में) औद्योगिक रूप से पिछड़े थे। मात्र 5 जिलों को औद्योगिक विकसित जिले माना गया था।

इन जिलों का वर्गीकरण निम्न प्रकार है

विकसित जिले भोपाल, ग्वालियर, इन्दौर, उज्जैन तथा जबलपुर।

पिछड़े जिले *इन्हें 3 वर्गों में रखा गया*

(*i*) देवास, होशंगाबाद, खण्डवा, बुरहानपुर, मन्दसौर, नीमच, रतलाम, मुरैना, सतना, शहडोल, विदिशा और हरदा।

(*ii*) बालाघाट, बैतूल, छिन्दवाड़ा, दमोह, गुना, नरसिंहपुर, सागर, सीहोर, सिवनी और अशोकनगर।

(*iii*) भिण्ड, छतरपुर, दतिया, धार, झाबुआ, अलीराजपुर, खरगौन, बड़वानी, मण्डला, पन्ना, रायसेन, राजगढ़, रीवा, शाजापुर, शिवपुरी, सीधी, सिंगरौली और टीकमगढ़।

राज्य के औद्योगिक विकास केन्द्र

मध्य प्रदेश शासन ने 26 औद्योगिक विकास केन्द्र स्थापित किए हैं, जो निम्न प्रकार हैं

1 पीथमपुर (धार)	14 बड़ेरा (दतिया)
2 मेघनगर (झाबुआ)	15 चन्द्रपुर (छतरपुर)
3 मनेरी (मण्डला)	16 बण्डोल (सिवनी)
4 पुरैना (पन्ना)	17 बगसपुर (नरसिंहपुर)
5 पीलूखेड़ी (राजगढ़)	18 मण्डीद्वीप (रायसेन)
6 मालनपुर (भिण्ड)	19 बानमौर (मुरैना)
7 प्रतापपुर (टीकमगढ़)	20 सिद्धगवाँ (सागर)
8 बैढ़न (सिंगरौली)	21 रीवा (रीवा)
9 बोरेगाँव (छिन्दवाड़ा)	22 मक्सी (शाजापुर)
10 किरनापुर (बालाघाट)	23 जावरा (रतलाम)
11 अमानपुरा (दमोह)	24 विदिशा (विदिशा)
12 चैनपुरा (गुना)	25 हरदा (हरदा)
13 करोढ़रा (शिवपुरी)	26 देवास देवास

इनमें से छः केन्द्र भारत शासन द्वारा स्वीकृत हैं—पीथमपुर (धार), मेघनगर (झाबुआ), पीलूखेड़ी (राजगढ़), पुरैना (पन्ना), मनेरी (मण्डला) एवं मालनपुर (भिण्ड)।

नई उद्योग संवर्द्धन नीति, 2014

- नीति का प्रभावी कार्यान्वयन सुनिश्चित करने के लिए प्रक्रियाओं को युक्तिसंगत और सरल बनाना। निवेशकों की सुविधा में सुधार लाना और व्यापार करने को आसान बनाना।
- निजी क्षेत्र की प्रतिभागिता के माध्यम से विनिर्माण और सेवा क्षेत्रों की वृद्धि तथा उच्चतर एवं सुस्थिर आर्थिक वृद्धि में तेजी लाकर उच्चतर वृद्धि प्राप्त करना।
- निजी क्षेत्र की भागीदारी हेतु एक समर्थ और सहायक नीति परिवेश बनाना। पर्यावरण की दृष्टि से स्थाई औद्योगिक वृद्धि तथा सन्तुलित क्षेत्रीय विकास को प्रोत्साहन देना। सभी क्षेत्रों में रोजगार के अवसर बढ़ाना।
- मध्य प्रदेश के थ्रस्ट सेक्टरों (कृषि व्यवसाय एवं खाद्य प्रसंस्करण, वस्त्र उद्योग, ऑटोमोटिव तथा ऑटो पुर्जों, पर्यटन, फार्मास्युटिकल, जैव प्रौद्योगिक, IT/ITES, स्वास्थ्य देखभाल और लॉजिस्टिक्स तथा वेयर हाउसिंग) में वृद्धि को बढ़ावा देना।
- उद्योगों के लिए भूमि की भावी आवश्यकताओं को ध्यान में रखते हुए भूमि बैंक की स्थापना करना।

औद्योगिक संरचना

स्व-मूल्यांकन

1. मध्य प्रदेश का औद्योगिक दृष्टि से देश में कौन-सा स्थान है?
(a) पहला (b) तीसरा
(c) पाँचवाँ (d) सातवाँ

2. मध्य प्रदेश में सर्वप्रथम किस क्षेत्र पर आधारित उद्योग लगाया गया?
(a) वन (b) खनिज
(c) कृषि (d) हीरा

3. मध्य प्रदेश में सबसे बड़ा शक्कर (चीनी) का कारखाना कहाँ स्थित है?
सहायक सांख्यिकी अधिकारी 2016
(a) छतरपुर (b) दतिया
(c) बरलाई (d) भिण्ड

4. मध्य प्रदेश के किस जिले को सूती उत्पादन के लिए जाना जाता है?
एम पी पी एस सी 2013
(a) इन्दौर (b) रतलाम
(c) इटारसी (d) देवास

5. मध्य प्रदेश का कीटनाशक संयन्त्र कहाँ स्थित है? स्टेट इंजीनियरिंग सर्विस 2014
(a) भोपाल (b) होशंगाबाद
(c) मुरैना (d) बीना

6. मध्य प्रदेश में सीमेण्ट उत्पादन की प्रथम फैक्ट्री कौन-सी है?
स्टेट इंजीनियरिंग सर्विस 2016
(a) कैमोर सीमेण्ट फैक्ट्री
(b) बानमौर फैक्ट्री (मुरैना)
(c) सतना सीमेण्ट वर्क्स
(d) उपरोक्त में से कोई नहीं

7. मध्य प्रदेश का कौन-सा स्थान सीमेण्ट उद्योग के लिए नहीं जाना जाता है?
स्टेनो ग्रेड III 2016
(a) दमोह (b) बुरहानपुर
(c) मुरैना (d) कटनी

8. सतना स्थित सीमेण्ट कारखाना किसके द्वारा स्थापित किया गया है?
एम पी पी एस सी 2009
(a) अल्ट्राटेक
(b) बिरला कॉर्पोरेशन
(c) जे पी सीमेण्ट
(d) ACC सीमेण्ट

9. बड़ा उद्योग, भेल (BHEL) मध्य प्रदेश में कहाँ पर स्थित है?
पुलिस उपनिरीक्षक 2016
(a) ग्वालियर (b) इन्दौर
(c) उज्जैन (d) भोपाल

10. नेपानगर में कौन-सा उद्योग स्थापित है?
एम पी पी एस सी 2014, 08, 06
(a) जूट
(b) सूती कपड़े
(c) ऊनी कपड़े
(d) न्यूज प्रिण्ट

11. मध्य प्रदेश के नेपानगर में निम्न में से क्या स्थित है? एम पी पी एस सी 2017
(a) चीनी कारखाना
(b) अखबारी कागज का कारखाना
(c) स्टील प्लाण्ट
(d) बड़ा अभियान्त्रिक प्लाण्ट

12. मध्य प्रदेश में बैंक नोट प्रेस कहाँ स्थित है? ए एन एम 2016
(a) देवास (b) होशंगाबाद
(c) भेड़ाघाट (d) सागर

13. प्रदेश में नोट (मुद्रा) छापने के कागज का कारखाना कहाँ स्थित है?
कराधान सहायक 2012
(a) देवास
(b) भोपाल
(c) इन्दौर
(d) होशंगाबाद

14. न्यू बैंक पेपर यूनिट के विषय में कौन-सा कथन सही है? जेल प्रहरी, लैब टेक्नीशियन 2015
(a) होशंगाबाद मध्य प्रदेश में स्थापित हुआ
(b) केवल एक व दो रुपये के नोट प्रदान करा सकता है
(c) सिर्फ एक रुपये का नोट प्रदान कर सकता है।
(d) उपरोक्त में से कोई नहीं

15. भारत की प्रथम पेपर मिल कहाँ स्थापित की गई? पुलिस आरक्षक 2016
(a) इन्दौर (मध्य प्रदेश)
(b) नेपानगर (मध्य प्रदेश)
(c) पुणे (महाराष्ट्र)
(d) बड़ोदरा (गुजरात)

16. करेन्सी प्रिण्टिंग प्रेस कहाँ है? एम पी पी एस सी 2014
(a) देवास (b) नीमच
(c) होशंगाबाद (d) गुना

17. .... देश के लिए अखबारी कागज का उत्पादन करती है? कम्बाइण्ड रिक्रूटमेण्ट 2017
(a) नेपा मिल्स (b) वेस्ट कोस्ट मिल्स
(c) भिण्ड मिल्स (d) रीवा मिल्स

18. ओरिएण्ट पेपर मिल कहाँ स्थित है? डेयरी फेडरेशन रिक्रूटमेण्ट 2016
(a) अमलाई (b) गंजबासौदा
(c) सोहागी (d) बीरसिंहपुर

19. प्रदेश का तेन्दू पत्ते के संग्रहण में कौन-सा स्थान है?
(a) पहला (b) दूसरा
(c) तीसरा (d) चौथा

20. चिप बोर्ड बनाने का कारखाना निम्न में कहाँ स्थित है?
(a) बैतूल (b) इटारसी
(c) शिवपुरी (d) भोपाल

21. पीथमपुर (धार) किस मुख्य उद्योग के लिए जाना जाता है?
(a) आतिशबाजी (b) कृषि
(c) स्वचालित वाहन (d) पेट्रो-रसायन

22. मध्य प्रदेश का वाहन उद्योग केन्द्र कहाँ स्थित है? एम पी पी एस सी 2008
(a) पीथमपुर (b) मालनपुर
(c) मण्डीद्वीप (d) मनेरी

23. मध्य प्रदेश उद्योग निगम द्वारा संचालित हाट अथवा एम्पोरियम का क्या नाम है? लोअर डिवीजन क्लर्क 2013
(a) चाँदनी (b) मृगनयनी
(c) नयनाभिराम (d) नयनसुख

24. राज्य में फूड पार्क की कितनी इकाइयाँ स्थापित हैं? एम पी पी एस सी 2014
(a) 8 (b) 6
(c) 5 (d) 3

25. मध्य प्रदेश के ...... में विशेष आर्थिक प्रक्षेत्र हैं। इंस्पेक्टर रिक्रूटमेण्ट 2017
(a) इन्दौर (b) भोपाल
(c) भोजपुर (d) उज्जैन

26. मध्य प्रदेश में किस मन्त्रालय द्वारा बेलाडीला आयरन प्रोजेक्ट की शुरुआत की गई है?
(a) रेल मन्त्रालय (b) वित्त मन्त्रालय
(c) खनन मन्त्रालय (d) संचार मन्त्रालय

27. मध्य प्रदेश में रेलवे कोच फैक्ट्री की स्थापना कहाँ की गई है?
(a) भोपाल (b) उज्जैन
(c) मुरैना (d) रीवा

28. वर्ष 1952 में 'टिम्बर ट्रिटमेन्ट प्लाण्ट' की स्थापना कहाँ हुई थी?
(a) उज्जैन (b) रतलाम
(c) इन्दौर (d) भोपाल

29. कलेडरिंग प्लाण्ट की स्थापना उज्जैन में किस वर्ष हुई थी?
(a) वर्ष 1960 (b) वर्ष 1962
(c) वर्ष 1965 (d) वर्ष 1970

30. मध्य प्रदेश लघु उद्योग निगम कहाँ स्थित है?
(a) भोपाल (b) इन्दौर
(c) जबलपुर (d) सतना

31. मध्य प्रदेश निर्यात निगम कहाँ स्थित है?
(a) इन्दौर (b) भोपाल
(c) उज्जैन (d) ग्वालियर

32. निम्न में से कौन-सा औद्योगिक केन्द्र भारत सरकार द्वारा स्वीकृत नहीं है?
(a) पीथमपुर
(b) मेघनगर
(c) पीलूखेड़ी
(d) कैमूर

33. प्रमुख औद्योगिक केन्द्र मालनपुर राज्य के किस जिले में स्थित है?
(a) रतलाम (b) भिण्ड
(c) रीवा (d) सागर

34. मध्य प्रदेश शासन ने कितने औद्योगिक इकाई केन्द्र स्थापित किए?
एम पी पी एस सी 2012
(a) 28 (b) 26 (c) 15 (d) 40

35. मण्डीद्वीप औद्योगिक क्षेत्र राज्य के किस जिले में स्थित है?
एम पी पी एस सी 2012
(a) विदिशा (b) भोपाल
(c) सीहोर (d) रायसेन

36. राज्य में कौन-सी उद्योग संवर्द्धन नीति लागू है?
(a) 2004 (b) 2010
(c) 2014 (d) 2011

उत्तरमाला

1. (d) **2.** (c) **3.** (c) **4.** (a) **5.** (d) **6.** (b) **7.** (b) **8.** (b) **9.** (d) **10.** (d)
11. (b) **12.** (a) **13.** (d) **14.** (a) **15.** (b) **16.** (a) **17.** (a) **18.** (a) **19.** (a) **20.** (b)
21. (c) **22.** (a) **23.** (b) **24.** (b) **25.** (a) **26.** (c) **27.** (a) **28.** (c) **29.** (b) **30.** (a)
31. (b) **32.** (d) **33.** (b) **34.** (b) **35.** (d) **36.** (c)

अध्याय 9

परिवहन एवं जनसंचार

राज्य में आर्थिक विकास में यातायात मार्गों एवं परिवहन संसाधनों का विशेष महत्त्व है। आर्थिक सर्वेक्षण 2018-19 के अनुसार, राज्य की अर्थव्यवस्था में परिवहन क्षेत्र की भागीदारी वर्ष 2017-18 में 2.70% रही।

राज्य में परिवहन साधनों को निम्न तीन भागों–सड़क परिवहन, रेल परिवहन तथा वायु परिवहन में विभक्त किया गया है

1. सड़क परिवहन

- राज्य में सड़क यातायात कॉर्पोरेशन अधिनियम, 1950 के अन्तर्गत 'मध्य प्रदेश राज्य सड़क परिवहन निगम' की स्थापना वर्ष 1962 में की गई थी।
- इसे वर्तमान में समाप्त कर दिया गया है और अब निजी बस प्रबन्धकों द्वारा अनुबन्ध के आधार पर सेवाएँ प्रदान की जा रही हैं।
- आर्थिक सर्वेक्षण 2018-19 के अनुसार, राज्य में जनवरी, 2018 तक लोक निर्माण विभाग द्वारा संधारित सड़कों की कुल लम्बाई 64,923 किमी है।
- राज्य में सड़कों की देख-रेख व निर्माण 'केन्द्रीय सार्वजनिक निर्माण विभाग' करता है।
- चालक/परिचालकों के कल्याण हेतु **चालक परिचालक कल्याण बोर्ड** वर्ष 2015 में गठित किया गया है।
- राज्य में सड़कों का सर्वाधिक घनत्व वाला जिला सतना है तथा सबसे कम घनत्व वाला जिला श्योपुर है।

प्रदेश में सड़क परिवहन को निम्न चार वर्गों में वर्गीकृत किया जाता है

(*i*) राष्ट्रीय राजमार्ग

- सड़क परिवहन व राजमार्ग मन्त्रालय के नवम्बर, 2018 तक के आँकड़ों के अनुसार राज्य से 44 राष्ट्रीय राजमार्ग गुजरते हैं, जिनकी लम्बाई लगभग 8772 किमी है।
- राष्ट्रीय राजमार्ग राज्य को मुम्बई, आगरा, वाराणसी, कन्याकुमारी, जयपुर, लखनऊ, झाँसी, इलाहाबाद, अहमदाबाद, राँची, उधमपुर, कोटा, बाँदा, अजमेर, कानपुर आदि नगरों से जोड़ते हैं।

(*ii*) प्रान्तीय/राज्य राजमार्ग

- आर्थिक सर्वेक्षण 2018-19 के अनुसार, राज्य प्रान्तीय राजमार्गों की लम्बाई 11,389 किमी है।
- राज्य का सबसे लम्बा राजमार्ग **चिल्पी** से **बड़ोदरा** तक जाता है, जिसकी लम्बाई 755.3 किमी है।
- राज्य में कुल प्रान्तीय/राज्य राजमार्गों की संख्या 48 हैं।

राज्य के कुछ प्रमुख प्रान्तीय/राज्य राजमार्ग

राज्य राजमार्ग	*कहाँ से कहाँ तक*	*लम्बाई (किमी में)*
2	उरई (उत्तर प्रदेश) गोपालपुर-मेहोना पोरसा-अटेर-करोली (राजस्थान)	247.2
6	शिवपुरी-श्योपुर-सवाई माधोपुर (राजस्थान)	143.6
9	मानिकपुर (उत्तर प्रदेश) रीवा-शहडोल-पड़रिया-कबीरधाम (कवर्धा)	400.48
10	रामानुजगंज (छत्तीसगढ़), जयसिंहनगर-बरही-कटनी-अमानगंज-बिजावर-टीकमगढ़-ललितपुर-चन्देरी-ईसागढ़-हरदा	562.5
11A	सिवनी-मण्डला	72.8
14	कटनी-दमोह-सागर-बीना-एथावरा-मन्दसौर-प्रतापगढ़	500.40
15	सागर-जयसिंहनगर-सिलवानी-बरेली-शाहगंज होशंगाबाद-हरदा-आशापुर-खण्डवा	362.90
18	भोपाल-सीहोर-आष्टा-देवास-उज्जैन-बदनावर-पेटलावद-अहमदाबाद (गुजरात)	362.30
19	जैतपुर (उत्तर प्रदेश)-मेहगाँव भिण्ड सेवढ़ा-दतिया-पिछोर-मूँगावली-विदिशा-सलामतपुर-बरेली-छिन्दवाड़ा-नागपुर	743.40
22	खातेगाँव-नसरुल्लागंज-होशंगाबाद-नरसिंहपुर-जबलपुर-डिण्डोरी-कबीर-चबूतरा	530.10
23	सबलगढ़ (मध्य प्रदेश) बिरपुर परोन-गुना-सिरोंज-बैरसिया-भोपाल	399.20
27	झालावाड़ (राजस्थान)-आगरा-उज्जैन-इन्दौर -मौरटक्का-छैगाँव-बुरहानुपर-मलकापुर (महाराष्ट्र)	386.60
31	धार-खरगौन-बिस्तान-चिरैया-पडलीयापाल-भुसावल (महाराष्ट्र) नयागाँव	402.57
40	डिण्डोरी-मण्डला-लखनदगाँव	134.40
44	गैरतगंज-सिलवानी-उदयपुर साइखेड़ा, गाडरवारा	85
52	बेला-गोविन्दगढ़-रामपुर-चुरहट	63.50

(iii) मुख्य जिला मार्ग

- आर्थिक सर्वेक्षण 2018-19 के अनुसार राज्य में मुख्य जिला मार्गों की कुल लम्बाई 22,129 किमी है।
- इन मार्गों के निर्माण का मुख्य उद्देश्य जिले के नगरों, बड़ी बस्तियों एवं अन्य प्रशासनिक केन्द्रों को जिला मुख्यालय से जोड़ना है।
- मुख्य जिला मार्गों का राज्य में असमान वितरण है। इन मार्गों का प्रति 100 वर्ग किमी पर घनत्व सर्वाधिक भोपाल में 17.4 किमी है।

(*iv*) **ग्रामीण मार्ग**

- आर्थिक सर्वेक्षण 2018-19 के अनुसार राज्य में ग्रामीण मार्गों की लम्बाई 23,395 किमी है। राज्य के ग्रामीण मार्गों की लगभग एक-चौथाई सड़कें कच्ची हैं। इन सड़कों पर वर्षा ऋतु में परिवहन अत्यधिक कठिन हो जाता है।
- प्रधानमन्त्री ग्राम सड़क परियोजना लागू होने के बाद राज्य में लगभग 43.4% गाँव सार्वकालिक सड़क से जुड़ गए हैं।

प्रधानमन्त्री ग्राम सड़क योजना

ग्रामीण क्षेत्रों की परिवहन सेवा को बेहतर सुविधा देने हेतु इस योजना की शुरुआत केन्द्र सरकार द्वारा वर्ष 2000 में की गई थी। इसके अन्तर्गत सामान्य विकास खण्ड क्षेत्र में 500 या इससे अधिक तथा आदिवासी विकासखण्डों में 250 या इससे अधिक की आबादी के सम्पर्क विहीन ग्रामों को बारहमासी सड़कों से जोड़ने का कार्य किया जाता है।

मई 2017 के अन्त तक राज्य 18510 निर्माणधीन मार्गों में से 15888 मार्ग पूर्ण हो गए है।

मुख्यमन्त्री ग्राम सड़क योजना

मुख्यमन्त्री ग्राम सड़क योजना की शुरुआत वर्ष 2010 में हुई थी। इस योजना का मुख्य उद्देश्य राज्य के सामान्य क्षेत्र में 500 तथा आदिवासी क्षेत्र में 250 से कम आबादी वाले सभी राजस्व गाँवों को सिंगल कनेक्टिविटी से जोड़ना है।

इस योजना के तहत राज्य में 15 हजार किलोमीटर मुख्य सड़कों का निर्माण किया गया है।

मध्य प्रदेश परिवहन नीति 2010

मध्य प्रदेश परिवहन नीति बनाने वाला प्रथम राज्य है। *इस नीति के प्रमुख बिन्दु निम्न हैं*

- सार्वजनिक परिवहन बसों को प्रोत्साहन।
- माल वाहनों पर प्रभावी नियन्त्रण।
- प्रदेश के मार्गों का विकास एवं निर्माण।
- खुली परमिट व्यवस्था/परमिट शर्तों का पालन करना।
- ग्रामीण क्षेत्रों में यात्री परिवहन व्यवस्था सुदृढ़ करना।

2. रेल परिवहन

- मध्य प्रदेश में पहला रेलमार्ग 1865-1878 में निर्मित किया गया, जो कि दिल्ली-मुम्बई रेलमार्ग को पूरा करने के लिए बनाया गया था।
- राज्य में सबसे पहला रेलमार्ग 1867 ई. में इलाहाबाद से जबलपुर तक परिवहन हेतु खोला गया था।
- राज्य का पहला ISO प्रमाणित रेलवे स्टेशन **हबीबगंज स्टेशन** तथा प्रथम ISO प्रमाणित रेलगाड़ी **भोपाल एक्सप्रेस** है।
- रेल मन्त्रालय के दिसम्बर, 2016 के आँकड़ों के अनुसार, राज्य में रेलमार्गों की कुल लम्बाई लगभग 5000 किमी है।
- राज्य का सबसे बड़ा **रेलवे जंक्शन इटारसी** है।
- रेलवे के क्षेत्रीय मुख्यालय भोपाल, रतलाम तथा उज्जैन में स्थित हैं।
- राज्य में **एकमात्र रेलवे जोन जबलपुर** में वर्ष 1998 में स्थापित किया गया।
- राज्य में रेल सेवा विभाग का मुख्यालय भोपाल में अवस्थित है।

मध्य प्रदेश में रेलवे क्षेत्र

वर्तमान में मध्य प्रदेश की रेलवे लाइनें 5 रेलवे जोन में शामिल हैं, *जिनका विवरण निम्नलिखित है*

(*i*) **पश्चिमी मध्य रेलवे जोन** मध्य प्रदेश में इस रेलवे जोन का सर्वाधिक विस्तार है। इस जोन का मुख्यालय जबलपुर तथा सम्भागीय मुख्यालय जबलपुर एवं भोपाल में है।
यह जबलपुर जोन का भी मुख्यालय है। राज्य के 24 जिले इस जोन के अन्तर्गत आते हैं, जिसमें रीवा, कटनी, सतना आदि शामिल हैं। इस जोन में मानवरहित रेलवे क्रॉसिंग को समाप्त कर दिया गया है।

(*ii*) **पश्चिमी रेलवे जोन** इसका सम्भागीय मुख्यालय रतलाम जिलें में है। इसके अन्तर्गत दिल्ली, मुम्बई, गुना-मक्सी रेल लाइनें तथा इन्दौर, देवास, सीहोर, उज्जैन, रतलाम, मन्दसौर आदि जिले आते हैं।

(*iii*) **दक्षिण पूर्वी मध्य रेलवे जोन** इसका सम्भागीय मुख्यालय अनूपपुर जिले में है। इस जोन के अन्तर्गत राज्य के शहडोल, छिन्दवाड़ा, बालाघाट, सिवनी आदि जिले आते हैं।

(*iv*) **मध्य रेलवे** इसका सम्भागीय मुख्यालय खण्डवा जिले में स्थित है। इसमें मुम्बई–दिल्ली, खण्डवा-हिंगाली रेलवे लाइनें आती हैं। इसमें राज्य के निमाड़, होशंगाबाद, हरदा आदि जिले आते हैं।

(*v*) **उत्तर मध्य रेलवे** इसका सम्भागीय मुख्यालय ग्वालियर जिलें में है। इसमें मध्य प्रदेश के उत्तरी भाग के जिले सम्मिलित हैं।

राज्य के महत्त्वपूर्ण रेलवे प्रतिष्ठान

रेलवे प्रतिष्ठान	*स्थान*
कोच रिपेयर वर्कशॉप	भोपाल (निशातपुरा)
रेल स्प्रिंग कारखाना	ग्वालियर (सितौली)
वैगन रिपेयर वर्कशॉप	सतना
इलेक्ट्रिक लोको शेड	कटनी, इटारसी
डीजल लोको शेड	कटनी, रतलाम, इटारसी
रेलवे रिक्रूटमेण्ट बोर्ड	भोपाल
रेलवे स्लीपर बनाने का कारखाना	वनखेड़ी (बुधनी)

3. वायु परिवहन

- मध्य प्रदेश में सर्वप्रथम विमान सेवा की शुरुआत 26 जुलाई, 1948 को इन्दौर से ग्वालियर, दिल्ली और मुम्बई के लिए हुई थी।
- राज्य में प्रमुख 5 हवाई अड्डे मण्डीदीप (भोपाल), पीथमपुर (इन्दौर), मालनपुर (ग्वालियर), मनेरी (जबलपुर) तथा खजुराहो में हैं। ये हवाई अड्डे राज्य की औद्योगिक तथा पर्यटन की आवश्यकताओं को पूरा करते हैं।
- राज्य में भोपाल (राजा भोज अन्तर्राष्ट्रीय हवाई अड्डा) तथा इन्दौर (देवी अहिल्याबाई होल्कर अन्तर्राष्ट्रीय हवाई अड्डा) को अन्तर्राष्ट्रीय हवाई अड्डा घोषित किया गया है। देवी अहिल्याबाई होल्कर राज्य का सबसे व्यस्त हवाई अड्डा है।
- राज्य के इन्दौर, भोपाल, ग्वालियर, जबलपुर और खजुराहो इण्डियन एयरलाइन्स एवं वायुदूत तथा जेट एयरवेज नियमित सेवाओं से जुड़े हैं।
- राज्य के एकमात्र राष्ट्रीय उद्यान कान्हा-किसली में हवाई पट्टी की सुविधा उपलब्ध है।
- राज्य में भारतीय सेना की दो हवाई पट्टियाँ ग्वालियर (वायु सेना) और नीमच (गैरिसन इंजीनियरिंग, महू) जिलों में हैं।
- राज्य में सुरक्षा बलों की दो पट्टियाँ टेकनपुर (ग्वालियर) और शिवपुरी में हैं।

- राज्य में राष्ट्रीय विमान पत्तन की कुल 7 हवाई पट्टियाँ हैं, जो इन्दौर, खण्डवा, ग्वालियर, भोपाल, खजुराहो, सतना व जबलपुर में स्थित है।

राज्य में जनसंचार

- जनसंचार से आशय उन साधनों के अध्ययन एवं विश्लेषण से है, जो जनसंख्या के बड़े भागों को आपस में जोड़ते हैं; जैसे—रेडियो, टेलीविजन, दूरदर्शन, सामाचार-पत्र, पत्र-पत्रिकाएँ आदि।

राज्य में संचार विवरण अग्रलिखित है

आकाशवाणी-रेडियो

- राज्य में पहला आकाशवाणी केन्द्र इन्दौर में 22 मई, 1955 में स्थापित किया गया था। इसके बाद भोपाल (1956) एवं ग्वालियर (1964) में केन्द्रों को स्थापित किया गया था।
- राज्य में आकाशवाणी केन्द्रों की संख्या लगभग 20 है, जिसमें इन्दौर, भोपाल, छिन्दवाड़ा, बैतूल, शिवपुरी, रीवा, शहडोल, बालाघाट, जबलपुर, ग्वालियर एवं छतरपुर आदि प्रमुख हैं।
- प्रसारण की दृष्टि से सबसे अधिक क्षमता वाला आकाशवाणी केन्द्र इन्दौर है।
- राज्य में निजी क्षेत्रों में एफ एम सेवा, की शुरुआत रेडियो मिर्ची इन्दौर से वर्ष 2006 में प्रारम्भ हुई थी।

दूरदर्शन

- राज्य में दूरदर्शन की शुरुआत वर्ष 1975 में रायपुर (अब छत्तीसगढ़ में) में की गई थी। राज्य में वर्ष 1972-73 में रायपुर रिले केन्द्र स्थापित किया गया।
- राज्य में रंगीन दूरदर्शन का प्रसारण 15 अगस्त, 1982 को प्रारम्भ हुआ तथा वर्ष 1984 में दूरदर्शन का मेट्रो चैनल शुरू हुआ।
- राज्य में भू-उपग्रह दूरसंचार अन्वेषण 'गुना' में स्थित है।

डाकतार

- राज्य में डाकतार परिमण्डल का गठन अप्रैल, 1962 में किया गया था।
- इसका मुख्यालय नागपुर में था, बाद में इसका स्थानान्तरण वर्ष 1965 में भोपाल में कर दिया गया। वर्ष 2015-16 तक राज्य में डाकघरों की संख्या 8,318 थी।

टेलीफोन

- राज्य में टेलीफोन संचार सेवा की शुरुआत सितम्बर, 1974 में हुई।
- राज्य में एयरटेल के नाम से प्रारम्भ की गई टेलीफोन सेवा देश की पहली निजी टेलीफोन सेवा है।
- राज्य में लगभग 2424 टेलीफोन केन्द्र स्थापित हो चुके हैं।

समाचार पत्र-पत्रिकाएँ

- राज्य का पहला समाचार-पत्र 1840 ई. में प्रकाशित **अखबार ग्वालियर** (उर्दू) था।
- राज्य से वर्ष 1883 में प्रकाशित होने वाला प्रथम मासिक पत्र 'जबलपुर समाचार' था।
- 1887 ई. में मध्य प्रदेश के जबलपुर शहर से पण्डित रामगुलाम अवस्थी के सम्पादन में **शुभ-चिन्तक** पत्रिका निकाली गई थी, यह पत्रिका साप्ताहिक थी।
- हिन्दी **मासिक पत्रिका नवजीवन** का प्रकाशन वर्ष 1915 से इन्दौर से शुरू हुआ।
- राज्य के पहले हिन्दी दैनिक अखबार **नवजीवन** का प्रकाशन वर्ष 1939 में इन्दौर से हुआ था।
- राज्य में सर्वाधिक प्रसार संख्या वाला समाचार-पत्र **दैनिक भास्कर** है, जबकि इन्दौर से प्रकाशित हिन्दी दैनिक समाचार-पत्र **नई दुनिया** राज्य में सर्वाधिक बिक्री वाला समाचार-पत्र है, जिसकी शुरुआत जून, 1947 में की गई थी।

- राज्य में हिन्दी भाषा का पहला अखबार **मालवा अखबार** (साप्ताहिक) था, जिसका प्रकाशन 6 मार्च, 1948 को इन्दौर से हुआ था।
- राज्य में सर्वाधिक समाचार-पत्र भोपाल तथा इन्दौर से प्रकाशित होते हैं। राज्य का एकमात्र सिन्धी समाचार-पत्र **फर्ज** (भोपाल से प्रकाशन) है।
- 19 जून, 1984 को प्रदेश के भोपाल जिले में माधवराव सप्रे स्मृति समाचार-पत्र संग्रहालय की स्थापना की गई।
- हिन्दी गद्य के प्रसिद्ध व्यंग्य लेखक, निबन्धकार व कहानीकार श्री हरिशंकर परसाई द्वारा जबलपुर से वसुधा पत्रिका का प्रकाशन वर्ष 1956 में किया गया था।
- राज्य की एकमात्र खेल पत्रिका 'खेल हलचल' है, जो इन्दौर से प्रकाशित होती है।
- राज्य वर्ष 1991 भोपाल में माखनलाल चतुर्वेदी पत्रकारिता विश्वविद्यालय की स्थापना की गई थी।

मध्य प्रदेश के प्रमुख स्थानों से वर्तमान में प्रकाशित होने वाले प्रमुख समाचार-पत्र एवं पत्र-पत्रिकाएँ

स्थान	*प्रमुख समाचार-पत्र एवं पत्र-पत्रिकाएँ*
भोपाल	नई दुनिया, नवभारत टाइम्स, दैनिक जागरण, दैनिक भास्कर, राजस्थान पत्रिका, पीपुल्स समाचार, देशबन्धु, स्वदेश, नेशनल मेल इत्यादि
जबलपुर	द जबलपुर टाइम्स, देशबन्धु, लोकसेवा, हिन्दी एक्सप्रेस, दैनिक भास्कर, नर्मदा ज्योति, स्वतंत्रमंत्र इत्यादि
	इन्दौर राजस्थान पत्रिका, पीपुल्स समाचार, दैनिक भास्कर, इन्दौर समाचार, स्वदेश, नवभारत टाइम्स, दैनिक जनीदन, विश्व भ्रमण, लोक स्वामी, चौथा संसार इत्यादि
ग्वालियर	स्वदेश, दैनिक भास्कर, नवभारत टाइम्स, दैनिक लोकपथ, ग्वालियर समाचार, जनउत्थान, आचरण इत्यादि
उज्जैन	दैनिक भास्कर, विक्रम दर्शन, प्रजादूत, अवन्तिका, बिग्रेडियर, जलती मशाल आदि।
सतना	सतना समाचार, नेशनल टुडे न्यूज, देशबन्धु, स्वदेश आदि।
कटनी	भारती, केसरी, महाकौशल, जनमेंजय
दमोह	कर्त्तव्य
छतरपुर	कृष्ण क्रान्ति, जनहित दर्शन
टीकमगढ़	ओरछा टाइम्स
मन्दसौर	ध्वज, कीर्तिमान, दशपुर दर्शन, क्षेत्रीय समाचार
बड़वानी	निमाड़ एक्सप्रेस
मुरैना	युग प्रणेता, दैनिक मध्यराज,चम्बल वाणी
शहडोल	शहडोल टाइम्स, समय, दैनिक मध्य प्रदेश
दतिया	अजाम, दतिया टाइम्स
नीमच	नई विद्या, अमृत मन्थन
रतलाम	चेतना
बुरहानपुर	वीर सन्तरी

मध्य प्रदेश की कुछ प्रमुख साहित्यिक पत्रिकाएँ और प्रकाशन स्थल

प्रमुख साहित्यिक पत्रिकाएँ	*प्रकाशन स्थल*
शिखर वार्ता, जिन्दगी	भोपाल
वीणा	इन्दौर
वसुधा	जबलपुर, भोपाल, रीवा
साक्षात्कार, पूर्वागृह, अनन्त कलावार्ता	भोपाल
आकण्ठ	पिपरिया
नया विकल्प	विदिशा, भोपाल
यात्रा	कटनी
पहल	जबलपुर
आवेग कंकर	रतलाम

परिवहन एवं जनसंचार

स्व-मूल्यांकन

1. आर्थिक सर्वेक्षण 2018-19 के अनुसार राज्य में सड़कों की कुल लम्बाई कितने किमी है?
(a) 55820 (b) 64923
(c) 33421 (d) 70920

2. सड़क परिवहन व राजमार्ग मन्त्रालय के अनुसार राज्य में राष्ट्रीय राजमार्गों की कुल लम्बाई कितने किमी है?
(a) 3011 (b) 7050
(c) 8772 (d) 9552

3. मध्य प्रदेश का सबसे लम्बा राजकीय राजमार्ग वर्ष 2015 के अनुसार ...... है।
लेबर इन्स्पेक्टर 2017
(a) NH-17 (b) NH-18
(c) NH-19 (d) NH-15

4. 'प्रधानमन्त्री ग्राम सड़क योजना' कब प्रारम्भ की गई थी?
(a) वर्ष 1995 (b) वर्ष 1998
(c) वर्ष 2000 (d) वर्ष 2002

5. 'मुख्यमन्त्री ग्राम सड़क योजना' कब प्रारम्भ हुई थी? **एम पी पी एस सी 2017**
(a) वर्ष 2008
(b) वर्ष 2009
(c) वर्ष 2010
(d) वर्ष 2011

6. मध्य प्रदेश में प्रथम रेलमार्ग कब प्रारम्भ हुआ? **डेयरी फेडरेशन 2016**
(a) वर्ष 1886
(b) वर्ष 1897
(c) वर्ष 1867 (d) वर्ष 1857

7. निम्नलिखित में से कौन-सा मध्य प्रदेश में पहला ISO प्रमाणित रेलवे स्टेशन है? बी एड,एम एड 2017
(a) हबीबगंज (b) खुरई
(c) इन्दौर (d) भोपाल

8. मध्य प्रदेश का सबसे बड़ा रेलवे जंक्शन कौन-सा है? ड्रग इन्स्पेक्टर 2017
(a) इटारसी (b) भोपाल
(c) इन्दौर (d) रतलाम

9. जबलपुर एवं भोपाल किस रेलवे जोन के अन्तर्गत आते हैं? लोअर डिवीजन क्लर्क 2013
(a) पश्चिम मध्य रेलवे
(b) दक्षिण-पूर्व रेलवे
(c) पश्चिम रेलवे
(d) पूर्व रेलवे

10. मध्य प्रदेश का कौन-सा शहर, भारत के पश्चिम केन्द्रीय रेलवे जोन का मुख्यालय है? इन्स्पेक्टर 2017
(a) जबलपुर (b) रीवा
(c) सागर (d) भोपाल

11. जबलपुर किस रेल खण्ड का मुख्यालय है? स्टेनो टाइपिस्ट 2016
(a) पश्चिम मध्य रेलवे (b) उत्तर मध्य रेलवे
(c) दक्षिण मध्य रेलवे (d) पूर्वी मध्य रेलवे

12. पश्चिम मध्य रेल क्षेत्र के विषय में कौन-सा कथन सही है? लैब टेक्नीशियन 2015
A. पश्चिम मध्य रेलवे क्षेत्र का मुख्यालय जबलपुर मध्य प्रदेश में है।
B. भारतीय रेलवे का पहला रेलवे क्षेत्र, जिसने सभी मानव रहित रेलवे क्रॉसिंग को समाप्त कर दिया।

कूट
(a) केवल A
(b) केवल B
(c) A और B दोनों
(c) उपरोक्त से कोई नहीं

13. मानव रहित रेल क्रॉसिंग को समाप्त करने वाला पहला रेलवे क्षेत्र कौन-सा है? लैब टेक्नीशियन 2015
(a) पश्चिम मध्य रेलवे क्षेत्र मुख्यालय जबलपुर
(b) पूर्वी मध्य रेलवे क्षेत्र मुख्यालय जबलपुर
(c) उत्तर रेलवे क्षेत्र मुख्यालय दिल्ली
(d) दक्षिण रेलवे क्षेत्र मुख्यालय चेन्नई

14. मध्य प्रदेश के किस जिले में रेलवे कोच रिपेयर बनाने का कारखाना स्थित है? एम पी पी एस सी 2012
(a) सीहोर (b) भोपाल
(c) होशंगाबाद (d) बैतूल

15. भोपाल हवाई अड्डे का नया नाम है डेयरी फेडरेशन 2016
(a) राजाभोज (b) एन रेड्डी
(c) अहिल्याबाई (d) के शान्तन

16. किस नगर के हवाई अड्डे का नाम राजा भोज के नाम पर रखा गया है?
(a) भोपाल (b) इन्दौर
(c) ग्वालियर (d) धार

17. 'देवी अहिल्याबाई होल्कर एयरपोर्ट' मध्य प्रदेश में कहाँ स्थित है? लेबर इन्स्पेक्टर 2017
(a) भोपाल
(b) इन्दौर
(c) ग्वालियर
(d) सागर

18. मध्य प्रदेश का सबसे व्यस्ततम हवाई अड्डा ······· है। लेबर इन्स्पेक्टर रिक्रूटमेन्ट 2017
(a) देवी अहिल्याबाई होल्कर
(b) राजा भोज
(c) जबलपुर
(d) ग्वालियर

19. राज्य में निम्न में से हवाई अड्डा कहाँ पर अवस्थित है? पर्यटन विभाग 2013
(a) खजुराहो (b) जबलपुर
(c) इन्दौर (d) ये सभी

20. मध्य प्रदेश का सबसे पहला 'आकाशवाणी केन्द्र' किस नगर में स्थापित हुआ? स्टेनो टाइपिस्ट 2016
(a) भोपाल (b) जबलपुर
(c) ग्वालियर (d) इन्दौर

21. इन्दौर में आकाशवाणी केन्द्र की स्थापना कब हुई? एम पी पी एस सी 2013
(a) 15 अगस्त,1952
(b) 22 मई,1955
(c) 24 मई,1955
(d) 16 अगस्त,1952

22. राज्य में पहला एफ एम प्रसारण कब शुरू हुआ?
(a) वर्ष 1990 (b) वर्ष 2000
(c) वर्ष 2002 (d) वर्ष 2006

23. मध्य प्रदेश राज्य में रंगीन दूरदर्शन का प्रसारण कब प्रारम्भ हुआ?
(a) वर्ष 1980 (b) वर्ष 1982
(c) वर्ष 1985 (d) वर्ष 1990

24. मध्य प्रदेश में भू-उपग्रह दूरसंचार अन्वेषण केन्द्र कहाँ पर स्थित है? स्टेट इंजीनियरिंग सर्विसेज 2016
(a) भोपाल (b) इन्दौर
(c) गुना
(d) उपरोक्त में से कोई नहीं

25. वर्तमान मध्य प्रदेश राज्य के डाकतार परिमण्डल का मुख्यालय कहाँ है?
(a) रीवा (b) जबलपुर
(c) भोपाल (d) सतना

26. मध्य प्रदेश सरकार ने किस नाम से पहली निजी टेलीफोन सेवा शुरू की?
(a) एयरटेल (b) एयरसेल
(c) वोडाफोन (d) रिलायन्स

27. मध्य प्रदेश का प्रथम समाचार-पत्र कौन-सा है? प्लाटून कमाण्डर सूबेदार भर्ती परीक्षा 2016
(a) भोपाल अखबार
(b) अखबार ग्वालियर
(c) इन्दौर अखबार
(d) उपरोक्त में से कोई नहीं

28. मध्य प्रदेश की पहली मासिक पत्रिका वर्ष 1915 में कहाँ से प्रकशित हुई? पुलिस उपनिरीक्षक 2016
(a) भोपाल (b) इन्दौर
(c) ग्वालियर (d) जबलपुर

29. 'शुभ चिन्तक' पत्रिका का सम्पादन कहाँ से होता है? सूबेदार भर्ती परिक्षा 2016
(a) ग्वालियर (b) इन्दौर
(c) जबलपुर (d) रीवा

30. 'नवजीवन' इन्दौर से वर्ष 1915 में शुरू किया गया था, वह था कम्बाइण्ड रिक्रूटमेन्ट 2017
(a) हिन्दी का प्रथम अखबार
(b) मध्य प्रदेश का पहला अखबार
(c) साप्ताहिक अखबार
(d) मासिक पत्रिका

31. राज्य में सर्वाधिक प्रसार संख्या वाला समाचार-पत्र वर्तमान में कौन-सा है? सूबेदार भर्ती परीक्षा 2016
(a) नई दुनिया
(b) रंगभूमि
(c) दैनिक भास्कर
(d) नवभारत टाइम्स

32. 'नई दुनिया' समाचार-पत्र मध्य प्रदेश के किस जिले से प्रकाशित होता है? सूबेदार भर्ती परीक्षा 2016
(a) उज्जैन (b) इन्दौर
(c) रीवा (d) रतलाम

33. मध्य प्रदेश में हिन्दी भाषा में प्रकाशित होने वाला प्रथम दैनिक अखबार है स्टेट फॉरेस्ट सर्विस 2014
(a) मालवा अखबार
(b) ग्वालियर अखबार
(c) नवजीवन
(d) नई दुनिया

34. 'मालवा अखबार' का प्रकाशन कहाँ से हुआ था?
(a) भोपाल
(b) जबलपुर
(c) रीवा
(d) इन्दौर

35. मध्य प्रदेश का एकमात्र सिन्धी समाचार पत्र कौन-सा है? लेबर इन्स्पेक्टर 2017
(a) फर्ज
(b) हक-ओ-इन्साफ
(c) अकबर टाइम्स
(d) उपरोक्त में से कोई नहीं

36. सिन्धी अखबार 'फर्ज' कहाँ से प्रकाशित होता है? प्लाटून कमाण्डर 2014
(a) ग्वालियर (b) भोपाल
(c) सागर (d) उज्जैन

37. मध्य प्रदेश का पहला मासिक समाचार-पत्र कौन-सा है? सूबेदार भर्ती परीक्षा 2016
(a) नवजीवन
(b) दुनिया ज्ञान
(c) भूगोल विचार
(d) उपरोक्त में से कोई नहीं

38. मध्य प्रदेश से निकलने वाली एकमात्र खेल पत्रिका है? सूबेदार भर्ती परिक्षा 2016
(a) खेल हलचल
(b) स्पोर्ट्स टुडे
(c) खेल-खेल में
(d) खेल व्याख्यान

39. 'शिखर वार्ता' साहित्यिक पत्रिका का प्रकाशन स्थल कौन-सा है?
(a) इन्दौर (b) भोपाल
(c) पिपल्या (d) जबलपुर

उत्तरमाला

1. (b) **2.** (c) **3.** (c) **4.** (c) **5.** (c) **6.** (c) **7.** (a) **8.** (a) **9.** (a) **10.** (a)
11. (a) **12.** (c) **13.** (a) **14.** (b) **15.** (a) **16.** (a) **17.** (b) **18.** (a) **19.** (d) **20.** (d)
21. (b) **22.** (d) **23.** (b) **24.** (c) **25.** (c) **26.** (a) **27.** (b) **28.** (b) **29.** (c) **30.** (d)
31. (c) **32.** (b) **33.** (a) **34.** (d) **35.** (a) **36.** (b) **37.** (d) **38.** (a) **39.** (b)

अध्याय 10

प्रशासनिक व्यवस्था

राज्य का गठन एवं विभाजन

- भारत के केन्द्र में अवस्थित मध्य प्रदेश एक भू-आवेष्ठित राज्य है, जिसे ब्रिटिश काल में मध्य भारत (सेण्ट्रल इण्डिया) के नाम से जाना जाता था।
- स्वतन्त्रता से पूर्व यह तीन श्रेणियों में विभक्त था। उनमें पार्ट 'ए' में **सी पी बरार**, पार्ट 'बी' में **मध्य भारत का प्रान्त** तथा पार्ट 'सी' में **विन्ध्य प्रदेश** और **भोपाल** शामिल थे।
- स्वतन्त्रता के पश्चात् राज्यों के गठन के लिए 29 दिसम्बर, 1953 को राज्य पुनर्गठन आयोग का गठन किया गया।
- राज्य पुनर्गठन आयोग 1953 के अध्यक्ष सैयद फजल अली तथा सदस्य पं हृदयनाथ कुँजरू एवं डॉ. के एम पणिक्कर थे। इन्होंने भाषा के आधार पर राज्यों के गठन की अनुशंसा की।
- आयोग की अनुशंसा के आधार पर ही 1 नवम्बर, 1956 को 17 हिन्दी भाषायी जिलों को मिलाकर नवीन मध्य प्रदेश का गठन हुआ और इसकी राजधानी भोपाल को बनाया गया।
- 1 नवम्बर, 1956 को गठन के समय राज्य में कुल 43 जिले शामिल थे। इसी समय विदर्भ को महाराष्ट्र में शामिल किया गया।
- 26 नवम्बर, 1972 को 2 नवीन जिलों (भोपाल, राजनान्दगाँव) का गठन किया गया।
- 25 मई, 1998 को बी आर दुबे आयोग की अनुशंसा पर 10 नए जिलों का गठन किया गया।
- सिंहदेव कमेटी की सिफारिश के आधार पर 30 जून, 1998 को 6 नए जिलों पुनर्गठन का किया गया।
- इस प्रकार वर्ष 2000 में विभाजन से पूर्व प्रदेश में 12 सम्भाग एवं 61 जिले सम्मिलित थे।
- मध्य प्रदेश पुनर्गठन विधेयक 2000 के तहत् 1 नवम्बर, 2000 को छत्तीसगढ़ की स्थापना (16 जिलों के साथ) होने के बाद मध्य प्रदेश में 45 जिले शेष रह गए।
- 1 अक्टूबर 2018 को निवाड़ी जिले के अस्तित्व में आने के पश्चात् राज्य में जिलों की संख्या 52 हो गई है। राज्य का यह 52वाँ जिला टीकमगढ़ जिले से अलग कर बनाया गया है।

राजनीतिक संरचना

विधानसभा

- वर्तमान समय में राज्य में 231 विधानसभा सदस्य हैं, जिनमें से एक एंग्लो-इण्डियन समुदाय के सदस्य को राज्यपाल द्वारा मनोनीत किया जाता है। विधानसभा का कार्यकाल अपनी प्रथम बैठक से 5 वर्ष के लिए निर्धारित होता है।
- विधानसभा का भवन राज्य की राजधानी भोपाल में अवस्थित है। इस भवन को वास्तुकार **चार्ल्स कुरियन** ने डिजाइन किया है। राज्य के पुराने विधानसभा भवन को 'मिण्टो हॉल' के नाम से भी जाना जाता है।

- नये विधानसभा का डिजाइन वैदिक वास्तु व आधुनिक वास्तुकार सी. एम. कोरिया ने किया था, जिसका उद्घघाटन 03 अगस्त, 1996 को हुआ। विधानसभा के प्रवेश द्वार पर सूर्य कुण्ड हैं। इसकी दीवारों पर प्रसिद्ध चित्रकार स्व. जगगढ़ श्याम द्वारा आदिवासी चित्रों का चित्रांकन किया गया हैं।
- परीसीमन आयोग 2008 की संस्तुति के अनुसार राज्य विधानसभा में 35 सीटें अनुसूचित जाति के लिए तथा 47 सीटें अनुसूचित जनजातियों के लिए आरक्षित हैं।
- राज्य की विधानसभा की समस्त कार्यवाही अध्यक्ष या उपाध्यक्ष के नियन्त्रण में होती है तथा यह सभी प्रश्नों का समाधान बहुमत से करती है।
- राज्य की विधानसभा में सबसे बड़े विरोधी दल के नेता को नेता प्रतिपक्ष का दर्जा दिया जाता है। राज्य की विधानसभा में पहली महिला नेता प्रतिपक्ष सुश्री जमुना देवी थीं।
- राज्य के पहले विधानसभा अध्यक्ष पं. कुंजीलाल दुबे थे।

राज्य विधानसभा के कार्यकाल

विधानसभा	*अवधि*
पहली	01.11.1956 से 05.03.1957 तक
दूसरी	01.04.1957 से 07.03.1962 तक
तीसरी	07.03.1962 से 01.03.1967 तक
चौथी	01.03.1967 से 17.03.1972 तक
पाँचवीं	17.03.1972 से 30.04.1977 तक
छठी	23.06.1977 से 17.02.1980 तक
सातवीं	09.06.1980 से 10.03.1985 तक
आठवीं	10.03.1985 से 03.03.1990 तक
नौवीं	05.03.1990 से 15.12.1992 तक
दसवीं	07.12.1993 से 01.12. 1998 तक
ग्यारहवीं	01.12.1998 से 05.12.2003 तक
बारहवीं	05.12.2003 से 11.12.2008 तक
तेरहवीं	11.12.2008 से 10.12.2013 तक
चौदहवीं	वर्ष 2013 से वर्ष 2018 तक

(24 दिसम्बर, 2020 के अनुसार)

राज्य में लोकसभा व राज्यसभा क्षेत्र

- राज्य में वर्तमान में 29 लोकसभा निर्वाचन क्षेत्र हैं, जिसमें परिसीमन 2008 के तहत् अनुसूचित जाति के लिए 4 सीटें (उज्जैन, देवास-शाजापुर, भिण्ड, टीकमगढ़) आरक्षित हैं तथा अनुसूचित जनजाति के लिए 6 सीटें (शहडोल, मण्डला, धार, रतलाम-झाबुआ, खरगौन तथा बैतूल) आरक्षित हैं। राज्य में राज्यसभा की कुल 11 सीटें हैं।

राज्यपाल

- भारतीय संविधान के अनुसार राज्य की कार्यपालिका की शक्ति राज्यपाल में निहित है।
- राज्यपाल अपने अधिकारों का उपयोग स्वयं या अपने अधीनस्थों के माध्यम से करता है।
- राज्यपाल की नियुक्ति राष्ट्रपति द्वारा की जाती है। इनकी कार्यावधि पद ग्रहण की तिथि से 5 वर्ष तक होती है। राज्यपाल स्वेच्छा से अपने पद का त्याग कर सकता है।
- श्री बी. पट्टाभि सीतारमैया राज्य के पहले राज्यपाल बने, जबकि सरला ग्रेवाल पहली महिला राज्यपाल बनीं।

मध्य प्रदेश के राज्यपाल

नाम	*अवधि*
श्री बी. पट्टाभि सीतारमैया (राज्य के प्रथम राज्यपाल)	01.11.1956 से 13.06.1957 तक
श्री हरि विनायक पाटस्कर	14.06.1957 से 10.02.1965 तक
श्री के सी रेड्डी	11.02.1965 से 02.02.1966 तक
जस्टिस पी वी दीक्षित (कार्यकारी)	03.02.1966 से 09.02.1966 तक
श्री के सी रेड्डी	10.02.1966 से 07.03.1971 तक
श्री सत्यनारायण सिन्हा (पहले गवर्नर, जिसने राष्ट्रपति शासन लागू किया)	08.03.1971 से 13.10.1977 तक
श्री निरंजन नाथ वान्चू	14.10.1977 से 16.08.1978 तक
चिप्पुदिरा मुथाना पुनाचा	17.08.1978 से 29.04.1980 तक
श्री भगवत दयाल शर्मा	30.04.1980 से 25.05.1981 तक
जस्टिस जी पी सिंह (कार्यकारी)	26.05.1981 से 09.07.1981 तक
श्री भगवत दयाल शर्मा	10.07.1981 से 20.09.1983 तक
जस्टिस जी पी सिंह (कार्यकारी)	21.09.1983 से 07.10.1983 तक
श्री भगवत दयाल शर्मा	08.10.1983 से 14.05.1984 तक
श्री के एम चाण्डी	15.05.1984 से 30.11.1987 तक
जस्टिस एन डी ओझा (कार्यकारी)	01.12.1987 से 29.12.1987 तक
श्री के एम चाण्डी	30.12.1987 से 30.03.1989 तक
श्रीमती सरला ग्रेवाल (राज्य की प्रथम महिला राज्यपाल)	31.03.1989 से 05.02.1990 तक
कुँवर महमूद अली खान	06.02.1990 से 23.06.1993 तक
डॉ. मोहम्मद शफी कुरैशी	24.06.1993 से 21.04.1998 तक
डॉ. भाई महावीर	22.04.1998 से 06.05.2003 तक
श्री राम प्रकाश गुप्त (उत्तर प्रदेश के पूर्व मुख्यमन्त्री)	07.05.2003 से 01.05.2004 तक
श्री कृष्ण मोहन सेठ (कार्यकारी)	02.05.2004 से 29.06.2004 तक
डॉ. बलराम जाखड़	30.06.2004 से 29.06.2009 तक
श्री रामेश्वर ठाकुर	30.06.2009 से 07.09.2011 तक
श्री रामनरेश यादव (उत्तर प्रदेश के पूर्व मुख्यमन्त्री)	08.09.2011 से 07.09.2016 तक
ओमप्रकाश कोहली	08.09.2016 से अब तक 22.01.2018
आनन्दीबेन पटेल	23.01.2018 से 29.07.2019
लाल जी टण्डन	29.07.2019 से 21.7.2020
आनन्दीबेन पटेल (अतिरिक्त प्रभार)	1.07.2020 से अब तक

(24 दिसम्बर, 2020 के अनुसार)

मुख्यमन्त्री एवं मन्त्रिपरिषद

- राज्य में मुख्यमन्त्री की नियुक्ति राज्यपाल द्वारा की जाती है तथा अन्य मन्त्रियों की नियुक्ति राज्यपाल मुख्यमन्त्री के परामर्श से करता है। मन्त्रिमण्डल सामूहिक रूप से विधानसभा के प्रति उत्तरदायी होता है।
- पं. रविशंकर शुक्ल राज्य के प्रथम मुख्यमन्त्री बने, जबकि सुश्री उमा भारती राज्य की प्रथम महिला मुख्यमन्त्री बनीं।
- राज्य की स्थापना के पश्चात् अब तक राज्य में तीन बार राष्ट्रपति शासन लग चुका है। लगातार सर्वाधिक दस साल मुख्यमन्त्री रहने का रिकार्ड श्री दिग्विजय सिंह को है।

मध्य प्रदेश के मुख्यमन्त्री

नाम	*अवधि*	*राजनीतिक दल*
श्री रविशंकर शुक्ल	01.11.1956 से 31.12.1956 तक	भारतीय राष्ट्रीय कांग्रेस
श्री भगवन्त राव मण्डलोई	01.01.1957 से 30.01.1957 तक	भारतीय राष्ट्रीय कांग्रेस
श्री कैलाशनाथ काटजू	31.01.1957 से 11.03.1962 तक	भारतीय राष्ट्रीय कांग्रेस
श्री भगवन्त राव मण्डलोई	12.03.1962 से 29.09.1963 तक	भारतीय राष्ट्रीय कांग्रेस
श्री द्वारका प्रसाद मिश्रा	30.09.1963 से 29.07.1967 तक	भारतीय राष्ट्रीय कांग्रेस
श्री गोविन्द नारायण सिंह	30.07.1967 से 12.03.1969 तक	भारतीय राष्ट्रीय कांग्रेस
श्री राजा नरेशचन्द्र सिंह	13.03.1969 से 25.03.1969 तक	भारतीय राष्ट्रीय कांग्रेस
श्री श्यामाचरण शुक्ल	26.03.1969 से 28.12.1972 तक	भारतीय राष्ट्रीय कांग्रेस
श्री प्रकाश चन्द्र सेठी	29.01.1972 से 22.12.1975 तक	भारतीय राष्ट्रीय कांग्रेस
श्री श्यामाचरण शुक्ल	23.12.1975 से 29.04.1977 तक	भारतीय राष्ट्रीय कांग्रेस
राष्ट्रपति शासन	30.04.1977 से 25.06.1977 तक	
श्री कैलाशचन्द्र जोशी	26.06.1977 से 17.01.1978 तक	भारतीय जनता पार्टी
श्री वीरेन्द्र कुमार सकलेचा	18.01.1978 से 19.01.1980 तक	भारतीय जनता पार्टी
श्री सुन्दरलाल पटवा	20.01.1980 से 17.02.1980 तक	भारतीय जनता पार्टी
राष्ट्रपति शासन	18.02.1980 से 08.06.1980 तक	
श्री अर्जुन सिंह	09.06.1980 से 12.03.1985 तक	भारतीय राष्ट्रीय कांग्रेस
श्री मोतीलाल वोहरा	13.03.1985 से 13.02.1988 तक	भारतीय राष्ट्रीय कांग्रेस
श्री अर्जुन सिंह	14.02.1988 से 24.01.1989 तक	भारतीय राष्ट्रीय कांग्रेस
श्री मोतीलाल वोहरा	25.01.1989 से 08.12.1989 तक	भारतीय राष्ट्रीय कांग्रेस
श्री श्यामाचरण शुक्ल	09.12.1989 से 04.03.1990 तक	भारतीय राष्ट्रीय कांग्रेस
श्री सुन्दरलाल पटवा	05.03.1990 से 15.12.1992 तक	भारतीय जनता पार्टी
राष्ट्रपति शासन	16.12.1992 से 06.12.1993 तक	
श्री दिग्विजय सिंह	07.12.1993 से 08.12.2003 तक	भारतीय राष्ट्रीय कांग्रेस
सुश्री उमा भारती	08.12.2003 से 22.08.2004 तक	भारतीय जनता पार्टी
श्री बाबुलाल गौर	23.08.2004 से 28.11.2005 तक	भारतीय जनता पार्टी
श्री शिवराज सिंह चौहान	28.11.2005 से 11.12.2008 तक	भारतीय जनता पार्टी
श्री शिवराज सिंह चौहान	11.12.2008 से 13.12.2013 तक	भारतीय जनता पार्टी
श्री शिवराज सिंह चौहान	14.12.2013 से 17.12.2018 तक	भारतीय जनता पार्टी
श्री कमलनाथ	17.12.2018 से 23.03.2020 तक	भारतीय राष्ट्रीय कांग्रेस
श्री शिवराज सिंह चौहान	23.03.2020 से अब तक	भारतीय जनता पार्टी

(24 दिसम्बर, 2020 के अनुसार)

प्रशासनिक संरचना

राज्य सचिवालय

- मन्त्रिपरिषद् को प्रशासनिक कार्यों में सहयोग एवं परामर्श देने के लिए भोपाल में एक सचिवालय अवस्थित है। इस प्रशासनिक भवन को **वल्लभ भवन** कहा जाता है। यह मन्त्रियों और सचिवों दोनों का कार्यालय है।
- राज्य में सबसे बड़ा सिविल अधिकारी मुख्य सचिव होता है। राज्य के प्रथम मुख्य सचिव **एच एम कामथ** थे।
- मुख्य सचिव के अतिरिक्त प्रत्येक विभाग में पृथक्-पृथक् सचिव होते हैं।
- प्रत्येक विभाग के सचिव अपने विभाग की गतिविधियों को चलाने के लिए उत्तरदायी होते हैं। ये अपने विभाग से सम्बन्धित मन्त्री एवं मन्त्रिमण्डल के आदेशों के अनुसार कार्य करते हैं।
- सचिवों के कार्यों में सहयोग हेतु अन्य सचिव, उपसचिव एवं अन्य अधिकारीगण होते हैं।

संचालनालय

राज्य में **सतपुड़ा** और **विन्ध्याचल** नामक दो भवन सचिवालय के पास ही अवस्थित हैं। ये संचालकों के कार्यालय हैं तथा इन्हें संचालनालय कहा जाता है।

सम्भाग आयुक्त

- राज्य के प्रत्येक 10 सम्भागों में एक प्रमुख अधिकारी होता है, जिसे **सम्भाग आयुक्त** कहा जाता है। इस पद के लिए सचिव स्तर के वरिष्ठ IAS की नियुक्ति की जाती है।
- ये सभी सम्भाग आयुक्त जिला अधिकारी को प्रशासनिक कार्यों में दिशा-निर्देश तथा सलाहकार के रूप में सहायता करते हैं, साथ ही उनके कार्यों पर नियन्त्रण भी रखते हैं।

जिला कलेक्टर

जिला कलेक्टर जिले का सबसे प्रमुख अधिकारी होता है। यह IAS (उपसचिव स्तर का अधिकारी) होता है। जिले में कानून व्यवस्था बनाए रखने से लेकर विकास कार्यों तक की जिम्मेदारी जिला कलेक्टर की होती है।

शीर्ष प्रशासनिक संस्थाएँ तथा उनके मुख्यालय

प्रशासनिक संस्था	*मुख्यालय*
राजस्व मण्डल	ग्वालियर
लोकायुक्त कार्यालय	भोपाल
परिवहन कार्यालय	ग्वालियर
राज्य मुद्रणालय	इन्दौर
भू-अभिलेख कार्यालय	ग्वालियर
वाणिज्य कर आयुक्त कार्यालय	इन्दौर

प्रमुख प्रशासनिक भवनों के नाम

प्रशासनिक संस्था	*मुख्यालय*
मुख्यमंत्री निवास	श्यामला हिलस
राज्य मानवाधिकार आयोग	पर्यावास भवन
राज्य विद्युत मण्डल	शक्ति भवन
राज्य सचिवालय	वल्लभ भवन
राज्य संचालनालय	सतपुड़ा और विन्ध्याचल
राज्य निर्वाचन आयोग	निर्वाचन भवन
मध्य प्रदेश विद्युत नियामक आयोग	ऊर्जा भवन
मध्य प्रदेश पाठ्य पुस्तक निगम	पुस्तक भवन

न्यायिक प्रशासन

उच्च न्यायालय

- राज्य पुनर्गठन अधिनियम, 1956 की धारा 49 (1) के तहत् मध्य प्रदेश उच्च न्यायालय के मुख्यालय को नागपुर से जबलपुर में प्रतिस्थापित किया गया।
- 28 नवम्बर, 1968 को राज्य पुनर्गठन अधिनियम 1956 की धारा 51 (2) के अन्तर्गत न्यायालय की अस्थायी खण्डपीठ इन्दौर एवं ग्वालियर में स्थापित की गई। मोहम्मद हिदायतुल्ला राज्य उच्च न्यायालय के प्रथम मुख्य न्यायाधीश थे।

मध्य प्रदेश उच्च न्यायालय के मुख्य न्यायाधीश तथा उनका कार्यकाल

मुख्य न्यायाधीश	*कार्यकाल*
श्री एम हिदायतुल्ला (सर्वोच्च न्यायालय के प्रथम कार्यवाहक न्यायाधीश)	02.12.1954 से 12.12.1958 तक
श्री जी पी भट्‌ट	13.12.1958 से 21.09.1959 तक
श्री पी वी दीक्षित	22.09.1959 से 18.03.1969 तक
श्री विश्वम्भर दयाल	19.03.1969 से 13.09.1972 तक
श्री पी के तारे	14.09.1972 से 10.10.1975 तक
श्री शिवदयाल श्रीवास्तव	11.10.1975 से 27.02.1978 तक
श्री ए पी सेन	28.02.1978 से 14.07.1978 तक
श्री जी पी सिंह	27.07.1978 से 03.01.1984 तक
श्री जी एल ओझा	01.12.1984 से 27.10.1985 तक
श्री जे एस वर्मा	14.06.1986 से 28.08.1986 तक
श्री एन डी ओझा	08.01.1987 से 18.01.1988 तक
श्री जी जी सोहोनी	21.10.1989 से 23.10.1989 तक
श्री एल के झा	27.10.1989 से 15.12.1993 तक
श्री यू एल भट्‌ट	16.12.1993 से 14.10.1995 तक
श्री एस के माथुर	03.02.1996 से 21.12.1999 तक
श्री भवानी सिंह	24.02.2000 से 19.08.2003 तक
श्री के राजरत्नम	06.09.2000 से 12.03.2004 तक
श्री राजीव गुप्ता (कार्यवाहक)	12.03.2004 से 08.07.2004 तक
श्री आर वी रविन्द्रन	08.07.2004 से 09.09.2005 तक
श्री अनंग कुमार पटनायक	02.10.2005 से 19.12.2009 तक
श्री सैयद रफत आलम	20.12.2009 से 04.08.2011 तक
श्री सुशील हरकोली (कार्यवाहक)	05.08.2011 से 16.10.2012 तक
श्री शरद अरविन्द बोबड़े	16.10.2012 से 10.04.2013 तक
श्री कृष्ण कुमार लाहोटी (कार्यवाहक)	11.04.2013 से 24.11.2013 तक
श्री अजय मानिकराव खानविलकर	24.11.2013 से 12.05.2016 तक
श्री राजेन्द्र कुमार मेनन (कार्यवाहक)	13.05.2016 से 17.03.2017 तक
श्री हेमन्त गुप्ता	18.03.2017 से 1.11.2018 तक
संजय कुमार सेठ	10.11.2018 से 9.06.2019 तक
अजय कुमार मित्तल	03.11.2019 से 29.09.2020 तक
संजय यादव	30 सितम्बर, 2020 से अब तक

(24 दिसम्बर, 2020 के अनुसार)

जिला एवं सत्र न्यायालय

यह न्यायालय **सेशन कोर्ट** कहलाता है। यह जिले का सबसे बड़ा न्यायालय होता है। इस कोर्ट के न्यायाधीश को जिला एवं सत्र न्यायाधीश कहते हैं।

राजस्व न्यायालय

भूमि सम्बन्धी दीवानी मुकदमों के लिए राजस्व न्यायालय की स्थापना की गई है। इसका मुख्यालय ग्वालियर में अवस्थित है।

फास्ट ट्रैक कोर्ट

लम्बित मामलों के शीघ्र निपटारे हेतु राज्य में फास्ट ट्रैक कोर्ट की व्यवस्था की गई है। मध्य प्रदेश में फास्ट ट्रैक कोर्ट की शुरुआत 1 अप्रैल, 2001 से की गई है।

विशेष न्यायालय

- विशेष न्यायालय अधिनियम, 2011 के अन्तर्गत भोपाल, इन्दौर, ग्वालियर एवं जबलपुर में दो-दो विशेष न्यायालयों की शुरुआत की गई।
- अनुसूचित जाति और अनुसूचित जनजातियों के व्यक्तियों को सामाजिक शोषण से बचाने के लिए तथा अनुसूचित जाति अत्याचार निवारण अधिनियम 1989 की सुनवाई के लिए राज्य के प्रत्येक जिला न्यायालय में एक विशेष न्यायालय का गठन किया गया है।

ग्राम न्यायालय

- देश की केन्द्र सरकार द्वारा ग्राम न्यायालय की शुरुआत वर्ष 2009 से की। इसके तहत् राज्य में ग्राम न्यायालय की शुरुआत 2 अक्टूबर, 2009 को भोपाल जिले के बैरसिया में की गई थी।
- केन्द्र सरकार की इस योजना से पूर्व **मध्य प्रदेश ग्राम न्यायालय अधिनियम** के अन्तर्गत प्रथम ग्राम न्यायालय की स्थापना झाँतला (नीमच) में 26 जनवरी, 2001 में की गई थी।

राज्य की प्रमुख संस्थाएँ

राज्य की कुछ प्रमुख संस्थाएँ निम्नलिखित हैं

लोकायुक्त

- लोकायुक्त संगठन की स्थापना के लिए सर्वप्रथम एक विधेयक वर्ष 1975 में मध्य प्रदेश विधानसभा द्वारा पारित किया गया, किन्तु केन्द्र सरकार द्वारा लोकायुक्त विधेयक में कतिपय संशोधनों के विचाराधीन होने के कारण इस पर राष्ट्रपति की स्वीकृति नहीं मिल सकी।
- राज्य में वर्ष 1981 में लोकायुक्त अधिनियम बना। इस संगठन या संस्था का सर्वोच्च अधिकारी लोकायुक्त (रिटायर्ड या कार्यरत् जज) होता है। राज्य में एक उप-लोकायुक्त भी होता है।
- लोकायुक्त और उप-लोकायुक्त अधिनियम, भ्रष्टाचार पर अंकुश रखने के उद्देश्य से वर्ष 1982 में पारित किया गया था।
- मध्य प्रदेश के प्रथम लोकायुक्त पी वी दीक्षित थे।

राज्य सतर्कता आयोग

- 1 मार्च, 1964 को प्रदेश में विधिवत् रूप से राज्य सतर्कता आयोग की स्थापना की गई। इसके तहत राज्य स्तर के अतिरिक्त सम्भाग स्तर पर सम्भागीय सतर्कता मण्डल तथा जिला सतर्कता अधिकारी का प्रावधान है।
- लोकायुक्त और उप-लोकायुक्त अधिनियम में संशोधन कर राज्य शासन द्वारा जिलास्तरीय **जिला सतर्कता समितियों** के गठन का प्रावधान किया गया है।

राज्य निर्वाचन आयोग

- 73वें संविधान संशोधन द्वारा प्रतिस्थापित अनुच्छेद 243(ट) में पंचायत संस्थाओं तथा नगरीय निकायों के निर्वाचन के लिए एक राज्य निर्वाचन आयोग का प्रावधान किया गया है।

- मध्य प्रदेश में सर्वप्रथम 19 जनवरी, 1994 में पारित अधिनियम के अन्तर्गत राज्य निर्वाचन आयोग का गठन किया गया है।
- राज्य निर्वाचन आयुक्त की नियुक्ति राज्यपाल द्वारा की जाती है।
- मध्य प्रदेश राज्य निर्वाचन आयोग के प्रथम आयुक्त एन वी लोहानी थे।
- निर्वाचक नामावली तैयार करने का और निर्वाचनों के संचालन का अधीक्षण, निर्देशन और नियन्त्रण राज्य निर्वाचन आयोग में निहित होता है।

राज्य वित्त आयोग

- मध्य प्रदेश में राज्य वित्त आयोग का गठन जुलाई, 1994 में किया गया था।
- राज्य वित्त आयोग का कार्यकाल 5 वर्ष का होता है। इसमें अध्यक्ष सहित कुल पाँच सदस्य होते हैं।
- सदस्यों की नियुक्ति राज्यपाल द्वारा मन्त्रिपरिषद् के परामर्श से की जाती है। सदस्यों को वित्त, विधि तथा स्थानीय प्रशासन का विशेषज्ञ होना आवश्यक है।
- मध्य प्रदेश के राज्य वित्त आयोग के प्रथम अध्यक्ष **सवाई सिंह सिसौदिया** थे।

राज्य लोक सेवा आयोग

- मध्य प्रदेश में लोक सेवा आयोग का गठन 27 अक्टूबर, 1956 को किया गया तथा वर्ष 1958 में आयोग ने प्रथम परीक्षा आयोजित कराई थी।
- राज्य का लोक सेवा आयोग इन्दौर में स्थित है। **आयोग के प्रथम अध्यक्ष डी वी रेंगे** थे।

मानवाधिकार आयोग

मानवाधिकारों के संरक्षण के सफल क्रियान्वयन के लिए मध्य प्रदेश में राज्य मानवाधिकार आयोग का गठन सितम्बर, 1995 में किया गया था। इसका मुख्यालय भोपाल में है।

पुलिस प्रशासन

पुलिस महानिदेशक

यह राज्य का सबसे बड़ा पुलिस अधिकारी होता है। इस पद का सृजन वर्ष 1982 में पुलिस महानिरीक्षक के स्थान पर किया गया। राज्य के पहले पुलिस महानिदेशक **श्री बी पी दुबे** थे।

आई जी रेंज (पुलिस जोन) एवं डी आई जी रेंज

- आई जी रेंज का प्रमुख पुलिस महानिरीक्षक होता है।
- राज्य गठन के समय यह केवल 5 थी। प्रत्येक रेंज का प्रमुख अधिकारी पुलिस उपमहानिरीक्षक (डी आई जी) होता है। इस पद को वर्ष 1999 में समाप्त कर दिया गया था, किन्तु पुनः वर्ष 2004 से बहाल कर दिया गया है।
- राज्य का **इन्दौर डी आई जी ऑफिस** देश का पहला ISO 9001-2000 प्रमाण-पत्र प्राप्त करने वाला ऑफिस है।

राज्य की आई जी रेंज

आई जी रेंज	*सम्बन्धित प्रमुख जिले*
उज्जैन रेंज	उज्जैन, देवास, रतलाम, शाजापुर, आगर-मालवा, नीमच तथा मन्दसौर
इन्दौर रेंज	इन्दौर, खण्डवा, बड़वानी, खरगौन, धार, झाबुआ, अलीराजपुर, बुरहानपुर
भोपाल रेंज	भोपाल, विदिशा, राजगढ़, सीहोर
होशंगाबाद रेंज	रायसेन, होशंगाबाद, हरदा
ग्वालियर रेंज	ग्वालियर, गुना, अशोकनगर, शिवपुरी
सागर रेंज	टीकमगढ़, सागर, दमोह, छतरपुर, पन्ना
रीवा रेंज	रीवा, सीधी, सतना, सिंगरौली
जबलपुर	जबलपुर, छिन्दवाडा, सिवनी, नरसिंहपुर, कटनी, मण्डला, डिण्डोरी
चम्बल रेंज	भिण्ड, मुरैना, श्योपुर, दतिया
शहडोल रेंज	शहडोल, उमरिया तथा अनूपपुर
बालाघाट रेंज	बालाघाट

पुलिस अधीक्षक (एस पी)

प्रत्येक जिले का एक प्रमुख पुलिस अधिकारी होता है, जिसे पुलिस अधीक्षक कहा जाता है। इसका मुख्य कार्य अपने पुलिस प्रशासन की सहायता से जिलों में अपराधों को रोकना तथा कानूनी व्यवस्था को बनाए रखना होता है।

नगर सेना

मध्य प्रदेश में नगर सेना 'पैरा पुलिस फोर्सेस' के रूप में कार्य करती है। ये अपनी सेवा ट्रैफिक, सार्वजनिक सम्पत्ति और उच्च अधिकारियों की सुरक्षा के लिए प्रदान करते हैं।

रेलवे पुलिस

- रेलवे पुलिस की एक अलग संरचना होती है, जिसमें एक पुलिस महानिरीक्षक होता है। इस पुलिस का कार्य रेल गाड़ियों में होने वाले अपराधों, चोरी आदि को रोकना होता है।
- मध्य प्रदेश में इसके तीन सेक्शन—इन्दौर, भोपाल और जबलपुर हैं। भोपाल सेक्शन में सर्वाधिक थानें हैं।
- राज्य में पहली महिला पुलिस थाना की स्थापना भोपाल में की गई।

जेल विभाग

- राज्य सरकार द्वारा भोपाल जिला कारागार में 15 फरवरी, 1964 को 'बन्दी हित दिवस' का आयोजन किया गया था।
- राज्य की कारागार व्यवस्था की समीक्षा एवं उसमें सुधार हेतु 26 जनवरी, 1968 को ब्रजेश्वर सिंह की अध्यक्षता में जेल सुधार समिति गठित की गई थी। राज्य में किशोर बन्दी संस्था जबलपुर तथा नरसिंहपुर में है।
- राज्य में पहली खुली जेल **नवजीवन शिविर** की स्थापना मूँगावली (अशोकनगर) में नवम्बर, 1973 को तथा दूसरी खुली जेल वर्ष 1975 में होशंगाबाद में स्थापित की गई।
- राज्य में जेल प्रशिक्षण केन्द्र सागर तथा क्षेत्रीय जेल प्रबन्धन एवं शोध संस्थान भोपाल में स्थित है।
- केन्द्रीय जेल में प्रथम श्रेणी का अधिकारी जेल अधीक्षक होता है। इसके अतिरिक्त विधि, चिकित्सा, परिवीक्षा एवं कल्याण अधिकारी, जेलर एवं उप-जेलर होते हैं।

राज्य के प्रमुख पुलिस संस्थान

पुलिस संस्थान	*मुख्यालय*
केन्द्रीय पुलिस प्रशिक्षण अकादमी	भोपाल (देश का प्रथम)
पुलिस प्रशिक्षण एवं अनुसन्धान केन्द्र	भोपाल
पुलिस प्रशिक्षण केन्द्र	इन्दौर, ग्वालियर, रीवा, उमरिया, पंचमढ़ी
प्लाटून प्रशिक्षण केन्द्र	जबलपुर (छठी वाहिनी)
पुलिस यातायात प्रशिक्षण केन्द्र	भोपाल
राज्य पुलिस हेडक्वार्टर	भोपाल
जवाहर लाल नेहरू पुलिस अकादमी	सागर
अपराध प्रशिक्षण केन्द्र	सागर
मध्य प्रदेश पुलिस अकादमी	सागर
सशस्त्र पुलिस प्रशिक्षण केन्द्र	इन्दौर
पुलिस मोटर वर्कशॉप केन्द्र	रीवा
पुलिस रेडियो एवं वायरलेस प्रशिक्षण केन्द्र	इन्दौर

प्रशासनिक व्यवस्था

स्व-मूल्यांकन

1. मध्य प्रदेश विधानसभा में कुल कितने निर्वाचित सदस्य होते हैं?
सब-इंजीनियर रिक्रूटमेण्ट 2016
(a) 225 (b) 230 (c) 235 (d) 240

2. मध्य प्रदेश राज्य का विधानसभा भवन किस जिले में अवस्थित है?
(a) रीवा (b) सतना
(c) भोपाल (d) शिवनी

3. मध्य प्रदेश विधानसभा भवन को किसने अभिकल्पित किया था?
पुलिस आरक्षक 2016
(a) चार्ल्स कुरियन (b) महेन्द्र राज
(c) सतीश गुजराल (d) लौरी बेकर

4. भोपाल में स्थित पुरानी विधानसभा और किस नाम से प्रसिद्ध है?
पोस्ट ग्रेजुएट सेलेक्शन 2016
(a) एडवर्ड हॉल (b) मिण्टो हॉल
(c) इन्दिरा हॉल (d) गाँधी हॉल

5. मध्य प्रदेश विधानसभा में अनुसूचित जातियों के लिए कितनी सीटें आरक्षित हैं?
(a) 25 (b) 30
(c) 35 (d) 40

6. मध्य प्रदेश की विधानसभा में पहली महिला नेता प्रतिपक्ष कौन थीं?
स्टेट इंजीनियरिंग 2014
(a) विजयालक्ष्मी साधौ (b) जमुना देवी
(c) कुसुम मेहदेले (d) उमा भारती

7. मध्य प्रदेश विधानसभा के प्रथम सभापति कौन थे? कम्बाइण्ड रिक्रूटमेण्ट 2017
(a) पं. कुंज लाल दुबे
(b) तेजलाल टेम्भरे
(c) गुलशेर अहमद
(d) श्रीनिवास तिवारी

8. पुलिस मोटर वर्कशॉप केन्द्र किस जिले में स्थित है?
(a) ग्वालियर (b) शिवपुरी
(c) भिण्ड (d) रीवा

9. मध्य प्रदेश के प्रथम राज्यपाल कौन थे?
कम्बाइण्ड रिक्रूटमेण्ट 2017
(a) कैलाशनाथ काटजू
(b) द्वारका प्रसाद मिश्रा
(c) विनायक सरवटे
(d) डॉ. बी. पट्टाभि सीतारमैया

10. पहला गवर्नर, जिसने मध्य प्रदेश में राष्ट्रपति शासन लागू किया था
(a) एस एन सिन्हा पुलिस आरक्षक 2016
(b) आर पी गुप्ता
(c) के सी रेड्डी
(d) एन एन वान्चू

11. निम्न में से किनके मध्य प्रदेश के राज्यपाल के रूप में तीन कार्यकाल हो चुके हैं? पुलिस आरक्षक 2016
(a) भगवत दयाल शर्मा
(b) चेंगल राव रेड्डी
(c) के एम चाण्डी
(d) बलराम जाखड़

12. मध्य प्रदेश की एकमात्र महिला राज्यपाल कौन रही हैं? पैरा मेडिकल 2015
(a) फातिमा बीबी (b) सरला ग्रेवाल
(c) सरोजिनी नायडू (d) रमा देवी

13. कौन मध्य प्रदेश के राज्यपाल नहीं थे/थी? एम पी पी एस सी 2003
(a) के सी रेड्डी
(b) सरला ग्रेवाल
(c) एच वी पाटस्कर
(d) गोविन्द नारायण सिंह

14. मध्य प्रदेश के प्रथम मुख्यमन्त्री कौन थे? लेबर इन्स्पेक्टर रिक्रूटमेण्ट 2017

(a) विद्याचरण शुक्ल
(b) रविशंकर शुक्ल
(c) श्यामाचरण शुक्ल
(d) डॉ. बी. पट्टाभि सीतारमैया

15. मध्य प्रदेश में राष्ट्रपति शासन सर्वप्रथम कब लगाया गया था? डेयरी फेडरेशन रिक्रूटमेण्ट 2016

(a) वर्ष 1980 (b) वर्ष 1967
(c) वर्ष 1972 (d) वर्ष 1977

16. मध्य प्रदेश में प्रथम गैर-कांग्रेसी मुख्यमन्त्री कौन थे? पर्यटन विभाग 2013

(a) मोतीलाल वोहरा (b) उमा भारती
(c) कैलाश चन्द्र जोशी (d) सुन्दरलाल पटवा

17. वीरेन्द्र कुमार सकलेचा के पश्चात् मध्य प्रदेश के मुख्यमन्त्री कौन बने थे? एम पी पी एस सी 2003

(a) दिग्विजय सिंह
(b) सुन्दरलाल पटवा
(c) कैलाश जोशी
(d) अर्जुन सिंह

18. मध्य प्रदेश का कौन-सा मुख्यमन्त्री भाजपा से सम्बन्धित नहीं था? जेल प्रहरी 2012

(a) वीरेन्द्र सकलेचा
(b) सुन्दरलाल पटवा
(c) श्यामाचरण शुक्ल
(d) कैलाश जोशी

19. निम्न में से किसने सर्वाधिक समय तक मुख्यमन्त्री के रूप में सेवा की? एम पी पी एस सी 2008

(a) पं. रविशंकर शुक्ल
(b) अर्जुन सिंह
(c) डॉ. कैलाशनाथ काटजू
(d) दिग्विजय सिंह

20. 1 नवम्बर, 2000 को मध्य प्रदेश के विभाजन के समय मुख्यमन्त्री कौन था?

(a) अर्जुन सिंह
(b) दिग्विजय सिंह
(c) सुन्दरलाल पटवा
(d) वीरेन्द्र कुमार सकलेचा

21. मध्य प्रदेश की प्रथम महिला मुख्यमन्त्री कौन थीं? एम पी पी एस सी 2012

(a) विमला शर्मा
(b) विजयाराजे सिन्धिया
(c) निर्मला यादव
(d) उमा भारती

22. निम्न में से कौन मध्य प्रदेश का मुख्यमन्त्री नहीं रहा? एम पी पी एस सी 2005

(a) प्रकाश चन्दसेठी
(b) गोविन्द नारायण सिंह
(c) वी सी शुक्ला
(d) डी पी मिश्रा

23. मध्य प्रदेश में कितनी बार राष्ट्रपति शासन घोषित किया गया? पुलिस आरक्षक 2016

(a) 4 (b) 2 (c) 5 (d) 3

24. भोपाल में स्थित प्रशासनिक राज्य सचिवालय का नाम क्या है? पुलिस आरक्षक 2016

(a) राजभवन (b) वल्लभ भवन
(c) चयन भवन (d) गाँधी भवन

25. 'वल्लभ भवन' किस प्रसिद्ध प्रशासनिक भवन का नाम है? स्टेट इंजीनियरिंग 2014

(a) राज्य निदेशालय
(b) राज्य सचिवालय
(c) राज्य निर्वाचन आयोग
(d) उपरोक्त में से कोई नहीं

26. मध्य प्रदेश राज्य सचिवालय के पद सोपान में शीर्ष पर होता है पुलिस कांस्टेबल 2012

(a) कैबिनेट सचिव (b) मुख्य सचिव
(c) प्रधान सचिव (d) विशेष सचिव

27. मध्य प्रदेश के पहले मुख्य सचिव कौन थे? पुलिस आरक्षक 2016

(a) आर पी नोरोन्हा (b) एच एस कामथ
(c) एम पी श्रीवास्तव (d) बी जी घाटे

28. मध्य प्रदेश के राज्य विद्युत मण्डल के भवन को किस नाम से जाना जाता है?

(a) पर्यावास भवन (b) शक्ति भवन
(c) निर्वाचन भवन (d) ऊर्जा भवन

29. मध्य प्रदेश उच्च न्यायालय का मुख्यालय कहाँ स्थित है?
लेबर इन्स्पेक्टर रिक्रूटमेण्ट 2017
(a) भोपाल (b) जबलपुर
(c) इन्दौर (d) ग्वालियर

30. मध्य प्रदेश उच्च न्यायालय की खण्डपीठ है स्टेट इंजीनियर सर्विस 2016
(a) इन्दौर, भोपाल
(b) ग्वालियर, भोपाल
(c) इन्दौर, ग्वालियर
(d) उपरोक्त में से कोई नहीं

31. मध्य प्रदेश उच्च न्यायालय के प्रथम मुख्य न्यायाधीश थे पुलिस आरक्षक 2016
(a) जी.पी. सिंह
(b) एम. हिदायतुल्ला
(c) पी.पी. दीक्षित
(d) उपरोक्त में से कोई नहीं

32. मध्य प्रदेश के राजस्व न्यायालय का मुख्यालय कहाँ पर अवस्थित है?
स्टेट इंजीनियरिंग सर्विस 2016
(a) इन्दौर (b) जबलपुर
(c) ग्वालियर (d) सागर

33. मध्य प्रदेश में फास्ट ट्रैक कोर्ट की स्थापना कब हुई?
स्टेट इंजीनियरिंग सर्विस 2016
(a) 1 अप्रैल, 2001
(b) 2 जून, 2002
(c) 1 जनवरी, 1998
(d) उपरोक्त में से कोई नहीं

34. मध्य प्रदेश लोकायुक्त अधिनियम किस वर्ष विधानसभा ने पारित किया था?
पुलिस कांस्टेबल 2014
(a) वर्ष 1980 (b) वर्ष 1981
(c) वर्ष 1982 (d) वर्ष 1983

35. मध्य प्रदेश में पुलिस का सबसे बड़ा अधिकारी कौन होता है?
एम पी टी असिस्टेन्ट मैनेजर 2015
(a) पुलिस अधीक्षक
(b) पुलिस महानिदेशक
(c) पुलिस निदेशक
(d) अतिरिक्त पुलिस महानिदेशक

36. मध्य प्रदेश राज्य में पुलिस महानिदेशक पद का सृजन कब किया गया?
(a) वर्ष 1982 में (b) वर्ष 1985 में
(c) वर्ष 1988 में (d) वर्ष 1989 में

37. मध्य प्रदेश के प्रथम पुलिस महानिदेशक कौन थे? डेयरी फेडरेशन रिक्रूटमेन्ट 2016
(a) बी पी दुबे (b) एच एम जोशी
(c) बी के मुखर्जी (d) एस बी सिंह

38. बालाघाट आई जी रेंज में कौन-सा जिला शामिल है?
(a) बालाघाट (b) इन्दौर
(c) बड़वानी (d) खण्डवा

39. मध्य प्रदेश पुलिस अकादमी किस जिले में स्थित है? उच्च न्यायालय ग्रेड III 2012
(a) ग्वालियर (b) शिवपुरी
(c) रीवा (d) सागर

उत्तरमाला

1. (b) **2.** (c) **3.** (a) **4.** (b) **5.** (c) **6.** (b) **7.** (a) **8.** (d) **9.** (d) **10.** (a)
11. (a) **12.** (b) **13.** (d) **14.** (b) **15.** (d) **16.** (c) **17.** (b) **18.** (c) **19.** (d) **20.** (b)
21. (d) **22.** (c) **23.** (d) **24.** (b) **25.** (b) **26.** (b) **27.** (b) **28.** (b) **29.** (b) **30.** (c)
31. (b) **32.** (c) **33.** (a) **34.** (b) **35.** (b) **36.** (a) **37.** (a) **38.** (a) **39.** (d)

अध्याय 11

पंचायती राजव्यवस्था

- वर्ष 1882 के रिपन प्रस्ताव के अनुरूप स्वशासन अधिनियम 1883 पारित हुआ। इसके तहत प्रत्येक प्रान्त में स्वशासन संस्थाओं का विकास किया गया।
- मध्य प्रदेश के ग्वालियर स्टेट, देवास, धार तथा नरसिंहगढ़ आदि रियासतों द्वारा वर्ष 1920 में लागू होल्कर स्टेट के पंचायती कानून का अनुसरण किया गया।
- स्वतन्त्रता प्राप्ति के पश्चात् 2 अक्टूबर, 1952 को भारत के साथ-साथ मध्य प्रदेश राज्य में भी सामुदायिक विकास कार्यक्रम को प्रारम्भ किया गया।
- पंचायती राजव्यवस्था को मजबूती प्रदान करने के लिए वर्ष 1956 में **बलवन्त राय मेहता** की अध्यक्षता में एक समिति का गठन किया गया।
- देश में सर्वप्रथम पंचायती राज का उद्घाटन राजस्थान में हुआ। इस समिति ने अपनी रिपोर्ट वर्ष 1957 में प्रस्तुत की थी। इसमें त्रिस्तरीय पंचायत व्यवस्था की अनुशंसा की गई थी।
- बलवन्त राय मेहता समिति की पंचायती राजव्यवस्था की कमियों को दूर करने के लिए केन्द्रीय सरकार द्वारा वर्ष 1977 में अशोक मेहता की अध्यक्षता में एक समिति का गठन किया गया, जिसने केन्द्र सरकार को अपनी सिफारिशें वर्ष 1978 में प्रस्तुत कीं।

मध्य प्रदेश में पंचायती राजव्यवस्था

- केन्द्र सरकार के अनुरूप राज्य में भी **काशी प्रसाद पाण्डेय** की अध्यक्षता में 15 सदस्यीय समिति का किया गया।
- इसका उद्देश्य राज्य में एक समान पंचायती राजव्यवस्था कायम करने के लिए सुझाव देना था। वर्ष 1962 में प्रथम बार **मध्य प्रदेश पंचायती राज अधिनियम लागू** किया गया।

मध्य प्रदेश पंचायती राज अधिनियम, 1962

- राज्य में मध्य प्रदेश पंचायती राज अधिनियम के आधार पर सर्वप्रथम वर्ष 1962 में ग्राम पंचायतों का गठन कर सामान्य निर्वाचन कराए गए।
- राज्य में जिला पंचायत का चुनाव पहली बार वर्ष 1971 में हुआ था।
- वर्ष 1962 से 1978 तक इस पंचायती राज अधिनियम में कुछ कमियों को दूर करने के लिए अनेक संशोधन किए गए, जिनके उपरान्त वर्ष 1981 में मध्य प्रदेश पंचायती राज अधिनियम 1981 को राज्य में लागू किया गया।

पंचायती राज अधिनियम, 1993

- पंचायती राजव्यवस्था को सर्वप्रथम संवैधानिक दर्जा देने की सिफारिश **लक्ष्मीमल सिंघवी** ने वर्ष 1986 में की थी।

- संविधान के 73वें संशोधन के अनुसार, पुनः 29 दिसम्बर, 1993 को राज्य विधानसभा में मध्य प्रदेश पंचायती राज अधिनियम विधेयक प्रस्तुत किया गया, जिसे विधानसभा द्वारा 30 दिसम्बर, 1993 को लागू किया गया।
- इसी संशोधन के अन्तर्गत राज्य में त्रिस्तरीय पंचायती राजव्यवस्था की स्थापना की गई। मध्य प्रदेश राज्य सर्वप्रथम त्रि-स्तरीय पंचायतों एवं नगरपालिकाओं का चुनाव कराने वाला राज्य है।
- त्रि-स्तरीय पंचायतों व नगरपालिकाओं का चुनाव राज्य का निर्वाचन आयोग करवाता है।

मध्य प्रदेश की त्रि-स्तरीय पंचायती राजव्यवस्था

मध्य प्रदेश की त्रि-स्तरीय पंचायती राजव्यवस्था के तीन स्तर निम्न है

1. ग्राम पंचायत

- 1000 तक की जनसंख्या वाली ग्राम पंचायत में कम-से-कम 10 वार्ड तथा उससे ऊपर की जनसंख्या वाली ग्राम पंचायत के लिए अधिकतम 20 वार्ड आवश्यक हैं, परन्तु प्रत्येक वार्ड में जनसंख्या की समतुल्यता भी आवश्यक है।
- यह पंचायत प्रणाली की निम्न इकाई है।
- प्रत्येक ग्राम पंचायत के क्षेत्र में एक ग्राम सभा होती है। सभी वयस्क व्यक्ति ग्राम सभा के सदस्य होते हैं। राज्य में ग्राम सभा की वर्ष में कम-से-कम 4 सभाएँ अवश्य होती हैं।

ग्राम पंचायत के कार्य

ग्राम पंचायत के प्रमुख कार्य निम्नलिखित हैं

- सार्वजनिक कुओं, तालाबों, बावड़ियों का निर्माण एवं संवर्धन करना। सड़कों, पुलों, बाँधों, सार्वजनिक भवनों तथा जल स्रोतों का निर्माण करना।
- सामाजिक वानिकी, परिवार कल्याण तथा प्रौढ़ शिक्षा को बढ़ावा देना। पिछड़े वर्गों की दशा सुधारने के प्रयास करना।

2. क्षेत्र/जनपद पंचायत

- प्रत्येक 5,000 मतदाता की जनसंख्या पर एक जनपद पंचायत होगी तथा निर्वाचन क्षेत्रों की संख्या 25 से अधिक नहीं होगी।
- अनुसूचित जाति तथा जनजाति व अन्य पिछड़े वर्ग एवं महिलाओं को आरक्षण की व्यवस्था होगी। यह पंचायत प्रणाली की मध्यम इकाई है।
- सदस्यों का चुनाव प्रत्यक्ष, जबकि अध्यक्ष एवं उपाध्यक्ष का चुनाव अप्रत्यक्ष रूप से सदस्यों द्वारा किया जाता है।

क्षेत्र/जनपद पंचायत के कार्य

जनपद पंचायत के कार्य निम्नलिखित हैं

- क्षेत्र में स्वच्छता एवं स्वास्थ्य की देखभाल करना।
- एकीकृत ग्रामीण विकास योजना, मत्स्य पालन योजना, सामाजिक वानिकी, पशुपालन आदि की देखभाल करना।
- प्राकृतिक आपदा, महामारी, दुर्भिक्ष के समय राहत कार्य को अन्जाम देना।
- युवा, महिला, निःशक्तों, वृद्धों तथा पिछड़ों के कल्याण हेतु कार्य करना।

3. जिला पंचायत

- इस प्रणाली के अन्तर्गत 50,000 जनसंख्या के लिए एक निर्वाचन क्षेत्र निश्चित किया जाएगा। जिस जिले की जनसंख्या 5 लाख से कम है, वहाँ कम-से-कम 10 निर्वाचन क्षेत्र तथा अधिक जनसंख्या की स्थिति में कुल निर्वाचन क्षेत्र 35 से अधिक नहीं होंगे।
- जिला पंचायत में आरक्षण प्रणाली की व्यवस्था की गई है। अध्यक्ष का चुनाव सदस्यों के द्वारा सम्पन्न कराया जाता है।

जिला पंचायत के कार्य

जिला पंचायत के कार्य निम्नलिखित हैं

- जनपदों से प्राप्त योजनाओं के समन्वय एवं सम्मेलन का आयोजन करना।
- परिवार नियोजन, ग्रामीण विकास एवं रोजगार योजनाओं का क्रियान्वयन करना।
- निराश्रितों, अशक्तों, युवाओं तथा महिलाओं के कल्याण हेतु कार्य करना।

पंचायतों का कार्यकाल

- सभी पंचायतों का कार्यकाल अपने प्रथम सम्मेलन से 5 वर्ष का होगा, जब तक समय से पूर्व किसी विधिक प्रक्रिया द्वारा (पंचायत) को विघटित न कर दिया जाए।
- विघटित होने पर शेष कार्यकाल के लिए 6 माह के अन्तर्गत चुनाव कराना प्रशासन के लिए अनिवार्य होगा।

पंचायतों में आरक्षण

- पंचायत अधिनियम, 1993 में विभिन्न स्तरों की पंचायतों में अनुसूचित जाति/जनजाति तथा महिलाओं के लिए ग्राम पंचायत के पंच पद में 20% तथा तीनों स्तरों की पंचायतों के प्रमुखों के 10% पद महिलाओं के लिए आरक्षित रखने की व्यवस्था है। अन्य पिछड़े वर्गों के लिए आरक्षण की कोई व्यवस्था नहीं है।
- वर्ष 2007 में पंचायतों और स्थानीय निकायों में महिलाओं को 50% आरक्षण देने का विधेयक सर्वसम्मति से पारित हुआ। इस प्रकार मध्य प्रदेश स्थानीय निकायों में महिलाओं को 50% आरक्षण देने वाला दूसरा राज्य (पहला बिहार) बन गया।

पंचायत के प्रमुखों के मामले में निम्न व्यवस्था की गई हैं

- जिस खण्ड में अनुसूचित जाति, अनुसूचित जनजाति की जनसंख्या 50% से कम है, वहाँ 25% जनपद अध्यक्षों के पद अन्य पिछड़े वर्गों के लिए आरक्षित होंगे।
- जिस जिले में अनुसूचित जाति, अनुसूचित जनजाति की जनसंख्या 50% से कम है, वहाँ 25% जनपद अध्यक्षों के पद अन्य पिछड़े वर्गों के लिए आरक्षित होंगे।
- जिला पंचायत अध्यक्ष पद के लिए 25% स्थान अन्य पिछड़े वर्गों के लिए निर्धारित किए जाएँगे तथा प्रत्येक स्तर पर 1/3 स्थान महिलाओं के लिए आरक्षित होंगे।

ग्राम स्वराज

- यह देश का पहला ऐसा राज्य है, जिसने 73वें संविधान संशोधन के लागू होने के साथ ही पंचायती राज अधिनियम को अपने यहाँ प्रभावी बनाया था।
- समस्त प्रदेश में **ग्राम स्वराज** व्यवस्था को 26 जनवरी, 2001 को लागू किया गया। इस व्यवस्था का मुख्य उद्देश्य पंचायती राज में व्याप्त दोषों को दूर करना है।
- इस व्यवस्था के अनुसार, ग्राम स्वराज के साथ ग्राम विकास से जुड़े सभी निर्णय अब ग्राम सभाओं द्वारा लिए जाएँगे।
- पंचायतों की कार्य पद्धति में पारदर्शिता बढ़ाने के लिए मध्य प्रदेश शासन द्वारा ग्राम पंचायतों के लिए, वेब पोर्टल **पंचायत दर्पण** लॉन्च किया गया, जिस पर पंचायतों और उनकी योजनाओं की पूरी जानकारी दी जा रही है।
- मध्य प्रदेश पंचायतों की कार्य प्रणाली में पारदर्शिता लाने और उसका लगातार लेखा परीक्षण करने वाला प्रथम राज्य बन गया।
- राज्य में सर्वप्रथम ग्राम न्यायालय 12 दिसम्बर, 2001 को नीमच जिले की झांतला ग्राम पंचायत में आरम्भ हुआ।

राज्य में नगरीय प्रशासन

- राज्य में प्रथम बार नगरपालिका का गठन 1864 ई. में जबलपुर में हुआ था। मध्य प्रदेश 74वाँ संविधान संशोधन नगरीय स्वशासन से सम्बन्धित है।
- मध्य प्रदेश में नगरपालिका अधिनियम 1961 पारित किया गया।

- दिसम्बर, 1993 को विधानसभा में मध्य प्रदेश नगरपालिका विधेयक पारित किया गया।
- 74वाँ संविधान संशोधन लागू करने के लिए मध्य प्रदेश **नगरपालिका अधिनियम 1994** पारित किया गया।
- 74वें संविधान संशोधन के पश्चात् राज्य में **मध्य प्रदेश राज्य निर्वाचन आयोग का गठन** किया गया, जिसने नवम्बर-दिसम्बर, 1994 में सभी नगरीय निकायों में चुनाव सम्पन्न कराए।
- वर्तमान समय में राज्य में उसी संशोधन अधिनियम के अनुरूप त्रि-स्तरीय निकाय की व्यवस्था की गई है।

नगर प्रशासन के त्रि-स्तरीय निकाय निम्न हैं

1. नगर निगम

- राज्य में शहरी ग्रामीण सम्बन्ध समिति की सिफारिशों के अनुसार ऐसे क्षेत्रों में नगर निगम स्थापित किए जाते हैं, जहाँ जनसंख्या 5 लाख एवं आय ₹ 1 करोड़ वार्षिक हो। नगर निगम में 40 से 70 सदस्य होते हैं।
- नगर निगम के प्रमुख को **महापौर** कहा जाता है। निकाय के अन्तर्गत पहले उप-महापौर का पद होता था, परन्तु वर्ष 1999 में इस पद को समाप्त कर स्पीकर का पद बनाया गया।
- महापौर तथा सदस्यों का चुनाव प्रत्यक्ष मतदान प्रणाली द्वारा किया जाता है। महापौर का कार्यकाल 5 वर्ष का होता है।
- नगर निगम में मुख्य प्रशासनिक अधिकारी **आयुक्त** होता है। नगर निगम के मुख्य प्रशासनिक अधिकारी की नियुक्ति राज्य सरकार करती है। इनका वेतन नगर निगम कोष से दिया जाता है। इसका कार्यकाल 5 वर्ष का होता है।
- **मेयर इन कॉउन्सिल** नगर निगम की मुख्य समिति होती है। इस समिति का पदेन अध्यक्ष **महापौर** होता है।
- वर्ष 2003 में सम्पन्न नगरीय निकायों के चुनावों में कमला जान (किन्नर) को कटनी का महापौर चुना गया था।
- 2009 के चुनाव में सागर की महापौर कमला बुआ चुनी गई।

2. नगर पालिका

- इसका गठन उन नगरीय क्षेत्रों के लिए होता है, जिनकी जनसंख्या 20,000 से अधिक होती है।
- इनके पार्षद, अध्यक्ष व उपाध्यक्ष के चुनाव प्रत्यक्ष मतदान द्वारा होते हैं।
- नगर पालिका का प्रशासनिक प्रमुख **मुख्य नगर पालिका** अधिकारी होता है।

3. नगर पंचायत

- नगरीय क्षेत्र की यह पहली स्वायत्त संस्था है। राज्य में ऐसे सभी क्षेत्रों में यह संस्था गठित की गई है, जिनकी जनसंख्या 5,000 से 20,000 के मध्य होती है।
- इनके पार्षदों का चुनाव प्रत्यक्ष मतदान प्रणाली के माध्यम से होता है।
- इस प्रणाली द्वारा चुने गए पार्षद **अप्रत्यक्ष मतदान** प्रणाली द्वारा अध्यक्ष व उपाध्यक्ष का चुनाव करते हैं, जिनका कार्यकाल 5 वर्ष का होता है।
- नगर पंचायत का प्रशासनिक प्रमुख, **मुख्य नगर पंचायत अधिकारी** होता है।

ई-शासन

मध्य प्रदेश देश का पहला ऐसा राज्य बन गया है, जहाँ के सभी गाँव सम्पर्क नामक वेबसाइट द्वारा ई-शासन के तहत लाए गए हैं।

सरकार की यह नई वेबसाइट राज्य के सभी गाँवों में उपलब्ध संसाधनों, बुनियादी सुविधाओं, सरकारी कार्यक्रमों के लाभार्थियों तथा जन शिकायतों का एक डाटाबेस तैयार करने के बाद विकसित की गई है। मध्य प्रदेश देश का पहला ऐसा राज्य है, जहाँ प्रत्येक गाँव में पारदर्शी रूप में सुविधाओं से सम्बन्धित सूचनाओं, त्रुटियों तथा जन शिकायतों को सार्वजनिक कर दिया गया है।

पंचायती राजव्यवस्था

स्व-मूल्यांकन

1. ब्रिटिश काल में स्वशासन अधिनियम कब पारित हुआ था?
(a) 1880 ई. (b) 1882 ई.
(c) 1883 ई. (d) 1890 ई.

2. वर्ष 1920 में ग्वालियर स्टेट द्वारा किस स्टेट के पंचायती कानून का अनुसरण किया गया था?
(a) होल्कर (b) सिन्धिया
(c) पेशवा (d) सोपानी

3. बलवन्त राय मेहता समिति ने किसकी अनुसंशा की थी?
(a) त्रि-स्तरीय पंचायत
(b) द्वि-स्तरीय पंचायत
(c) चतुर्थ स्तरीय पंचायत
(d) एक स्तरीय पंचायत

4. 'काशी प्रसाद पाण्डेय समिति' का सम्बन्ध किससे है?
(a) पंचायती राजव्यवस्था
(b) केन्द्र राज्य सम्बन्ध
(c) कर सुधार
(d) विदेश नीति

5. प्रथम मध्य प्रदेश पंचायती राज अधिनियम कब पारित हुआ था?
ब्लॉक डेवलपमेण्ट ऑफिसर 2016
(a) वर्ष 1956 (b) वर्ष 1959
(c) वर्ष 1962 (d) वर्ष 1965

6. मध्य प्रदेश में 'पंचायती राज अधिनियम' विधानसभा द्वारा कब पारित हुआ था?
सहायक सांख्यिकी 2012
(a) 29 दिसम्बर, 1993
(b) 30 दिसम्बर, 1993
(c) 31 दिसम्बर, 1993
(d) 28 दिसम्बर, 1993

7. 73वें संविधान संशोधन के अन्तर्गत 1993 में पंचायती राज्यव्यवस्था लागू करने वाला प्रथम राज्य कौन-सा था?
स्टेट इंजीनियरिंग 2014
(a) राजस्थान (b) कर्नाटक
(c) गुजरात (d) मध्य प्रदेश

8. त्रिस्तरीय पंचायतों एवं नगरपालिकाओं का चुनाव कराने वाला देश का कौन-सा पहला राज्य है?
(a) उत्तर प्रदेश (b) मध्य प्रदेश
(c) हिमाचल प्रदेश (d) राजस्थान

9. जिस ग्राम पंचायत की आबादी एक हजार से कम होती है, वहाँ कितने वार्ड होते हैं?
कराधान सहायक 2012
(a) 10 (b) 15 (c) 20 (d) 25

10. पंचायती राजव्यवस्था की निम्न इकाई कौन-सी है?
(a) ग्राम पंचायत (b) जनपद पंचायत
(c) क्षेत्र पंचायत (d) जिला पंचायत

11. ग्राम पंचायत की एक वर्ष में कितनी सभाएँ आवश्यक हैं?
(a) 2 (b) 3 (c) 4 (d) 5

12. जिले में जिला पंचायत सदस्य निर्वाचन क्षेत्रों की न्यूनतम व अधिकतम संख्या निर्धारित की गई है
स्टेट इजीनियरिंग सर्विस 2016
(a) 10,25 (b) 10,20
(c) 10,35 (d) 25,30

13. निम्नलिखित में से कौन-सा जिला पंचायत का कार्य नहीं है?
(a) परिवार नियोजन
(b) ग्रामीण विकास
(c) महिलाओं का कल्याण
(d) कर निर्धारण

14. जिला पंचायत का कार्यकाल कितने वर्ष का होता है?
(a) 4 (b) 5 (c) 6 (d) 10

15. मध्य प्रदेश की पंचायतों में महिलाओं को कितने प्रतिशत आरक्षण प्राप्त है?
कराधान सहायक 2012
(a) 25% (b) 33%
(c) 50% (d) 60%

16. पंचायत में महिलाओं को 50% आरक्षण देने वाला पहला राज्य कौन है?
(a) मध्य प्रदेश
(b) बिहार
(c) तेलंगाना
(d) आन्ध्र प्रदेश

17. मध्य प्रदेश में ग्राम स्वराज व्यवस्था को कब लागू किया गया?
एम पी पी एस सी 2014
(a) 2 अक्टूबर, 2012
(b) 25 जनवरी, 1999
(c) 26 जनवरी, 2001
(d) 15 अगस्त, 2005

18. पंचायत दर्पण क्या है?
ब्लॉक डेवलपमेण्ट ऑफिसर 2016
(a) भ्रष्टाचारी का भाण्डाफोड़ करने हेतु पंचायतों को दिया गया दर्पण
(b) सभी पंचायतों को शासन द्वारा प्रदत्त बड़े आकार का दर्पण
(c) पंचायतों की योजनाओं की मॉनीटरिंग एवं क्रियान्वयन हेतु शासन द्वारा निर्मित वेबसाइट
(d) उपरोक्त में से कोई नहीं

19. मध्य प्रदेश में नगरीय प्रशासन का प्रारम्भ किस नगर से हुआ?
(a) इन्दौर (b) भोपाल
(c) जबलपुर (d) रीवा

20. मध्य प्रदेश में नगरपालिका अधिनियम कब पारित किया गया?
(a) वर्ष 1945 (b) वर्ष 1973
(c) वर्ष 1961 (d) वर्ष 1996

21. पंचायती राज संस्था का निर्वाचन किसके द्वारा सम्पन्न करवाया जाता है?
ब्लॉक डेवलपमेण्ट ऑफिसर 2016
(a) भारत का निर्वाचन आयोग
(b) राज्य निर्वाचन आयोग
(c) जिला निर्वाचन आयोग
(d) उपरोक्त सभी

22. मध्य प्रदेश नगर पालिका अधिनियम 1994 क्या लागू करने के लिए पारित किया गया था?
(a) संविधान का 73वाँ संशोधन
(b) संविधान का 74वाँ संशोधन
(c) लड़कियों की शिक्षा को बढ़ाने के लिए संविधान का 72वाँ संशोधन
(d) उपरोक्त में से कोई नहीं

23. 74वाँ भारतीय संविधान संशोधन का सम्बन्ध किससे है?
(a) पंचायती राज से
(b) ग्राम सभा के गठन से
(c) सरपंच के चुनाव से
(d) नगरीय प्रशासन की व्यवस्था से

24. नगर निगम के प्रमुख को क्या कहा जाता है?
(a) जिलाध्यक्ष (b) महापौर
(c) पार्षद (d) विधायक

25. नगर निगम के सदस्यों का चुनाव कैसे होता है?
(a) प्रत्यक्ष निर्वाचन
(b) अप्रत्यक्ष निर्वाचन
(c) मनोनयन द्वारा
(d) उपरोक्त में से कोई नहीं

26. मध्य प्रदेश में नगर निगम प्रमुख का चुनाव कैसे होता है?
(a) प्रत्यक्ष रूप से (b) अप्रत्यक्ष रूप से
(c) मनोनयन (d) स्वेच्छा से

27. नगरपालिका परिषद् के गठन के लिए न्यूनतम कितनी जनसंख्या की आवश्यकता होती है?
(a) 10 हजार (b) 20 हजार
(c) 30 हजार (d) 40 हजार

28. नगर पंचायत के अध्यक्ष का चुनाव कैसे होता है?
(a) अप्रत्यक्ष मतदान (b) प्रत्यक्ष मतदान
(c) मनोनयन द्वारा (d) बहुमत द्वारा

उत्तरमाला

1. (c) **2.** (a) **3.** (a) **4.** (a) **5.** (c) **6.** (b) **7.** (d) **8.** (b) **9.** (c) **10.** (a)
11. (c) **12.** (c) **13.** (d) **14.** (b) **15.** (c) **16.** (b) **17.** (c) **18.** (c) **19.** (c) **20.** (c)
21. (b) **22.** (b) **23.** (d) **24.** (b) **25.** (a) **26.** (a) **27.** (b) **28.** (a)

अध्याय 12

सम्भाग एवं जिले

वर्तमान में मध्य प्रदेश में 10 सम्भाग तथा 52 जिले हैं, जिनकी चर्चा निम्न है

सम्भाग का नाम	*मुख्यालय*	*जिलों के नाम*
जबलपुर (8 जिले) (क्षेत्रफल तथा जनसंख्या की दृष्टि से सबसे बड़ा सम्भाग)	जबलपुर	जबलपुर, कटनी, नरसिंहपुर, छिन्दवाड़ा, सिवनी, डिण्डोरी, मण्डला, बालाघाट छिन्दवाड़ा जिला क्षेत्रफल की दृष्टि से मध्य प्रदेश का सबसे बड़ा जिला है।
इन्दौर (8 जिले) (दूसरा सबसे बड़ा सम्भाग)	इन्दौर	इन्दौर, धार, अलीराजपुर, झाबुआ, खरगौन, बुरहानपुर, बड़वानी, खण्डवा (प्रदेश में जनसंख्या की दृष्टि से इन्दौर सबसे बड़ा जिला है।)
उज्जैन (7 जिले)	उज्जैन	देवास, रतलाम, शाजापुर, मन्दसौर, नीमच, उज्जैन, आगर-मालवा।
भोपाल (5 जिले)	भोपाल	भोपाल, सीहोर, रायसेन, राजगढ़ एवं विदिशा
सागर (6 जिले)	सागर	सागर, दमोह, पन्ना, छतरपुर, टीकमगढ़ तथा निवाड़ी
ग्वालियर (5 जिले)	ग्वालियर	ग्वालियर, शिवपुरी, गुना, दतिया, अशोकनगर
रीवा (4 जिले)	रीवा	रीवा, सतना, सिंगरौली, सीधी
चम्बल (3 जिले)	मुरैना	श्योपुर, मुरैना, भिण्ड
नर्मदापुरम (3 जिले) (जनसंख्या की दृष्टि से सबसे छोटा) सम्भाग है।	होशंगाबाद	होशंगाबाद, हरदा, बैतूल
शहडोल (3 जिले) (नवीन सम्भाग, गठन वर्ष 2008)	शहडोल	शहडोल, उमरिया, अनूपपुर

नोट *2008 में होशंगाबाद सम्भाग का नाम नर्मदापुरम किया गया।*

- *यदि 2011 की जनगणना या 2011 की स्थिति पर आधारित प्रश्न पूछा जाए तो न्यूनतम क्षेत्रफल और न्यूनतम जनसंख्या वाले जिले क्रमशः दतिया और हरदा हैं, परन्तु 1 अक्टूबर 2018 से निवाड़ी (नवीनतम जिला) के अस्तित्व में आने के पश्चात यह राज्य का क्षेत्रफल व जनसंख्या के आधार पर सबसे छोटा जिला बना गया है।*

जबलपुर सम्भाग के जिले

इस सम्भाग के अन्तर्गत निम्न 8 जिले आते हैं

1. जबलपुर

- इस जिले का क्षेत्रफल 5,211 वर्ग किमी है।
- राज्य में उच्च न्यायालय का मुख्यालय तथा राज्य का जवाहर लाल नेहरू कृषि विश्वविद्यालय जबलपुर में अवस्थित है।
- जबलपुर में 1864 ई. में नगरपालिका का गठन किया गया।
- जबलपुर में अनेक पर्यटन स्थल मदन महल, 52 प्राचीन ताल तलैया, पिसनहारी की मढ़िया, चौसठ योगिनी का मन्दिर, संग्राम समर, बजाना मठ एवं जैन तीर्थ स्थित हैं।
- यहाँ पर महात्मा गाँधी सामुदायिक विकास प्रशिक्षण केन्द्र तथा पोस्ट एण्ड टेलीग्राफ वर्कशॉप स्थित हैं।
- जबलपुर में तिलवारा घाट पर महात्मा गाँधी की अस्थियाँ विसर्जित की गई थीं।
- आचार्य विनोबा भावे ने जबलपुर को **संस्कार राजधानी** नाम दिया था। सुभद्रा कुमारी चौहान, हरिशंकर परसाई तथा रजनीश (ओशो) का सम्बन्ध जबलपुर से ही रहा है।
- यहाँ आम का उत्पादन अधिक मात्रा में होता है, जिस कारण इसे **आम जिला** भी घोषित किया गया है।
- बरेला में रानी दुर्गावती की समाधि है।
- मध्य प्रदेश का एकमात्र रेलवे जोन जबलपुर में स्थित है।
- देश का पहला रत्न परिष्कृत केन्द्र जबलपुर में स्थित है।

2. नरसिंहपुर

- इस जिले का क्षेत्रफल 5,133 वर्ग किमी है।
- नरसिंहपुर जिले की प्रमुख तहसीलें नरसिंहपुर, गोटेगाँव, करेली, गाडरवारा तथा तेन्दूखेड़ा हैं।
- यह राज्य का प्रमुख सोयाबीन तथा तुअर दाल उत्पादक जिला है।
- यहाँ गडरिया खेड़ा मन्दिर, भगवान ब्रह्मा का यज्ञशाल, रानी दुर्गावती का मन्दिर, हाथी दरवाजा, नरसिंहपुर का किला, बरमानघाट, दमारू घाटी एवं वराह मूर्ति प्रमुख दर्शनीय स्थल हैं।
- नरसिंहपुर खुले में शौच मुक्त होने वाला मध्य प्रदेश का प्रथम जिला है।
- यहाँ घीया पत्थर (टेटक) नामक खनिज पाया जाता है।

3. छिन्दवाड़ा

- यह जिला राज्य में क्षेत्रफल की दृष्टि से सबसे बड़ा (11,815 वर्ग किमी) है।
- इस जिले में पेंच राष्ट्रीय उद्यान का भी कुछ भाग अवस्थित है।
- यहाँ के प्रमुख दर्शनीय स्थलों तामिया, लिलाही, पाताल कोट, छोटा महादेव की गुफा तथा देवगढ़ किला प्रमुख हैं।
- यहाँ पर उमरेठ का मेघनाथ मेला अत्यधिक प्रसिद्ध है।
- छिन्दवाड़ा में मैंगनीज, अभ्रक, डोलोमाइट, कोयला एवं संगमरमर आदि खनिज पाए जाते हैं।
- जिले में फूड पार्क भी खोला गया है तथा यहाँ हिन्दुस्तान लीवर लिमिटेड कारखाना अवस्थित है।
- वर्ष 1954 में छिन्दवाड़ा में 'आदिवासी कला संग्रहालय' की स्थापना की गई।
- इस जिले में मुख्य रूप से कोरकू जनजाति निवास करती है।

4. कटनी

- इस जिले का क्षेत्रफल 4,950 वर्ग किमी है।
- यह जिला 25 मई, 1998 को जबलपुर से अलग करके बनाया गया है। इसे **चूना नगरी** के नाम से भी जाना जाता है।
- कर्नल स्लीमन (ठगी प्रथा का अन्त) के नाम पर स्लीमनाबाद नामक नगर कटनी जिले में ही स्थित है तथा स्टोन पार्क स्लीमनाबाद में स्थित है।

- जाग्रति पत्रिका का प्रकाशन इसी जिले से होता है।
- यहाँ के प्रमुख पर्यटन स्थल ढीमरखेड़ा, बहोणीबन्द, बिलहरी, करोदी, रूपनाथ में तीन पवित्र कुण्ड एवं पाँच लिंगी शिव प्रतिमा आदि हैं।

5. सिवनी

- इस जिले का क्षेत्रफल 8,758 वर्ग किमी है।
- सिवनी को **मध्य प्रदेश का लखनऊ** कहा जाता है। यहाँ मेरोथॉन का मेला लगता है।
- एशिया का सबसे बड़ा कीचड़ बाँध (मिट्‌टी निर्मित) संजय सरोवर (भीमगढ़) यहीं पर स्थित है।
- यहाँ पर ढोलक बनाने के लिए सेओना नामक वृक्ष का उत्पादन अधिकतर मात्रा में होता है।
- यहाँ **कालीमूँछ** का चावल एवं मावा बाटी के लिए **लखनादौन** प्रसिद्ध है।
- यहाँ का मुख्य पर्यटन स्थल पेंच राष्ट्रीय उद्यान (टाइगर सेन्चुरी) है।

6. बालाघाट

- इस जिले का क्षेत्रफल 9,229 वर्ग किमी है।
- बालाघाट नक्सलवाद से प्रभावित जिला है।
- यह जिला धान उत्पादन में शीर्ष भूमिका निभाता है।
- यहाँ पर जनसंख्या वृद्धि सबसे कम है। इसे जिले में मुख्यतः बैगा जनजाति निवास करती है।
- **भरवेली** एशिया की सबसे बड़ी भूमिगत मैंगनीज खान के लिए प्रसिद्ध है।
- मलाजखण्ड तहसील से ताँबा खनन होने के कारण इसे **ताम्र नगरी** भी कहा जाता है।
- यहाँ बाँस सर्वाधिक मात्रा में पाया जाता है तथा वन महाविद्यालय बालाघाट में स्थित है।
- बालाघाट जिले में सर्वाधिक सिंचाई तालाबों द्वारा होती है।
- बालाघाट की आकृति उड़ते पक्षी के समान है। इसे 'शिकारियों का स्वर्ग' कहा जाता है।
- यहाँ एक भी राष्ट्रीय राजमार्ग नहीं है।
- यहाँ के प्रमुख पर्यटन स्थल हेलोन घाटी, हट्‌टा बावली, लाजी का किला आदि प्रमुख हैं।

7. मण्डला

- इस जिले का क्षेत्रफल 5,800 वर्ग किमी है।
- यह जिला गोण्ड राजवंश की राजधानी रह चुका है। कान्हा-किसली राष्ट्रीय उद्यान इसी जिले में अवस्थित है। इसका कुछ भाग छत्तीसगढ़ और महाराष्ट्र की सीमा के साथ संलग्न है।
- यहाँ हेलोन घाटी एवं बंजर घाटी प्रमुख दर्शनीय स्थल हैं। मोती महल, बघेलिन महल एवं बैगाचक क्षेत्र यहीं पर स्थित हैं। यहाँ थावर परियोजना भी स्थित है।
- यहाँ पर मुख्य इमारती पेड़ **साल** है। यह फूल धातु (Bell Metal) के लिए विख्यात है।
- मध्य प्रदेश का प्रथम परमाणु केन्द्र चूटका यहीं अवस्थित है।

8. डिण्डोरी

- इस जिले का क्षेत्रफल 7,469 वर्ग किमी है।
- डिण्डोरी को मण्डला से वर्ष 1998 में पृथक् करके नया जिला बनाया गया था। यह एक आदिवासी जिला है। यहाँ मुख्यतः बैगा एवं गोण्ड जनजाति निवास करती हैं।
- यह राज्य में सबसे कम जनसंख्या घनत्व (94 व्यक्ति प्रतिवर्ग किमी) वाला जिला है।
- यहाँ से उत्तर पाषाणकालीन पत्थर के औजार मिले हैं।
- यहाँ जीवाश्म संरक्षण हेतु राष्ट्रीय उद्यान (घुघवा) बनाया गया है।

इन्दौर सम्भाग के जिले

इस सम्भाग के अन्तर्गत निम्न 8 जिले आते हैं

1. इन्दौर

- इस जिले का क्षेत्रफल 3,898 वर्ग किमी है।
- डॉ. अम्बेडकर सोशल इंस्टीट्यूट महू में स्थित है। यहाँ पर जेम्स एवं ज्वेलरी पार्क स्थापित किए गए हैं।
- इन्दौर एकमात्र ऐसा स्थान है, जहाँ आई आई टी (IIT) तथा आई आई एम (IIM) दोनों स्थित हैं।
- इन्दौर में वर्ष 1984 में उच्च प्रौद्योगिकी संस्थान व लेजर किरण परमाणु ऊर्जा संस्थान की स्थापना की गई है।
- यह मध्य प्रदेश की औद्योगिक राजधानी के रूप में प्रसिद्ध है।
- यहाँ अन्नपूर्णा मन्दिर, बड़ा गणपति मन्दिर एवं लाल बाग प्रमुख दर्शनीय स्थल हैं। प्रसिद्ध जैन तीर्थ स्थल एवं गोम्मत गिरी भी इन्दौर में स्थित हैं।
- राष्ट्रीय सोयाबीन अनुसन्धान केन्द्र इन्दौर में स्थित है।
- राज्य का सबसे प्रसिद्ध चीनी कारखाना बरलाई इसी जिले में स्थित है।

2. धार

- इस जिले का क्षेत्रफल 8,153 वर्ग किमी है।
- यह **परमार वंश** की राजधानी थी। सरदारपुर अभयारण्य में खरमोरों (पक्षियों की एक प्रजाति) का संरक्षण किया जाता है। डायनासोर जीवाश्म पार्क यहीं पर स्थित है।
- ज्ञानदूत परियोजना की शुरुआत धार से हुई।
- राजा भोज निर्मित भोजशाला (सरस्वती का मन्दिर) यहीं पर अवस्थित है।
- यहाँ पर बाजबहादुर एवं रानी रूपमती निर्मित भवन हैं, जो अफगानी कला के उत्कृष्ट नमूने हैं।
- यहाँ परम्परागत बाँध की छपाई अत्यधिक प्रसिद्ध है, जो प्राकृतिक रंगों तथा लकड़ी के ब्लॉकों से की जाती है।
- धार के प्रमुख पर्यटन स्थल धार का किला, माण्डू के महल, हुशंगशाह का मकबरा, बाघ की गुफाएँ, अशरफी महल, होशंगाबाद का किला हैं।
- माण्डू शहर को **सिटी ऑफ ज्वॉय** के नाम से जाना जाता है।

3. अलीराजपुर

- इस जिले का क्षेत्रफल 3,182 वर्ग किमी है।
- 17 मई, 2008 को झाबुआ से पृथक् करके इस जिले की स्थापना की गई है।
- **तहसील** अलीराजपुर, जोवट, भावरा, उद्‌मगढ़, कदठीवाड़ा और सोण्डव।
- यहाँ 'भगोरिया' नृत्य अत्यधिक प्रसिद्ध है। जिले के वालपुर, छतकला, सौण्डवा, उमराली और बखतगढ़ भगोरिया के पर्व स्थलों के रूप में प्रसिद्ध हैं।
- महुआ उत्पादन में अलीराजपुर जिले का प्रमुख स्थान है।
- यहाँ की आम की नूरजहाँ प्रजाति देश-विदेश में प्रसिद्ध है।
- मक्का, उड़द, सोयाबीन, कपास, चना, गेहूँ एवं मूँगफली यहाँ की प्रमुख फसलें हैं।
- महान् स्वतन्त्रता सेनानी चन्द्रशेखर आजाद की जन्म भूमि भावरा इसी जिले में अवस्थित है। वर्ष 2007 में इस स्थल को 'आजादपुर नगर' के नाम से घोषित किया गया।
- विश्व का पहला जनजातीय सामुदायिक रेडियो केन्द्र भावरा में ही स्थित है।

4. खरगौन

- इस जिले का क्षेत्रफल 8,025 वर्ग किमी है।
- खरगौन नर्मदा घाटी के लगभग मध्य में स्थित है। इसे **पश्चिमी निमाड़** के नाम से भी जाना जाता है। इसके उत्तर में विन्ध्याचल एवं दक्षिण में सतपुड़ा पर्वत श्रेणियाँ हैं।

- यहाँ महेश्वर, मण्डलेश्वर, कसरावत स्तूप आदि ऐतिहासिक स्थल प्रसिद्ध हैं। महेश्वर देवी अहिल्याबाई होल्कर व हैहयवंश के राजा सहस्त्रार्जुन की राजधानी थी।
- यहाँ बाजीराव पेशवा का समाधि स्थल, मण्डलेश्वर, सिरहल (जहाँ रावण ने अपना सिर महादेव को अर्पित किया था), रावरखेड़ी प्रमुख दर्शनीय स्थल हैं।
- नर्मदा नदी पर सबसे बड़ा घाट महेश्वर में ही अवस्थित है।
- यहाँ रंगीन कपास का उत्पादन होता है।
- यहाँ केन्द्रीय औद्योगिक सुरक्षा बल का प्रशिक्षण केन्द्र (बड़वाह) स्थित है।
- यहाँ की व्यावसायिक फसलें कपास तथा मूँगफली हैं। निमाड़ क्षेत्र को **कपास का कटोरा** कहा जाता है।
- राज्य का कपास अनुसन्धान केन्द्र खरगौन जिले में स्थित है।

5. बुरहानपुर

- इस जिले का क्षेत्रफल 3,427 वर्ग किमी है।
- बुरहानपुर की स्थापना खण्डवा से पृथक् होकर वर्ष 2003 में हुई।
- अकबर ने 1601 ई. में असीरगढ़ के किले पर विजय प्राप्त की तथा शेख बुरहानुद्दीन के नाम पर इस स्थान का नाम बुरहानपुर रखा गया।
- यहाँ के प्रमुख पर्यटन स्थल असीरगढ़ के आशादेवी मन्दिर, इच्छा देवी मन्दिर, आदिलशाह का मकबरा, बीबी मस्जिद तथा जामी मस्जिद हैं। इसके अतिरिक्त यहाँ मुमताज महल की पहली कब्र तथा तीन किलों का समूह भी प्रमुख है।
- यह दक्षिण का प्रवेश द्वार भी है।
- बुरहानपुर के नेपानगर में नेशनल न्यूज प्रिण्ट कारखाना व चाँदनी ताप विद्युत केन्द्र है। मध्य प्रदेश का पहला **यूनानी चिकित्सा महाविद्यालय** यहीं स्थित है।

6. झाबुआ

- इस जिले का क्षेत्रफल 3,596 वर्ग किमी है।
- इसकी स्थापना 14 मई, 2008 को (अलीराजपुर से पृथक्) की गई थी।
- यह अनुसूचित जनजाति बाहुल्य जिला है। यहाँ भील एवं भीलसा जनजाति निवास करती है।
- यहाँ मेघनगर में औद्योगिक केन्द्र स्थित है।
- यहाँ लगने वाला भगोरिया हाट का मेला अत्यधिक प्रसिद्ध है।
- इस जिले में मक्का का उत्पादन मुख्य रूप से किया जाता है।

7. बड़वानी

- इस जिले का क्षेत्रफल 5,427 वर्ग किमी है।
- बड़वानी जिले का गठन वर्ष 1998 में खरगौन जिले से पृथक् करके किया गया था। इसे **निमाड़ का पेरिस** भी कहा जाता है।
- यहाँ 72 फीट ऊँची जैन तीर्थंकर आदिनाथ की मूर्ति विश्व की सबसे ऊँची मूर्ति है।
- यहाँ के प्रमुख पर्यटन स्थल भँवरगढ़, अंजड़, बीजासन एवं दुर्गा माता स्थल मन्दिर हैं।
- मध्य प्रदेश में सर्वाधिक लाल मिर्च का उत्पादन यहीं होता है। यहाँ कपास की मण्डी भी अवस्थित है।
- राज्य का चावल अनुसन्धान केन्द्र यहीं स्थित है।

8. खण्डवा

- इस जिले का क्षेत्रफल 7,352 वर्ग किमी है पहले इस जिले को पूर्व निमाड़ के नाम से जाना जाता था।
- 15 अगस्त, 2003 को बुरहानपुर जिले से अलग करके खण्डवा जिले का निर्माण किया गया।

- यह जिला किशोर कुमार की समाधि स्थल, माखनलाल चतुर्वेदी तथा सुभद्रा कुमारी चौहान की कर्मस्थली है।
- यह मध्य प्रदेश का गांजा उत्पादक जिला है। यहाँ सरकार के नियन्त्रण में गांजा की खेती की जाती है।
- हरसूद, जो इन्दिरा सागर परियोजना के डूब क्षेत्र में आ गया था, यहीं अवस्थित है।
- पुनासा ग्राम में इन्दिरा सागर परियोजना तथा सिंगाजी की समाधि हैं।
- यहाँ के प्रमुख पर्यटन स्थलों में दादा जी दरबार, तुलजा भवानी मन्दिर, ओंकारेश्वर ज्योतिर्लिंग एवं शंकराचार्य की गुफा इत्यादि प्रसिद्ध हैं।

उज्जैन सम्भाग के जिले

इस सम्भाग के अन्तर्गत निम्न 7 जिले आते हैं

1. उज्जैन

- इस जिले का क्षेत्रफल 6,091 वर्ग किमी है।
- 600 ई. पू. में भारत के 16 महाजनपदों में शामिल अवन्ति की राजधानी **उज्जयिनी** थी।
- उज्जैन को मन्दिरों एवं मूर्तियों का नगर कहा जाता है। इसका प्राचीन नाम **अवन्तिका** है।
- यहाँ भर्तृहरि की गुफाएँ, महाकालेश्वर ज्यातिर्लिंग, सन्दीपनी आश्रम, काल भैरव मन्दिर, कालियादेह महल, साक्षी गोपाल मन्दिर, जन्तर-मन्तर, चम्पा की बावड़ी, हरिसिद्ध मन्दिर, मंगलनाथ मन्दिर, वेश्य टेकरी स्तूप आदि प्रमुख पर्यटन स्थल हैं।
- उज्जैन में 12 वर्षों के अन्तराल पर कुम्भ मेला लगता है।
- क्षिप्रा नदी के तट पर स्थित उज्जैन राज्य की सबसे प्राचीन नगरी है।

2. रतलाम

- इस जिले का क्षेत्रफल 4,861 वर्ग किमी है।
- रतलाम में प्रागैतिहासिक एवं ताम्र पाषाण संस्कृति के साक्ष्य पाए गए हैं।
- वर्तमान में बिरमावल, खोरियापाड़ा, नरसिंहपाड़ा तथा छावनी झोड़िया, प्रागैतिहासिक काल के पुरातात्विक खुदाई स्थल हैं।
- यहाँ पर सैलाना प्लोरिकन अभयारण्य (खरमोर पक्षी) अवस्थित है।
- यहाँ सेलखड़ी उद्योग प्रसिद्ध है। रतलाम कैक्टस गार्डन के लिए भी प्रसिद्ध है।
- रतलाम को नमकीन (सेव) की नगरी भी कहा जाता है।

3. शाजापुर

- इस जिले का क्षेत्रफल 6,195 वर्ग किमी है।
- शाजापुर पुरातत्वीय स्थल केन्द्र है। यहाँ के रिछोदा, धतरावदा, सोयत, निमान्या, मक्सी, उचोद, बड़ागाँव में ताम्रकालीन सभ्यता के अवशेष मिले हैं, जो कायथा संस्कृति के अवशेष के लिए जाने जाते हैं।
- यहाँ मुल्ला शमसुद्दीन का मकबरा स्थित है।
- इस नगर के विकास का श्रेय शाहजहाँ को जाता है।

4. आगर-मालवा

- इस जिले का क्षेत्रफल 2,785 वर्ग किमी है।
- 16 अगस्त, 2013 को शाजापुर की आगर, सुसनेर, नलखेड़ा एवं बड़ौद तहसीलों को अलग करके **51वाँ जिला** बनाया गया।
- यहाँ दो तालाब मोती सागर एवं रत्न सागर प्रमुख हैं।
- यहाँ दर्शनीय स्थलों में राम मन्दिर, बीजा नगरी, शिवराज मन्दिर, वाराह मन्दिर, यादवा माता का मन्दिर, जामा मस्जिद एवं मोती सरोवन आदि प्रमुख हैं।
- देश का पहला गौ अभयारण्य इसी जिले के सालरिया नामक स्थान पर स्थित है।

5. मन्दसौर

- इस जिले का क्षेत्रफल 5,535 वर्ग किमी है।
- मन्दसौर का प्राचीन नाम दसपुर था। यह शहर सिवनी नदी के किनारे स्थित है।
- यहाँ यशोवर्मन का **मन्दसौर अभिलेख** प्रसिद्ध है।
- यहाँ स्लेट-पेन्सिल बनाने का कारखाना भी अवस्थित है। इन्द्रगढ़ में पुरातात्विक स्थल है।
- मन्दसौर प्राकृतिक सम्पदा एवं वन्य प्राणियों से सम्पन्न जिला है। यहाँ के प्रमुख पर्यटन स्थल हिंगलाजगढ़ का पुरातत्व स्थल, पशुपतिनाथ का मन्दिर, सागर बाँध एवं गाँधी सागर अभयारण्य हैं।
- यह अफीम उत्पादन के लिए प्रसिद्ध है।

6. नीमच

- इस जिले का क्षेत्रफल 4,256 वर्ग किमी है।
- 1857 का स्वतन्त्रता संग्राम मध्य प्रदेश में 3 जून को नीमच से प्रारम्भ हुआ।
- नीमच जिले का निर्माण वर्ष 1998 जावद एवं मनासा तहसीलों को मिलाकर किया गया था।
- नीमच बाल कवि बैरागी तथा पुराविद् वाकणकर का जन्मस्थल है। यहाँ मनासा व जावद के शैल चित्र प्रसिद्ध हैं।
- यहाँ के दर्शनीय स्थलों में कुकड़ेश्वर स्थित महादेव मन्दिर प्रमुख है। यहाँ शहाबुद्दीन औलिया का उर्स लगता है।
- यह अफीम उत्पादन में प्रथम स्थान पर है।

7. देवास

- इस जिले का क्षेत्रफल 7,020 वर्ग किमी है।
- प्राचीनकाल में देवास का नाम देवीवास था। देवास संगीत साधना स्थल के रूप में अत्यधिक प्रसिद्ध है।
- यहाँ पर लेदर कॉम्प्लेक्स, चमड़ा संयन्त्र, आयशर की फैक्ट्री, एस कुमार शूटिंग तथा सर्टिंग, टाटा ऑटो मोबाइल सेण्टर प्रमुख औद्योगिक स्थल हैं।
- देवास के मांगलिया में गैस बाटलिंग प्लाण्ट अवस्थित है।
- यहाँ के दर्शनीय स्थलों में फतेहगढ़ का किला, गन्धर्व पुरी आदि प्रमुख हैं।
- देवास में बैंक नोट प्रेस कारखाना अवस्थित है।

भोपाल सम्भाग के जिले

इस सम्भाग के अन्तर्गत निम्न 5 जिले आते हैं

1. भोपाल

- इस जिले का क्षेत्रफल 2,772 वर्ग किमी है।
- राजा भोज द्वारा बसाया गया भोजपाल (वर्तमान भोपाल) मध्य प्रदेश की राजधानी है।
- 26 जनवरी, 1972 में भोपाल को जिला बनाया गया। इससे पहले यह सीहोर की तहसील थी। प्रतिशत की दृष्टि से भोपाल में सर्वाधिक नगरीय जनसंख्या निवास करती है।
- भोपाल नगर सात पहाड़ियों पर बसा हुआ है। इसे **झीलों का नगर** भी कहा जाता है।
- यहाँ वर्ष 2002 में राष्ट्रीय न्याय अकादमी की स्थापना हुई थी।
- इसरो का उपग्रह नियन्त्रण केन्द्र भी यहीं स्थित है। यह सर्वाधिक विश्वविद्यालय वाला जिला है।
- बिड़ला मन्दिर, वल्लभ भवन, लाल घाटी वन विहार, सबसे बड़ी ताजुल मस्जिद तथा सबसे छोटी ढाई सीढ़ी मस्जिद भोपाल के प्रमुख पर्यटन स्थल हैं।
- वर्ष 1984 के यूनियन कार्बाइड का कारखाना भी यहीं अविस्थत है, जो वर्तमान में कार्यरत् नहीं है। एनर्जी पार्क तथा राज्य का प्रथम सेलरिच जैविक खाद्य संयन्त्र भोपाल में ही अवस्थित है।

- यहाँ दुष्यन्त कुमार पाण्डुलिपि संग्रहालय अवस्थित है।
- विश्व का सबसे बड़ा सौर ऊर्जा संयन्त्र भोपाल में स्थित है।

2. सीहोर

- इस जिले का क्षेत्रफल 6,578 वर्ग किमी है।
- ट्रैक्टर प्रशिक्षण केन्द्र तथा रेल स्लीपर बनाने का कारखाना बुधनी में अवस्थित है।
- यहाँ का सलकनपुर मेला अत्यधिक प्रसिद्ध है।
- सीहोर में प्रमुख पर्यटन स्थल कुँवर चेन सिंह की छतरिया, जामा मस्जिद एवं स्कॉटलैण्ड के समान चर्च विद्यमान हैं।
- सीहोर जिले के बुधनी में रेलवे स्लीपर बनाने का कारखाना स्थित है।

3. विदिशा

- इस जिले का क्षेत्रफल 7,371 वर्ग किमी है।
- विदिशा का प्राचीन नाम भिलसा (भेलसा), महामालिस्तान एवं बेसनगर था। पुराणों में विदिशा को भद्रावती के नाम से भी जाना जाता है।
- सम्राट अशोक की पत्नी महादेवी यहीं की राजकुमारी थीं।
- उदयपुर का नीलकण्ठेश्वर मन्दिर (बासौदा) परमार वंशकालीन है तथा जैन तीर्थंकर शीतलनाथ का जन्मस्थली विदिशा है।
- यहाँ ग्यारसपुर का मालादेवी मन्दिर एवं उदयगिरी की वराह अवतार प्रतिमा अत्यधिक प्रसिद्ध हैं।
- **उदयगिरि की गुफाएँ** गुप्तकालीन हैं। यहाँ वीरसेन साव के अभिलेख के साथ अष्टखम्भा भी अवस्थित है।
- भागवत धर्म से सम्बन्धित हेलियोडोरस का गरुड़ स्तम्भ बेसनगर अभिलेख यहाँ पर अवस्थित है।
- रंगाई, छपाई के कार्य के लिए गंजबासौदा प्रसिद्ध है।

4. रायसेन

- इस जिले का क्षेत्रफल 8,466 वर्ग किमी है।
- मृगेन्द्रनाथ गुफा पाटनी प्रागैतिहासिककालीन है।
- विश्व का सबसे बड़ा शैलाश्रय समूह **भीमबेटका** ओबेदुल्लागंज में स्थित है। इसे यूनेस्को द्वारा विश्व विरासत घोषित किया जा चुका है।
- यहाँ प्रागैतिहासिक शैल चित्र एवं मण्डीदीप औद्योगिक केन्द्र अवस्थित है। रायसेन जिले में साँची में बौद्ध स्तूप है, जो बौद्ध जगत की पवित्र नगरी मानी जाती है।
- साँची को यूनेस्को द्वारा विश्व विरासत घोषित किया गया है।
- बादल महल, इतदार महल एवं राजा रोहित महल रायसेन जिले के प्रमुख दर्शनीय स्थल हैं।

5. राजगढ़

- इस जिले का क्षेत्रफल 6,153 वर्ग किमी है।
- यहाँ नरसिंहगढ़ अभयारण्य स्थित है। यहाँ नरसिंहगढ़ का किला एवं गिन्नौरगढ़ किले के तोते भी प्रसिद्ध हैं।
- नरसिंहगढ़ के किले को 'कश्मीर ए-मालवा' कहा जाता है।
- राजगढ़ देश का पहला ऐसा जिला है, जिसने जिला स्तर पर पृथक् मानव विकास प्रतिवेदन प्रस्तुत किया है।
- यहाँ चतुर्भुज मन्दिर एवं रघुनाथ मन्दिर प्रमुख दर्शनीय स्थल हैं।

सागर सम्भाग के जिले

इस सम्भाग के अन्तर्गत 6 जिले आते हैं

1. सागर

- इस जिले का क्षेत्रफल 10,252 वर्ग किमी है। इस जिले के एरण नाम स्थल से सती प्रथा का सर्वप्रथम उल्लेख मिलता है।

- यहाँ राज्य का वनस्पति विज्ञान का सबसे बड़ा उद्यान विश्वविद्यालय स्थित है। सागर में धमोनी का उर्स लगता है।
- स्टील कॉम्प्लेक्स सागर में अवस्थित है।
- महार रेजीमेण्ट का मुख्यालय सागर में है। राज्य की सबसे बड़ी ग्राम पंचायत रजाखेड़ी है।
- सागर के प्रमुख पर्यटन स्थल लाखा बंजारा, सागर झील, राहतगढ़ जल प्रपात, आब चन्द्र की गुफाएँ तथा रहली का सूर्य मन्दिर है।
- राज्य का प्रथम विश्वविद्यालय (डॉ. हरिसिंह गौर विश्वविद्यालय) सागर जिले में स्थित है।
- जवाहर लाल नेहरू पुलिस अकादमी इसी जिले में स्थित है।

2. दमोह

- इस जिले का क्षेत्रफल 7,306 वर्ग किमी है।
- यह जिला पीतल के सामान के लिए अत्यधिक प्रसिद्ध है।
- दमोह के कुण्डलपुर में जैनियों का तीर्थस्थल, बादकपुर में शिव मन्दिर एवं नोहटा में नालेश्वर मन्दिर अत्यधिक प्रसिद्ध हैं।
- दमोह में डायमण्ड सीमेण्ट का कारखाना अवस्थित है। बालीगढ़ का किला **पर्शियन वास्तुकला** का सर्वोत्तम उदाहरण है।
- चन्देलों की राजधानी नोहटा यहीं अवस्थित है।
- दमोह क्षेत्र चेदि व कलचुरि शासकों के अधीन भी रहा है।

3. पन्ना

- इस जिले का क्षेत्रफल 7,135 वर्ग किमी है।
- हीरा उत्खनन के लिए पन्ना विश्व प्रसिद्ध है।
- पन्ना को **आँवला जिला** के रूप में घोषित किया गया है।
- पन्ना जिले की अजयगढ़ तहसील क्षेत्रफल की दृष्टि से राज्य की सबसे छोटी तहसील है।
- पुरैना में **सीमेण्ट औद्योगिक** केन्द्र स्थित है।
- यहाँ के प्रमुख पर्यटन स्थल बलदेव जी मन्दिर, प्राणनाथ जी मन्दिर एवं पद्मावती देवी मन्दिर आदि हैं।
- पन्ना में जैव आधारित आरक्षित क्षेत्र (मध्य प्रदेश में तीसरा) की स्थापना वर्ष 2011 में की गई है। पन्ना प्रोजेक्ट टाइगर बाघों की समाप्ति से चर्चित रहा।

4. छतरपुर

- इस जिले का क्षेत्रफल 8,687 वर्ग किमी है।
- प्राचीनकाल में छतरपुर को **जैजाकभुक्ति** कहा जाता था।
- मध्य प्रदेश की यूनेस्को द्वारा घोषित प्रथम विश्व धरोहर खजुराहो मन्दिर छतरपुर जिले में स्थित है।
- धुबेला संग्रहालय नौगाँव में अवस्थित है।
- हिन्दी साहित्यकार गुलाबराय तथा ध्रुपद गायक पद्म श्री असगरीबाई का सम्बन्ध भी छतरपुर जिले से ही है।
- रावसागर, प्रताप सागर एवं किशोर सागर छतरपुर जिले के तीन महत्त्वपूर्ण तालाब हैं।
- यहाँ पर्यटन स्थलों में कन्दरिया महादेव, मन्दिर, चौसठ योगिनी मन्दिर, चित्रगुप्त, पार्श्वनाथ मन्दिर, आदिनाथ मन्दिर आदि प्रमुख दर्शनीय स्थल हैं।

5. टीकमगढ़

- मध्य प्रदेश की प्रथम महिला मुख्यमन्त्री उमा भारती इस जिले से सम्बन्धित हैं।
- यहाँ के प्रमुख पर्यटन स्थल बड़े महादेव मन्दिर (ग्राम-जेवर), अहारजी जैन मन्दिर, अछरू माता का मन्दिर, पपोरा जी जैन मन्दिर, जहाँगीर महल, चतुर्भुज मन्दिर, शीशमहल, बड़ी छतरी, शहीद स्मारक इत्यादि है।

5. निवाड़ी

- निवाड़ी राज्य का **52वाँ नवगठित जिला** है।
- इसका क्षेत्रफल 1317.45 वर्ग किमी है।

- इसके अन्तर्गत 1 अक्टूबर 2018 को 3 तहसीलें निवाड़ी, पृथ्वीपुर एवं ओरछा तथा 2 जनपद पंचायतों निवाड़ी और पृथ्वीपुर को शामिल किया गया है।
- निवाड़ी जिले का प्रसिद्ध मन्दिर ओरछा का राम राजा मन्दिर है।
- ओरछा को **मध्य प्रदेश की अयोध्या नगरी** भी कहा जाता है।

ग्वालियर सम्भाग के जिले

इस सम्भाग के अन्तर्गत 5 जिले आते हैं

1. ग्वालियर

- इस जिले का क्षेत्रफल 4,560 वर्ग किमी है।
- ग्वालियर को गोपाद्रि या गोपगिरी आदि प्राचीन नामों से भी जाना जाता है।
- यहाँ एशिया का प्रथम शारीरिक प्रशिक्षण महाविद्यालय (महारानी लक्ष्मीबाई शारीरिक शिक्षा महाविद्यालय) स्थित है, जिसे समकक्ष विश्वविद्यालय का दर्जा दिया गया है।
- राज्य का सबसे बड़ा व्यापारिक मेला ग्वालियर में लगता है।
- यहाँ NCC का महिला प्रशिक्षण कॉलेज भी अवस्थित है।
- राज्य में प्रथम गैस आधारित विद्युत संयन्त्र भाण्डेर में स्थित है।
- यहाँ पर संगीत सम्राट तानसेन का मकबरा है। यहाँ पर तानसेन समारोह का आयोजन होता है।
- ग्वालियर के किले को **किलों का रत्न** या **जिब्राल्टर** कहा जाता है।
- यहाँ के प्रमुख पर्यटन स्थल छतरीबाग, ग्वालियर का किला, मान मन्दिर, मोती महल, जयविलास पैलेस, गौस मुहम्मद का मकबरा, लक्ष्मीबाई की समाधि, पार्श्वनाथ की ऊँची प्रतिमा इत्यादि हैं।
- यहाँ एक सूर्य मन्दिर कोणार्क (उड़ीसा) के सूर्य मन्दिर के अनुरूप बनाया गया है।

2. गुना

- इस जिले का क्षेत्रफल 6,390 वर्ग किमी है।
- प्राचीनकाल में गुना क्षेत्र अवन्ति महाजनपद का भाग था।
- राज्य में गुना जिला चम्बल एवं मालवा का प्रवेश द्वार कहलाता है।
- यहाँ से हजारी-विजयपुर-जगदीशपुर पाइपलाइन निकलती है। नेशनल फर्टिलाइजर्स विजयपुर यहीं पर स्थित है।
- यहाँ के प्रमुख पर्यटन स्थल बजरंगगढ़ का किला एवं बीस भुजा मन्दिर इत्यादि हैं। यहाँ पर तेजाजी का मेला भी लगता है।

3. शिवपुरी

- इस जिले का क्षेत्रफल 10,066 वर्ग किमी है।
- शिवपुरी को भगवान शिव की नगरी के नाम से जाना जाता है।
- शिवपुरी को मध्य प्रदेश का पहला पर्यटन शहर घोषित किया गया है।
- माधव राष्ट्रीय उद्यान में **जॉर्ज कैसल भवन** अवस्थित है। शिवपुरी में नरवर का किला (नल-दमयन्ती) है।

4. दतिया

- इस जिले का क्षेत्रफल 2,902 वर्ग किमी है।
- प्राचीनकाल में इसका नाम दिलीप नगर था।
- गुर्ज्जरा नामक स्थान से अशोक का प्रसिद्ध शिलालेख प्राप्त हुआ है, जो ब्राह्मी लिपि में है।
- यहाँ का बाणखण्डेश्वर शिव मन्दिर महाभारतकालीन है।
- जैनों का तीर्थस्थल सोनगिरि यहीं अवस्थित है।
- कुदऊ सिंह संगीत महाविद्यालय दतिया में ही अवस्थित है।
- यहाँ के प्रमुख पर्यटन स्थल अवध बिहारी मन्दिर, विजय राघव मन्दिर, गोविन्द मन्दिर

एवं बिहारीजी मन्दिर आदि हैं। अनेक मन्दिरों के कारण इसे **लघु वृन्दावन** कहते हैं।
- राज्य की प्रथम नगरपालिका दतिया है।

5. अशोकनगर
- इस जिले का क्षेत्रफल 4,674 वर्ग किमी है।
- यह जिला 15 अगस्त, 2003 को गुना जिले से पृथक् करके बनाया गया था। आनन्दपुर आश्रम (सिख समुदाय) यहीं पर स्थित है।
- अशोकनगर चन्देरी साड़ियों के लिए प्रसिद्ध है।
- चन्देरी के अन्तिम बुन्देला शासक राजा मर्दन सिंह ने प्रथम स्वतन्त्रता संग्राम (1857) में भाग लिया था।
- चन्देरी में बैजू बावरा की समाधि स्थित है।

रीवा सम्भाग के जिले
इस सम्भाग के अन्तर्गत 4 जिले आते हैं

1. रीवा
- इस जिले का क्षेत्रफल 6,314 वर्ग किमी है।
- रीवा को सफेद शेर की भूमि के नाम से भी जाना जाता है। यहाँ त्यौंथर पुरातात्विक स्थल है।
- यहाँ पुलिस वाहन प्रशिक्षण शाला गोविन्दगढ़ में तथा पुलिस मोटर वर्कशॉप रीवा में स्थित हैं।
- टौंस जल विद्युत परियोजना (315 मेगावाट) सिरमोर में स्थित है।
- उद्योगों में यहाँ सीमेण्ट उद्योग तथा कत्था उद्योग अत्यधिक प्रसिद्ध हैं।
- विश्व की सबसे बड़ी सौर परियोजना रीवा जिले में ही लगाई गई है।
- मध्य प्रदेश का एकमात्र सैनिक स्कूल रीवा में है।

2. सीधी
- इस जिले का क्षेत्रफल 4,851 वर्ग किमी है।
- यह जिला चावल तथा कोयला भूमि के रूप में जाना जाता है।
- डुबरी एवं बगदरा कोयला खान यहीं अवस्थित हैं।
- यह जिला बाणसागर परियोजना से लाभान्वित जिला है।
- घोघरी गाँव में चाँदी देवी का मेला लगता है।

3. सिंगरौली
- इस जिले का क्षेत्रफल 5,675 वर्ग किमी है।
- सीधी जिले के कुछ हिस्सों को अलग करके सिंगरौली जिले का निर्माण वर्ष 2005 में किया गया था। इसमें तीन तहसीलें— सिंगरौली देवसर और चितरंगी सम्मिलित हैं।
- यह गोण्डवाना लैण्ड का अपशिष्ट भाग है। सिंगरौली जिले से कोयला राजस्व सर्वाधिक मात्रा में प्राप्त होता है।
- ऐतिहासिक गुफा **माड़ा** सिंगरौली में ही अवस्थित है।
- यहाँ पर नॉदर्न कोल्डफील्ड के अन्तर्गत नौ खदानें संचालित हैं। साथ ही (NTPC) का 4,000 मेगावाट का शक्ति संयन्त्र भी स्थापित है।
- इस जिले की सीमा छत्तीसगढ़ के कोरिया जिले तथा उत्तर प्रदेश के सोनभद्र जिले से लगती है।
- सिंगरौली के बैढ़न को **मध्य प्रदेश की ऊर्जा राजधानी** कहा जाता है।

4. सतना
- इस जिले का क्षेत्रफल 7,502 वर्ग किमी है।
- सतना नदी के किनारे अवस्थित होने के कारण इस जिले का नाम सतना पड़ा है।
- मध्य प्रदेश सरकार ने इसे **पवित्र नगर** घोषित किया है।
- यहाँ स्फटिक शिला चित्रकूट में राम के पदचिह्न हैं।

- भरहुत स्तूप यहीं अवस्थित है, जिसकी खोज अलेक्जेण्डर कनिंघम ने की थी। भूमरा एवं खोह में गुप्तकालीन मन्दिर स्थित हैं।
- चित्रकूट में ब्रह्मा, विष्णु, महेश ने बाल अवतार लिया था। यहाँ मन्दाकिनी नदी व गुप्त गोदावरी भी स्थित हैं।
- यहाँ चित्रकूट महात्मा गाँधी ग्रामोदय विश्वविद्यालय स्थित है। इसके संस्थापक नानाजी देशमुख थे।
- यहाँ के प्रमुख दर्शनीय स्थल सती अनुसुईया, अत्रि ऋषि का आश्रम, मैहर में शारदा देवी का मन्दिर एवं भरहुत स्तूप इत्यादि हैं।

चम्बल सम्भाग के जिले

इस सम्भाग के अन्तर्गत 3 जिले आते हैं

1. भिण्ड

- इस जिले का क्षेत्रफल 4,459 वर्ग किमी है। इसे **बागियों का गढ़** कहा जाता है।
- राज्य का दूसरा सूखा बन्दरगाह मालनपुर भिण्ड में स्थित है।
- जनसंख्या की दृष्टि से सबसे छोटी तहसील **रौन** इसी जिले में अवस्थित है।
- जमधारा का रेणुका माता मन्दिर यहीं पर अवस्थित है।
- भिण्ड की गोहद तहसील उत्तम किस्म का धान उत्पादित करती है, इसलिए इसे **धान का कटोरा** भी कहते हैं। यहाँ पर धान की कालीमूँछ किस्म की फसल का उत्पादन होता है।
- यह खनिज रहित जिला है। यहाँ पवन ऊर्जा के लिए अनुकूल वातावरण है।

2. मुरैना

- इस जिले का क्षेत्रफल 4,989 वर्ग किमी है।
- इस जिले का नामकरण मोर (मुरैना) पक्षी की अधिकता के कारण हुआ है।
- मुरैना के (सिहोनिया स्थान पर) में ककनमठ (शिव मन्दिर) है।
- यहाँ की गजक अत्यधिक प्रसिद्ध है।
- मुरैना सरसों उत्पादित जिला है।
- नूराबाद में गोना बेगम का मकबरा स्थित है।
- यहाँ के प्रमुख स्थल पदावली व मितावली मन्दिर, शेरशाह सूरी का पुल, सुहानिया जैन तीर्थ स्थल, पहाड़गढ़ में शैल चित्र, सम्बलगढ़ का किला इत्यादि हैं।

3. श्योपुर

- इस जिले का क्षेत्रफल 6,606 वर्ग किमी है।
- इस जिले का निर्माण 25 मई, 1998 को मुरैना से पृथक् करके किया गया था।
- यह राज्य का सर्वाधिक कुपोषित जिला है। श्योपुर कवि मुक्तिबोध का जन्म स्थल है।
- यह सरसों उत्पादक जिला है। यह जिला काष्ठकला के लिए अत्यधिक प्रसिद्ध है।

नर्मदापुरम सम्भाग के जिले

इस सम्भाग के अन्तर्गत 3 जिले आते हैं

1. होशंगाबाद

- इस जिले का क्षेत्रफल 6,703 वर्ग किमी है।
- राज्य का पहला जैव आरक्षित मण्डल एवं आर्मी एजूकेशन कोर पंचमढ़ी में स्थित है।
- पंचमढ़ी मध्य प्रदेश का एकमात्र हिल स्टेशन है।
- यह जिला बोरी वन्य जीव अभयारण्य, पंचमढ़ी अभयारण्य, हाण्डी खाँ, जम्बूद्वीप तथा वुलफ्राम खनिज के लिए प्रसिद्ध हैं।
- यहाँ के प्रमुख पर्यटन स्थल पंचमढ़ी, सतपुड़ा राष्ट्रीय उद्यान, तवा जलाशय, सेठानी घाट, सन सेट प्वॉइण्ट, पाण्डव गुफाएँ इत्यादि हैं।

2. हरदा

- इस जिले का क्षेत्रफल 3,334 वर्ग किमी है।
- हरदा, खिरकिया एवं टिमरनी तहसील को मिलाकर वर्ष 1998 में बनाया गया एक जिला है।
- हण्डिया एक ऐतिहासिक स्थल है।
- इसके प्रमुख पर्यटन स्थल शेरगढ़ का किला, मुल्ताई तथा भैसदेही का रिद्देश्वर मन्दिर, हण्डिया की तेली की सराय, नर्मदा के नामिकुण्ड, चरवा मन्दिर आदि हैं।

3. बैतूल

- इस जिले का क्षेत्रफल 10,043 वर्ग किमी है।
- आमला में वायु सेना की सैनिक छावनी है।
- कालीभीत अभ्यारण्य में भालुओं का संरक्षण किया जा रहा है।
- बैतूल में मुख्यतः कोरकू जनजाति निवास करती है।
- कोरकू जनजाति का चटकोरा नृत्य तथा सडोली प्रथा यहाँ अत्यधिक प्रसिद्ध है।
- बालाजी का मन्दिर सेनवर्मा द्वारा बनवाया गया था।
- यहाँ मुक्तगिरि जैन तीर्थस्थल है तथा जैन धर्म के 56 मन्दिर यहाँ के प्रमुख पर्यटन स्थलों में से एक हैं।

शहडोल सम्भाग के जिले

इस सम्भाग के अन्तर्गत 3 जिले आते हैं

1. शहडोल

- इस जिले का क्षेत्रफल 6,205 वर्ग किमी है।
- एशिया की सबसे बड़ी कोयला खदान सोहागपुर, शहडोल में स्थित है।
- बाणसागर परियोजना देवलोंद नामक स्थल पर अवस्थित है।

2. अनूपपुर

- इस जिले का क्षेत्रफल 3,747 वर्ग किमी है।
- इस जिले का निर्माण 15 अगस्त, 2003 को किया गया था।
- एशिया का पहला इन्दिरा गाँधी जनजातीय विश्वविद्यालय अमरकण्टक में अवस्थित है।
- जैन धर्म का महाकुम्भ अमरकण्टक में आयोजित किया गया था।
- अमरकण्टक को **पवित्र नगर** घोषित किया गया है।
- यहाँ पर आदिनाथ जैन तीर्थंकर की सबसे बड़ी अष्टधातु की प्रतिमा लगाई गई है।
- यहाँ के प्रमुख पर्यटन स्थल माई की बगिया, माई का हाथी, सोनमुड़ा, कबीर चौरा, जलेश्वर महादेव मन्दिर, आदिनाथ मन्दिर एवं नवग्रह मन्दिर अवस्थित हैं।

3. उमरिया

- इस जिले का क्षेत्रफल 4,076 वर्ग किमी है।
- इस जिले की स्थापना 31 मई, 1998 में शहडोल जिले से अलग होकर की गई थी। ताला प्रागैतिहासिक पुरातात्विक स्थल यहीं पर स्थित है।
- उमरिया में शेषशाही तालाब तथा विष्णु मन्दिर स्थित हैं।
- लाख से चमड़ा बनाने का सरकारी कारखाना इसी जिले में अवस्थित है।
- यहाँ जोहिला एवं पानपठा कोयला क्षेत्र स्थित हैं।

सम्भाग एवं जिले

स्व-मूल्यांकन

1. वर्तमान समय में राज्य में कितने सम्भाग हैं?
(a) 6 (b) 8 (c) 10 (d) 12

2. वर्तमान समय में राज्य में कितने जिले हैं?
(a) 25 (b) 35
(c) 45 (d) 52

3. क्षेत्रफल की दृष्टि से सबसे बड़ा सम्भाग कौन-सा है?
(a) चम्बल (b) जबलपुर
(c) इन्दौर (d) सागर

4. क्षेत्रफल की दृष्टि से सबसे बड़ा जिला कौन-सा है?
(a) रीवा (b) सतना
(c) छिन्दवाड़ा (d) भोपाल

5. जनसंख्या की दृष्टि से सबसे छोटा सम्भाग कौन-सा है?
(a) नर्मदापुरम (b) उज्जैन
(c) इन्दौर (d) जबलपुर

6. चूना नगरी के रूप में विख्यात जिला है
(a) कटनी (b) रीवा
(c) भोपाल (d) सिवनी

7. धान उत्पादक शीर्ष जिला है
(a) बालाघाट (b) मन्दसौर
(c) कटनी (d) सिवनी

8. ताम्रनगरी किस जिले को कहा जाता है?
(a) रीवा (b) उज्जैन
(c) बालाघाट (d) जबलपुर

9. राज्य का दूसरा सबसे बड़ा सम्भाग कौन-सा है?
(a) इन्दौर (b) सागर
(c) उज्जैन (d) ग्वालियर

10. निम्न में से किस जिले को औद्योगिक राजधानी के नाम से जाना जाता है?
(a) भेड़ाघाट (b) साँची
(c) देवास (d) इन्दौर

11. अफीम उत्पादन हेतु प्रसिद्ध जिला है
(a) शाजापुर (b) रतलाम
(c) नीमच (d) देवास

12. राज्य का नव-गठित 52वाँ जिला कौन-सा है?
(a) निवाड़ी (b) अनूपपुर
(c) भिण्ड (d) मुरैना

13. निम्न में से कौन-सी तहसील को आगर-मालवा में शामिल नहीं किया गया है?
(a) आगर (b) बड़ौद
(c) सुसनेर (d) सरगुजा

14. पशुपतिनाथ का मन्दिर स्थित है
(a) मन्दसौर (b) नीमच
(c) कटनी (d) सिवनी

15. भोपाल जिले का क्षेत्रफल है
(a) 7,371 वर्ग किमी
(b) 2,772 वर्ग किमी
(c) 4,560 वर्ग किमी
(d) 8,466 वर्ग किमी

16. शीतलनाथ का जन्मस्थल कहाँ पर अवस्थित है?
(a) विदिशा (b) भोपाल
(c) राजगढ़ (d) सीहोर

17. भागवत धर्म से सम्बन्धित हेलियोडोरस का गरुड़ स्तम्भ बेसनगर अभिलेख किस जिले में है?
(a) साँची (b) भोपाल
(c) सीहोर (d) विदिशा

18. पृथक् मानव विकास रिपोर्ट प्रस्तुत करने वाला देश का पहला जिला है
(a) राजगढ़ (b) रायसेन
(c) इन्दौर (d) कटनी

19. हीरा उत्खनन के लिए प्रसिद्ध जिला है
(a) बैतूल (b) पन्ना
(c) हरदा (d) डिण्डोरी

20. महारानी लक्ष्मीबाई शारीरिक शिक्षा महाविद्यालय कहाँ स्थित है?
(a) शिवपुरी (b) ग्वालियर
(c) रीवा (d) सतना

21. चन्देरी साड़ियों के लिए कौन-सा जिला प्रसिद्ध है?
(a) इटारसी (b) साँची
(c) अशोकनगर (d) भिण्ड

22. रीवा सम्भाग के किस स्तूप की खोज अलेक्जेण्डर कनिंघम ने की थी?
(a) भूमरा स्तूप (b) साँची स्तूप
(c) भरहुत स्तूप (d) ये सभी

23. श्योपुर किस सम्भाग के अन्तर्गत आता है?
(a) चम्बल (b) इन्दौर
(c) रीवा (d) सागर

24. काष्ठकला के लिए राज्य का कौन-सा जिला प्रसिद्ध है?
(a) श्योपुर (b) सीधी
(c) इन्दौर (d) मण्डला

25. चम्बल सम्भाग में निम्न में से कौन-सा जिला शामिल नहीं है?
(a) मुरैना (b) भिण्ड
(c) सतना (d) श्योपुर

26. मध्य प्रदेश का एकमात्र हिल स्टेशन कौन-सा है?
(a) साँची
(b) बालाघाट
(c) पंचमढ़ी
(d) चित्रकूट

27. मध्य प्रदेश के निम्न किस नगर को पवित्र नगर घोषित किया गया है?
(a) उज्जैन (b) बालाघाट
(c) जबलपुर (d) अमरकण्टक

28. बैतूल जिला मुख्यत: किस जनजाति का निवास क्षेत्र है?
(a) जौनसारी (b) गौण्ड
(c) कोरकू (d) थारू

29. उमरिया जिले का गठन किस जिले से पृथक् करके किया गया था?
(a) अनूपपुर (b) जबलपुर
(c) बैतूल (d) शहडोल

30. एशिया का प्रथम इन्दिरा गाँधी जनजातीय विश्वविद्यालय अवस्थित है
(a) बालाघाट (b) झाबुआ
(c) अमरकण्टक (d) डिण्डोरी

उत्तरमाला

1. (c)	**2.** (d)	**3.** (b)	**4.** (c)	**5.** (a)	**6.** (a)	**7.** (a)	**8.** (c)	**9.** (a)	**10.** (d)
11. (c)	**12.** (a)	**13.** (d)	**14.** (a)	**15.** (b)	**16.** (a)	**17.** (d)	**18.** (a)	**19.** (b)	**20.** (b)
21. (c)	**22.** (c)	**23.** (a)	**24.** (a)	**25.** (c)	**26.** (c)	**27.** (d)	**28.** (c)	**29.** (d)	**30** (c)

अध्याय 13

जनांकिकीय संरचना

जनसंख्या

- एक निश्चित समय के बाद जनसंख्या की प्रमाणित गणना ही **जनगणना** कहलाती है।
- राज्य की पहली जनगणना 1881 ई. में हुई थी। वर्ष 2011 की जनगणना देश व राज्य की 15वीं जनगणना तथा स्वतन्त्रता के पश्चात् 7वीं जनगणना थी।
- मध्य प्रदेश 11 मई को **जनसंख्या नियन्त्रण दिवस** के रूप में मनाता है।
- वर्ष 2011 की जनगणना के अनन्तिम आँकड़ों के अनुसार राज्य में कुल जनसंख्या 7,26,26,809 है, जिसमें पुरुषों की जनसंख्या 3,76,12,306 (51.79%) तथा महिलाओं की जनसंख्या 3,50,14,503 (48.21%) है। देश की कुल जनसंख्या में 5.99% हिस्सा मध्य प्रदेश का है।
- वर्ष 2011 की जनगणना के अनुसार मध्य प्रदेश जनसंख्या की दृष्टि से देश का छठा राज्य है, किन्तु वर्ष 2014 में आन्ध्र प्रदेश का विभाजन होने के पश्चात् अब यह देश का पाँचवाँ बड़ा राज्य हो गया है।
- मध्य प्रदेश का **सर्वाधिक जनसंख्या वाला जिला इन्दौर** तथा **सबसे कम जनसंख्या वाला जिला निवाड़ी** है।

नोट : *यदि जनसंख्या 2011 के आधार पर प्रश्न पूछे जाएँगे तो राज्य का सबसे कम जनसंख्या वाला जिला हरदा होगा।*

सर्वाधिक जनसंख्या वाले पाँच जिले

जिले	*जनसंख्या*
इन्दौर	32, 76, 697
जबलपुर	24, 63, 289
सागर	23, 78, 458
भोपाल	23, 71, 061
रीवा	23, 65, 106

न्यूनतम जनसंख्या वाले पाँच जिले

जिले	*जनसंख्या*
निवाड़ी	4,01,000
हरदा	5,70,465
उमरिया	6,44,758
श्योपुर	6,87,861
डिण्डोरी	7,04,524

जनसंख्या वद्धि दर

- वर्ष 2001 में राज्य की जनसंख्या वृद्धि दर 24.30% थी, जो वर्ष 2011 में घटकर 20.35% हो गई।
- राज्य की जनसंख्या की दशकीय वृद्धि दर 2001-2011 के मध्य 20.30% रही। इस दृष्टि से मध्य प्रदेश का देश में 14वाँ स्थान है।
- इन्दौर, मध्य प्रदेश का सर्वाधिक दशकीय जनसंख्या वृद्धि दर वाला जिला है, तो वहीं अनूपपुर न्यूनतम दशकीय जनसंख्या वृद्धि दर वाला जिला है।

- सर्वाधिक दशकीय वृद्धि दर **रीवा सम्भाग** में तथा न्यूनतम दशकीय वृद्धि दर **शहडोल सम्भाग** में दर्ज की गई है।

सर्वाधिक दशकीय वृद्धि दर वाले पाँच जिले

जिले	***वृद्धि दर*** *(प्रतिशत में)*
इन्दौर	32.88
झाबुआ	30.70
भोपाल	28.72
सिंगरौली	28.05
बड़वानी	27.57

न्यूनतम दशकीय वृद्धि दर वाले पाँच जिले

जिले	***वृद्धि दर*** *(प्रतिशत में)*
अनूपपुर	12.3
बैतूल	12.9
छिन्दवाड़ा	13.1
मन्दसौर	13.2
बालाघाट	13.6

जनसंख्या घनत्व

- जनगणना 2011 के अनुसार मध्य प्रदेश का जनसंख्या घनत्व 236 व्यक्ति प्रति वर्ग किमी है, जबकि पिछली जनगणना के अनुसार जनसंख्या घनत्व 196 व्यक्ति प्रति वर्ग किमी था।
- वर्ष 2011 की जनगणना में राज्य के जनसंख्या घनत्व में 40 व्यक्ति प्रति वर्ग किमी की वृद्धि हुई है। राज्य का जनसंख्या घनत्व देश के जनसंख्या घनत्व 382 की अपेक्षा 146 व्यक्ति प्रतिवर्ग किमी कम है।
- मध्य प्रदेश का सर्वाधिक जनसंख्या घनत्व वाला जिला भोपाल (855) है, जबकि सबसे कम जनसंख्या घनत्व वाला जिला डिण्डोरी (94) है।

सर्वाधिक जनघनत्व वाले पाँच जिले

जिले	***जनघनत्व*** *(प्रतिवर्ग किमी)*
भोपाल	855
इन्दौर	841
जबलपुर	473
ग्वालियर	446
मुरैना	394

न्यूनतम जनघनत्व वाले पाँच जिले

जिले	***जनघनत्व*** *(प्रतिवर्ग किमी)*
डिण्डोरी	94
श्योपुर	104
पन्ना	142
बैतूल/रायसेन/सिवनी	157
उमरिया	158

लिंगानुपात

- भारत में लिंगानुपात की गणना प्रति 1,000 पुरुषों पर उपलब्ध महिलाओं की संख्या से की जाती है।
- वर्ष 2011 की जनगणना के अनुसार राज्य में लिंगानुपात 931 (महिलाएँ प्रति 1,000 पुरुष) है।
- राज्य का सर्वाधिक लिंगानुपात बालाघाट (1,021) जिले में तथा सबसे कम लिंगानुपात भिण्ड (837) जिले में दर्ज किया गया है।

सर्वाधिक लिंगानुपात वाले पाँच जिले

जिले	***लिंगानुपात***
बालाघाट	1021
अलीराजपुर	1011
मण्डला	1008
डिण्डोरी	1002
झाबुआ	990

न्यूनतम लिंगानुपात वाले पाँच जिले

जिले	*लिंगानुपात*
भिण्ड	837
मुरैना	840
ग्वालियर	864
दतिया	873
शिवपुरी	877

शिशु जनसंख्या

- शिशु जनसंख्या से तात्पर्य 0-6 आयु समूह के बच्चों से होता है। वर्ष 2011 की जनगणना के अनुसार, राज्य की कुल शिशु जनसंख्या 1,08,09,395 है, जिसमें बालक (पुरुष) की जनसंख्या 56,36,172 है तथा बालिका (महिला) की जनसंख्या 51,73,223 है।
- जनगणना 2011 के अनुसार, भारत का शिशु लिंगानुपात 919 है, जबकि मध्य प्रदेश का शिशु लिंगानुपात 918 है।

सर्वाधिक शिशु लिंगानुपात (0-6 वर्ष) वाले पाँच जिले

जिले	*लिंगानुपात*
अलीराजपुर	978
डिण्डोरी/मण्डला	970
बालाघाट	967
बैतूल	957
छिन्दवाड़ा	956

न्यूनतम शिशु लिंगानुपात (0-6 वर्ष) वाले पाँच जिले

जिले	*लिंगानुपात*
मुरैना	829
ग्वालियर	840
भिण्ड	843
दतिया	856
रीवा	885

साक्षरता

- वर्ष 2011 की अन्तिम जनगणना के अनुसार राज्य की साक्षरता दर 69.32% हो गई है। इसमें पुरुषों की साक्षरता 78.73% तथा महिलाओं की साक्षरता 59.2% है। राज्य की साक्षरता दर वर्ष 2001 की अपेक्षा 2011 की जनगणना में 5.62% की बढ़ोतरी हुई है। पुरुषों में साक्षरता वृद्धि दर 2.6% तथा महिलाओं में साक्षरता वृद्धि दर 8.9% रही।
- कुल साक्षरता तथा महिला साक्षरता में राज्य 28वें स्थान पर है।
- राज्य का **नरसिंहपुर** जिला देश का एकमात्र हिन्दी भाषी पूर्ण साक्षर जिला है।

सर्वाधिक साक्षरता वाले पाँच जिले

जिले	***साक्षरता*** *(प्रतिशत में)*
जबलपुर	81.1
इन्दौर	80.9
भोपाल	80.4
बालाघाट	77.1
ग्वालियर	76.7

न्यूनतम साक्षरता वाले पाँच जिले

जिले	***साक्षरता*** *(प्रतिशत में)*
अलीराजपुर	36.1
झाबुआ	43.3
बड़वानी	49.1
श्योपुर	57.4
धार	59.0

राज्य की धर्म आधारित जनगणना

जनगणना 2011 के अनुसार राज्य में कुल जनसंख्या का 90.89% हिन्दू धर्म को मानने वाले लोग हैं, जिनकी संख्या राज्य में सर्वाधिक है, जबकि राज्य में सबसे कम जनसंख्या सिख धर्म (0.21%) को मानने वाले लोगों की हैं।

राज्य की धर्म आधारित जनसंख्या
(जनगणना 2011 के अनुसार)

धर्म	*कुल जनसंख्या*	*ग्रामीण जनसंख्या*	*शहरी जनसंख्या*
हिन्दू	90.89%	94.80%	80.62%
मुस्लिम	06.57%	3.20%	15.40%
जैन	0.78%	0.21%	2.28%
बौद्ध	0.30%	0.25%	0.42%
ईसाई	0.29%	0.17%	0.62%
सिख	0.21%	0.10%	0.48%
अन्य धर्म	0.83%	1.13%	0.04%

ग्रामीण व शहरी जनसंख्या (नगरीकरण)

- वर्ष 2011 की जनगणना के अनुसार प्रदेश की जनसंख्या में 5.25 करोड़ (72.4%) जनसंख्या ग्रामीण क्षेत्र में निवास करती है, जबकि लगभग 2 करोड़ (27.6%) लोग शहरों मे निवास करते हैं।
- मध्य प्रदेश में नगरीकरण की वृद्धि दर 20.3% है।
- वर्ष 2011 की जनगणना के अनुसार ग्रामीण पुरुष 72.2% हैं तथा शहरी पुरुष 27.8% हैं, साथ ही ग्रामीण महिलाएँ 72.6% तथा शहरी महिलाएँ 27.4% हैं।
- राज्य में ग्रामीण जनसंख्या की वृद्धि दर 18.4 % रही है तथा शहरी जनसंख्या में प्रतिशत वृद्धि दर 27.6% रही है।
- राज्य की ग्रामीण साक्षरता 63.94% तथा नगरीय साक्षरता 82.85% है।
- वर्ष 2011 की जनगणना के अनुसार राज्य में ग्रामीण लिंगानुपात 936 तथा शहरी लिंगानुपात 918 है।
- राज्य में सर्वाधिक ग्रामीण जनसंख्या डिण्डोरी (95.4%) जिले में तथा सबसे कम भोपाल (19.2%) जिले में है।
- राज्य में सर्वाधिक नगरीकरण वाला जिला भोपाल (80.9%) तथा न्यूनतम नगरीकरण वाला जिला डिण्डोरी (4.6%) है।
- राज्य में सर्वाधिक ग्रामीण लिंगानुपात वाला जिला बालाघाट (1024) तथा न्यूनतम ग्रामीण लिंगानुपात वाला जिला भिण्ड (828) है।
- राज्य में सर्वाधिक शहरी लिंगानुपात वाला जिला बालाघाट (1000) तथा न्यूनतम शहरी लिंगानुपात वाला जिला मुरैना (858) है।
- राज्य में सर्वाधिक ग्रामीण साक्षरता वाला जिला बालाघाट (75.5%) तथा न्यूनतम ग्रामीण साक्षरता वाला जिला अलीराजपुर (32.1%) है।
- राज्य में सर्वाधिक शहरी साक्षरता वाला जिला सिवनी (88.9%) तथा न्यूनतम शहरी साक्षरता वाला जिला श्योपवुर (72.9%) है।

मध्य प्रदेश का जिलेवार जनांकिकीय विवरण

(2011 के अनन्तिम जनांकिकीय आँकड़े)

जिले	*कुल आबादी*	*पुरुष*	*महिला*	*लिंगानुपात*	*जन घनत्व*	*शिशु लिंगानुपात (0-6 वर्ष)*	*साक्षरता (% में)*
मध्य प्रदेश	72626809	37612306	35014503	931	236	918	69.3
श्योपुर	687861	361784	326077	901	104	897	57.4
मुरैना	1965970	1068417	897553	840	394	829	71.0
भिण्ड	1703005	926843	776162	837	382	843	75.3

जिले	कुल आबादी	पुरुष	महिला	लिंगानुपात	जन घनत्व	शिशु लिंगानुपात (0-6 वर्ष)	साक्षरता (% में)
ग्वालियर	2032036	1090327	941709	864	446	840	76.7
दतिया	786754	420157	366597	873	271	856	72.6
शिवपुरी	1726050	919795	806255	877	171	893	62.5
टीकमगढ़	1445166	760355	684811	901	286	892	61.4
छतरपुर	1762375	936121	826254	883	203	900	63.7
पन्ना	1016520	533480	483040	905	142	914	64.8
सागर	2378458	1256257	1122201	893	232	925	76.5
दमोह	1264219	661873	602346	910	173	928	69.7
सतना	2228935	1157495	1071440	926	297	910	72.3
रीवा	2365106	1225100	1140006	931	375	885	71.6
उमरिया	644758	330674	314084	950	158	943	65.9
नीमच	826067	422653	403414	954	194	927	70.8
मन्दसौर	1340411	682851	657560	963	242	927	71.8
रतलाम	1455069	738241	716828	971	299	939	66.8
उज्जैन	1986864	1016289	970575	955	326	930	72.3
शाजापुर	1512681	780520	732161	938	244	920	69.1
देवास	1563715	805359	758356	942	223	918	69.3
धार	2185793	1112725	1073068	964	268	928	59.0
इन्दौर	3276697	1699627	1577070	928	841	901	80.9
खरगौन	1873046	953121	919925	965	233	938	62.7
बड़वानी	1385881	699340	686541	982	255	984	49.1
राजगढ़	1545814	790212	755602	956	251	920	61.2
विदिशा	1458875	769568	689307	896	198	926	70.5
भोपाल	2371061	1236130	1134931	918	855	920	80.4
सीहोर	1311332	683743	627589	918	199	912	70.1
रायसेन	1331597	700358	631239	901	157	932	73.0
बैतूल	1575362	799236	776126	971	157	957	68.9
हरदा	570465	294838	275627	935	171	928	72.5
होशंगाबाद	1241350	648725	592625	914	185	919	75.3
कटनी	1292042	662013	630029	952	261	939	72.0
जबलपुर	2463289	1277278	1186011	929	473	923	81.1

जिले	*कुल आबादी*	*पुरुष*	*महिला*	*लिंगानुपात*	*जन घनत्व*	*शिशु लिंगानुपात (0-6 वर्ष)*	*साक्षरता (% में)*
नरसिंहपुर	1091854	568810	523044	920	213	911	75.7
डिण्डोरी	704524	351913	352611	1002	94	970	63.9
मण्डला	1054905	525272	529633	1008	182	970	66.9
छिन्दवाड़ा	2090922	1064468	1026454	964	177	956	71.2
सिवनी	1379131	695879	683252	982	157	953	72.1
बालाघाट	1701698	842178	859520	1021	184	967	77.1
गुना	1241519	649362	592157	912	194	910	63.2
अशोकनगर	845071	443837	401234	904	181	921	66.4
शहडोल	1066063	540021	526042	974	172	950	66.7
अनूपपुर	749237	379114	370123	976	200	950	67.9
सीधी	1127033	575912	551121	957	232	914	64.4
सिंगरौली	1178273	613637	564636	920	208	923	60.4
झाबुआ	1025048	515023	510025	990	285	943	43.3
अलीराजपुर	728999	362542	366457	1011	229	978	36.1
खण्डवा	1310061	674329	635732	943	178	932	66.4
बुरहानपुर	757847	388504	369343	951	221	924	64.4

नोट *यह आँकड़े 2011 की जनगणना के अनुसार हैं। अतः इसके अन्तर्गत राज्य के नवगठित 52वें जिलें निवाड़ी का वर्णन नहीं किया गया है।*

जनांकिकीय संरचना

स्व-मूल्यांकन

1. मध्य प्रदेश की प्रथम जनगणना हुई थी
सहायक सांख्यिकी अधिकारी 2013
(a) 1880 ई. में (b) 1881 ई. में
(c) 1882 ई. में (d) 1883 ई. में

2. वर्ष 2011 में मध्य प्रदेश की जनसंख्या लगभग कितनी थी?
कम्बाइण्ड रिक्रूटमेण्ट 2017
(a) 5 करोड़ (b) 6 करोड़
(c) 7 करोड़ (d) 8 करोड़

3. जनसंख्या के दृष्टिकोण से मध्य प्रदेश भारत का .... राज्य (आन्ध्र प्रदेश के विभाजन के पश्चात्) है।
लेबर रिक्रूटमेण्ट 2017
(a) दूसरा सबसे बड़ा
(b) सबसे बड़ा
(c) तीसरा सबसे बड़ा
(d) पाँचवाँ सबसे बड़ा

4. जनसंख्या के दृष्टिकोण से वर्तमान में मध्य प्रदेश का सबसे बड़ा और सबसे छोटा जिला कौन-सा है?
स्टेट इंजीनियरिंग 2014
(a) इन्दौर एवं हरदा
(b) इन्दौर एवं अनूपपुर
(c) इन्दौर एवं बुरहानपुर
(d) इन्दौर एवं आगर-मालवा

5. 2011 की जनगणना के अनुसार मध्य प्रदेश में सर्वाधिक जनसंख्या वाला जिला है? लेबर इंस्पेक्टर रिक्रूटमेण्ट 2017
(a) जबलपुर (b) सागर
(c) इन्दौर (d) भोपाल

6. निम्नलिखित में से कौन-सा अधिकतम जनसंख्या वाला जिला है?
डेयरी फेडरेशन रिक्रूटमेण्ट 2016
(a) भोपाल (b) जबलपुर
(c) सागर (d) रीवा

7. 2011 की जनगणना के अनुसार (आगर-मालवा व निवाड़ी जिले के गठन से पूर्व) निम्नलिखित में से कौन जनसंख्या की दृष्टि से मध्य प्रदेश का सबसे छोटा जिला है? डेयरी फेडरेशन रिक्रूटमेण्ट 2016
(a) श्योपुर (b) रायसेन
(c) दतिया (d) हरदा

8. जनगणना 2011 के अनन्तिम आँकड़ों के अनुसार 2001-2011 के मध्य कितने प्रतिशत दशकीय वृद्धि दर रही है?
डेयरी फेडरेशन रिक्रूटमेण्ट 2016
(a) 17.6% (b) 20.30%
(c) 21.9% (d) 24.7%

9. मध्य प्रदेश के किस जिले की जनसंख्या वृद्धि दर (जनगणना 2011 के अनुसार) अधिकतम है?
डेयरी फेडरेशन रिक्रूटमेण्ट 2016
(a) इन्दौर (b) झाबुआ
(c) भोपाल (d) बड़वानी

10. जनगणना 2011 के अनुसार, मध्य प्रदेश के किस जिले में जनसंख्या वृद्धि दर सबसे कम दर्ज की गई?
प्लाटून कमाण्डर रिक्रूटमेण्ट 2016
(a) बैतूल (b) छिन्दवाड़ा
(c) मन्दसौर (d) अनूपपुर

11. मध्य प्रदेश का जनसंख्या घनत्व (प्रति वर्ग किमी) है।
डेयरी फेडरेशन रिक्रूटमेण्ट 2016
(a) 382 (b) 282
(c) 336 (d) 236

12. वर्ष 2011 की जनगणना के अनुसार किस जिले का जनसंख्या घनत्व सर्वाधिक है?
डेयरी फेडरेशन रिक्रूटमेण्ट 2016
(a) भोपाल (b) इन्दौर
(c) ग्वालियर (d) जबलपुर

13. निम्न में से किस जिले में जनसंख्या का घनत्व सबसे कम है? डेयरी फेडरेशन रिक्रूटमेण्ट 2016

(a) झाबुआ (b) डिण्डोरी
(c) मण्डला (d) शहडोल

14. मध्य प्रदेश का लिंगानुपात (2011में) कितना है? डेयरी फेडरेशन रिक्रूटमेण्ट 2016

(a) 910 (b) 911 (c) 930 (d) 931

15. निम्न जिलों में से किस जिले में स्त्री-पुरुष लिंगानुपात सबसे अधिक है? डेयरी फेडरेशन रिक्रूटमेण्ट 2016

(a) शहडोल (b) मण्डला
(c) डिण्डोरी (d) बालाघाट

16. जनगणना 2011 के अनुसार मध्य प्रदेश का न्यूनतम लिंगानुपात वाला जिला है डेयरी फेडरेशन रिक्रूटमेण्ट 2016

(a) दतिया (b) ग्वालियर
(c) मुरैना (d) भिण्ड

17. जनगणना 2011 के अनुसार मध्य प्रदेश में सबसे कम लिंगानुपात वाले पाँच जिले हैं स्टेट इंजीनियरिंग सर्विस 2016

(a) भिण्ड, मुरैना, ग्वालियर, दतिया एवं शिवपुरी
(b) भिण्ड, मुरैना, ग्वालियर, दतिया एवं झाबुआ
(c) भिण्ड, मुरैना, ग्वालियर, दतिया एवं गुना
(d) उपरोक्त में से कोई नहीं

18. वर्ष 2011 की जनगणना के अनुसार मध्य प्रदेश का शिशु लिंगानुपात कितना है?

(a) 919 (b) 920
(c) 918 (d) 917

19. वर्ष 2011 में मध्य प्रदेश की साक्षरता दर है? लेबर इंस्पेक्टर रिक्रूटमेण्ट 2017

(a) 70.60% (b) 69.32%
(c) 73.80% (d) 79.10%

20. वर्ष 2011 की जनगणना के अनुसार मध्य प्रदेश में महिला साक्षरता दर लगभग कितनी है? कम्बाइण्ड रिक्रूटमेण्ट 2014

(a) 59.2% (b) 65% (c) 55% (d) 70%

21. 2001 से 2011 तक महिला साक्षरता दर में कितनी वृद्धि हुई है? डेयरी फेडरेशन रिक्रूटमेण्ट 2016

(a) 5% (b) 20% (c) 8.9 % (d) 15%

22. निम्न में से मध्य प्रदेश का ही नहीं अपितु देश का भी एकमात्र हिन्दी भाषी पूर्ण साक्षर जिला कौन-सा है?

(a) जबलपुर (b) इन्दौर
(c) होशंगाबाद (d) नरसिंहपुर

23. जनगणना 2011 के अनुसार मध्य प्रदेश के सर्वाधिक साक्षर तीन जिले हैं स्टेट इंजीनियरिंग 2014

(a) इन्दौर, भोपाल, ग्वालियर
(b) इन्दौर, जबलपुर, ग्वालियर
(c) जबलपुर, इन्दौर, भोपाल
(d) उज्जैन, इन्दौर, ग्वालियर

24. 2011 के अनुसार, मध्य प्रदेश में सर्वाधिक नगरीकृत जिला है डेयरी फेडरेशन रिक्रूटमेण्ट 2016

(a) भोपाल (b) इन्दौर
(c) जबलपुर (d) ग्वालियर

25. मुरैना जिले का जनसंख्या घनत्व प्रति वर्ग किमी कितना है?

(a) 385 (b) 394 (c) 485 (d) 550

26. मन्दसौर जिले की साक्षरता दर कितनी है?

(a) 71.8% (b) 72.5%
(c) 75.6% (d) 80.2%

27. वर्ष 2011 के अनुसार, मण्डला जिले में लिंगानुपात कितना है?

(a) 943 (b) 934
(c) 1005 (d) 1008

उत्तरमाला

1. (b) **2.** (c) **3.** (d) **4.** (d) **5.** (c) **6.** (b) **7.** (d) **8.** (b) **9.** (a) **10.** (d)
11. (d) **12.** (a) **13.** (b) **14.** (d) **15.** (d) **16.** (d) **17.** (a) **18.** (c) **19.** (b) **20.** (a)
21. (c) **22.** (d) **23.** (c) **24.** (a) **25.** (b) **26.** (a) **27.** (d)

अध्याय 14

कला और संस्कृति

मध्य प्रदेश अपने आँचल में एक समृद्ध संस्कृति धारण करता है। विभिन्न चित्रकलाएँ, भित्तिचित्र, लोककलाएँ, लोकगीत, लोकनृत्य, लोकनाट्य तथा आदिवासी संस्कृति से परिपूर्ण यह राज्य अपने आप में निराला है।

मध्य प्रदेश के लोकगीत

निरगुणिया गायन शैली

क्षेत्र	निमाड़ और मालवा
अवसर	किसी भी अवसर पर साधु और भिक्षुकों द्वारा
विषय-वस्तु	कबीर, मीरा, रैदास के भक्ति पद (निर्गुण-ब्रह्म)
गायन शैली	एकल और सामूहिक शैली

कलगी तुर्रा

क्षेत्र	निमाड़ अंचल
अवसर	शक्ति और शिव की आराधना
विषय-वस्तु	आशु कविता, महाभारत की कथाएँ
गायन शैली	प्रतिस्पर्द्धात्मक शैली

मसाण्या/कायाखोज़ गीत

क्षेत्र	निमाड़
अवसर	व्यक्ति की मृत्यु पर
विषय-वस्तु	आत्मा की अमरता और शरीर की भंगुरता
गायन शैली	समूह गायन शैली

फाग गायन

क्षेत्र	निमाड़, बघेलखण्ड, बुन्देलखण्ड
अवसर	होली के अवसर पर
विषय-वस्तु	राधा और कृष्ण की लीला
गायन शैली	सामूहिक गायन शैली

गरबा गीत

क्षेत्र	निमाड़
अवसर	नवरात्रि के अवसर पर
विषय-वस्तु	देवी के भक्ति गीत
गायन शैली	नृत्य और सामूहिक गायन शैली

गरबी गीत

क्षेत्र	निमाड़ अंचल (पुरुषपरक गायन)
अवसर	नवरात्रि के अवसर पर
विषय-वस्तु	भक्ति, श्रृंगार और हास्यपरक
गायन शैली	नृत्य और सामूहिक गायन शैली

गबलन गायन

क्षेत्र	निमाड़ (पुरुषों द्वारा)
अवसर	पर्व-त्योहार (रासलीला)
विषय-वस्तु	कृष्ण और रासलीला
गायन शैली	मृदंग और ढोलक के साथ एकल व सामूहिक गायन शैली

भरथरी गायन

क्षेत्र	मालवा (नागपन्थी)
अवसर	प्रायः सुबह
विषय-वस्तु	गोरखवाणी, कबीर, मीरा, भरथरी के भजन
गायन शैली	एकल और सामूहिक गायन शैली

पण्डवानी गीत

क्षेत्र	शहडोल, अनूपपुर, बालाघाट
अवसर	अधिकतर शाम के समय आयोजित किया जाता है।
विषय-वस्तु	पाण्डवों की कथा का वर्णन किया जाता है।
गायन शैली	उच्च स्वर सहित एकल कथा गायन शैली

संजा गीत

क्षेत्र	मालवा
अवसर	संजा पर्व के समय
विषय-वस्तु	गोबर एवं फूल-पत्तियों से दीवार पर संजा बनाकर लड़कियाँ गीत गाती हैं।
गायन शैली	वाद्यरहित सामूहिक गायन शैली

हीड़ गायन

क्षेत्र	मालवा
अवसर	श्रावण में
विषय-वस्तु	ग्यारस माता की कथा, कृषि संस्कृति का वर्णन
गायन शैली	प्रतिस्पर्द्धात्मक अलाप शैली

लावनी

क्षेत्र	मालवा, निमाड़
अवसर	प्रायः सुबह
विषय-वस्तु	निर्गुण दार्शनिक गीत
गायन शैली	सामूहिक गायन शैली

आल्हा गायन

क्षेत्र	बुन्देलखण्ड
अवसर	वर्षा ऋतु में रात के समय
विषय-वस्तु	महोबा के आल्हा और ऊदल की वीरगाथा
गायन शैली	एकल और सामूहिक

लमटेरा/भाला गीत बंबुलिया

क्षेत्र	बुन्देलखण्ड
अवसर	नर्मदा स्नान पर जाते हुए (वाचिक परम्परा)
विषय-वस्तु	शिव और शक्ति की भक्ति
गायन शैली	बिना वाद्य के स्त्री-पुरुष में प्रश्नोत्तर शैली

बेरायटा गायन

क्षेत्र	बुन्देलखण्ड
अवसर	धार्मिक त्यौहार
विषय-वस्तु	महाभारत की कथाओं, लोक नायकों की कथा
गायन शैली	संवाद युक्त शैली

देवारी गायन

क्षेत्र	बुन्देलखण्ड
अवसर	दीपावली के अवसर पर
विषय-वस्तु	कृष्ण-राधा प्रेम प्रसंग भक्ति
गायन शैली	दोहा गायन शैली

जगदम्बे का पुरावा

क्षेत्र	बुन्देलखण्ड
अवसर	चैत्र और क्वार महीने में
विषय-वस्तु	देवी की स्तुति
गायन शैली	सामूहिक भजन शैली

बसदेवा गायन

क्षेत्र	बघेलखण्ड
अवसर	हरबोले जाति द्वारा यजमान के समक्ष दिन में
विषय-वस्तु	श्रवण कुमार की कथा, रामायण, कर्ण कथा
गायन शैली	सामूहिक गायन

बिरहा गायन

क्षेत्र	बघेलखण्ड
अवसर	घर-परिवार से दूर जाने पर मुख्यतः तेली, गड़रिया व अहीर द्वारा गायन
विषय-वस्तु	शृंगारपरक ऊँचे स्वर में गाया जाने वाला लोकगीत
गायन शैली	सवाल-जवाब (प्रश्नोत्तर) गायन शैली

बिदेसिया गायन

क्षेत्र	बघेलखण्ड
अवसर	रात के समय जंगल/सुनसान जगह
विषय-वस्तु	लोक नायक-नायिका के विछोह और मिलन की अभिलाषा
गायन शैली	एकल और सामूहिक गायन शैली

बरसाती बारता

क्षेत्र	मालवा अंचल में
अवसर	बरसात के समय रात में
विषय-वस्तु	ऋतु कथा गीत एवं बारहमासा गीत गाए जाते हैं।
गायन शैली	चम्पू काव्य की सामूहिक गायन शैली

मध्य प्रदेश के प्रमुख लोकनृत्य

गणगौर नृत्य
(झालरिया तथा झोला नृत्य)

क्षेत्र	निमाड़
अवसर	गणगौर पूजा के अवसर पर
नृत्य शैली	झालरिया नृत्य में स्त्री-पुरुष अलग-अलग नृत्य करते हैं, जबकि झोला नृत्य में गणगौर का रथ बनाकर नृत्य किया जाता है।

काठी नृत्य

क्षेत्र	निमाड़
अवसर	देव प्रबोधिनी एकादशी से महाशिवरात्रि तक
नृत्य शैली	समूह नृत्य

फफारिया नृत्य

क्षेत्र	निमाड़
अवसर	विवाह के अवसर पर
नृत्य शैली	समूह नृत्य

माण्डल्या नृत्य

क्षेत्र	निमाड़
अवसर	विवाह एवं पर्व/त्यौहार
नृत्य शैली	महिलापरक समूह नृत्य

आड़ा-खड़ा नृत्य

क्षेत्र	निमाड़
अवसर	जन्म, मुण्डन, विवाह संस्कार
नृत्य शैली	सामूहिक सवाल-जवाब शैली

मटकी नृत्य

क्षेत्र	मालवा
अवसर	सगाई, विवाह के अवसर पर
नृत्य शैली	केवल महिलाओं द्वारा नृत्य किया जाता है (एकल नृत्य शैली)।

राई नृत्य

क्षेत्र	बुन्देलखण्ड, बघेलखण्ड
अवसर	विवाह, पुत्र जन्म के अवसर पर
नृत्य शैली	विशेष मुद्रांकन शैली

कानड़ा नृत्य

क्षेत्र	बुन्देलखण्ड (मुख्यतः धोबी समाज)
अवसर	विवाह, जन्म आदि शुभ अवसरों पर
नृत्य शैली	तीव्र गति की नृत्य शैली

सैरा नृत्य

क्षेत्र	बुन्देलखण्ड
अवसर	कजली तीज के अवसर पर
नृत्य शैली	पुरुष प्रधान समूह नृत्य

बधाई नृत्य

क्षेत्र	बुन्देलखण्ड
अवसर	शादी-ब्याह, जन्म के अवसर पर
नृत्य शैली	दो नर्तक, एक नर्तकी घेरा बनाकर नृत्य करते हैं।

ढिमरयाई नृत्य

क्षेत्र	बुन्देलखण्ड (ढीमर जाति)
अवसर	शादी-ब्याह, नवदुर्गा
नृत्य शैली	पदचालन की विशेषता, कत्थक के समान पदचालन

जवारा नृत्य

क्षेत्र	बुन्देलखण्ड
अवसर	फसल कटाई के समय
नृत्य शैली	स्त्री-पुरुष संयुक्त नृत्य शैली

बिरहा (अहिराई) नृत्य

क्षेत्र	बघेलखण्ड
अवसर	दीपावली, विवाह के अवसर पर
नृत्य शैली	स्त्री-पुरुष सवाल-जवाब करते हुए नृत्य करते हैं।

केहरा नृत्य

क्षेत्र	बघेलखण्ड
अवसर	पर्व-त्यौहार
नृत्य शैली	स्त्री-पुरुष दोनों अलग-अलग शैलियों में नाचते हैं व इस नृत्य में बाँसुरी की धुन महत्त्वपूर्ण होती है।

दादर नृत्य

क्षेत्र	बघेलखण्ड
अवसर	खुशी के अवसर पर
नृत्य शैली	पुरुष, स्त्रीवेश धारण करके नृत्य करते हैं

कलसा नृत्य

क्षेत्र	बघेलखण्ड में अहीरों और गडरियों द्वारा
अवसर	बारात की अगवानी में सिर पर कलश रखकर
नृत्य शैली	पुरुष, स्त्री सिर पर सात घड़े रखकर नृत्य करते हैं।

केमाली नृत्य

क्षेत्र	बघेलखण्ड
अवसर	विवाह के अवसर पर
नृत्य शैली	सवाल-जवाब की शैली में

मध्य प्रदेश की जनजातियों के प्रमुख लोकनृत्य

करमा नृत्य

क्षेत्र व जनजाति	गोण्ड व बैगा द्वारा कर्म देवता को प्रसन्न करने के लिए आदिवासियों द्वारा मण्डला क्षेत्र में
शैली व	पुरुष-स्त्रियों का सामुहिक नृत्य
विशेषता	मण्डली के बैगा और गोण्डों का प्रमुख नृत्य

परधौनी नृत्य

क्षेत्र व जनजाति	बैगा आदिवासियों द्वारा मण्डला, बालाघाट, खण्डवा में
शैली व विशेषता	विवाह के अवसर पर बारात अगवानी के लिए

दशहरा नृत्य

क्षेत्र व जनजाति	बैगा आदिवासी द्वारा बालाघाट, मण्डला, खण्डवा में
शैली व विशेषता	विजयादशमी के अवसर पर

हुलकी नृत्य

क्षेत्र व जनजाति	मुरिया आदिवासी द्वारा मण्डला एवं पन्ना जिलों में
शैली व विशेषता	लड़के-लड़कियों द्वारा सवाल-जवाब शैली में

भगोरिया नृत्य

क्षेत्र व जनजाति	भील आदिवासी द्वारा झाबुआ, अलीराजपुर आदि में
शैली व	होली व अन्य अवसरों पर

विशेषता	रंग बिरंगी वेशभूषा में युवक-युवतियों द्वारा हाथ में तीर कमान व फालिया लेकर

थापटी नृत्य

क्षेत्र व जनजाति	कोरकू आदिवासियों द्वारा
शैली व विशेषता	स्त्री-पुरुष सामूहिक रूप से गोलाकार परिक्रमा करते हुए

शैला नृत्य

क्षेत्र व जनजाति	गोण्ड, करमा आदिवासी क्षेत्रों में
शैली व विशेषता	यह नृत्य भाईचारे का प्रतीक है। यह केवल पुरुषों द्वारा किया जाता है।

अटारी नृत्य

क्षेत्र व जनजाति	भूमिया, बैगा आदिवासियों द्वारा
शैली व विशेषता	वर्तुलाकार नृत्य, एक पुरुष के कन्धे पर दो पुरुष आरूढ़ होते हैं।

ढाँढल नृत्य

क्षेत्र व जनजाति	कोरकू आदिवासी, खण्डवा, बैतूल, देवास
शैली व विशेषता	यह समूह नृत्य है, एक-दूसरे पर छोटे-छोटे डण्डों से प्रहार करते हैं।

भड़म सैतम नृत्य

क्षेत्र व जनजाति	भारिया आदिवासियों का परम्परागत नृत्य
शैली व विशेषता	टिकमी और ढोलक वाद्य यन्त्रों का प्रयोग किया जाता है। यह विवाह अवसरों पर किया जाता है। सैतम मुख्यतः महिलाएँ करती हैं।

मध्य प्रदेश के लोकनाट्य

माच

क्षेत्र	मालवा
अवसर	सामान्य अवसर पर
विषय-वस्तु	मालवी लोक जीवन के चरित्रों और कृष्ण लीलाओं का अभिनय

गम्मत (नाटक)

क्षेत्र	निमाड़
अवसर	नवरात्रि, होली, गणगौर के पर्व
विषय-वस्तु	मनोरंजन के साथ समसामयिक घटनाओं की अभिव्यक्ति, हास्य, व्यंग्य, मृदंग, झाँझ का प्रयोग

रासलीला (रहस)

क्षेत्र	निमाड़, बघेलखण्ड
अवसर	कृष्ण जन्माष्टमी के आस-पास
विषय-वस्तु	यह अनुष्ठानिक नाटक है। कृष्ण लीलाओं का अभिनय

खम्ब स्वांग

क्षेत्र	खण्डवा, होशंगाबाद छिन्दवाड़ा
अवसर	मेघनाथ की स्मृति में
विषय-वस्तु	हास्य-व्यंग्य, लोक जीवन के प्रसंगों पर व्यंग्य

स्वांग/राई स्वांग

क्षेत्र	बुन्देलखण्ड
अवसर	त्यौहार, उत्सवों पर राई नृत्य के बीच
विषय-वस्तु	सामाजिक घटना, कथा, लोकगीत, लोक समस्या, जादू-टोना आदि के आधार पर खेला जाता है।

छाहुर

क्षेत्र	बघेलखण्ड
अवसर	दीपावली से गोप अष्टमी तक तेली, कुम्हार जाति के लोगों द्वारा
विषय-वस्तु	मौखिक गेय शैली का लोकनाट्य

मनसुखा

क्षेत्र	बघेलखण्ड
अवसर	त्यौहार, उत्सवों के अवसर पर
विषय-वस्तु	यह रास का बघेली रूपान्तरण है

हिंगोला

क्षेत्र	बघेलखण्ड
अवसर	त्यौहार और उत्सवों पर
विषय-वस्तु	हास्य और व्यंग्य से युक्त दो दलों में गीतों के माध्यम से नोंक-झोक

जिन्दबा

क्षेत्र	बघेलखण्ड
अवसर	विवाह के अवसर पर
विषय-वस्तु	यह मूलतः स्त्री नाट्य है।

भवाई

क्षेत्र	झाबुआ, अलीराजपुर
अवसर	खुशी के अवसर पर
विषय-वस्तु	गणपति एवं अम्बा की पूजा के बाद सामाजिक प्रसंगों पर पुरुष कलाकारों द्वारा।

मध्य प्रदेश के प्रमुख सांस्कृतिक समारोह/उत्सव

नाम	*स्थल*
कालिदास समारोह	उज्जैन
तानसेन समारोह	ग्वालियर
खजुराहो नृत्य समारोह	खजुराहो
ध्रुपद समारोह	भोपाल
ओरछा उत्सव	टीकमगढ़
पद्माकर समारोह	सागर
उस्ताद अलाउद्दीन खाँ संगीत समारोह	मैहर (सतना) एवं विभिन्न शहरों में
अमीर खाँ संगीत समारोह	इन्दौर
सुभद्राकुमारी चौहान समारोह	जबलपुर
माखन लाल चतुर्वेदी समारोह	खण्डवा
लोक रंग समारोह	भोपाल
टेपा समारोह	उज्जैन
लता मंगेशकर सुगम संगीत समारोह	इन्दौर
दुर्लभ वाद-विनोद	भोपाल

मध्य प्रदेश के प्रमुख वाद्य यन्त्र

मुख वाद्ययन्त्र	*हस्त वाद्ययन्त्र*	*स्वध्वनिक यन्त्र*	*अन्य यन्त्र*
सिंगाबाजा	ढोलक	तबरी	गेडी
पुंगी या बीन	ढोलकी	खिरकी	पेजीनी
अनसिंगा	खंजरी	ठिसकी	एकतारा
मोहरी	माठल		तानपुरा
बाँसुरी	टिमकी, तबला		

मध्य प्रदेश की प्रमुख लोक चित्रकला

लोक चित्रकला	*क्षेत्र/अंचल*	*विशेषता*
सुरैती	बुन्देलखण्ड	दीपावली पर लक्ष्मी पूजा के समय बनाया जाने वाला भित्तिचित्र।
नौरता/नवरत	बुन्देलखण्ड, निमाड़	नवरात्रि में मिट्टी, गेरु, हल्दी आदि से कुँवारी कन्याओं द्वारा बनाया जाने वाला भित्तिचित्र।
मामुलिया	बुन्देलखण्ड	नवरात्रि में गोबर से कुँवारी कन्याओं द्वारा बनाया जाने वाला भित्तिचित्र।

लोक चित्रकला	*क्षेत्र/अंचल*	*विशेषता*
मोरते	बुन्देलखण्ड	विवाह के समय मुख्य दरवाजे पर पुतली का भित्तिचित्र।
मोरइला (मोर मुरैला)	बुन्देलखण्ड, बघेलखण्ड	दीवारों पर विभिन्न रंगों से मोर के भित्तिचित्र बनाए जाते हैं।
गोदन गोवर्द्धन	सम्पूर्ण मध्य प्रदेश	दीपावली पड़वा पर गोबर से बनाए जाते हैं।
नाग भित्तिचित्र	निमाड़	नागपंचमी पर दीवारों पर गेरू से नाग-नागिन का भित्तिचित्र।
बरायन/दहेंगर/ अगरोहन	बुन्देलखण्ड, मालवा, निमाड़	वधू मण्डप में विवाह के अवसर पर बनाए जाते हैं।
पगल्या	निमाड़	इसके अन्तर्गत प्रथम शिशु के जन्म पर शुभ सन्देश का रेखांकन किया जाता है।
कंचाली भरना	निमाड़	विवाह के अवसर पर दुल्हा-दुल्हन के मस्तक पर कंचाली भरी जाती है।
तिलंगा	बघेलखण्ड	कोयले में तिल के तेल को मिलाकर तिलंगा का भित्ति चित्र बनाया जाता है।
जिरोती	निमाड़	हरियाली अमावस्या को जिरोती (भित्तिचित्र) बनाया जाता है।
चित्रावन	मालवा	विवाह के अवसर पर घर की मुख्य दीवार पर बनाया जाता है।
ईरत	निमाड़	विवाह में कुलदेवी का भित्ति चित्र बनाकर पूजा की जाती है।
सवनाही	मालवा	हरियाली अमावस्या को दिवारों पर गोबर से चित्र बनाया जाता है।
हरतालिका	मालवा	शिव-पार्वती की चित्रात्मक पूजा की जाती है।
कोहबर	बघेलखण्ड	विवाह के सुअवसर पर चित्र बनाया जाता है, जिसका नवयुगल पूजा करते हैं।
तिलंगा	बघेलखण्ड	कोयले एवं तिल्ली के तेल से दीवार पर चित्र बनाया जाता है।

मध्य प्रदेश की शिल्पकला

शिल्पकला	*प्रचलन क्षेत्र*	*विशेषता*
काष्ठ शिल्प	कोरकू और भील आदिवासी क्षेत्र	काष्ठ की गाड़ियाँ, पहिये, देवी-देवताओं की मूर्ति मुखोटे, औजार आदि
कंघी शिल्प	उज्जैन, रतलाम, नीमच (बंजारा जनजाति)	आदिवासियों द्वारा कंघियों पर अलंकार, गोदना एवं भित्ति चित्र निर्माण किया जाता है।
खराद कला	श्योपुरकलाँ, बुदनीघाट, रीवा, मुरैना में प्रचलित	सागवान, दूधी, कदम्ब, सलई, मण्डला, खैर की लकड़ियों से सजावट की सामग्री बनाई जाती है।

शिल्पकला	*प्रचलन क्षेत्र*	*विशेषता*
तीर धनुष कला	भील, पहाड़ी, कोरबा, कमार जनजाति क्षेत्र	इसमें तीर धनुष बाँस, मोरपंख, लकड़ी, लोहा आदि से बनाए जाते हैं।
बाँस शिल्प	झाबुआ, मण्डला	बाँस की जीवनोपयोगी वस्तुएँ, (बालाघाट प्रमुख केन्द्र)
टेराकोटा शिल्प	गोण्ड, बैगा, प्रधान धीमा, जिनवार, भूमिया आदि जनजाति क्षेत्रों में	धार्मिक मान्यताओं और परम्परा में काम आने वाली प्रतिमाओं का निर्माण होता है।
छीपा शिल्प	बाग, कुक्षी, मनावर, खिराला, उज्जैन (प्रमुख केन्द्र)	यह हाथ से कपड़े पर बनाया जाता है।
महेश्वरी साड़ी, चन्देरी साड़ी	बुन्देलखण्ड	महेश्वरी साड़ियों पर बेल-बूटेदार सुन्दर साड़ियाँ बनाई जाती हैं। चन्देरी रेशम और कपास से निर्मित फूल, पत्ते, पक्षियों की रचना बिखेरती हैं। राज्य की चन्देरी साड़ी GI (भौगोलिक संसूचक) मार्क प्राप्त है।
खिलौना शिल्प	सीहोर जिला	लकड़ी के खिलौने बनाए जाते हैं।
मिट्टी शिल्प	झाबुआ, मण्डला, बैतूल	मिट्टी शिल्प सर्वाधिक प्राचीन शिल्पकला है। यहाँ विभिन्न तरह के खिलौने, मूर्तियाँ आदि बनाए हैं।
प्रस्तर शिल्प	मन्दसौर, रतलाम	गूजर, गायरी, जाट और भील जातियों द्वारा पत्थरों से मूर्तियाँ, सौन्दर्यात्मक एवं दैनिक उपयोग की विभिन्न वस्तुओं को बनाया जाता है।
लाख शिल्प	उज्जैन, इन्दौर, रतलाम, मन्दसौर, महेश्वर	लखार जनजाति द्वारा लाख के चूड़े, कलात्मक खिलौने, शृंगार पटेरी, डिब्बियाँ, अलंकृत पशु-पक्षी आदि कलात्मक वस्तुएँ बनाई जाती हैं।
पत्ता शिल्प	अधिकांश सभी जिलों में	पेड़ के पत्तों से कलात्मक खिलौने, चटाई, आसन, दूल्हा-दुल्हन के मोढ़ आदि बनाए जाते हैं।
छीपा शिल्प	बाग, कुक्षी, मनावर, गोगावाँ, खिराला, उज्जैन	छीपा शिल्प, हाथ से कपड़े पर बनाया जाता है, जिसमें भील आदिवासियों के विभिन्न जातीय प्रतीकों का समावेश होता है।

राज्य के प्रमुख चित्रकार

- **सैयद हैदर रजा** का जन्म नरसिंहपुर के बाबरिया में वर्ष 1922 में हुआ था। वर्ष 1953 में फ्रांसीसि सम्मान **प्रोदिलाक्रिटिक** तथा वर्ष 1981 में **पदमश्री** से इन्हें सम्मानित किया था। सफेद फूल, अंकुरण, नाग इत्यादि इनके उल्लेखनीय चित्रों में से है।
- **देवकृष्ण जयशंकर जोशी** वर्ष 1911 में महेश्वर में जन्म तथा इन्दौर में शिक्षा-दीक्षा हुई। इनकी चूड़ियाँ खरीदती दुल्हन, लाल पगड़ी इत्यादि उल्लेखनीय चित्र हैं।
- **डॉ. मंजूषा गांगुली** ग्वालियर में 5 नवम्बर, 1953 को जन्म हुआ। इन्हें **अमृता शेरगिल सम्मान**, **कालिदास सम्मान**, **हैदर सम्मान** से सम्मानित किया गया था।
- इनके चित्रकारों के अलावा विष्णु चिंचालकर देवयानी कृष्ण, नारायण श्रीधर बेन्द्रे लक्ष्मी शंकर राजपूत तथा राजाराम राज्य के प्रमुख चित्रकार हैं।

कला और संस्कृति

स्व-मूल्यांकन

1. निम्नलिखित में से किस लोकगीत का सम्बन्ध निर्गुण ब्रह्म से है?
(a) निरगुणिया गायन (b) फाग गायन
(c) गरबा गीत (d) कलगी तुर्रा

2. व्यक्ति की मृत्यु पर कौन-सा लोकगीत गाया जाता है?
(a) कायाखोज (b) हीड़
(c) गरबी (d) कलगी तुर्रा

3. निम्नलिखित में से कौन सामूहिक गायन शैली है?
(a) मसाण्या (b) फाग
(c) गरबा (d) ये सभी

4. कौन वाद्य रहित गायन शैली का उदाहरण है?
(a) भरथरी (b) संजा
(c) हीड (d) आल्हा

5. 'लावनी' किस क्षेत्र में गाई जाती है?
(a) बुन्देलखण्ड
(b) मालवा एवं निमाड़
(c) बघेलखण्ड
(d) उपरोक्त में से कोई नहीं

6. 'चम्पू काव्य' की सामूहिक गायन शैली है
(a) लावनी (b) हीड़ गायन
(c) बरसाती बारता (d) आल्हा गायन

7. 'झालरिया' एवं 'झोला' किस नृत्य के हिस्से हैं?
(a) माण्डल्या (b) आड़ा-रूड़ा
(c) गणगौर (d) डण्डा

8. देव प्रबोधिनी एकादशी से महाशिवरात्रि तक कौन-सा लोक नृत्य होता है?
(a) फफारिया (b) राई
(c) माडल्या (d) काठी

9. 'राई नृत्य' किस क्षेत्र का लोकनृत्य है? कराधान सहायक 2012
(a) बघेलखण्ड
(b) बुन्देलखण्ड
(c) 'a' और 'b' दोनों
(d) उपरोक्त में से कोई नहीं

10. 'सैरा' नृत्य कहाँ किया जाता है?
(a) मालवा
(b) निमाड़
(c) बुन्देलखण्ड
(d) खण्डवा

11. 'बधाई' है जेल प्रहरी 2015
(a) बुन्देलखण्ड का लोक नृत्य
(b) मालवा का लोक नृत्य
(c) दीपावली के दूसरे दिन भोपाल में मनाया जाने वाला त्यौहार
(d) बुन्देलखण्ड का लोक संगीत

12. निम्नलिखित में से कौन सवाल-जवाब शैली का लोकनृत्य है?
(a) दादर (b) कलसा
(c) केमाली (d) केहरा

13. कोरकू आदिवासियों द्वारा कौन-सा लोक नृत्य किया जाता है?
(a) अटारी (b) ढाँढल
(c) भड़म (d) सैतम

14. 'माच' किस राज्य की नाट्यशैली है?
(a) उत्तर प्रदेश एम पी एस आई 2015
(b) मध्य प्रदेश
(c) केरल
(d) बिहार

15. कृष्ण जन्माष्टमी के अवसर पर राज्य में कौन-सा लोक नृत्य होता है?
(a) रासलीला (b) गम्मत
(c) छाहुर (d) मनसुखा

16. सुमेलित कीजिए

सूची I (क्षेत्र)	*सूची II (लोकनाट्य)*
A. निमाड़ अंचल	1. गम्मत, रहस
B. मालवा अंचल	2. माच, खम्ब स्वांग
C. बुन्देलखण्ड	3. स्वांग
D. बघेलखण्ड	4. छाहुर, मनसुखा,

कूट

	A	B	C	D
(a)	1	2	3	4
(b)	2	4	3	1
(c)	3	2	1	4
(d)	4	3	2	1

17. राई स्वांग लोकनृत्य निम्न में से किस क्षेत्र में प्रचलित है? लेबर इंस्पेक्टर 2017

(a) मालवा (b) बुन्देलखण्ड
(c) निमाड़ (d) झाबुआ

18. निम्नलिखित में से कौन मुख्यत: स्त्री नाट्य पर आधारित लोक नृत्य है?

(a) भवई (b) हिंगोला
(c) जिन्दबा (d) छाहुर

19. मध्य प्रदेश का प्रसिद्ध 'कालिदास समारोह' कहाँ आयोजित होता है?
आबकारी आरक्षक परीक्षा 2012

(a) खजुराहो (b) उज्जैन
(c) साँची (d) भोपाल

20. भारत का प्रसिद्ध नृत्य समारोह कहाँ आयोजित होता है? आबकारी आरक्षक 2012

(a) खजुराहो (b) उज्जैन
(c) साँची (d) भोपाल

21. 'लोक रंग समारोह' का आयोजन कहाँ होता है?

(a) भोपाल (b) उज्जैन
(c) इन्दौर (d) जबलपुर

22. निम्नलिखित में से कौन 'हस्त वाद्ययन्त्र' नहीं है?

(a) ढोलक (b) खंजरी
(c) मोहरी (d) माढल

23. निम्नलिखित में से कौन भित्ति चित्रकला का उदाहरण है?

(a) सुरैती (b) नवरत
(c) मामुलिया (d) ये सभी

24. नवरात्रि में गोबर से कुँवारी कन्याओं द्वारा बनाया जाने वाला भित्तिचित्र कौन-सा है?

(a) नवरात्रि (b) मामुलिया
(c) मोरते (d) मोरइला

25. सुमेलित कीजिए

सूची I (शिल्पकला)	*सूची II (सम्बन्धित क्षेत्र)*
A. कंघी	1. उज्जैन, रतलाम
B. छीपा	2. उज्जैन, कुक्षी
C. बाँस शिल्प	3. मण्डला, झाबुआ

कूट

	A	B	C
(a)	1	2	3
(b)	2	4	3
(c)	3	2	1
(d)	4	3	2

26. राज्य के किस प्रसिद्ध चित्रकार को फ्रांसीसि सम्मान प्रोदिलाक्रिटिक से नवाजा गया?

(a) डॉ. मंजूषा गाँगुली
(b) विष्णु चिंचालकर
(c) देवयानी कृष्ण
(d) सैयद हैदर रजा

27. मध्य प्रदेश की किस चित्रकारा को कालिदास सम्मान से नवाजा गया था?

(a) अमृता प्रीतम (b) देवयानी कृष्ण
(c) डॉ. मंजूषा गाँगुली (d) ये सभी

28. चूड़ियाँ खरीदती दुल्हन, लाल पगड़ी किस चित्रकार की उल्लेखनीय चित्र है?

(a) नारायण श्रीधर बेन्द्रे
(b) राजाराम
(c) लक्ष्मी शंकर राजपूत
(d) देवकृष्ण जयशंकर जोशी

उत्तरमाला

1. (a) **2.** (a) **3.** (d) **4.** (b) **5.** (b) **6.** (c) **7.** (c) **8.** (d) **9.** (c) **10.** (c)
11. (a) **12.** (c) **13.** (b) **14.** (b) **15.** (a) **16.** (a) **17.** (b) **18.** (c) **19.** (b) **20.** (a)
21. (a) **22.** (c) **23.** (d) **24.** (b) **25.** (a) **26.** (d) **27.** (c) **28.** (d)

अध्याय 15

भाषा एवं साहित्य

राज्य में भाषा एवं बोलियाँ

भाषाओं और बोलियों की विविधता मध्य प्रदेश की भाषायी विविधता की पहचान है। मध्य प्रदेश में अनेक जाति/जनजातियाँ निवास करती हैं, जिनकी अपनी भाषा एवं बोली है। गौण्डी, कोरकू, मालवी, भीली, निमाड़ी, बुन्देलखण्डी/बुन्देली आदि भाषाएँ प्रदेश में व्यापक रूप से जनसमुदायों द्वारा बोली जाती हैं।

मध्य प्रदेश में बोली जाने वाली प्रमुख बोलियों का विवरण इस प्रकार है

मध्य प्रदेश की प्रमुख बोलियाँ

बोलियाँ	***विशेषताएँ***	***प्रचलन क्षेत्र***
गौण्डी	गोण्ड जनजाति की भाषा	बैतूल, छिन्दवाड़ा, सिवनी, मण्डला, होशंगाबाद, बालाघाट, डिण्डौरी
कोरकू	कोरकू जनजाति की भाषा	छिन्दवाड़ा, खरगौन, होशंगाबाद, बैतूल
मालवी	शौरसेनी अपभ्रंश से जन्मी (मालवा क्षेत्र में बोली जाने के कारण मालवी नाम)	रतलाम, सीहोर, नीमच, मन्दसौर, झाबुआ, शाजापुर, उज्जैन, देवास, घाट, इन्दौर, विदिशा
भीली	भील जनजाति की भाषा (आर्य भाषा परिवार)	खरगौन, धार, रतलाम, झाबुआ, अलीराजपुर, सिरपुर, अझमेरा
बृजभाषा	शौरसेनी अपभ्रंश से विकसित	ग्वालियर मुरैना, भिण्ड, श्योपुर आदि।
निमाड़ी	शौरसेनी अपभ्रंश से विकसित	बड़वानी, धार, झाबुआ, बुरहानपुर, खण्डवा, अलिराजपुर आदि।
बुन्देलखण्डी/बुन्देली	शौरसेनी अपभ्रंश से जन्मी (डॉ. ग्रियर्सन ने दक्षिणी राजस्थानी कहा)	दतिया, गुना, शिवपुरी, मुरैना, सागर, छतरपुर, अशोकनगर, छिन्दवाड़ा, होशंगाबाद आदि।
बघेलखण्डी/बघेली	अर्द्ध-मागधी अपभ्रंश से जन्मी (उपबोलियाँ-तिरहरी, गहोरा)	उमरिया, शहडोल, सतना, रीवा, सीधी, सिंगरौली, अनूपपुर आदि।
नहाल	इसमें हिन्दी और मराठी शब्दों का सम्मिश्रण है।	बैतूल, आमला, खण्डारा
पंचमहली	इसमें बुन्देली और जटवारी लोक भाषा के शब्दों की बहुलता है।	ग्वालियर, बुन्देलखण्ड, पिछोरा, भितरवार
भदावरी	इसे अन्तर्वेदी, गांवशरी तथा बुलन्द भाषा भी कहते हैं।	भिण्ड, मुरैना, ग्वालियर, धौलपुर

राज्य में साहित्य

मध्य प्रदेश राज्य साहित्य की दृष्टि से समृद्ध रहा है। महावीर चरितम् , मालती माधव, हर्षचरित, दशकुमार चरित, बारहमासा, मेघदूत आदि राज्य के प्रमुख साहित्य हैं। प्राचीनकाल में महाकवि कालिदास, बाणभट्ट, भर्तृहरि आदि मध्यकाल में केशवदास भूषण, पद्माकर जैसे कवि तथा आधुनिक काल में माखनलाल चतुर्वेदी, सुभद्रा कुमारी चौहान, भवानी प्रसाद मिश्र, शरद जोशी आदि जैसे कवियों ने मध्य प्रदेश के अंचल में साहित्य सृजन कर इस धरा को गौरव प्रदान किया।

प्रदेश के साहित्यकारों का अध्ययन मुख्यतः निम्न तीन भागों में किया जाता है

1. प्राचीनकाल के प्रमुख साहित्यकार

मध्य प्रदेश के प्राचीनकाल के प्रमुख साहित्यकारों का वर्णन निम्नलिखित है

कालिदास

- कालिदास के जन्म स्थान के सम्बन्ध में इतिहासकारों में अनेक मतभेद हैं। यह गुप्त सम्राट चन्द्रगुप्त विक्रमादित्य (380-415 ई.) के नवरत्नों में शामिल थे। चूँकि चन्द्रगुप्त विक्रमादित्य का सम्बन्ध उज्जैन से था, इसलिए कुछ इतिहासकारों का मत है कि कालिदास का जन्म उज्जैन में हुआ था।
- कालिदास की प्रमुख रचनाओं में रघुवंशम्, कुमारसम्भवम् (दोनों महाकाव्य), मालविकाग्निमित्रम्, अभिज्ञान शाकुन्तलम्, विक्रमोर्वशीयम् (तीनों नाटक), ऋतुसंहार और मेघदूत (दोनों काव्य खण्ड) शामिल हैं। इन्हें अभिज्ञान शाकुन्तलम् के आधार पर **भारत का शेक्सपीयर** कहा जाता है।

भर्तृहरि

- भर्तृहरि का जन्म उज्जैन में हुआ था। यह उज्जैन के राजा एवं महान् सम्राट चन्द्रगुप्त विक्रमादित्य के बड़े भाई थे। प्रबन्ध चिन्तामणि तथा प्रभावक चरित के अनुसार भर्तृहरि स्वयं 12 वर्षों तक उज्जैन के राजा रहे थे। भर्तृहरि ने **सरिस्का** (राजस्थान) में समाधि ली थी।
- इनकी प्रमुख रचनाओं में वेदान्त, सूत्रवृत्ति, शब्द धातु समीक्षा, शृंगार शतक, वैराग्य शतक, नीति शतक, महाभाष्य दीपिका, काव्यपदीय तथा वाक्यपदीय आदि शामिल हैं।

भवभूति

- भवभूति का जन्म पद्मपुर में हुआ था। ये कन्नौज के शासक यशोवर्मन (7वीं शताब्दी) के दरबारी कवि थे। इन्हें **अम्बेक** के उपनाम से भी जाना जाता था।
- इनकी प्रमुख रचनाओं में मालती माधव, महावीर चरितम्, उत्तर रामचरितम् (संस्कृत का प्रथम दुखान्त नाटक) आदि शामिल हैं।

बाणभट्ट

- बाणभट्ट के पूर्वज पश्चिम बिहार के प्रीतिकूट स्थान के रहने वाले थे। बाणभट्ट कन्नौज के सम्राट हर्षवर्द्धन (590-647 ई.) के दरबारी कवि थे।
- इनकी प्रमुख रचनाओं मे हर्षचरितम् (हर्षवर्द्धन की जीवनी) कादम्बरी, चण्डिका शतक, मुकुट ताड़ित आदि शामिल हैं।

2. मध्यकालीन प्रमुख साहित्यकार

मध्य प्रदेश के प्रमुख मध्यकालीन साहित्यकारों का वर्णन निम्नलिखित है

आचार्य केशवदास

- इनका जन्म 1555 ई. में ओरछा के पं. काशीनाथ मिश्र के यहाँ हुआ था। यह ओरछा नरेश के भाई इन्द्रजीत सिंह के दरबारी कवि थे।
- इनकी प्रमुख रचनाओं में रसिकप्रिया, वीर सिंह देवचरित, कविप्रिया, विज्ञान गीता, रतन बावनी, जहाँगीर जस चन्द्रिका, नखशिख, छन्दमाला तथा बारहमासा आदि शामिल हैं। इन्हें **कठिन काव्य का प्रेत** भी कहा जाता है।

भूषण

- भूषण का जन्म 1613 ई. में सम्भवतः त्रिविक्रमपुर में हुआ था। इनके मूल नाम की विशेष जानकारी प्राप्त नहीं है। चित्रकूट के सोलंकी राजा रुद्र ने इनको 'भूषण' की उपाधि प्रदान की थी।
- उन्होंने शिवाजी और छत्रसाल जैसे वीर नायकों को अपनी रचनाओं का विषय बनाया।
- इनकी प्रमुख रचनाओं में भूषण उल्लास, शिवा बावनी, छत्रसाल दशक, भूषण हजारा, शिवराज भूषण आदि शामिल हैं।

पद्‌माकर

- पद्‌माकर भट्ट का जन्म 1753 ई. में सागर के तैलंग ब्राह्मण मोहनलाल भट्ट के यहाँ हुआ था। पद्‌माकर रीतिकाल के श्रेष्ठतम कवि माने जाते हैं। इन्होंने सितारा, जयपुर, ग्वालियर, उदयपुर और जयपुर आदि राजदरबारों को सुशोभित किया था।
- इनकी प्रमुख रचनाओं में प्रताप विरुदावली, पदमाचरण, जगत् विनोद, राग रसायन, प्रबोध पचासा, भाषा हितोपदेश, गंगा लहरी, ईश्वर पचीसी आदि शामिल हैं।

3. आधुनिक काल के प्रमुख साहित्यकार

मध्य प्रदेश के आधुनिक काल के प्रमुख साहित्यकारों का वर्णन निम्नलिखित है

पं. माखनलाल चतुर्वेदी

- इनका जन्म 4 अप्रैल, 1889 को बाबई (होशंगाबाद) में हुआ था। पं. चतुर्वेदी ने शिक्षा पूरी करने के बाद कुछ वर्षों तक अध्यापन कार्य भी किया।
- ये 'प्रभा पत्रिका' के सम्पादक मण्डल के सदस्य एवं कर्मवीर पत्रिका के सम्पादक भी रहे। भारतीय स्वतन्त्रता संग्राम के दौरान वे गणेश शंकर विद्यार्थी के सम्पर्क में आए, जो प्रभा पत्रिका के सम्पादक थे।
- इनकी प्रमुख रचनाओं में पुष्प की अभिलाषा (कविता), साहित्य देवता, चिन्तक की लाचारी (भाषण संग्रह), समय के पाँव (संस्मरण), रंगों की बोली (गद्य काव्य), कला का अनुवाद, मरण ज्वार (काव्य संग्रह), विजुरी काजल आज रही (काव्य संग्रह), युगचरण (काव्य संग्रह) बनवासी तथा समर्पण आदि शामिल हैं।

मुल्ला रमूजी

- 21 मई, 1896 को भोपाल में जन्मे मुल्ला रमूजी को गुलाबी उर्दू शैली का जनक माना जाता है।
- इनकी प्रमुख रचनाओं में इन्तिखाबे-गुलाबी उर्दू, गुलाबी उर्दू, मीकालात गुलाबी उर्दू, ख्वातीन अंगुरा, शादी, औरत जात आदि शामिल हैं।

बालकृष्ण शर्मा 'नवीन'

- 8 दिसम्बर, 1897 को शाजापुर में जन्मे बालकृष्ण शर्मा 'नवीन' को हिन्दी की प्रगतिशील एवं स्वच्छन्दतावादी धारा का उच्चतम कवि माना जाता है।
- इनकी प्रमुख रचनाओं में उर्मिला (महाकाव्य), विनोबा स्तवन, कुंकुम, विप्लव गायन, प्रणार्पण (खण्डकाव्य) रश्मिरेखा, हम विषपायी जन्म के आदि शामिल हैं। इन्होंने 'प्रभा' और 'प्रताप' नामक पत्रों का भी सम्पादन किया।

सुभद्रा कुमारी चौहान

- इनका जन्म वर्ष 1904 में निहालपुर (इलाहाबाद) में हुआ था। इनके पिता का नाम रामनाथ सिंह था। इनका विवाह खण्डवा (मध्य प्रदेश) के ठाकुर लक्ष्मण सिंह चौहान के साथ हुआ था। गाँधीजी के आन्दोलनों से प्रभावित होकर इन्होंने राष्ट्र प्रेम सम्बन्धी कविताएँ लिखी हैं।
- इनकी प्रमुख रचनाओं में त्रिधारा, बिखरे मोती, उन्मादिनी (दोनों कथा संग्रह), मुकुल (काव्य संग्रह), झाँसी की रानी, बचपन, वीरों का कैसा हो वसन्त (तीनों कविता) आदि शामिल हैं।

भवानी प्रसाद मिश्र

- 23 मार्च, 1914 को होशंगाबाद जिले में जन्मे भवानी प्रसाद मिश्र को प्रयोगवादी साहित्यकार के रूप में जाना जाता है। वर्ष 1942 में राष्ट्रीय आन्दोलन में सक्रिय होने के कारण इन्हें कारावास भी जाना पड़ा था।
- इनकी प्रमुख रचनाओं में गीत फरोश, चकित है दुःख, अँधेरी कविताएँ, गाँधी पंचशती आदि शामिल हैं।

डॉ. शिवमंगल सिंह सुमन

शिवमंगल सिंह सुमन की प्रारम्भिक शिक्षा रीवा में हुई थी। यह लम्बे समय तक विक्रम विश्वविद्यालय उज्जैन के कुलपति रहे थे। इनकी प्रमुख रचनाओं में हिल्लोल, जीवन के गान, प्रलय सृजन, विश्वास बढ़ता ही गया, पर आँखें नहीं भरीं एवं विन्ध्य हिमालय आदि शामिल हैं। इन्हें साहित्य अकादमी तथा भारत भारती पुरस्कार से भी सम्मानित किया गया।

गजानन माधव 'मुक्तिबोध'

- 14 नवम्बर, 1917 को श्योपुर में जन्मे मुक्तिबोध छायावाद के उत्तरकाल से सम्बन्धित 'तार सप्तक' का प्रथम प्रतिष्ठित कवि माने जाते हैं।
- इनकी प्रमुख रचनाओं में चाँद का मुँह टेढ़ा है, एक साहित्यिक की डायरी, नई कविता का आत्म संघर्ष, चरपल की छाती, नए साहित्य का सौन्दर्यशास्त्र, सतह से उठता आदमी आदि शामिल हैं।

प. हरिशंकर परसाई

- 22 अगस्त, 1924 को जमानी ग्राम (होशंगाबाद) में जन्मे हरिशंकर परसाई को हिन्दी का प्रख्यात व्यंग्यकार माना जाता है।
- इनकी प्रमुख रचनाओं में हँसते हैं रोते हैं, जैसे उनके दिन फिरे, रानी नागफनी की कहानी, तट की खोज, तब की बात और थी, भूत के पाँव पीछे, बेईमानी की परत, पगडण्डियों का जमाना, शिकायतें मुझे भी हैं आदि शामिल हैं।
- हरिशंकर परसाई को पद्मश्री, साहित्य अकादमी पुरस्कार, मध्य प्रदेश का शिखर सम्मान तथा शरद जोशी सम्मान आदि से सम्मानित किया गया था।

शरद जोशी

- 23 मई, 1931 को उज्जैन में जन्मे शरद जोशी को हिन्दी साहित्य का प्रमुख व्यंग्यकार माना जाता है। इन्होंने अपनी रचनाओं में हिन्दी के तत्सम और देशज शब्दों के साथ अंग्रेजी के शब्दों का भी प्रयोग किया है।
- इनकी प्रमुख रचनाओं में, पिछले दिनों, यथासम्भव परिक्रमा, राह किनारे बैठ, फिर किसी बहाने, अन्धों का हाथी, एक था गधा, तिलिस्म, मैं, मैं और केवल मैं आदि शामिल हैं।

राज्य के प्रमुख लोक साहित्यकार

लोक साहित्य राज्य में एक विशिष्ट स्थान रखता है। *राज्य के प्रमुख लोक साहित्यकार निम्न हैं*

जगनिक

- 1230 ई. में जन्मे जगनिक कालिंजर नरेश परिमल देव के दरबारी कवि व योद्धा थे।
- इनकी प्रमुख रचनाओं में आल्हाखण्ड, परिमल रासो आदि शामिल हैं।
- **आल्हाखण्ड** को सर्वप्रथम चार्ल्स इलियट (1865) द्वारा लिपिबद्ध किया गया तथा मुंशीराम स्वरूप ने हिन्दी में अनुवादित किया था।
- आल्हाखण्ड में 52 युद्धों का ओजमयी शैली में वर्णन होने के कारण यह विश्व की सबसे लम्बी लोक गाथा है।

सन्त सिंगाजी

- 1576 ई. में सन्त सिंगाजी का जन्म खजूरी (पश्चिमी निमाड़) में हुआ था।
- ये कबीरदास के समकालीन थे। इनकी प्रमुख रचनाओं में सात बार, बारहमासी, पन्द्रह तिथि आदि शामिल हैं।

घाघ

- वर्ष 1753 के आस-पास कन्नौज (उत्तर प्रदेश) में जन्मे घाघ को कविता, ज्योतिष और नीति सम्बन्धी ज्ञान का अच्छा ज्ञाता माना जाता है।
- घाघ ने कृषि को सर्वोत्तम व्यवसाय घोषित किया था। 'घाघ भड्डरी की कहावतें' इनकी प्रमुख रचना है।

ईसुरी

- 1898 ई. में जन्मे ईसुरी मध्य प्रदेश के प्रमुख लोक साहित्यकार थे।
- ईसुरी सतसई, ईसुरी प्रकाश एवं प्रेमिका रजऊ इनकी प्रमुख रचनाएँ हैं। **फाग का आविष्कार** इनके द्वारा ही किया गया था।
- राज्य में वर्तमान में प्रमुख साहित्यकारों में बटुक चतुर्वेदी, माधवराव सप्रे, मालती जोशी, चन्द्रसेन विराट, बालकवि बैरागी, डा. शिवमंगल सिंह सुमन, अशोक वाजपेयी, मेहरून्निसा परवेज, माणिक वर्मा, अनवर-ए-इस्लाम तथा त्रिलोचन शास्त्री इत्यादि हैं।

मध्य प्रदेश की प्रमुख साहित्यिक एवं ललित कला अकादमियाँ

अकादमी	*मुख्यालय*	*स्थापना वर्ष*
मध्य प्रदेश कला परिषद्	भोपाल	1952
मध्य प्रदेश साहित्य परिषद्	भोपाल	1954
मध्य प्रदेश हिन्दी ग्रन्थ अकादमी	भोपाल	1969
मध्य प्रदेश उर्दू अकादमी	भोपाल	1976
मध्य प्रदेश कालिदास अकादमी	उज्जैन	1978
उस्ताद अलाउद्दीन खाँ संगीत अकादमी	भोपाल	1979
भारत भवन ललित कला अकादमी	भोपाल	1982
मध्य प्रदेश सिन्धी अकादमी	भोपाल	1983
अल्लामा इकबाल अदबी अकादमी	भोपाल	1984
मध्य प्रदेश संस्कृत अकादमी	भोपाल	1985
मध्य प्रदेश तुलसी अकादमी	भोपाल	1987
संग्राम स्मारक भवन	भोपाल	1997
स्वराज संस्थान संचालनालय	भोपाल	1998
भोजपुरी एवं पंजाबी अकादमी	भोपाल	2013

भाषा एवं साहित्य

स्व-मूल्यांकन

1. निम्नलिखित में से किस स्थान पर 'निमाड़ी' नहीं बोली जाती है?
(a) बड़वानी (b) धार
(c) छिन्दवाड़ा (d) खण्डवा

2. मध्य प्रदेश की किस बोली में हिन्दी और मराठी के शब्द मिलते हैं?
(a) नहाल (b) निमाड़ी
(c) भीली (d) बघेली

3. निम्नलिखित में से किसे अन्तर्वेदी भाषा कहा जाता है?
(a) भदावरी (b) पंचमहली
(c) नहाल (d) निमाड़ी

4. मध्य प्रदेश में बुन्देली भाषा निम्न में से किस स्थान पर बोली जाती है?
कराधान सहायक 2010
(a) रीवा (b) सागर
(c) इन्दौर (d) भोपाल

5. निम्नलिखित में से किस बोली का विकास शौरसेनी अपभ्रंश से नहीं हुआ है?
(a) मालवी (b) बृजभाषा
(c) बुन्देली (d) मगही

6. मध्य प्रदेश की मुख्य बोलियों में कौन-सी शामिल नहीं है?
एम पी पी एस सी 2014
(a) बुन्देली (b) बघेली
(c) भोजपुरी (d) निमाड़ी

7. 'रघुवंशम्' के रचयिता कौन हैं?
कराधान सहायक 2012
(a) महाकवि कालिदास
(b) भवभूति
(c) बाणभट्ट
(d) उपरोक्त में से कोई नहीं

8. 'मालविकाग्निमित्रम्' नाटक निम्न में से किसने लिखा? कराधान सहायक 2010
(a) भवभूति (b) बाणभट्ट
(c) भर्तृहरि (d) कालिदास

9. भर्तृहरि का जन्म कहाँ हुआ था?
(a) उज्जैन (b) मुरैना
(c) ललितपुर (d) भोपाल

10. निम्नलिखित में से कौन-सी रचना भवभूति की नहीं है? वन रक्षक 2013
(a) उत्तर रामचरित (b) नीति शतक
(c) मालती माधव (d) महावीर चरित

11. 'हर्षचरितम्' के रचयिता हैं?
(a) कालिदास (b) बाणभट्ट
(c) भर्तृहरि (d) भारवि

12. आचार्य केशव का जन्म मध्य प्रदेश के ...... शहर में हुआ था।
कराधान सहायक 2010
(a) ओरछा (b) टीकमगढ़
(c) श्योपुर (मुरैना) (d) सुजालपुर

13. 'रसिकप्रिया' के रचयिता हैं?
(a) केशवदास (b) पद्माकर भट्ट
(c) कालिदास (d) भूषण

14. निम्नलिखित में से किस कवि ने छत्रसाल और शिवाजी को अपनी कविता में शामिल किया?
(a) दण्डी (b) भूषण
(c) घाघ (d) बिहारी

15. पद्माकर का सम्बन्ध हिन्दी के किस काल से है?
(a) रीतिकाल
(b) आधुनिक काल
(c) भक्तिकाल
(d) आदिकाल

16. पं. माखनलाल चतुर्वेदी का जन्म कहाँ हुआ था? लेबर इंस्पेक्टर रिक्रूटमेण्ट 2017
(a) भोपाल (b) होशंगाबाद
(c) सीहोर (d) रायसेन

17. 'समय के पाँव' किसकी कृति है?
(a) सुभद्रा कुमारी चौहान
(b) बालकृष्ण शर्मा 'नवीन'
(c) पं. भवानी प्रसाद मिश्र
(d) माखनलाल चतुर्वेदी

18. निम्नलिखित में से कौन-सी रचना माखनलाल चतुर्वेदी की नहीं है? वन रक्षक 2013
(a) बनवासी (b) समर्पण
(c) समय के पाँव (d) झाँसी की रानी

19. 'बिखरे मोती' के रचयिता कौन हैं? एम पी पी एस सी 2016
(a) मुक्तिबोध
(b) भवभूति
(c) सुभद्रा कुमारी चौहान
(d) भवानी प्रसाद मिश्र

20. 'झाँसी की रानी' कविता किसने लिखी?
(a) महादेवी वर्मा
(b) सिंगाजी
(c) सुभद्रा कुमारी चौहान
(d) भवभूति

21. श्री भवानी प्रसाद मिश्र हैं कराधान सहायक 2012
(a) चित्रकार (b) संगीतकार
(c) नर्तक (d) साहित्यकार

22. गजानन माधव 'मुक्तिबोध' का जन्म कब हुआ था?
(a) 14 नवम्बर, 1917
(b) 5 सितम्बर, 1920
(c) 21 दिसम्बर, 1930
(d) 1 जनवरी, 1931

23. पुस्तक 'परिमल रासो' के लेखक कौन हैं? चतुर्थ श्रेणी 2015
(a) माखनलाल चतुर्वेदी
(b) भवानी प्रसाद मिश्र
(c) हरिशंकर परसाई
(d) जगनिक

24. सन्त सिंगाजी मध्य प्रदेश के किस क्षेत्र के निवासी थे? एम पी पी एस सी 2016
(a) बुन्देलखण्ड
(b) बघेलखण्ड
(c) मालवा
(d) निमाड़

25. मध्य प्रदेश उर्दू अकादमी का गठन कब किया गया था? डेयरी फेडरेशन रिक्रूटमेण्ट 2016
(a) वर्ष 1976 (b) वर्ष 1977
(c) वर्ष 1986 (d) वर्ष 1987

26. वर्ष 1978 में कालिदास अकादमी की स्थापना कहाँ हुई थी?
(a) उज्जैन (b) धार
(c) भोपाल (d) जबलपुर

27. 'भारत भवन ललित कला अकादमी' कहाँ स्थित है?
(a) उज्जैन
(b) भोपाल
(c) जबलपुर
(d) इन्दौर

28. मध्य प्रदेश संस्कृत अकादमी की स्थापना कब हुई थी? स्टेट इंजीनियरिंग सर्विस 2016
(a) वर्ष 1985
(b) वर्ष 1995
(c) वर्ष 1988
(d) उपरोक्त में से कोई नहीं

उत्तरमाला

1. (c) **2.** (a) **3.** (a) **4.** (b) **5.** (d) **6.** (c) **7.** (a) **8.** (d) **9.** (a) **10.** (b)
11. (b) **12.** (a) **13.** (a) **14.** (b) **15.** (a) **16.** (b) **17.** (d) **18.** (d) **19.** (c) **20.** (c)
21. (d) **22.** (a) **23.** (d) **24.** (d) **25.** (a) **26.** (a) **27.** (b) **28.** (a)

अध्याय 16

पर्व-उत्सव, मेले एवं पर्यटन

मध्य प्रदेश की संस्कृति के विकास में पर्व या उत्सवों का महत्त्वपूर्ण स्थान है। प्रदेश में विभिन्न सामाजिक और धार्मिक उत्सव हर्षोल्लास के साथ मनाए जाते हैं। ऐतिहासिक व प्रागैतिहासिक आवास स्थल, गुफाओं, महलों, किलों, मन्दिर-मस्जिद आदि प्रदेश की पर्यटन सम्पन्नता को शिखर पर पहुँचाती है।

मध्य प्रदेश के प्रमुख पर्व/उत्सव

मध्य प्रदेश में विभिन्न अवसरों पर विभिन्न प्रकार के उत्सव मनाए जाते हैं, जो इस प्रकार हैं

- **गणगौर** पर्व चैत्र (मार्च-अप्रैल) तथा भादो माह में मनाया जाता है। यह मालवा व निमाड़ अंचल में मनाया जाता है। इसमें स्त्रियाँ शिव-पार्वती की प्रतिमा बनाती हैं तथा पूजा करती हैं और मिठाइयाँ बाँटती हैं।
- **आखातीज** अविवाहित लड़कियों का प्रमुख त्योहार है, जो बैशाख (अप्रैल-मई) में मनाया जाता है। यह मुख्य रूप से मालवा व बुन्देलखण्ड क्षेत्र में मनाया जाता है। इसमें विवाहस्वरूप उत्सव मनाए जाते हैं। इस पर्व को कुछ स्थानों पर **अक्षयतृतीया** भी कहा जाता है।
- **गोवर्द्धन पूजा** कार्तिक माह में दीपावली के दूसरे दिन मनाया जाता है। यह पूजा गोवर्द्धन पर्वत और गौ-धन से सम्बन्धित है। इस अवसर पर मालवा में भील जनजाति पशुओं के सामने अवदान गीत गाते हैं। गोण्ड या भूमिया जनजाति यह पर्व नहीं मनाती है। पशुपालक अहीर इस दिन खेरदेव की पूजा करते हैं।
- **लारुकाज** यह पर्व गोण्डों द्वारा नारायण देव के सम्मान में मनाया जाता है। इस पर्व को सुअर के विवाह का प्रतीक माना जाता है। इस अवसर पर सुअर की बलि भी दी जाती है। यह पर्व लुप्त होता जा रहा है।
- **नीरजा/नौरता** यह दशहरा से 9 दिन पूर्व मनाया जाने वाला महिलाओं का उत्सव है। इस अवसर पर दुर्गा की पूजा होती है।
- **संजा** (मामुलिया) यह आश्विन माह में 16 दिन तक चलने वाला कुँवारी लड़कियों का उत्सव है। इस उत्सव के अवसर पर लड़कियाँ प्रतिदिन दीवारों पर नई-नई आकृतियाँ बनाती हैं। बुन्देलखण्ड की लड़कियाँ ऐसा पर्व **मामुलिया** के नाम से मनाती हैं।
- **घड़ल्या** नीरजा के नौ दिनों में लड़कियाँ घड़ल्या पर्व भी मनाती हैं। यह भी आश्विन माह का पर्व है। इसमें लड़कियाँ छिद्रयुक्त घड़ा सिर पर रखती हैं, जिसमें दीपक जल रहा होता है, फिर घर-घर जाकर अनाज या पैसा एकत्रित करती हैं।

- **सुआरा** बुन्देलखण्ड का यह पर्व मालवा के घड़ल्या के समान है। इसमें दीवार से लगे एक चबूतरे पर राक्षस की प्रतिमा बैठाई जाती है, फिर उसके सिर पर शिव-पार्वती की प्रतिमाएँ रखी जाती हैं। इसमें दीवारों पर सूर्य तथा चन्द्रमा भी बनाए जाते हैं। इसके पश्चात् लड़कियाँ पूजा करती हैं व गीत गाती हैं।
- **रतौना** मण्डला जिले के बैगा आदिवासियों का प्रमुख त्योहार है। यह पर्व ये अपने पुराण पुरुष नागा-बैगा की स्मृति में मनाते हैं। इसमें मधुमक्खियों की भी पूजा होती है।
- **काकसार** अबूझमाड़िया आदिवासियों का प्रमुख पर्व है। यह स्त्री-पुरुष को एकान्त प्रदान करने वाला पर्व है। इसमें युवा लड़के तथा लड़कियाँ एक-दूसरे के गाँवों में नृत्य करते हुए पहुँचते हैं।
- **मेघनाथ** गोण्ड आदिवासियों का पर्व है, जो फाल्गुन माह के पहले पक्ष में मनाया जाता है। मेघनाथ गोण्डों का सर्वोच्च देवता माना जाता है। इस अवसर पर आदिवासी रोमांचक करतब दिखाते हैं।
- **भगोरिया** यह उत्सव फाल्गुन माह में मनाया जाता है। यह मालवा क्षेत्र के भीलों का प्रिय उत्सव है। इस पर्व में आदिवासी युवक-युवतियों को अपने जीवनसाथी का चुनाव करने का अवसर मिलता है। यह पर्व झाबुआ जिले में अधिक मनाया जाता है। भगोरिया जनजाति के लोग हॉट-बाजारों में मुख्य रूप से सज-धज कर जाते हैं। भगोरिया उत्सव मुख्य रूप से प्रेम का त्यौहार है।
- **हरेली** पर्व किसानों के लिए विशेष महत्त्व रखता है। यह श्रावण माह की अमावस्या को मनाया जाता है। इस अवसर पर किसान अपने कृषि उपयोग के उपकरणों की पूजा करते हैं। मण्डला जिले में यह श्रावण मास की पूर्णिमा को तथा मालवा क्षेत्र में आषाढ़ माह में मनाया जाता है। इस पर्व को मालवा में **हर्यागोधा** कहते हैं।
- **गंगा दशमी** उत्सव ज्येष्ठ माह (मई-जून) में दशमी तिथि को मनाया जाता है। यह पर्व सरगुजा जिले में आदिवासियों और गैर-आदिवासियों द्वारा मनाया जाता है। यह पर्व खाने-पीने तथा मौज-मस्ती से सम्बन्धित है।
- **नावान्ना/नवान्नप** पर्व नई फसल के पकने पर दीपावली के बाद मनाया जाता है।
- **दशहरा** यह प्रदेश का एक प्रमुख त्यौहार है। इसे विजयादशमी कहते हैं। कुछ क्षेत्रों में इसे राम की रावण पर विजय के रूप में मनाते हैं। बुन्देलखण्ड क्षेत्र में इस दिन लोग एक-दूसरे से घर-घर जाकर गले मिलते हैं और एक-दूसरे को पान खिलाते हैं।
- **होली** रंगों का पर्व है। यह फाल्गुन महीने में पूर्णिमा को मनाया जाता है। आदिवासी सहित सभी वर्गों के लोग इस उत्सव को मनाते हैं। इस पर्व में पाँच से सात दिन तक प्रदेश के विभिन्न अंचलों में अलग-अलग विधियों से लकड़ियाँ एकत्र कर होली जलाते हैं। इसकी आग को प्रत्येक गाँववासी अपने घर ले जाते हैं। यह आग पवित्र मानी जाती है।
- **भाईदूज** यह पर्व वर्ष में दो बार मनाया जाता है। एक चैत्र माह में होली के उपरान्त तथा दूसरा कार्तिक में दीपावली के बाद। यह रक्षाबन्धन की तरह ही है। इसमें बहनें भाई को कुमकुम, हल्दी, चावल से तिलक करती हैं तथा भाई बहनों को उनकी रक्षा करने का वचन देते हैं।

मध्य प्रदेश के प्रमुख मेले

- मध्य प्रदेश में सर्वाधिक मेले उज्जैन सम्भाग तथा सबसे कम मेले होशंगाबाद सम्भाग में लगते हैं। सबसे अधिक मेले चैत्र (मार्च-अप्रैल) से वैशाख (अप्रैल-मई) के मध्य लगते हैं।

मध्य प्रदेश के प्रमुख मेले निम्न हैं

- **सिंगाजी का मेला** पिपल्या (खरगौन) कार्तिक माह में सन्त सिंगाजी की याद में मनाया जाने वाला साप्ताहिक मेला है। यह प्रतिवर्ष लगता है।

- **जोगेश्वरी मेला** चन्देरी (अशोकनगर) में प्रतिवर्ष चैत्र माह में लगता है। यहाँ कपड़े, बर्तन एवं पशुओं का क्रय-विक्रय किया जाता है।
- **मान्धाता मेला** मान्धाता (खण्डवा) में प्रतिवर्ष कार्तिक माह (अक्टूबर-नवम्बर) में लगने वाला 7 दिवसीय मेला है।
- **रामलीला का मेला** भाण्डेर (दतिया) में प्रतिवर्ष माघ माह (जनवरी-फरवरी) में लगता है। ऐसा माना जाता है कि स्वामी पीताम्बर दास ने 110 वर्ष पूर्व इस मेले का प्रारम्भ करवाया था।
- **रामजी बाबा का मेला** होशंगाबाद में प्रतिवर्ष आयोजित होता है।
- **काना बाबा का मेला** सोदालपुर (होशंगाबाद) में यह मेला काना बाबा नामक सन्त की याद में लगता है, जिन्होंने 1714 ई. में जीवित समाधि धारण कर ली थी। यह मेला लगभग 270 वर्ष पुराना है।
- **हीरा भूमिया का मेला** ग्वालियर, गुना और आस-पास के क्षेत्रों में यह मेला हीरामन सन्त की स्मृति में भादो माह (अगस्त-सितम्बर) में लगता है। यह मेला लगभग 1000 वर्ष पुराना है।
- **कुम्भ मेला** उज्जैन में क्षिप्रा नदी के तट पर (महाकाल मन्दिर में) प्रति 12 वर्ष के अन्तराल पर लगता है। यह मेला एक माह तक चलता है। यह मेला वर्ष 2016 में आयोजित होने के पश्चात् अब वर्ष 2028 में आयोजित होगा। उज्जैन का यह प्रसिद्ध मेला 'सिंहस्थ' के नाम से भी जाना जाता है।
- **महामृत्युंजय मेला** रीवा में प्रतिवर्ष वसन्त पंचमी एवं शिवरात्रि के दिन आयोजित किया जाता है।
- **पीरबुधान का मेला** यह मेला सनवारा (शिवपुरी) पीर बुधान नामक मुस्लिम सन्त की मजार के निकट प्रतिवर्ष भादो माह (अगस्त-सितम्बर) में लगता है।
- **कुण्डेश्वर का मेला** यह मेला टीकमगढ़ में प्रतिवर्ष महाशिवरात्रि, मकर संक्रान्ति तथा वसन्त पंचमी के अवसर पर लगता है।
- **मैहर वाली माता का मेला** मैहर (सतना) में प्रतिवर्ष नवरात्रि में लगता है। यहाँ माँ शारदा की प्रतिमा विराजमान है।
- **गरीबनाथ बाबा का मेला** अवन्तिपुर बडोदिया में (शाजापुर) यह मेला बाबा गरीबनाथ की याद में प्रतिवर्ष चैत्र माह में लगता है।
- इनके अलावा राज्य में कालूजी महाराज, बरमान, शंकरजी, सलकनपुर, जलविहार चाँदी देवी, नागाजी, चेती तथा शहीद इत्यादि मेले होते हैं।

मध्य प्रदेश में पर्यटन

- 22 फरवरी, 2017 को प्रदेश में पर्यटन विस्तार, निजी निवेशकों को आकर्षित करने, पर्यटन नीति के क्रियान्वयन तथा पर्यटन विकास एवं प्रोत्साहन के कार्य सम्पादन हेतु **मध्य प्रदेश टूरिज्म बोर्ड** का गठन किया गया।
- मध्य प्रदेश देश का एकमात्र ऐसा राज्य है, जहाँ पर्यटन क्षेत्र में निजी निवेश को बढ़ावा देने के लिए मध्य प्रदेश टूरिज्म बोर्ड के अन्तर्गत एक पृथक् सेटअप कार्यशील है।
- वर्ष 2017 में प्रदेश में जल पर्यटन को बढ़ावा देने की दृष्टि से जल पर्यटन नीति लागू की गई है।

प्रदेश को पर्यटन पुरस्कार

भारत सरकार (पर्यटन मन्त्रालय) द्वारा इस वर्ष मध्य प्रदेश को 10 पर्यटन पुरस्कार प्रदान किए गए, जिसमें पहली बार दिया जाने वाला 'हॉल ऑफ फेम' अवार्ड सम्मिलित है। यह अवार्ड पहली बार ऐसे राज्य को दिया जाता है, जिसने पिछले 3 वर्षों में लगातार श्रेष्ठ पर्यटन राज्य का पुरस्कार प्राप्त किया हो। मध्य प्रदेश टूरिज्म बोर्ड द्वारा प्रकाशित **कॉफी टेबल बुक** एवं **सिंहस्थ ब्रोशर** को प्रकाशन में श्रेष्ठता का राष्ट्रीय पुरस्कार भी प्राप्त हुआ है।

मध्य प्रदेश के प्रमुख दुर्ग व किले

नाम/स्थल	*निर्माणकर्ता*	*विशेषताएँ*
अजयगढ़ किला (पन्ना के निकट)	राजा अजयपाल	पत्थर पर सुन्दर नक्काशी और राजा अमन का महल है।
धार का किला (धार)	मोहम्मद बिन तुगलक	महत्त्वपूर्ण स्थापत्य कलाओं में खरबूजा महल, कालका देवी मन्दिर, अब्दुल शाह का मकबरा आदि हैं।
मण्डला किला (जबलपुर से 96 किमी दूर)	नरेन्द्र शाह (गोण्ड नरेश)	निजाम शाह ने यहाँ राजराजेश्वरी मन्दिर की स्थापना की थी।
ग्वालियर का किला (गोपाचल पर्वत, ग्वालियर)	राजा सूरजसेन	इस दुर्ग को किलों का रत्न या 'जिब्राल्टर ऑफ ईस्ट' कहा जाता है। इसमें आलमगीर दरवाजा, गूजरी महल, हिण्डोला दरवाजा, हाथी फोड़ दरवाजा, चतुर्भुज मन्दिर दरवाजा आदि स्थित हैं।
मन्दसौर का किला (मन्दसौर)	अलाउद्दीन खिलजी	यहाँ तापेश्वर महादेव का मन्दिर है।
बाँधवगढ़ का किला (उमरिया)	व्याघ्रदेव (बघेलखण्ड के राजाओं द्वारा)	यहाँ शेष शाही तालाब और विष्णु मन्दिर हैं।
चन्देरी का किला (अशोकनगर)	कीर्तिपाल (प्रतिहार नरेश)	यहाँ नौखण्डा महल, खूनी दरवाजा, जौहर कुण्ड और हवा महल है।
असीरगढ़ का किला (बुरहानपुर)	आसा (अहीर राजा)	यहाँ आशा देवी की प्रतिमा व एक प्राचीन शिव मन्दिर है।
गिन्नौरगढ़ का किला (भोपाल से 60 किमी दूर)	महाराज उदयवर्मन	यहाँ एक ठण्डे पानी का कुण्ड है, जहाँ पानी वर्षभर ठण्डा रहता है।
दतिया का किला (दतिया)	वीर सिंह देव (बुन्देला नरेश)	नरेश भवानी सिंह ने इसके द्वार पर 'जस्टिस इज द गेम ऑफ क्राउन' लिखवाया था।

मध्य प्रदेश के प्रमुख महल

महल	*अवस्थिति*	*विशेषताएँ*
बघेलिन महल	मण्डला	यह महल नर्मदा नदी के किनारे स्थित है।
नौखण्डा महल	चन्देरी	11वीं सदी में प्रतिहार राजा कीर्तिपाल द्वारा निर्मित।
गूजरी महल	ग्वालियर	राजा मानसिंह तोमर द्वारा रानी मृगनयनी को समर्पित है।
दाई का महल	माण्डू	महत्त्वपूर्ण कलाकृतियाँ पाई जाती हैं।
मोती महल	ग्वालियर	जीवाजी राव सिन्धिया का महल।
जहाँगीर महल	ओरछा	मुगल बादशाह जहाँगीर द्वारा ओरछा के दुर्ग में निर्मित कराया गया।
जय विलास महल	ग्वालियर	पाश्चात्य शैली में बना है। जीवाजी राव सिन्धिया का निवास स्थान।
अशरफी महल	माण्डू	इसकी आकृति कटोरी की भाँति है तथा यह अफगानी कला का अच्छा उदाहरण है।
मदन महल	जबलपुर	गोण्ड राजा मदनशाह द्वारा निर्मित।
बादल महल	रायसेन	राजा राजबसन्ती द्वारा रायसेन दुर्ग में निर्मित।

महल	*अवस्थिति*	*विशेषताएँ*
खरबूजा महल	धार	इसकी सबसे बड़ी विशेषता है कि यहाँ से सम्पूर्ण शहर को देखा जा सकता है।
राजा अमन महल	अजयगढ़ (पन्ना)	इस पर पत्थर की बारीक पच्चीकारी की गई है। राजा अजयपाल द्वारा निर्मित।
मोती महल	मण्डला	गोण्ड राजा हृदयशाह द्वारा बनाया गया।
हवा महल	चन्देरी	प्रतिहार राजा कीर्तिपाल ने 11वीं सदी में बनवाया। यह चन्देरी के किले में स्थित है।
राजा रोहित का महल	रायसेन	यह महल राजा राजबसन्ती द्वारा निर्मित किया गया था।
रानी रूपमती का महल	माण्डू	रूपमती जो बाज बहादुर की प्रेयसी थी, यहाँ से नर्मदा का दर्शन करती थी।

मध्य प्रदेश के प्रमुख मन्दिर

मन्दिर	*अवस्थिति*	*विशेषताएँ*
लक्ष्मी नारायण मन्दिर	भोपाल	बिड़ला परिवार द्वारा बनवाया गया।
माता रेणुका मन्दिर	भिण्ड	यहाँ भगवान परशुराम की माता रेणुका का सिर कटा मन्दिर है।
वनखण्डेश्वर मन्दिर	भिण्ड	पृथ्वीराज चौहान द्वारा 1175 ई. में निर्मित
विश्वनाथ मन्दिर	खजुराहो	राजा धंगदेववर्मन द्वारा निर्मित।
लक्ष्मण मन्दिर	खुजराहो	भगवान विष्णु को समर्पित चन्देल राजा यशोवर्मन द्वारा निर्मित
चौंसठ योगिनी मन्दिर	जबलपुर	इसका निर्माण कलचुरि वंश के शासकों ने करवाया था।
धूमावती मन्दिर	दतिया	पीताम्बर शक्तिपीठ के प्रांगण में स्थित है।
सिद्धेश्वर मन्दिर	खण्डवा	यह ओंकार पर्वत पर अवस्थित है।
ओंकारेश्वर ज्योतिर्लिंग	खण्डवा	यह 12 ज्योतिर्लिंगों में से एक है।
भदवा माता मन्दिर	नीमच	मन्दिर के सामने ज्योति जलती रहती है।
भद्वमाता मन्दिर	नीमच	यहाँ 'आरोग्य तीर्थ' नामक बावड़ी पाई जाती है।
भोजेश्वर मन्दिर	रायसेन	राजा भोज द्वारा ग्यारहवीं सदी में निर्मित।
मंगलनाथ मन्दिर	उज्जैन	यह मन्दिर सिन्धिया राजघराने द्वारा पुनः निर्मित किया गया था।
महाकालेश्वर ज्योतिर्लिंग	उज्जैन	12 ज्योतिर्लिंग में से एक क्षिप्रा नदी के किनारे स्थित है।
द्वारकाधीश भोपाल मन्दिर	उज्जैन	दौलतराव सिन्धिया की पत्नी वायजा बाई द्वारा निर्मित
खजुराहो मन्दिर	छतरपुर	यूनेस्को द्वारा शामिल किया गया मध्य प्रदेश का पहला मन्दिर या स्थल।
कन्दरिया महादेव	खजुराहो	भगवान शिव को समर्पित है, जहाँ शिवजी लिंग रूप स्थापित है। चन्देल शासक राजा विधाधर ने इस मन्दिर का निर्माण करवाया था।

मध्य प्रदेश की प्रमुख मस्जिदें

मस्जिद	*अवस्थिति*	*विशेषताएँ*
बीबी की मस्जिद	बुरहानपुर	इसका निर्माण 1540 ई. में आदिल शाह फारूकी के शासनकाल में आजम हुमायूँ ने करवाया था।
ताज-उल मस्जिद	भोपाल	इसका निर्माण नवाब शाहजहाँ बेगम ने करवाया था। यह भारत की सबसे विशाल मस्जिदों में से एक है।
जामा मस्जिद	भोपाल	इस मस्जिद का निर्माण 1857 ई. में पूरा हुआ। इसका निर्माण नवाब कुदसिया बेगम ने करवाया था।
भोजशाला मस्जिद	धार	यह मूलतः एक मन्दिर था, जिसे राजा भोज ने बनवाया था। अलाउद्दीन खिलजी ने इसे मस्जिद में तब्दील कर दिया।
ढाई सीढ़ी की मस्जिद	भोपाल	यह भोपाल की पहली मस्जिद है। इसका निर्माण दोस्त मोहम्मद द्वारा करवाया गया था। यह एशिया की सबसे छोटी मस्जिद भी है।
मोती मस्जिद	भोपाल	इसका निर्माण 1860 ई. में सिकन्दर जहाँ बेगम ने करवाया था।
ताजुल मस्जिद	भोपाल	यह भोपाल की सबसे बड़ी मस्जिद है, जिसका निर्माण मौलाना मुहम्मद इमरान ने करवाया था। राज्य की यह मस्जिद भी भारत एवं एशिया की सबसे विशाल मस्जिदों में से एक है।

मध्य प्रदेश के अन्य प्रमुख धार्मिक स्थल

स्थल	*अवस्थिति*	*विशेषताएँ*
पीताम्बरा पीठ	दतिया	हिन्दुओं के प्रमुख शक्ति पीठों में शामिल है।
सोनगिरि	दतिया	यहाँ दिगम्बर जैन से सम्बन्धित 108 मन्दिर हैं।
बावन गजा	बड़वानी	एक जैन तीर्थस्थल है। यहाँ लगभग 84 फीट ऊँची ऋषभदेव जी की मूर्ति है।
पावागिरी	बड़वानी	दिगम्बर जैन का तीर्थ स्थल हैं।
बेसनगर	विदिशा	यह ग्रीक दूत हेलियोडोरस का स्तम्भ है, जिसमें गरुड़ध्वज अंकित है।
बीजा मण्डल	विदिशा	यहाँ त्रिपुरा सुन्दरी प्रतिमा और मालादेवी मन्दिर स्थित है।
खजुराहो	छतरपुर	यहाँ आदिनाथ मन्दिर, पार्श्वनाथ मन्दिर, कन्दरिया महादेव मन्दिर, चौंसठ योगिनी मन्दिर, नन्दी मन्दिर और चतुर्भुज मन्दिर स्थित हैं।
गोम्मट गिरि	इन्दौर	यह जैनियों का तीर्थ स्थल है। यहाँ महावीर स्वामी, आदिनाथ, पार्श्वनाथ आदि के भव्य मन्दिर हैं। यहाँ भगवान बाहुबली की खड़गासन प्रतिमा भी स्थित है।
उज्जैन	उज्जैन	यहाँ श्री हरसिद्धि देवी का मन्दिर, श्री बड़े गणपति जी का मन्दिर, श्री चिन्तामणि गणेश मन्दिर, महाकालेश्वर मन्दिर, श्री गोपाल मन्दिर, श्री कालभैरव मन्दिर, श्री राम जनार्दन मन्दिर, श्री गढ़कालिका देवी मन्दिर, श्री नवग्रह मन्दिर, मंगलनाथ मन्दिर, वेधशाला, श्री भर्तृहरि गुफा, श्री सन्दीपनी आश्रम तथा नगरकोट की रानी आदि के मन्दिर पाए जाते हैं।
मैहर	सतना	इसे वर्ष 2005 में पवित्र नगर घोषित किया गया। यहाँ शारदा माँ का मन्दिर है। संगीतकार अलाउद्दीन खाँ की कर्मभूमि।

स्थल	*अवस्थिति*	*विशेषताएँ*
मुक्तागिरी	बैतूल	यह दिगम्बर जैनियों का पवित्र तीर्थ स्थल है। जन्तर-मन्तर, सन्दीपनी आश्रम, चिन्तामणि गोपाल जी मन्दिर, भर्तृहरि गुफा आदि स्थित हैं। वर्ष 2005 में इसे पवित्र नगर घोषित किया गया।
भेड़ाघाट	जबलपुर	यहाँ बन्दर कूदनी और चौंसठ योगिनियों का मन्दिर स्थित है। यहाँ भृगु ऋषि ने तपस्या की थी।
पुष्पगिरी	देवास	यह जैन धर्म की दिगम्बर शाखा का प्रमुख केन्द्र है।
ओंकारेश्वर	खण्डवा	यहाँ सिद्धनाथ मन्दिर, 24 अवतार सनमात्रिक मन्दिर, गौरी सोमनाथ मन्दिर तथा आदि शंकराचार्य की गुफाएँ हैं। यहाँ एक ज्योतिर्लिंग भी है।
अमरकण्टक	अनूपपुर	यहाँ नवग्रह मन्दिर, जैन मन्दिर, साईं का मन्दिर, आदिनाथ मन्दिर, सोनमुढ़ा, कबीर चौरा, कपिलधारा, दुग्धधारा प्रपात, नर्मदा कुण्ड, माई की बगिया आदि हैं।

मध्य प्रदेश की गुफाएँ

गुफाएँ	*अवस्थित*	*विशेषताएँ*
मारा की गुफाएँ	सिंगरौली	बौद्ध काल की गुफाएँ
भीमबेटका की गुफाएँ	रायसेन	विश्व का सबसे बड़ा गुफा समूह। यूनेस्को की विश्व धरोहर सूची में शामिल।
मृगेन्द्रनाथ गुफाएँ	रायसेन	यहाँ रॉक पेण्टिंग्स पाई जाती हैं। वर्ष 2009 में पुरातत्व विभाग द्वारा खोजी गई है।
भर्तृहरि गुफाएँ	उज्जैन	रंगीन चित्रों से सुसज्जित, परमारकालीन
उदयगिरि की गुफाएँ	विदिशा	भगवान विष्णु के वराह अवतार की विशाल प्रतिमा और जैन धर्म से सम्बन्धित गुफाएँ
बाघ की गुफाएँ	धार	बौद्ध धर्म से सम्बन्धित इन गुफाओं के भित्ति चित्र अजन्ता के समकक्ष माने जाते हैं।
पाण्डव गुफाएँ	पंचमढ़ी	महाभारत काल की घटनाओं से सम्बन्धित
शंकराचार्य की गुफाएँ	ओंकारेश्वर (खण्डवा)	शंकराचार्य ने इन गुफाओं में रहकर शिव आराधना की थी
बिलौवा गुफाएँ	ग्वालियर	शैलकृत शैव प्रतिमाएँ पाई जाती हैं।

मध्य प्रदेश में स्थित समाधि और मकबरे

समाधि/मकबरे	*विशेषताएँ*
तानसेन का मकबरा	यह ग्वालियर में है, जो प्रदेश का सबसे बड़ा मकबरा है। यह मुगलकालीन कला का सुन्दर उदाहरण है।
बैजू बावरा की समाधि	यह अशोकनगर जिले के चन्देरी में अवस्थित है।
झलकारीबाई की समाधि	यह रानी लक्ष्मीबाई की अंगरक्षिका की समाधि है, जो ग्वालियर में अवस्थित है।
गिरधारी बाई की समाधि	गिरधारी बाई रानी अवन्तिबाई की अंगरक्षिका थीं। यह समाधि मण्डला में अवस्थित है।
पेशवा बाजीराव की समाधि	मराठा शासक बाजीराव पेशवा का समाधि स्थल खरगौन के रावर खेड़ी में अवस्थित है।

समाधि/मकबरे	*विशेषताएँ*
मुहम्मद गौस का मकबरा	प्रसिद्ध सूफी सन्त और तानसेन के प्रथम मार्गदर्शक गौस मुहम्मद का मकबरा तानसेन के मकबरे के निकट ग्वालियर दुर्ग के बाहर अवस्थित है।
होशंगशाह का मकबरा	मालवा शासक होशंगशाह द्वारा निर्मित यह मकबरा दर्शनीय है, जो माण्डू में अवस्थित है। भारत में संगमरमर से निर्मित यह पहला मकबरा है।
रानी दुर्गावती की समाधि	गोण्ड वंश की अन्तिम शासिका रानी दुर्गावती का समाधि स्थल जबलपुर से 17 किमी दूर बरेला गाँव में अवस्थित है। इसी स्थल पर इन्होंने मुस्लिम सेना से सतीत्व की रक्षा के लिए आत्महत्या की थी।
अब्दुल्ला शाह चंगल का मकबरा	यह धार जिले में स्थित सल्तनतकालीन मकबरा है।
रानी अवन्तिबाई की समाधि	रानी अवन्तिबाई राजगढ़ की रानी थी। इनकी समाधि मण्डला में अवस्थित है।
महारानी लक्ष्मीबाई की समाधि	झाँसी की रानी लक्ष्मीबाई का समाधि स्थल ग्वालियर में अवस्थित है।
महारानी सांख्य राजे सिन्धिया की समाधि	यह समाधि शिवपुरी में अवस्थित है, जिसे माधव राव सिन्धिया प्रथम ने अपनी माता सांख्य राजे सिन्धिया की स्मृति में सुन्दर बाग के मध्य बनवाया था।
नवाब हसन सिद्दकी का मकबरा	यह संगमरमर से निर्मित मकबरा है, जो भोपाल में अवस्थित है।

मध्य प्रदेश के प्रमुख जल क्रीड़ा केन्द्र

जल क्रीड़ा केन्द्र	*स्थान*	*जल क्रीड़ा केन्द्र*	*स्थान*
तिगरा बाँध	ग्वालियर	वोट क्लब (सेलिंग स्कूल)	भोपाल
तवा बाँध	होशंगाबाद	यॉट क्लब	जबलपुर

पर्व–उत्सव, मेले एवं पर्यटन

स्व–मूल्यांकन

1. गणगौर 'उत्सव' में स्त्रियाँ किसकी पूजा करती हैं?
(a) विष्णु की (b) शिव-पार्वती की
(c) ब्रह्मा की (d) नारायण देव की

2. अक्षयतृतीया किस पर्व को कहा जाता है?
(a) गणगौर (b) आखातीज
(c) लारूकाज (d) नीरजा

3. गोवर्द्धन पूजा में पशुपालक अहीर किसकी पूजा करते हैं?
(a) नारायण देव (b) खेरदेव
(c) शिव-पार्वती (d) दुर्गा

4. 'रतौना' त्योहार मण्डला जिले की किस जनजाति का प्रमुख त्योहार है?
(a) बैगा (b) सहरिया
(c) पारधी (d) पनिका

5. मध्य प्रदेश के जनजातीय लोगों द्वारा मनाए जाने वाले 'भगोरिया हाट' महोत्सव का मुख्य आकर्षण क्या है? बी एड 2016
(a) नृत्य एवं संगीत का त्योहार
(b) रंगों का त्योहार
(c) नृत्य प्रस्तुति
(d) प्रेम का त्योहार

6. 'हरेली पर्व' का महत्त्व किस वर्ग के लोगों के लिए अधिक महत्त्वपूर्ण होता है?
(a) कृषकों के लिए
(b) व्यापारियों के लिए
(c) जनजातियों के लिए
(d) साधु-सन्तों के लिए

7. मध्य प्रदेश में सबसे अधिक मेले .... जिले में आयोजित होते हैं।
लेबर इंस्पेक्टर रिक्रूटमेण्ट 2017
(a) सागर (b) उज्जैन
(c) पन्ना (d) भिण्ड

8. मध्य प्रदेश में सबसे कम मेले किस जिले में आयोजित होते हैं?
लेबर इंस्पेक्टर रिक्रूटमेण्ट 2017
(a) खण्डवा (b) राजगढ़
(c) होशंगाबाद (d) इन्दौर

9. सिंगाजी का मेला किस जिले में आयोजित किया जाता है?
आयुष विभाग 2013
(a) भिण्ड (b) खरगौन
(c) गुना (d) रीवा

10. मध्य प्रदेश में किस स्थान पर जोगेश्वरी देवी का मेला आयोजित होता है?
बी ए/बी एड 2017
(a) होशंगाबाद (b) चन्देरी
(c) ओरछा (d) भोपाल

11. काना बाबा का मेला कहाँ आयोजित किया जाता है? सहायक ग्रेड 2013
(a) होशंगाबाद (b) शहडोल
(c) रीवा (d) सतना

12. निम्नलिखित में से किस नदी के तट पर सिंहस्थ (कुम्भ मेला) का आयोजन किया जाता है? कम्बाइण्ड ग्रुप 2016
(a) चम्बल (b) क्षिप्रा
(c) नर्मदा (d) पार्वती

13. मध्य प्रदेश में महामृत्युंजय का मेला कहाँ आयोजित किया जाता है?
(a) रीवा (b) उज्जैन
(c) ओंकारेश्वर (d) पंचमढ़ी

14. मैहर वाली माता का मेला कहाँ लगता है?
(a) मुरैना (b) सतना
(c) श्योपुर (d) बालाघाट

15. चतुर्भुज मन्दिर दरवाजा .... में स्थित है।
(a) ग्वालियर (b) उज्जैन
(c) भोपाल (d) रायसेन

16. ग्वालियर के किले का निर्माण किसने करवाया था?
(a) राजा सूरजसेन
(b) मोहम्मद बिन तुगलक
(c) राजा अजयपाल
(d) महाराज उदयवर्मन

17. 'असीरगढ़ का किला' मध्य प्रदेश के किस जिले में अवस्थित है?
(a) मन्दसौर (b) उमरिया
(c) अशोकनगर (d) बुरहानपुर

18. 'मदन महल' मध्य प्रदेश के किस जिले में अवस्थित है?
(a) ग्वालियर (b) रायसेन
(c) जबलपुर (d) मण्डला

19. जबलपुर स्थित 'मदन महल' का निर्माण किसने करवाया था?
(a) राजा मदन शाह
(b) राजा कीर्तिपाल
(c) राजा मानसिंह तोमर
(d) राजा राज बसन्ती

20. 'वनखण्डेश्वर मन्दिर' का निर्माण किस शासक ने करवाया था?
(a) राजा मानसिंह
(b) पृथ्वी राज चौहान
(c) राजा कीर्तिपाल
(d) राजा राज बसन्ती

21. मध्य प्रदेश की 'भोजनशाला मस्जिद' किस जिले में अवस्थित है?
(a) भोपाल (b) उज्जैन
(c) धार (d) मन्दसौर

22. पीताम्बर शक्तिपीठ किस जिले में स्थित है? डेयरी फेडरेशन रिक्रूटमेण्ट 2016
(a) ग्वालियर (b) गुना
(c) सतना (d) दतिया

23. कन्दरिया महादेव मन्दिर स्थित है स्टेट इंजीनियरिंग सर्विस 2016
(a) खजुराहो (b) धार
(c) माण्डू (d) इनमें से कोई नहीं

24. खजुराहो के मन्दिर .... जिले में स्थित हैं। एम पी पी एस सी 2013
(a) मण्डला (b) छतरपुर
(c) बालाघाट (d) रीवा

25. 'पुष्पगिरि है'
(a) बौध तीर्थ स्थल (b) जैन तीर्थ स्थल
(c) हिन्दू तीर्थ स्थल (d) ईसाई तीर्थ स्थल

26. निम्न में से कौन-सा धार्मिक स्थल अनूपपुर जिले में अवस्थित है?
(a) नवग्रह मन्दिर
(b) आदिनाथ का मन्दिर
(c) साईं का मन्दिर
(d) उपरोक्त सभी

27. तीर्थ नगरी अमरकण्टक निम्नलिखित में से किस जिले में स्थित है? कौशल विकास संचालनालय 2016
(a) अशोकनगर (b) अनूपपुर
(c) खण्डवा (d) शिवपुरी

28. शैलकृत शैव प्रतिमा वाली बिलौवा गुफाएँ कहाँ अवस्थित हैं?
(a) धार (b) पंचमढ़ी
(c) ग्वालियर (d) रायसेन

29. 'बिलौवा गुफा' में किसकी प्रतिमा अवस्थित है?
(a) विष्णु की (b) शिव की
(c) बुध की (d) जैन की

30. गिरधारी बाई की समाधि अवस्थित है
(a) खरगौन (b) मण्डला
(c) धार (d) भोपाल

31. 'गौस मुहम्मद का मकबरा' मध्य प्रदेश के किस जिले में अवस्थित है?
(a) बुरहानपुर में (b) धार
(c) ग्वालियर (d) उज्जैन

32. प्रमुख जल क्रीडा केन्द्र 'वोट क्लब' (सेलिंग स्कूल) मध्य प्रदेश के किस जिले में अवस्थित है?
(a) जबलपुर (b) भोपाल
(c) इन्दौर (d) शहडोल

उत्तरमाला

1. (b) **2.** (b) **3.** (b) **4.** (a) **5.** (d) **6.** (a) **7.** (b) **8.** (c) **9.** (b) **10.** (b)
11. (a) **12.** (b) **13.** (a) **14.** (b) **15.** (a) **16.** (a) **17.** (d) **18.** (c) **19.** (a) **20.** (b)
21. (c) **22.** (d) **23.** (a) **24.** (b) **25.** (b) **26.** (d) **27.** (b) **28.** (c) **29.** (b) **30.** (b)
31. (c) **32.** (b)

अध्याय 17

अनुसूचित जाति एवं जनजातियाँ

मध्य प्रदेश की अनुसूचित जातियाँ

- संविधान के अनुच्छेद 341 में सूचीबद्ध जातियाँ अनुसूचित जातियाँ कहलाती हैं। सामाजिक न्याय और अधिकारिता मन्त्रालय की राज्यवार अनुसूचित जातियों की सूची के आधार पर राज्य में लगभग 48 अनुसूचित जातियाँ पाई जाती हैं, जिसमें चर्मकार जाति मध्य प्रदेश की सबसे बड़ी अनुसूचित जाति है। बलाई, बेड़िया, लखारा, बसोड़ आदि प्रमुख अनुसूचित जातियाँ हैं।
- वर्ष 2011 की जनगणना के अनुसार प्रदेश में अनुसूचित जाति की जनसंख्या 1,13,42,320 (राज्य की जनसंख्या का 15.6%) है, जिसमें पुरुष 59,08,638 तथा महिला 54,33,682 हैं।
- मध्य प्रदेश के सर्वाधिक अनुसूचित जाति जनसंख्या वाले पाँच जिले क्रमशः इन्दौर (5,45,239), उज्जैन (5,23,869), सागर (5,01,630), मुरैना (4,21,519) तथा छतरपुर (4,05,313) हैं।
- मध्य प्रदेश के न्यूनतम अनुसूचित जाति जनसंख्या वाले पाँच जिले क्रमशः झाबुआ (17,427), अलीराजपुर (26,877), डिण्डोरी (39,782), मण्डला (48,425) तथा उमरिया (58,147) हैं।
- मध्य प्रदेश में अनुसूचित जाति की साक्षरता दर 58.6% है, जिसमें सर्वाधिक साक्षर जिला बालाघाट है। वर्ष 2011 के अनुसार मध्य प्रदेश में अनुसूचित जाति का लिंगानुपात 920 पाया जाता है।

मध्य प्रदेश की अनुसूचित जनजातियाँ

- संविधान के अनुच्छेद 342 (I) में सूचीबद्ध आदिम जातियाँ **अनुसूचित जनजातियाँ** कहलाती हैं। प्रदेश में सर्वाधिक जनजातियों की जनसंख्या तथा प्रकार पाए जाते हैं।
- मध्य प्रदेश के आदिम जाति कल्याण विभाग के अनुसार, राज्य में अनुसूचित जातियों तथा उप-जातियों की संख्या लगभग 46 है। वर्ष 2011 की जनगणना के अनुसार, प्रदेश में अनुसूचित जनजाति की कुल जनसंख्या 1,53,16,784 (राज्य की जनसंख्या का 21.1%) है, जिसमें पुरुष 77,19,404 तथा महिला 75,97,380 हैं।
- मध्य प्रदेश में अनुसूचित जनजाति के सर्वाधिक जनसंख्या वाले पाँच जिले क्रमशः धार (12,22,814), बड़वानी (9,62,145), झाबुआ (8,91,818), छिन्दवाड़ा (7,69,778) तथा खरगौन (7,30,169) हैं।
- मध्य प्रदेश में अनुसूचित जनजाति के न्यूनतम जनसंख्या वाले पाँच जिलें क्रमशः भिण्ड (6,131), दलिया (15,061), मुरैना (17,030), मन्दसौर (33,092) तथा शाजापुर (37,836) हैं।

- मध्य प्रदेश में झाबुआ से सतपुड़ा पर्वत तथा मैकाल पर्वत से बघेलखण्ड तक अनुसूचित जनजातियों का अधिक संकेन्द्रण पाया जाता है, जिसमें राज्य के धार, झाबुआ, मण्डला, बड़वानी, डिण्डोरी तथा अलीराजपुर जिलों में 50% से अधिक आबादी अनुसूचित जनजातियों की है।

मध्य प्रदेश की कुछ प्रमुख जनजातियाँ निम्न हैं

गोण्ड जनजाति

- गोण्ड जनजाति जनसंख्या की दृष्टि से भारत की सबसे बड़ी जनजाति है, जबकि मध्य प्रदेश की दूसरी सबसे बड़ी जनजाति है।
- यह मुख्य रूप से मध्य प्रदेश के मध्य जिलों में केन्द्रित है।
- यह जनजाति नर्मदा के दोनों ओर विन्ध्य और सतपुड़ा के पहाड़ी क्षेत्रों में पाई जाती है।
- यह जनजाति द्रविड़ियन मूल (प्रोटो आस्ट्रेलॉयड) की है।
- कथाओं में गोण्डों की उत्पत्ति बोरादेव अर्थात् महादेव से हुई बताई गई है।
- **शारीरिक बनावट** इनकी त्वचा का रंग काला, केश काले, नासिका भारी तथा बड़ी, गोलाकार सिर, सुगठित शरीर तथा मुँह चौड़ा होता है।

सामाजिक जीवन

- गोण्ड जनजाति पितृसत्तात्मक है।
- गोण्डों में समगोत्रिय विवाह नहीं होते हैं। इनमें विवाह सहमति के आधार पर होते हैं।
- गोण्डों द्वारा मण्डप में किए जाने वाले विवाह को मण्डवातरी विवाह कहा जाता है, जो तीन प्रकार के होते हैं। पठौनी विवाह, चढ़ विवाह इसके अतिरिक्त इनमें पलायन विवाह जिसको ये लोग अपनी भाषा में **लामझना** कहते हैं, भी पाया जाता है। गोण्ड जनजाति में वधू मूल्य का प्रचलन अत्यधिक है।
- गोण्डों में मामा-बुआ की लड़की से विवाह करना सर्वश्रेष्ठ होता है और ऐसे विवाह को **दूध लौटावा** कहा जाता है।
- गोण्ड में अविवाहित युवती व युवक के लिए **घोटुल नामक** एक संस्था होती है।
- गोण्ड और उसकी उपजातियों का सांस्कृतिक मेला **मड़ई** कहलाता है।
- गोण्ड में दो प्रकार के वर्ग होते हैं—राजगोण्ड (जमींदार या भूमिपति वर्ग) तथा धुरगोण्ड (निम्न वर्ग)।

सांस्कृतिक जीवन

- गोण्ड जनजाति के लोग वस्त्रों का कम उपयोग करते हैं। यहाँ की महिलाएँ गोदना गुदवाती हैं और आभूषण प्रिय होती हैं।
- बिदरी, मड़ई, हरढ़िली, छेरता, नवाखानी, बकपन्थी, जवारा गोण्डों के प्रमुख पर्व हैं।
- सैला, करमा, भड़ौनी, बिरहा, कहरवा, सजनी, सुआ एवं दीवानी गोण्डों के प्रमुख नृत्य हैं।

आर्थिक जीवन

- गोण्ड स्वावलम्बी आदिवासी हैं, इनका मुख्य व्यवसाय कृषि और मजदूरी है।
- यह जनजाति प्रमुख रूप से 'बारी' नामक खेती करती है। यहाँ सरसों, साग-सब्जी व तम्बाकू के साथ-साथ **कोडन** और **कुठकी** नामक धान की खेती भी मुख्य रूप से की जाती है।
- **पेज** (मोटे अनाज तथा नमक का घोल) इनका मुख्य भोजन है।

धार्मिक जीवन

- गोण्ड जनजाति **आत्मवाद** को मानती है।
- 'दूल्हा देव' गोण्डों के प्रमुख देवता हैं। इसके अतिरिक्त गोण्ड जाति के लोग बूढ़ादेव, नागदेव, बड़ादेव आदि की पूजा भी करते हैं।
- गोण्ड अपने कृषि औजारों की पूजा भी करते हैं।
- यह जादू में विश्वास करते हैं। इनका महत्त्वपूर्ण वृक्ष महुआ है।

भील जनजाति

- जनसंख्या की दृष्टि से भील जनजाति मध्य प्रदेश की सबसे बड़ी जनजाति है, जबकि भारत की तीसरी बड़ी जनजाति है।
- यह जनजाति मध्य प्रदेश के पश्चिमी भाग धार, झाबुआ, रतलाम एवं निमाड़ जिलों में निवास करती है। भीलों के निवास स्थान को **फाल्या** कहा जाता है।
- भील शब्द 'बील' (द्रविड़ भाषा) से बना है, जिसका शाब्दिक अर्थ होता है- 'धनुष'।
- यह जनजाति धनुर्विद्या में निपुण होती है। इसलिए इसे भील कहा गया है।
- **शारीरिक बनावट** भील प्रोटो ऑस्ट्रेलॉयड प्रजाति के अन्तर्गत आते हैं। इनका कद नाटा होता है। शरीर का रंग काला, गहरे काले तथा घुँघराले केश, चपटी नाक आदि इस जनजाति की प्रमुख शारीरिक विशेषताएँ हैं।

सामाजिक जीवन

- भील जनजाति पितृसत्तात्मक होती है। यहाँ संयुक्त परिवार की प्रथा प्रचलित है।
- भिलाला, पटलिया, इतियास, बारेला आदि भील जनजाति की उपजातियाँ हैं। भिलाला जनजाति की स्थिति सबसे श्रेष्ठ मानी जाती है।
- भीलों के मुस्लिम वर्ग को 'तड़वी भील' कहा जाता है।
- भील जाति गोत्रों में विभाजित है तथा इस जाति में सहगोत्र विवाह नहीं होते हैं।
- इनमें गन्धर्व विवाह एवं अपहरण विवाह अत्यधिक प्रचलित हैं। इसके अतिरिक्त भीलों में गोल गधेड़ों, मंगनी, घर जमाई, नातरा अपहरण आदि विवाह भी प्रचलित हैं।
- भील जनजाति में वधू मूल्य की प्रथा पाई जाती है, लेकिन सुरमादास और गोविन्द गिरी आन्दोलन के कारण यह प्रथा काफी सीमा तक कम हो गई है।
- भीलों में विधवा विवाह भी प्रचलित है।

सांस्कृतिक जीवन

- अंगरखा भीलों की स्त्रियों का प्रमुख वस्त्र है।
- भील स्त्रियाँ शरीर पर गुदना गुदवाती हैं। गुदना कलाकार को गोधारिन कहा जाता है। ये महिलाएँ पैरों में गिलट, लोहे, चाँदी आदि के आभूषण धारण करती हैं।
- भील जनजाति को विश्व की सर्वाधिक गहना प्रिय जनजाति माना जाता है।
- पिथौरा भीलों की विश्व प्रसिद्ध चित्रकला है और इसके प्रमुख कलाकार पेमा फाल्या (झाबुआ) है। इन्हें वर्ष 2014 में इनकी श्रेष्ठ पिथौरा कला के लिए राष्ट्रीय तुलसी पुरस्कार भी दिया गया है।
- भील मांसाहारी होते हैं और मदिरापान करते हैं। ये ताड़ी नामक मद्य पेय पदार्थ का सेवन भी करते हैं।
- भील दशहरा, दीपावली आदि त्यौहार बड़े उत्साह से मनाते हैं। भीलों के पारम्परिक पर्व जातरा, गल, भगोरिया तथा नबई हैं।
- भगोरिया भीलों का प्रमुख पर्व है और यह होली का ही प्रमुख रूप है।
- यह मध्य प्रदेश के धार, झाबुआ, खरगौन आदि क्षेत्रों में धूमधाम से मनाया जाता है। इन क्षेत्रों में लगने वाले हाट-बाजार भगोरिया उत्सव पर मेलों में परिवर्तित हो जाते हैं।
- होली के अवसर पर गोल गधेड़ों (विवाह का एक प्रकार) लोकनृत्य के रूप में आयोजित किया जाता है।

आर्थिक जीवन

- भीलों की आजीविका का मुख्य साधन कृषि है। यह जनजाति वनोपज संग्रह एवं शहरी मजदूरी भी करती है।
- ये वनों को काटकर कृषि भूमि बनाते हैं, जिसे **चिमाता** कहा जाता है।

धार्मिक जीवन

- भील जनजाति के लोग पूर्वजों की आत्माओं में विश्वास रखते हैं। ये आत्मवाद में विश्वास करते हैं।
- भीलों में जादू-टोनों का महत्त्वपूर्ण स्थान होता है। भीलों में पशु बलि प्रथा का भी प्रचलन पाया जाता है।

बैगा जनजाति

- बैगा मध्य प्रदेश के दक्षिणी क्षेत्र में निवास करने वाली जनजाति है।
- इस जनजाति के लोग मण्डला, बालाघाट, डिण्डोरी, शहडोल एवं सीधी आदि जिलों में निवास करते हैं। यह गोण्डों की उपजाति ही मानी जाती है।
- बैगा मूलतः द्रविड़ प्रजाति की आदिम जाति मानी जाती है।
- बैगा का शाब्दिक अर्थ होता है 'पुरोहित', इन्हें 'पण्डा' भी कहा जाता है।
- **शारीरिक बनावट** इनका रंग काला एवं त्वचा शुष्क और रूखी होती है। इनके बाल लम्बे होते हैं। इनका कद अन्य जनजातियों की अपेक्षा लम्बा होता है।

सामाजिक जीवन

- बैगा समाज में संयुक्त परिवार की प्रथा प्रचलित होती है।
- बैगा पितृसत्तात्मक होते हैं। इनकी बसाहट 'पुरवा' कहलाती है।
- बैगा पंचायत के पाँच पंचों में मुकद्दम, दीवान, समरथ, कोटवार तथा दवार शामिल होते हैं। पंचायत के इस पाँच पंचों के शासन को 'पंचमुकद्दम' कहते हैं।
- भरोतिया, नरोतिया, रैमेना, नाहर एवं कथमैना बैगा जनजाति की उपजातियाँ हैं।
- इस जनजाति में विधवा विवाह तथा वधू मूल्य प्रचलन में हैं, परन्तु यहाँ बाल विवाह नहीं होते हैं। समगोत्रीय विवाह भी बैगा समाज में वर्जित है।
- इनका सुबह का भोजन **बासी** होता है अर्थात् पिछले दिन के बचे खाने को ही ये अगली सुबह खाते हैं।
- दोपहर में **पेज** (मोटे अनाज व नमक का घोल) नामक खाद्य पदार्थ इनमें विशेष रूप से प्रचलित है।
- इनके शाम का मुख्य भोजन बियारी है। यह चावल व सब्जी का मिश्रण होता है।

सांस्कृतिक जीवन

- बैगा पुरुष हाथ में कड़े पहनते हैं, वहीं स्त्रियों का आभूषण के प्रति अधिक आकर्षण होता है।
- बैगा जनजाति संसार की सबसे गुदना प्रिय जनजाति है।
- बैगा जनजाति की महिलाएँ धोती पहनती हैं तथा उसमें अपने बच्चों को बाँधे रखती हैं।
- इनके प्रमुख नृत्य करमा, सैला, परधौनी तथा फाग हैं।

आर्थिक जीवन

- बैगाओं की अर्थव्यवस्था का मुख्य आधार कृषि और झूम कृषि है, जिसे क्षेत्रीय भाषा में **बेवार** या **पोण्डू** भी कहा जाता है।
- यह बाँस की वस्तुएँ तथा अन्य वन उत्पाद को बेचकर अन्य वस्तुएँ खरीदते हैं।
- मध्य प्रदेश सरकार ने इन्हें बेगाचक (डिण्डोरी-मण्डला) नामक क्षेत्र कृषि के लिए आवण्टित किया हुआ है।
- केन्द्र सरकार ने इन्हें **विशेष पिछड़ी जनजाति** घोषित किया है।

धार्मिक जीवन

- यह जनजाति धर्म तथा जादू-टोनों में विश्वास रखती है। **साल वृक्ष** इनका पवित्र वृक्ष तथा इस पर रहने वाले **बूढ़ा देव** इनके प्रमुख देवता हैं।
- ग्राम की भूमि के देवता **ठाकुर देव** हैं।
- बीमारियों से सुरक्षा के लिए यहाँ बूढ़ा देव तथा सर्प की पूजा की जाती है।

कोरकू जनजाति

- कोरकू जनजाति सतपुड़ा के वनीय अंचलों मुख्यतः छिन्दवाड़ा, बैतूल, हरदा तथा पूर्वी निमाड़ जिलों में पाई जाती है। कोरकू का शाब्दिक अर्थ 'मनुष्य का समूह' है। यह **कोलेरियन** परिवार की जनजाति है।
- इनकी चार उपजातियाँ पठारिया, रूम, दुलारया तथा बोवई हैं।
- **शारीरिक बनावट** इनका रंग काला, आँखें काली, नाक चपटी, होंठ मोटे तथा चेहरा गोल होता है।

सामाजिक जीवन

- कोरकुओं का पहनावा बहुत ही साधारण है। पुरुष शरीर के ऊपरी भाग पर सूती बण्डी और कुर्ता तथा कमर में घुटनों तक सफेद धोती पहनते हैं। सिर पर अंगोछा या पगड़ी बाँधते हैं।
- वे गले में चाँदी या काँसे अथवा ताँबे का छोटा ताबीज़ भी पहनते हैं।
- कोरकू स्त्रियाँ रंग-बिरंगे, नीले-हरे, लाल और गुलाबी रंग के लूगड़े ओढ़ना अधिक पसन्द करती हैं।
- इनमें समगोत्रिय विवाह नहीं होते, लेकिन वधू मूल्य का प्रचलन है।
- इस जनजाति में घर दामाद, लमझना विवाह, चिथौड़ा प्रथा, राजी-बाजी प्रथा, हठविवाह और विधवा विवाह आदि विवाह प्रथाएँ प्रचलित हैं।
- लमझना प्रथा के अन्तर्गत दामाद को ससुर के घर पर उसकी शर्तों के अनुसार रहना पड़ता है।
- इनके समाज में **पाडियार** तथा **भूमका** अति सम्मानित व्यक्ति होते हैं।

सांस्कृतिक जीवन

- 'खम्बस्वांग' इनका प्रसिद्ध नृत्य प्रधान नाटक है। चटकोरा कोरकू का प्रमुख नृत्य है।

आर्थिक जीवन

- कोरकू मुख्य रूप से **स्थानान्तरित कृषि** (झूम खेती) करते हैं।
- इनका मुख्य भोजन कृषिकृत पदार्थ जंगली फल-फूल और मांस है।
- कोरकू जनजाति के लोग बाजरा, कुटकी, मक्का जैसे मोटे अनाज खाना पसन्द करते हैं। यह अपने घरों को बाँस की लकड़ी की बाड़ से घेरते हैं। भू-स्वामी कृषकों को 'राज कोरकू' कहा जाता है।

धार्मिक जीवन

- कोरकू स्वयं को हिन्दू मानते हैं। यह चन्द्रमा एवं महादेव की पूजा करते हैं। गाँव के देवता, डोंगर देव तथा मेघनाद आदि इनके प्रमुख देवी-देवता हैं।

सहरिया जनजाति

- यह जनजाति प्रदेश के उत्तर-पश्चिम क्षेत्र विशेषकर गुना, ग्वालियर, शिवपुरी, श्योपुर, भिण्ड, मुरैना, विदिशा, रायसेन और बुन्देलखण्ड में निवास करती है। इनका मूल स्थान शाहबाद का जंगल है।
- सहरिया कोलरियन परिवार की जनजाति है।
- सहरिया शब्द की उत्पत्ति सह + हरिया से हुई है, जिसका अर्थ **शेर के साथ** होना है।
- **शारीरिक बनावट** सहरिया जनजाति के लोगों का कद मध्यम ऊँचा तथा रंग साँवला होता है। इनके पहनावे पर राजस्थानी वेशभूषा का प्रभाव स्पष्ट रूप से देखा जा सकता है।
- केन्द्र सरकार द्वारा इस जनजाति को **विशेष पिछड़ी जनजाति** घोषित किया गया है।

सामाजिक जीवन

- सहरिया में पारिवारिक इकाई 'कुटुम्ब' होती है। यह पितृसत्तात्मक होते हैं।
- सहरिया समतल मैदानों पर समूह में रहते हैं।
- इनकी बसावट विशेष प्रकार की होती है, जिसे **सहराना** कहा जाता है। इसका मुखिया पटेल होता है।

- इनके मकानों के मध्य में 'बंगला' नामक स्थान होता है, जो एक प्रकार की धर्मशाला अथवा सामूहिक भवन होता है।
- समाज और पटेल द्वारा आदेशित नियमों और परम्पराओं को निष्ठापूर्वक निर्वहन करने वाले को 'प्रधान' कहते हैं।
- यह एक आलसी जनजाति है। यह जनजाति स्वयं को भीलों का छोटा भाई मानती है।

सांस्कृतिक जीवन

- सहरियों में गीत, कथाएँ, पहेलियाँ एवं कहावतें प्रचलित हैं।
- दुलदुल, घोड़ी तथा लहंगी सहरिया के मुख्य नृत्य हैं।
- गोठलीला, रामजन्म, जानकी विवाह, पाण्डवों की कथा, रामायणी आदि कथात्मक पहेलियाँ सहरियों में प्रचलित हैं।

आर्थिक जीवन

- सहरिया जनजाति की अर्थव्यवस्था का मुख्य आधार कृषि, कृषि मजदूरी तथा वनोत्पाद का संग्रह है।
- सहरियों का परम्परागत कार्य जड़ी-बूटियों का संग्रहण है।
- यह जड़ी-बूटियों की पहचान में सिद्धहस्त होते हैं। इसलिए यह हाट-बाजारों में इनकी बिक्री करते हैं।

धार्मिक जीवन

- यह जनजाति हिन्दू धर्म से प्रभावित है, इसलिए इनमें हिन्दू देवी-देवताओं की पूजा-अर्चना व्यापक रूप से होती है।
- यह जनजाति जादू-टोने में विश्वास करती है।
- हिन्दू पर्व व त्यौहार दशहरा, दीपावली, होली आदि सहरिया लोगों द्वारा मनाए जाने वाले प्रमुख त्यौहार हैं।

कोल जनजाति

- कोल मध्य प्रदेश के विन्ध्य-कैमूर श्रेणियों के मूल निवासी हैं। कोल रीवा, सीधी, सतना, शहडोल एवं जबलपुर में निवास करते हैं।
- यह जनजाति मुण्डारी अथवा कोल वर्ग (ऑस्ट्रिक) की प्रमुख जनजाति है।
- रौतिया और रौतले कोल जनजाति के उपवर्ग हैं।

सामाजिक जीवन

- कोल जनजाति में मंगनी विवाह, राजी-बाजी विवाह, विधवा विवाह व बहुविवाह प्रथा का प्रचलन है, लेकिन पर्दा प्रथा और वधू मूल्य प्रथा का प्रचलन नहीं है।
- कोलों के गाँव की पंचायत को **गोहिया** कहा जाता है। इसका मुखिया चौधरी होता है।
- इस जनजाति के लोग मुख्यतः गाँव के समीप टोली बनाकर रहते हैं, जिसे **कोल्हन टोला** कहा जाता है।

सांस्कृतिक जीवन

- कोल अपने **दहका नृत्य** के लिए प्रसिद्ध हैं।
- कोल जनजाति के लोग मुण्डी तथा बघेली भाषा बोलते हैं।
- इस जनजाति के लोग मुख्यतः हिन्दु त्यौहार जैसे—होली, रामनवमी, दशहरा आदि मनाते हैं।

आर्थिक जीवन

- कोल कृषि मजदूर और उद्योगों में मजदूरी करके अपना जीवन-यापन करते हैं। यह पशुपालन भी करते हैं और वर्तमान में शासकीय सेवा में भी संलग्न हैं।

धार्मिक जीवन

सूर्य, चन्द्र, इन्द्र, पवन,गंगा, यमुना आदि हिन्दू देवताओं के साथ ठाकुर देव, शारदा माता, भैरव बाबा, संन्यासी देव आदि इनके प्रमुख देवता हैं।

अगरिया जनजाति

- यह गोण्ड जनजाति की उपजाति है। यह मण्डला, शहडोल, छत्तीसगढ़ के दण्डकारण्य में निवास करती है।

- विश्व में सर्वप्रथम लोहा खोजने तथा उससे उपयोगी वस्तुएँ बनाने का श्रेय अगरिया जनजाति को ही जाता है।
- अगरिया लोगों के प्रमुख देवता **लोहासुर** हैं। इनके अतिरिक्त दूल्हा देव, बूढ़ा देव, ठाकुर देव मरहीमाता की भी पूजा की जाती है।
- इनका मुख्य व्यवसाय लोहा गलाकर औजार बनाना है।
- इनका प्रिय भोज्य पदार्थ सूअर का माँस है।

पारधी जनजाति

- अनुसूचित जनजातियों की शासकीय सूची में पारधी जनजाति के अन्तर्गत बहेलियों को सम्मिलित किया गया है। यह बहेलिया श्रेणी की जनजाति है।
- यह जनजाति भोपाल, रायसेन, गुना, सीहोर आदि जिलों में निवास करती है। यह जनजाति विशेष रूप से वन्य प्राणियों के शिकार के लिए जानी जाती है। इनकी कारगर उपशाखा काले रंग के पक्षियों का ही शिकार करती है।
- यह जनजाति पारधी देवी की पूजा करती है पारधी के सभी गोत्र राजपूतों से मिलते हैं; जैसे— सोलंकी, चौहान, राठी आदि।

पनिका (परिका) जनजाति

- यह मुख्यतः सीधी, शहडोल, छत्तरपुर और उमरिया आदि जिलों में निवास करते हैं। यह द्रविड़ प्रजाति की जनजाति है।
- इस जनजाति के लोग कबीर पन्थी और साकत में विभक्त हैं। कबीर पन्थी पनिका निर्गुण विचारधारा के उपासक हैं।
- यह स्वयं को **कबीरहा** भी कहते हैं और मांस-मदिरा का सेवन नहीं करते हैं।
- पनिका की आजीविका कृषि पर आधारित है।
- पनिकाओं में लमसेना, घुसपैठिया विवाह, पुनर्विवाह एवं देवर-भाभी विवाह का प्रचलन है।
- पनिका जनजाति की एक पंचायत होती है, जो गाँव के सभी विवादों को निपटाती है।
- पनिका जनजाति के लोग सूर्य, इन्द्र, दूल्हादेव, बूढ़ीमाता, मरहीमाता आदि की पूजा करते हैं।

भारिया जनजाति

- भारिया जनजाति छिन्दवाड़ा, सिवनी, मण्डला, जबलपुर, बालाघाट एवं शहडोल आदि जिलों में पाई जाती है। इन जनजाति के क्षेत्रों को **पातालकोट** कहा जाता है। यह द्रविड़ परिवार की जनजाति है और इनकी बोली भरनोती है।
- रूढ़िगत भारिया समाज का मुखिया **पटेल** होता है। भारिया समाज में स्त्री-पुरुष को समान दर्जा प्राप्त होता है।
- भारिया जनजाति में चूड़ी प्रथा पाई जाती है। इनका मुख्य भोजन पेज है।
- स्थायी कृषि व स्थानांतरित कृषि इनकी जीविका का आधार है।
- भस्म, सैतम, करमा, सैला, भारिया के प्रमुख नृत्य हैं। दीवाली, होली, बिदरी पूजा, नवाखानी, जवारा इनके प्रमुख एवं प्रिय त्योहार हैं।
- इनके प्रमुख देवता बूढ़ादेव, दूल्हादेव, बरुआ हैं तथा बड़ादेव, बछोवर, मुठवा एवं भीमसेन इनके जातीय देवता हैं।
- केन्द्र सरकार ने इन्हें **विशेष पिछड़ी जनजाति** घोषित किया है।

खैरवार जनजाति

- खैरवार मुण्डा जनजाति समूह की प्रमुख जनजाति है। यह उमरिया, सीधी, अनूपपुर, शहडोल जिलों में पाए जाते हैं।
- खैरवार अपना मूल निवास खरियागढ़ (कैमूर पहाड़ियाँ) मानते हैं।
- खैरवार जनजाति को **कथवार** भी कहा जाता है।इस जनजाति के लोग खैर वृक्ष से कत्था निकालने के कारण खैखार कहलाने लगी। सूरजवंशी, पटबन्दी, दौलतबन्दी, खेरी, राउत, मौगति, मोझयाली, गोजूँ, आर्मिया इसकी प्रमुख उप-जातियाँ हैं।
- खैरवार जनजाति बनसन्ती, दुल्हादेव, धमसान, गोरइपा, बघउस, शिव, दुर्गा, हनुमान, सेलम, पीपल एवं नीम की पूजा करती हैं।

- पर्व-त्योहारों पर खैरवार करमा नृत्य का आयोजन करते हैं।
- कुछ खैरवार स्वयं को अभिजात्य वर्ग का मानते हैं और **जनेऊ** धारण करते हैं।

बंजारा जनजाति

- बंजारा भारत की बहुत पुरानी यायावर जनजाति है। यह घुमन्तू जनजाति है।
- निमाड़, मालवा एवं मण्डला में यह जनजाति अब स्थायी रूप से रहने लगी है। इनके मकानों को **टाण्डा** कहा जाता है।
- विश्व में **कंघी** का पहला प्रयोग बंजारा जनजाति ने ही किया था।
- बंजारा जनजाति दीपावली, दशहरा एवं होली आदि त्यौहार मनाते हैं तथा यह राम, कृष्ण एवं दुर्गा आदि की पूजा करते हैं।

उराँव जनजाति

- उराँव जनजाति मुख्यतः भोपाल, अनूपपुर, जबलपुर, बड़वानी, नरसिंहपुर, इन्दौर एवं सिंगरौली में निवास करती है।
- यह जनजाति द्रविड़ वर्ग की मानी जाती है। उराँव स्वयं को 'कुरुख' कहते हैं।
- उराँव जनजाति में बुन्दे विवाह, बन्दवा, ढूंकू विवाह प्रचलित है। इनके युवागृह 'धुमकोरिया' कहलाते हैं।
- उराँव के गाँव के मुखिया को 'महतो' और पुरोहित को 'बैगा' कहा जाता है।
- उराँव जनजाति के प्रमुख पर्व सरना पूजा, करमा पूजा तथा कुल देव पूजा हैं। इस जनजाति के प्रमुख नृत्य घुड़िया, करमा तथा सरहुल हैं।

बिंझावर जनजाति

- यह विन्ध्याचल पर्वत के मूल निवासी हैं। यह जनजाति मुख्यतः बालाघाट और सिवनी में रहती है। यह द्रविड़ परिवार के हैं। इनकी पंचायत का मुखिया **पटेल** अथवा **गोटिया** कहलाता है।

अनुसूचित जाति एवं जनजाति (अत्याचार निरोधक) अधिनियम, 1989

- अनुसूचित जाति एवं जनजाति के व्यक्तियों को सम्मान दिलाने तथा उनके उत्पीड़न को रोकने के लिए भारतीय संसद ने अनुसूचित जाति एवं जनजाति (अत्याचार निरोधक) अधिनियम 16 अगस्त, 1989 को पारित किया था, जिसे 30 जनवरी, 1990 से सम्पूर्ण भारत में लागू किया गया।
- यह अधिनियम उस प्रत्येक व्यक्ति पर लागू होता है, जो अनुसूचित जाति एवं जनजाति का सदस्य नहीं है तथा वह व्यक्ति इस वर्ग के सदस्यों का उत्पीड़न करता है।
- इस अधिनियम के तहत जिला स्तर पर विशेष अदालतें संचालित हैं।

अनुसूचित जाति एवं जनजातियों के विकास हेतु राज्य सरकार की प्रमुख योजनाएँ

योजना	*सम्बन्धित तथ्य/उद्देश्य/विशेषताएँ*
जबालि योजना	वेश्यावृत्ति में उलझी अनुसूचित जातियों को ऊपर उठाना।
अरुणिमा योजना	जनजातियों को स्वास्थ्य के प्रति जागरूक करना।
प्रतिष्ठा योजना	सिर पर मैला ढोने वाले लोगों को उनकी कुप्रथा से मुक्त कराना।
राज्य अन्नपूर्णा योजना	अनुसूचित जाति/जनजाति को खेती के लिए बीजों को उपलब्ध कराना।
शंखनाद योजना	आदिवासी क्षेत्रों को विकास में भागीदार बनाना।
जीवन ज्योति योजना	जनजातीय क्षेत्रों में निःशुल्क चिकित्सा सुविधा उपलब्ध कराना।
अन्त्योदय योजना	इसके तहत 13 योजनाएँ संचालित हैं, जिसमें नवजीवन, वसुन्धरा, जल-जीवन, स्वावलम्बन, मधुबन आदि प्रमुख योजनाएँ सम्मिलित हैं।

स्व-मूल्यांकन

1. मध्य प्रदेश के किस जिले में अनुसूचित जातियों की संख्या सर्वाधिक है?
(a) इन्दौर (b) मण्डला
(c) बड़वानी (d) उमरिया

2. निम्नलिखित में से सबसे कम अनुसूचित जाति वाला जिला कौन-सा है?
ब्लॉक डेवलपमेण्ट ऑफिसर 2016
(a) रायसेन (b) भिण्ड
(c) जबलपुर (d) झाबुआ

3. मध्य प्रदेश के किस जिले में सर्वाधिक अनुसूचित जनजातियाँ पाई जाती हैं?
(a) खरगौन (b) शहडोल
(c) अलीराजपुर (d) झाबुआ

4. गोण्ड जनजाति में 'दूध लौटाना' प्रथा सम्बन्धित है
डेयरी फेडरेशन रिक्रूटमेण्ट 2016
(a) जन्म से
(b) मृत्यु से
(c) विवाह से
(d) तान्त्रिक क्रिया से

5. 'घोटुल प्रथा' किस जनजाति में पाई जाती है? डेयरी फेडरेशन रिक्रूटमेण्ट 2016
(a) भील (b) कमार
(c) गोण्ड (d) बैगा

6. गोण्ड जनजाति के प्रमुख देवता हैं
स्टेट इंजीनियरिंग सर्विस 2016
(a) बूढ़ा देव (b) ठाकुर देव
(c) दूल्हा देव (d) ये सभी

7. जनसंख्या की दृष्टि से मध्य प्रदेश की सबसे बड़ी जनजाति कौन-सी है?
डेयरी फेडरेशन रिक्रूटमेण्ट 2016
(a) भील (b) कोल
(c) गोण्ड (d) भारिया

8. कौन-सी जनजाति आत्मवाद में विश्वास करती है?
(a) गोण्ड
(b) कोरकू
(c) भील
(d) उपरोक्त में से कोई नहीं

9. मध्य प्रदेश के आदिवासियों में किन महिलाओं को 'गोधारिन' कहा जाता है?
कम्बाइण्ड ग्रुप असिस्टेन्ट ग्रेड III-2016
(a) चिकित्सक
(b) सफाई वाली
(c) ओझा
(d) गुदना कलाकार

10. 'भगोरिया मेला' किस जाति से सम्बन्धित है?
(a) भील (b) अगरिया
(c) कोल (d) बैगा

11. 'भगोरिया हाट' किस जिले में होता है?
परिवहन आरक्षण 2012
(a) ग्वालियर (b) सतना
(c) झाबुआ (d) बालाघाट

12. बैगा जनजातियाँ मुख्य रूप से कहाँ मिलती हैं? पुलिस आरक्षक 2016
(a) विन्ध्य और सतपुड़ा क्षेत्र
(b) उज्जैन और जबलपुर क्षेत्र
(c) उमरिया और मण्डला क्षेत्र
(d) मण्डला और बालाघाट क्षेत्र

13. बैगा चक का अधिकांश भाग मध्य प्रदेश के किस जिले में आता है?
कराधान सहायक 2012
(a) डिण्डोरी
(b) शहडोल
(c) मण्डला
(d) 'a' और 'c' दोनों

14. कोरकू जनजाति का प्रमुख नृत्य कौन-सा है?
(a) दहका (b) चटकोरा
(c) भस्म (d) सैतम

15. सहरिया जनजाति किस क्षेत्र में अधिक संख्या में निवास करती है?
कराधान सहायक 2012
(a) मण्डला-शहडोल
(b) बुन्देलखण्ड
(c) मुरैना-श्योपुर-शिवपुरी
(d) रीवा-सीधी

16. कौन-सी जनजाति वन्य प्राणियों के शिकार एवं अन्य अपराधों के लिए अधिक जानी जाती है?
कराधान सहायक 2012
(a) पारधी
(b) कोरकू
(c) अगरिया
(d) उपरोक्त में से कोई नहीं

17. भारिया जनजाति मध्य प्रदेश के किस जिले में पाई जाती है? एम पी एस आई 1997
(a) बस्तर (b) रायगढ़
(c) झाबुआ (d) छिन्दवाड़ा

18. कौन-सा क्षेत्र भारिया आदिवासियों के नाम से जाना जाता है?
स्टेट इंजीनियरिंग सर्विस 2014
(a) अन्नकूट
(b) चित्रकूट
(c) पातालकोट
(d) उपरोक्त में से कोई नही

19. 'कंघी शिल्प' निम्न में से किस जनजाति से सम्बन्धित है?
डेयरी फेडरेशन रिक्रूटमेण्ट 2016
(a) भील (b) बंजारा
(c) गोण्ड (d) कोरकू

20. निम्न में से कौन-सी जनजाति मध्य प्रदेश में नहीं पाई जाती है?
स्टेनो टाइपिस्ट एण्ड असिस्टेन्ट ग्रेड 2016
(a) गोण्ड (b) पनिका
(c) भील (d) टोडा

21. निम्न में से कौन-सी जनजाति मध्य प्रदेश की नहीं है? प्लाटून कमाण्डर 2014
(a) जौनसारी (b) गोण्ड
(c) कोरकू (d) भील

22. 'जबालि योजना' का सम्बन्ध है
(a) वेश्यावृत्ति के उन्मूलन से
(b) शिक्षा सुधार से
(c) स्वास्थ्य सुधार से
(d) विकास कार्यों से

23. 'जीवन ज्योति योजना' का सम्बन्ध है
(a) शिक्षा से (b) स्वास्थ्य से
(c) आर्थिक सुधारों से (d) कृषि सुधारों से

24. निम्न में से कौन-सी जनजातियाँ मध्य प्रदेश में पाई जाती हैं?
एम पी पी एस सी 2008
(a) मुण्डा, उराँव, सन्थाल, हो
(b) बैगा, सहरिया, गोण्ड, कोल
(c) माड़िया, भील, गोण्ड, सन्थाल
(d) खारिया, माड़िया, गोण्ड, उराँव

25. सुमेलित कीजिए एम पी पी एस सी 2008

सूची I	सूची II
A. पहाड़ी कोरबा	1. मण्डला
B. बैगा	2. जसपुर
C. झारिया	3. ग्वालियर
D. सहरिया	4. छिन्दवाड़ा

कूट

	A	B	C	D		A	B	C	D
(a)	2	1	4	3	(b)	4	3	2	1
(b)	1	2	3	4	(d)	3	4	1	2

उत्तरमाला

1. (a) **2.** (d) **3.** (d) **4.** (c) **5.** (c) **6.** (c) **7.** (a) **8.** (c) **9.** (d) **10.** (a)
11. (c) **12.** (d) **13.** (d) **14.** (b) **15.** (c) **16.** (a) **17.** (d) **18.** (c) **19.** (b) **20.** (d)
21. (a) **22.** (a) **23.** (b) **24.** (b) **25.** (a)

अध्याय 18

शिक्षा और स्वास्थ्य

- मध्य प्रदेश साक्षरता की दृष्टि से उन्नत राज्य है। मध्य प्रदेश में प्राथमिक शिक्षा और उच्च शिक्षा के साथ तकनीकी (चिकित्सकीय/इंजीनियरिंग) शिक्षा का भी अत्यधिक विकास हो चुका है।
- राज्य गठन 1956 के समय साक्षरता दर मात्र 10% थी, जो वर्ष 2011 में बढ़कर 69.36% हो गई है। उपरोक्त साक्षरता दर के उपरान्त भी लगभग 40% महिलाएँ निरक्षर हैं। राज्य में साक्षरता वृद्धि हेतु सघन प्रयास किए जा रहे हैं।
- राज्य सरकार द्वारा स्वास्थ्य को पाँच प्रमुख 'प्राथमिकता वाले क्षेत्रों' में सम्मिलित किया गया है, साथ ही जनसंख्या वृद्धि के नियन्त्रण हेतु जनसंख्या नीति 2001 घोषित की गई है।

मध्य प्रदेश में शिक्षा

राज्य में शिक्षा का विकास प्राथमिक, माध्यमिक, एवं उच्च/तकनीकी स्तरों पर हुआ है, *जिनकी व्याख्या निम्न प्रकार है*

प्राथमिक शिक्षा

- राज्य के आर्थिक सर्वेक्षण 2018-19 के अनुसार, वर्ष 2017-18 में प्रदेश में लगभग 80,807 हजार शासकीय प्राथमिक तथा 30,228 हजार शासकीय माध्यमिक विद्यालय हैं। निःशुल्क एवं अनिवार्य बाल शिक्षा अधिकार अधिनियम 2009, राज्य में 1 अप्रैल, 2010 से लागू हुआ है।

प्राथमिक शिक्षा को बढ़ावा देने हेतु राज्य में निम्नलिखित योजनाएँ संचालित की गई हैं

- **खेल प्रोजेक्ट** राज्य में कक्षा एक से तीन के लिए विभिन्न विषयों (गणित, हिन्दी, अंग्रेजी) की दक्षताओं पर आधारित यह कार्यक्रम IIT बॉम्बे के सहयोग से शैक्षिक गुणवत्ता हेतु संचालित किया गया है।
- **स्कूल चले हम अभियान** यह अभियान राज्य में विद्यालय छोड़ने वाले बच्चों को रोकने के लिए वर्ष 2009-10 में प्रारम्भ किया गया। इस अभियान के तहल शिक्षकों एवं अभिभवकों के बीच बेहतर सम्बन्ध स्थाति करने हेतु **पालक शिक्षक संघ** का गठन किया गया।
- **पढ़ना-बढ़ना योजना** मध्य प्रदेश सरकार ने प्राथमिक शिक्षा को बढ़ावा देने के लिए वर्ष 2003 में पढ़ना-बढ़ना योजना की शुरुआत की। इसके तहत् छात्र स्वयं एक **गुरुजी** को नियुक्त करके उनसे शिक्षा ग्रहण करते हैं।
- **सर्वशिक्षा अभियान** वर्ष 2001 से प्राथमिक शिक्षा के लोक व्यापीकरण हेतु 'सर्व शिक्षा अभियान' का क्रियान्वयन मध्य प्रदेश के सभी जिलों में किया जा रहा है। *इस अभियान के प्रमुख बिन्दु निम्न हैं*
  - इसके अन्तर्गत प्रत्येक 1 किमी की परिधि में बसे हुए क्षेत्र में प्राथमिक शाला सुविधा तथा 3 किमी की परिधि

में माध्यमिक शाला की सुविधा उपलब्ध कराना है।

- 6 से 14 वर्ष की आयु वर्ग के सभी बच्चों के नाम 'शाला' में दर्ज कराना।
- शालाओं में दर्ज बच्चों की नियमितता सुनिश्चित करना।
- सभी बच्चों की शालाओं में निरन्तरता को सुनिश्चित करना।
- शाला त्यागी दर कम करना।
- शिक्षा के गुणात्मक स्तर में वृद्धि पर विशेष बल देना।

- **शिक्षा गारण्टी योजना** इस योजना का शुभारम्भ 1 अगस्त, 1997 को राजीव गाँधी शिक्षा मिशन के तहत् हुआ था। यह योजना अनुसूचित जाति/जनजाति बहुल क्षेत्रों में तथा ऐसे गाँव जहाँ एक किमी तक प्राथमिक शिक्षा व्यवस्था उपलब्ध नहीं है, वहाँ लागू होती है। इस योजना ने वर्ष 1998 में कॉमनवेल्थ पुरस्कार प्राप्त किया।
- **शंखनाद योजना** राज्य में आदिवासी क्षेत्रों के विद्यालयों को विकास प्रक्रिया में भागीदार बनाने के लिए शंखनाद योजना आरम्भ की गई है।
- **ब्रिज कोर्स** ग्रामीण क्षेत्रों में बड़ी उम्र के बच्चों को उनकी उम्र के अनुरूप कक्षा उपलब्ध कराने हेतु **आवासीय ब्रिज कोर्स** प्रारम्भ किया गया है।

माध्यमिक शिक्षा

आर्थिक सर्वेक्षण 2018-19 के अनुसार, वर्ष 2017-18 तक प्रदेश में कुल 8,373 हाईस्कूल एवं 8,998 हायर सेकेण्ड्री स्कूल संचालित हैं।

माध्यमिक शिक्षा सम्बन्धित प्रमुख योजनाएँ निम्न हैं

- **कस्तूरबा गाँधी बालिका विद्यालय** अनुसूचित जाति, अनुसूचित जनजाति एवं अन्य पिछड़ा वर्ग की बालिकाओं की माध्यमिक स्तर की शिक्षा पूर्ण करने के लिए राज्य में लगभग 207 (आर्थिक सर्वेक्षण 2018-19 के अनुसार) आवासीय कस्तूरबा गाँधी विद्यालय है।
- **मेधावी छात्र प्रोत्साहन योजना** राज्य सरकार द्वारा यह योजना वर्ष 2009-10 में प्रारम्भ की गई थी। इस योजना के अनुसार शासकीय हायर सेकेण्डरी स्कूलों में पढ़ने वाले कक्षा 12वीं में 85% अथवा उससे अधिक अंक प्राप्त करने वाले विद्यार्थी को कम्प्यूटर खरीदने के लिए ₹ 25,000 की धनराशि दी जाती है।
- **विक्रमादित्य योजना** यह योजना वर्ष 2008-09 से प्रारम्भ हुई। इस योजना के अन्तर्गत गरीबी रेखा से नीचे जीवन-यापन करने वाले विद्यार्थी लाभान्वित होते हैं। इसमें चयनित छात्रों को निःशुल्क शिक्षा दी जाती है।
- **गाँव की बेटी योजना** यह योजना वर्ष 2005 में प्रारम्भ हुई। इसके तहत ग्रामीण क्षेत्र से उच्चतर माध्यमिक परीक्षा उत्तीर्ण करने वाली प्रत्येक छात्रा को उच्च शिक्षा के अध्ययन हेतु ₹ 500 प्रतिमाह के हिसाब से 10 महीने के लिए ₹ 5000 प्रतिवर्ष छात्रवृत्ति दी जाती है।
- **हेड स्टार्ट कार्यक्रम** यह कार्यक्रम सर्वशिक्षा अभियान के अन्तर्गत राज्य में माध्यमिक स्तर के विद्यार्थियों एवं शिक्षकों के लिए कम्प्यूटर समर्थित शिक्षा के लिए कुछ विद्यालयों में संचालित है। इस कार्यक्रम का प्रमुख उद्देश्य पाठ्यक्रम की विषयगत कठिन अवधारणाओं को कम्प्यूटर के माध्यम से सरल बनाना है।
- **उत्कृष्ट विद्यालय** राज्य में शासकीय स्कूलों में माध्यमिक स्तर की गुणवत्ता युक्त शिक्षा उपलब्ध कराने के उद्देश्य से प्रत्येक जिला मुख्यालयों एवं विकास खण्ड मुख्यालयों पर एक उत्कृष्ट विद्यालय की स्थापना की गई है।
- **प्रतिभा किरण योजना** इसके तहत शहरी क्षेत्र के गरीब छात्रों में 12वीं कक्षा में प्रथम श्रेणी से उत्तीर्ण होने के पश्चात् उच्च शिक्षा हेतु छात्रवृत्ति के रूप में ₹ 750 प्रतिमाह 10 माह के लिए दिए जाते हैं।

नॉलेज हब पोर्टल

वर्ष 2017-18 में राज्य सरकार ने शिक्षकों तथा छात्रों के लिए नॉलेज शेयरिंग नेटवर्क प्रारम्भ करने की घोषणा की है। नॉलेज हब पोर्टल का उद्देश्य ज्ञान के विभिन्न स्रोतों को ऑनलाइन उपलब्ध कराना है। शिक्षा की गुणवता तथा नॉलेज शेयरिंग के उद्देश्य से **राज्य शिक्षा केन्द्र का यू-ट्यूब चैनल** भी प्रारम्भ किया गया है।

उच्च शिक्षा

- राज्य में वर्ष 1946 में हरि सिंह गौर विश्वविद्यालय की स्थापना के साथ ही उच्च शिक्षा की दिशा में भी प्रयास प्रारम्भ हुए हैं। यह राज्य का पहला विश्वविद्यालय है।
- वर्ष 2016 के अनुसार राज्य में कुल 21 शासकीय विश्वविद्यालय हैं, जिसमें एक केन्द्र सरकार तथा 20 प्रान्तीय (केन्द्रीय दर्जा प्राप्त सागर वि.वि. सहित) विश्वविद्यालय हैं। इसमें 6 विश्वविद्यालय भोपाल में स्थित हैं तथा जबलपुर एवं ग्वालियर में 3-3 विश्वविद्यालय स्थित हैं। वर्ष 2016 में राज्य में 437 शासकीय महाविद्यालय थे, जिनकी संख्या अब बढ़कर 457 हो गई है।
- मध्य प्रदेश में उच्च शिक्षा को बढ़ावा देने के लिए अनेकों महाविद्यालयों, विश्वविद्यालयों, मेडिकल कॉलेजों, कृषि विश्वविद्यालयों और तकनीकी संस्थानों की स्थापना की गई है।

मध्य प्रदेश के प्रमुख विश्वविद्यालय

विश्वविद्यालय	*स्थापना वर्ष*	*अवस्थिति*
डॉ. हरि सिंह गौर विश्वविद्यालय	1946	सागर
रानी दुर्गावती विश्वविद्यालय	1957	जबलपुर
विक्रम विश्वविद्यालय	1957	उज्जैन
जीवाजी राव विश्वविद्यालय	1964	ग्वालियर
देवी अहिल्याबाई विश्वविद्यालय	1964	इन्दौर
जवाहरलाल नेहरू कृषि विश्वविद्यालय	1964	जबलपुर
अवधेश प्रताप सिंह विश्वविद्यालय	1968	रीवा
बरकतुल्ला विश्वविद्यालय	1970	भोपाल
माखनलाल चतुर्वेदी राष्ट्रीय पत्रकारिता विश्वविद्यालय	1990	भोपाल
महात्मा गाँधी चित्रकूट ग्रामोदय विश्वविद्यालय	1991	सतना (चित्रकूट)
राजा भोज (मुक्त) विश्वविद्यालय (UNESCO द्वारा मेगा यूनिवर्सिटी का दर्जा प्राप्त)	1991	भोपाल
राजीव गाँधी प्रौद्योगिकी विश्वविद्यालय	2000	भोपाल
इन्दिरा गाँधी राष्ट्रीय जनजातीय विश्वविद्यालय (केन्द्रीय विश्वविद्यालय)	2008	अमरकण्टक, अनूपपुर
मानसिंह तोमर संगीत विश्वविद्यालय	2008	ग्वालियर
महर्षि पाणिनी संस्कृत विश्वविद्यालय	2008	उज्जैन
राजमाता विजया राजे सिन्धिया कृषि विश्वविद्यालय	2008	ग्वालियर
राष्ट्रीय विधि संस्थान विश्वविद्यालय	2008	भोपाल
महर्षि महेश योगी वैदिक विश्वविद्यालय (अशासकीय विश्वविद्यालय)	2009	(नेपियर टाउन) कटनी, जो जबलपुर सभांग के अन्तर्गत आता है।

विश्वविद्यालय	स्थापना वर्ष	अवस्थिति
पशु चिकित्सा विश्वविद्यालय	2010	जबलपुर
अटल बिहारी हिन्दी विश्वविद्यालय	2011	भोपाल
बौद्ध भारतीय ज्ञान अध्ययन विश्वविद्यालय	2012	साँची
डॉ. अम्बेडकर राष्ट्रीय सामाजिक विज्ञान विश्वविद्यालय	2015	महू
महाराजा चित्रसाल बुन्देलखण्ड विश्वविद्यालय	2015	छतरपुर

मध्य प्रदेश के डीम्ड विश्वविद्यालय

मध्य प्रदेश में कुल तीन डीम्ड विश्वविद्यालयों की स्थापना की गई है, जो निम्न हैं

विश्वविद्यालय	स्थापना वर्ष	अवस्थिति
पं. डी पी मिश्र इण्डियन इन्स्टीट्यूट ऑफ आई टी डिजाइन एण्ड मैन्युफैक्चरिंग	2005	जबलपुर
इण्डियन इन्स्टीट्यूट ऑफ आई टी एण्ड मैनेजमेण्ट	1997	ग्वालियर
लक्ष्मीबाई नेशनल इन्स्टीट्यूट ऑफ फिजिकल एजूकेशन	1957	ग्वालियर

मध्य प्रदेश के प्रमुख कृषि महाविद्यालय

कृषि महाविद्यालय	अवस्थिति
जवाहरलाल नेहरू कृषि महाविद्यालय	जबलपुर
कृषि महाविद्यालय	इन्दौर, ग्वालियर, मन्दसौर, रीवा, खण्डवा, गंजबासौदा (विदिशा)
उद्यानिकी महाविद्यालय	मन्दसौर
RAK कृषि महाविद्यालय	सीहोर

मध्य प्रदेश के प्रमुख मेडिकल कॉलेज/महाविद्यालय

मेडिकल कॉलेज /महाविद्यालय	अवस्थिति	विशेषताएँ
गजरा राज्य चिकित्सा महाविद्यालय	ग्वालियर (1946)	यह प्रदेश का पहला मेडिकल कॉलेज है।
राजमाता विजयाराजे सिन्धिया अखिल भारतीय आयुर्विज्ञान संस्थान	भोपाल	यह दिल्ली के एम्स के अनुरूप है।
महात्मा गाँधी मैमोरियल मेडिकल कॉलेज	इन्दौर (1948)	–
शासकीय चिकित्सा महाविद्यालय	भोपाल (1955)	
गाँधी मेडिकल कॉलेज	जबलपुर (1955)	–
दन्त चिकित्सा महाविद्यालय	इन्दौर	–
एस एन मेडिकल कॉलेज	रीवा (1964)	–
शासकीय चिकित्सा महाविद्यालय	सागर (2008)	–
यूनानी चिकित्सा महाविद्यालय	बुरहानपुर	प्रदेश का एकमात्र यूनानी चिकित्सा महाविद्यालय है।
नर्सिंग महाविद्यालय	इन्दौर	यह प्रदेश का एकमात्र नर्सिंग महाविद्यालय है।

अन्य चिकित्सा संस्थान

- **वेटनरी कॉलेज** जबलपुर और महू (इन्दौर) में अवस्थित हैं।
- **मानसिक चिकित्सालय** इन्दौर (बाणगंगा में) और ग्वालियर में अवस्थित हैं।
- **कैंसर हॉस्पिटल** मध्य प्रदेश में तीन कैंसर हॉस्पिटल इन्दौर, जबलपुर एवं ग्वालियर में अवस्थित हैं।
- **आयुर्वेद महाविद्यालय** ग्वालियर, जबलपुर, रीवा, इन्दौर, बुरहानपुर एवं उज्जैन में आयुर्वेदिक महाविद्यालय अवस्थित हैं।

तकनीकी शिक्षा

राज्य के प्रमुख तकनीकी संस्थान निम्नलिखित हैं

- **इंजीनियरिंग कॉलेज** आर्थिक सर्वेक्षण 2018-19 के अनुसार मध्य प्रदेश में इंजीनियरिंग एवं आर्किटेक्चर कॉलेजों की संख्या लगभग 180 है। मध्य प्रदेश के जबलपुर में सर्वप्रथम इंजीनियरिंग कॉलेज की स्थापना की गई थी। इसके अतिरिक्त इन्दौर (श्री गोविन्दराम सेकसरिया प्रौद्योगिकी एवं विज्ञान संस्थान, SGSITS), रीवा, विदिशा (सम्राट अशोक संस्थान), उज्जैन तथा भोपाल में (मौलाना आजाद कॉलेज ऑफ टेक्नोलॉजी, MACT) शासकीय महाविद्यालय हैं। मध्य प्रदेश (इन्दौर) में आई आई टी और आई आई एम संस्थान अवस्थित हैं। मध्य प्रदेश में (महू में) आर्मी वार कॉलेज तथा रीवा में सैनिक स्कूल स्थित हैं। राज्य में भोपाल के **मौलाना आजाद कॉलेज ऑफ टेक्नोलॉजी** (MACT) भोपाल को रीजनल इंजीनियरिंग कॉलेज का दर्जा प्राप्त है।
- **सूचना प्रौद्योगिकी** राज्य में सूचना प्रौद्योगिकी संस्थान ग्वालियर में तथा भारतीय सूचना प्रौद्योगिकी संस्थान की स्थापना जबलपुर में की गई है।
- **उच्च शिक्षा उत्कृष्टता संस्थान** सामान्य शिक्षा क्षेत्र में मेधावी विद्यार्थियों को उत्कृष्ट स्तर पर उच्च शिक्षा देने हेतु राज्य सरकार ने भोपाल में कुछ दूरी पर शाहपुरा झील के पास ऐसी संस्था की स्थापना वर्ष 1995 में की।

मध्य प्रदेश की प्रमुख शैक्षणिक संस्थाएँ

मध्य प्रदेश के शैक्षणिक अभिकरण	*स्थापना वर्ष*	*विशेषताएँ/उद्देश्य/कार्य*
मध्य प्रदेश माध्यमिक शिक्षा मण्डल, भोपाल	1965	स्वायत्तशासी निगमित निकाय। यह माध्यमिक शिक्षा और उनकी परीक्षाओं की व्यवस्था करता है।
मध्य प्रदेश उच्च शिक्षा अनुदान आयोग, भोपाल	1973	इसका कार्य उच्च शिक्षा में लगे महाविद्यालयों के वित्तीय अनुदान हेतु राज्य सरकार की अनुशंसा करना है।
मध्य प्रदेश राज्य शैक्षणिक एवं प्रशिक्षण परिषद्, भोपाल	1982	इसके अन्तर्गत उच्च शिक्षा, माध्यमिक शिक्षा एवं पूर्व माध्यमिक शिक्षा सम्मिलित की जाती है। यह शिक्षा सुधार हेतु अनुसन्धान एवं प्रशिक्षण सम्बन्धी कार्य करता है।
मध्य प्रदेश हिन्दी ग्रन्थ अकादमी, भोपाल	1969	उच्च शिक्षा के लिए पुस्तकों का निर्माण करके, बिना लाभ-हानि के छात्रों के पास पहुँचाना।
राजीव गाँधी शिक्षा मिशन		इसका मुख्य उद्देश्य शिक्षा के लिए अनुकूल वातावरण का निर्माण करना, सम्बन्धित अधो संरचना का निर्माण करना तथा 15-35 वर्ष के निरक्षरों को साक्षर बनाना है।
मध्य प्रदेश राज्य मुक्त स्कूल शिक्षा परिषद्, भोपाल	1995	इसका उद्देश्य राज्य में दूरस्थ शिक्षा को बढ़ावा देना है।
मध्य प्रदेश संस्कृत बोर्ड (महर्षि पतंजलि संस्कृत संस्थानम्), भोपाल	2001	संस्कृत भाषा का विकास और प्रचार-प्रसार करना।
व्यावसायिक परीक्षा मण्डल, भोपाल (व्यापम)		इसकी स्थापना PET, PMT,SLET जैसी प्रतियोगी परीक्षाओं के आयोजन हेतु की गई है। इसका नाम बदलकर वर्ष 2015 में प्रोफेशनल एक्जामिनिशन बोर्ड कर दिया गया है।

स्वास्थ्य

राज्य में राष्ट्रीय स्वास्थ्य नीति, 2000 को क्रियान्वित किया गया है, जिसके अन्तर्गत त्रिस्तरीय स्वास्थ्य संरचना की व्यवस्था की गई है, *जिसका वर्णन निम्न है*

- **उप-स्वास्थ्य केन्द्र** राज्य में स्वास्थ्य सेवाओं में सुधार के लिए 5,000 की आबादी पर एक उप-स्वास्थ्य केन्द्र तथा आदिवासी क्षेत्रों में 3,000 की आबादी पर एक उप-स्वास्थ्य केन्द्र की स्थापना की गई है।
- **प्राथमिक स्वास्थ्य केन्द्र** प्रदेश में प्रत्येक 30,000 की आबादी पर तथा आदिवासी क्षेत्रों में 20,000 की आबादी पर एक प्राथमिक स्वास्थ्य केन्द्र की स्थापना की गई है।
- **सामुदायिक स्वास्थ्य केन्द्र** प्रत्येक 1.20 लाख की आबादी पर तथा आदिवासी क्षेत्रों में प्रत्येक 80,000 की आबादी पर सामुदायिक स्वास्थ्य केन्द्र की स्थापना की गई है।

स्वास्थ्य संकेतक

कुल प्रजनन दर

राज्य की जनसंख्या नीति में कुल प्रजनन दर वर्ष 2011 तक को 2.1% के स्तर तक लाने का लक्ष्य निर्धारित किया गया था, हालाँकि वर्ष 2015 में यह दर 2.3% थी। वर्ष 2011 में परिवार कल्याण कार्यक्रम में शहडोल जिला प्रथम तथा खण्डवा जिला दूसरे स्थान पर रहा।

शिशु मृत्यु-दर

वर्ष 2015 में शिशु मृत्यु-दर 52 थी, लेकिन वर्ष 2017 के अनुसार शिशु मृत्यु दर 47 प्रति हजार जीवित जन्म है।

मातृ मृत्यु-दर

मातृ मृत्यु-दर प्रदेश की स्वास्थ्य सेवा को व्यक्त करती है। वर्तमान में यह दर 335 है, जबकि राष्ट्रीय औसत मातृ मृत्यु-दर 254 है।

मध्य प्रदेश मानव विकास रिपोर्ट

मध्य प्रदेश राज्य स्तर पर मानव विकास रिपोर्ट प्रकाशित करने वाला प्रथम राज्य है। राज्य की पहली मानव विकास रिपोर्ट 1995 में व दूसरी 1998 में जारी की गई थी। वर्ष 1995 में प्रथम मानव विकास का विमोचन अर्मत्य सेन द्वारा किया गया था। इस रिपोर्ट में जन्म-दर, मृत्यु-दर, शिशु मृत्यु-दर, मातृ मृत्यु-दर तथा औसत जीवन-प्रत्याशा आदि मदें शामिल की जाती हैं।

राज्य एवं केन्द्र सरकार की प्रमुख योजनाएँ

बाल शक्ति योजना

- राज्य में जन्म से पाँच वर्ष के बच्चों में कुपोषण की दर लगभग 42.8% है। इसलिए बच्चों में कुपोषण दर को कम करने के उद्देश्य से स्वास्थ्य विभाग द्वारा यह योजना संचालित की जा रही है।
- वर्ष 2017 तक लगभग 60 हजार गम्भीर कुपोषित बच्चों को उपचार प्रदान किया गया है।

ममता अभियान

- राष्ट्रीय स्वास्थ्य मिशन यूनिसेफ एवं मध्य प्रदेश के संयुक्त तत्त्वावधान में मातृ मत्यु-दर, शिशु मृत्यु-दर तथा कुल प्रजनन दर में तीव्र गिरावट रोकने के लिए लिए ममता अभियान की शुरुआत 26 जून, 2016 को भोपाल से की गई है।
- इसका ब्रॉण्ड एम्बेस्डर माधुरी दीक्षित को बनाया गया है।

जननी सहयोग योजना

यह योजना गरीबी रेखा के नीचे जीवन-यापन करने वाली महिलाओं एवं बच्चों को आपातकालीन प्रसूति, नवजात शिशु सेवाएँ एवं सुरक्षित गर्भपात सेवाएँ प्रदान करने हेतु राज्य में 1 जुलाई, 2011 से संचालित की गई है।

मुख्यमन्त्री बाल हृदय उपचार योजना

इसकी शुरुआत जुलाई, 2011 में हुई। इसके तहत् गरीबी रेखा के नीचे या ऊपर जीवन-यापन करने वाले 0-15 आयु के हृदय रोग से पीड़ित बच्चों के ऑपरेशन हेतु राशि उपलब्ध कराई जाती है।

दीनदयाल चलित अस्पताल योजना

दीनदयाल चलित अस्पताल योजना प्रदेश में दूरस्थ तथा अनुसूचित जाति/जनजाति क्षेत्रों में स्वास्थ्य की तुरन्त सुविधा उपलब्ध कराए जाने के उद्देश्य से मई, 2006 में 28 जिलों में प्रारम्भ की गई।

राष्ट्रीय ग्रामीण स्वास्थ्य मिशन

- आर्थिक एवं सामाजिक उन्नति की प्रक्रिया में तथा नागरिकों के जीवनस्तर में सुधार लाने के लिए भारत सरकार ने राष्ट्रीय ग्रामीण स्वास्थ्य मिशन (NRHM) वर्ष 2005 में प्रारम्भ किया था।
- मिशन वर्ष 2012 तक की अवधि के लिए स्वीकृत किया गया है।
- मिशन का लक्ष्य विशेष रूप से ग्रामीण क्षेत्र में रहने वाले लोगों, गरीबों, महिलाओं एवं बच्चों के लिए उत्तम स्तर की स्वास्थ्य परिचर्या एवं आम व्यक्ति को उन्नत स्वास्थ्य परिचर्या सुलभ कराना है।

वन्दे मातरम् योजना

यह योजना वर्ष 2004 में प्रारम्भ की गई है। इसके अन्तर्गत निःशुल्क सुरक्षित मातृत्व एवं परिवार कल्याण सेवाएँ प्रदान की जाती हैं।

दीनदयाल अन्त्योदय उपचार योजना

- यह योजना 25 सितम्बर, 2004 से प्रारम्भ हुई है।
- इस योजना के अन्तर्गत गरीबी रेखा के नीचे जीवन-यापन करने वाली अनुसूचित जाति एवं जनजाति के लिए शासकीय अस्पताल में भर्ती होकर इलाज कराने पर निःशुल्क उपचार एवं जाँच की सुविधा प्रति परिवार प्रतिवर्ष ₹ 30,000 की सीमा तक उपलब्ध कराए जाने का प्रावधान है।

जनस्वास्थ्य रक्षक योजना

इस योजना को वर्ष 1995 में शुरू किया गया। इस योजना का उद्देश्य गाँव वालों को साधारण बीमारियों के लिए प्राथमिक उपचार उपलब्ध कराना है।

राष्ट्रीय दृष्टिहीनता नियन्त्रण कार्यक्रम

- यह कार्यक्रम दृष्टिहीनता की दर में कमी लाने के उद्देश्य से संचालित किया गया है।
- इस कार्यक्रम के अन्तर्गत ही विश्व बैंक की सहायता से मोतियाबिन्द नियन्त्रण प्रोजेक्ट वर्ष 1994 में प्रारम्भ किया गया।

आशा

आशा, सामाजिक स्वास्थ्य कार्यकर्ता होती है। आशा का मुख्य कार्य स्वास्थ्य कार्यक्रमों के प्रति जागरूकता बढ़ाना तथा स्वास्थ्य मार्गदर्शक की भूमिका निभाना है।

संस्थागत प्रसव हेतु परिवहन योजना

इसके तहत् अनुसूचित जाति/जनजाति की गरीब महिलाओं के संस्थागत प्रसव हेतु ₹ 300 परिवहन शुल्क और ₹ 200 प्रोत्साहन राशि दी जाती है।

राष्ट्रीय टीकाकरण कार्यक्रम

टीकाकरण कार्यक्रम के अन्तर्गत मुख्य रूप से एक वर्ष से कम आयु के बच्चों को छः जानलेवा बीमारियों से बचाव के लिए बी सी जी, पोलियो, डी पी टी, हैपेटाइटिस बी एवं खसरे के टीके लगाए जाते हैं।

स्व-मूल्यांकन

1. शिक्षा गारण्टी योजना कब आरम्भ हुई थी?
(a) वर्ष 1990 (b) वर्ष 1994
(c) वर्ष 1997 (d) वर्ष 2000

2. सर्व शिक्षा अभियान का सम्बन्ध किस शिक्षा से है?
(a) प्राथमिक (b) माध्यमिक
(c) उच्च (d) इंजीनियरिंग

3. माध्यमिक शिक्षा मण्डल का कार्यालय मध्य प्रदेश में कहाँ स्थित है?
डेयरी फेडरेशन रिक्रूटमेण्ट 2016
(a) भोपाल (b) इन्दौर
(c) सागर (d) जबलपुर

4. 'हेड स्टार्ट कार्यक्रम' का सम्बन्ध किस शिक्षा से है?
(a) प्राथमिक (b) माध्यमिक
(c) उच्चतर-माध्यमिक (d) शल्य चिकित्सा

5. मध्य प्रदेश का सबसे प्राचीन विश्वविद्यालय कौन-सा है? पटवारी 2008
(a) विक्रम विश्वविद्यालय, उज्जैन
(b) डॉ. हरिसिंह गौर विश्वविद्यालय, सागर
(c) देवी अहिल्याबाई विश्वविद्यालय, इन्दौर
(d) रानी दुर्गावती विश्वविद्यालय, जबलपुर

6. मध्य प्रदेश में केन्द्रीय विश्वविद्यालय कहाँ स्थित है? डेयरी फेडरेशन रिक्रूटमेण्ट 2016
(a) उज्जैन (b) इन्दौर
(c) भोपाल (d) सागर

7. मध्य प्रदेश में रानी दुर्गावती विश्वविद्यालय कहाँ स्थित है? जेल प्रहरी 2015
(a) जबलपुर (b) उज्जैन
(c) इन्दौर (d) ग्वालियर

8. निम्न विश्वविद्यालयों में से कौन-सा भोपाल में स्थित नहीं है?
पुलिस आरक्षक 2016
(a) बरकतुल्ला विश्वविद्यालय
(b) राजीव गाँधी टेक्निकल विश्वविद्यालय
(c) रानी दुर्गावती विश्वविद्यालय
(d) राजा भोज मुक्त विश्वविद्यालय

9. कौन-सा विश्वविद्यालय ग्वालियर में अवस्थित है? जेल प्रहरी 2015
(a) विक्रम विश्वविद्यालय
(b) जीवाजी विश्वविद्यालय
(c) देवी अहिल्याबाई विश्वविद्यालय
(d) उपरोक्त सभी

10. मध्य प्रदेश के किस शहर में 'देवी अहिल्याबाई विश्वविद्यालय' स्थित है?
जेल प्रहरी 2015
(a) भोपाल (b) इन्दौर
(c) जबलपुर (d) विदिशा

11. बरकतुल्ला विश्वविद्यालय मध्य प्रदेश में कहाँ स्थित है? पशुपालन 2011
(a) उज्जैन (b) इन्दौर
(c) चित्रकूट (d) भोपाल

12. इन्दिरा गाँधी राष्ट्रीय जनजातीय विश्वविद्यालय का मुख्यालय कहाँ स्थित है? आबकारी आरक्षक 2012
(a) जबलपुर (b) भोपाल
(c) इन्दौर (d) अमरकण्टक

13. मध्य प्रदेश के किस शहर में 'राजा मानसिंह तोमर' संगीत विश्वविद्यालय स्थित है? कम्बाइण्ड असिस्टेन्ट 2012
(a) जबलपुर (b) ग्वालियर
(c) इन्दौर (d) सागर

14. संस्कृत विश्वविद्यालय की स्थापना की गई है पशुपालन 2012
(a) ग्वालियर में
(b) उज्जैन में
(c) रीवा में
(d) जबलपुर में

15. महर्षि महेश वैदिक विश्वविद्यालय कहाँ स्थित है? परिवहन आरक्षक 2012
(a) जबलपुर (b) भोपाल
(c) ग्वालियर (d) सतना

16. जवाहर लाल नेहरू कृषि विश्वविद्यालय कहाँ पर स्थित है? डेयरी फेडरेशन रिक्रूटमेण्ट 2016
(a) मण्डला (b) खण्डवा
(c) रीवा (d) जबलपुर

17. मध्य प्रदेश शासकीय चिकित्सा विश्वविद्यालय की स्थापना किस शहर में हुई? कराधान सहायक 2012
(a) इन्दौर (b) रीवा
(c) ग्वालियर (d) जबलपुर

18. मध्य प्रदेश का पहला यूनानी चिकित्सा महाविद्यालय कहाँ स्थित है? डेयरी फेडरेशन रिक्रूटमेण्ट 2016
(a) बुरहानपुर (b) इन्दौर
(c) भोपाल (d) सागर

19. मध्य प्रदेश के किस जिले में आई आई टी और आई आई एम संस्थान स्थित हैं? जेल प्रहरी 2015
(a) भोपाल (b) जबलपुर
(c) इन्दौर (d) ग्वालियर

20. आर्मी वॉर कॉलेज .... में स्थित है। पुलिस आरक्षक 2016
(a) भोपाल (b) मोरार
(c) महू (d) पंचमढ़ी

21. मध्य प्रदेश में सैनिक स्कूल किस जिले में स्थित है? डेयरी फेडरेशन रिक्रूटमेण्ट 2016
(a) इन्दौर (b) रीवा
(c) जबलपुर (d) ग्वालियर

22. 'मध्य प्रदेश उच्च शिक्षा अनुदान आयोग' कहाँ अवस्थित है?
(a) भोपाल (b) जबलपुर
(c) बालाघाट (d) रीवा

23. मध्य प्रदेश ने राज्य स्तर पर किस वर्ष अपनी प्रथम मानव विकास रिपोर्ट जारी की थी?
(a) वर्ष 1995 (b) वर्ष 1998
(c) वर्ष 1992 (d) वर्ष 2005

24. वर्ष 2013 के अनुसार मध्य प्रदेश में लोगों की जीवन-प्रत्याशा कितनी है?
(a) 62.5 वर्ष (b) 65 वर्ष
(c) 66.2 वर्ष (d) 68.2 वर्ष

25. 'मुख्यमन्त्री बाल हृदय उपचार योजना' के तहत किस आयु वर्ग के बच्चे लाभान्वित होते हैं?
(a) 0-5 वर्ष (b) 5-10 वर्ष
(c) 0-15 वर्ष (d) 0-20 वर्ष

26. स्वास्थ्य सम्बन्धी 'वन्दे मातरम् योजना' कब प्रारम्भ की गई?
(a) वर्ष 2002 (b) वर्ष 2004
(c) वर्ष 2006 (d) वर्ष 2008

उत्तरमाला

1. (c) **2.** (a) **3.** (a) **4.** (b) **5.** (b) **6.** (d) **7.** (a) **8.** (c) **9.** (b) **10.** (b)
11. (d) **12.** (d) **13.** (b) **14.** (b) **15.** (a) **16.** (d) **17.** (d) **18.** (a) **19.** (c) **20.** (c)
21. (b) **22.** (a) **23.** (a) **24.** (a) **25.** (c) **26.** (b)

अध्याय 19

खेलकूद

प्रमुख खेल संस्थाएँ एवं अभिकरण

मध्य प्रदेश खेल प्राधिकरण

- मध्य प्रदेश सरकार ने वर्ष 1960 में गठित मध्य प्रदेश राज्य क्रीड़ा परिषद् के स्थान पर 13 जून, 2011 को मध्य प्रदेश खेल प्राधिकरण का गठन किया है। यह राज्य की सर्वोच्च खेल संस्था है।
- इस प्राधिकरण का मुख्य उद्देश्य नई प्रतिभाओं की खोज करके खिलाड़ियों की क्षमताओं को बढ़ाना तथा खेल विकास को बढ़ावा देने हेतु अवसंरचनात्मक विकास करना है।
- इस प्राधिकरण के अध्यक्ष खेल मन्त्री हैं तथा इसमें आठ अन्य सदस्य सम्मिलित होते हैं। इस प्राधिकरण का मुख्यालय भोपाल में स्थित है।

खेलकूद एवं युवा कल्याण विभाग

- खेल गतिविधियों को बढ़ावा देने हेतु मध्य प्रदेश सरकार ने 1 अक्टूबर, 1975 को खेलकूद एवं युवा कल्याण विभाग की स्थापना की।
- यह विभाग खेलकूद और स्वास्थ्य के विकास हेतु योजनाएँ बनाने के साथ-साथ उन योजनाओं को क्रियान्वित भी करता है।

नेशनल कैडेट कोर (NCC)

- राज्य में नेशनल कैडेट कोर का मुख्यालय भोपाल में स्थित है। इसके अतिरिक्त नेशनल कैडेट कोर के छः मुख्यालय क्रमशः इन्दौर, सागर, भोपाल, जबलपुर, ग्वालियर और रीवा का सैनिक स्कूल हैं।
- राज्य में 1953 से NCC में 'सामाजिक सेवा' योजना भी लागू है।

युवक मण्डल

वर्ष 1983-84 में ग्रामीण क्षेत्रों में युवा गतिविधियों को प्रोत्साहित करने के लिए युवक मण्डल का गठन किया गया है।

नेहरू युवा केन्द्र/मण्डल

- मध्य प्रदेश में केन्द्र सरकार के मानव संसाधन मन्त्रालय द्वारा संचालित नेहरू युवा केन्द्रों की संख्या 19 है।
- इसके अन्तर्गत साहसिक कार्यों के लिए युवकों तथा साक्षरता अभियान को प्रोत्साहन आदि दिया जाता है।

राष्ट्रीय सेवा योजना (NSS)

- यह छात्र-छात्राओं में राष्ट्रीय सेवा के प्रति जागरूकता लाने की केन्द्रीय योजना है।
- मध्य प्रदेश राष्ट्रीय सेवा योजना के माध्यम से परती भूमि का विकास कार्य (पायलट प्रोजेक्ट) शुरू कराने वाला प्रथम राज्य है।

मध्य प्रदेश की प्रमुख खेल संस्थाएँ

खेल संस्था का नाम	*स्थापना वर्ष/स्थान*
पारसी क्रिकेट क्लब	1890 ई., इन्दौर
होल्कर क्रिकेट एसोसिएशन	वर्ष 1941, इन्दौर
मध्य प्रदेश बैडमिण्टन एसोसिएशन	वर्ष 1946, जबलपुर
मध्य प्रदेश टेबल टेनिस एसोसिएशन	वर्ष 1957, जबलपुर
मध्य प्रदेश हॉकी एसोसिएशन	जबलपुर
मध्य प्रदेश खेल संचालनालय	वर्ष 1975, भोपाल
मध्य भारत महिला हॉकी एकेडमी	वर्ष 2006, ग्वालियर
स्पोर्ट अथॉरिटी ऑफ इण्डिया (क्षेत्रीय कार्यालय)	गौरागाँव, भोपाल

खेल संगठनों का विकास

क्रिकेट

- प्रदेश में क्रिकेट की शुरुआत 1890 ई. में इन्दौर में **पारसी क्लब** की स्थापना से हुई।
- वर्ष 1941 में महाराजा यशवन्त राय ने कर्नल सी के नायडू के नेतृत्व में **होल्कर क्रिकेट एसोसिएशन** की स्थापना की थी।
- होल्कर क्रिकेट एसोसिएशन अब मध्य प्रदेश क्रिकेट एसोसिएशन में परिवर्तित हो गया है।
- मध्य प्रदेश किक्रेट संघ का मुख्यालय इन्दौर में स्थित है। यह प्रदेश के विभिन्न अंचलों में रणजी ट्रॉफी हेतु खिलाड़ियों का चयन करता है।
- क्रिकेट से सम्बन्धित डेली शिल्ड टूर्नामेण्ट का प्रथम आयोजन वर्ष 1913 में हुआ। इसे सेण्ट्रल इण्डिया एजेन्सी क्लब ने जीता था।

बैडमिण्टन

- प्रदेश में बैडमिण्टन की शुरुआत वर्ष 1946 में ग्वालियर में बैडमिण्टन एसोसिएशन की स्थापना के साथ हुई।
- वर्तमान में इसका मुख्यालय जबलपुर में है। प्रदेश के जबलपुर, इन्दौर, ग्वालियर, उज्जैन में इण्डोर स्टेडियम में यह खेल खेला जाता है।

टेबल टेनिस

प्रदेश में टेबल टेनिस एसोसिएशन की स्थापना वर्ष 1957 में जबलपुर में हुई। वर्तमान में इन्दौर राज्य में टेबल टेनिस खेल का मुख्य केन्द्र है।

हॉकी

- प्रदेश में हॉकी के विकास में भोपाल वाण्डरर्स, भगवन्त क्लब, जीवाजी क्लब, कल्याण मिल क्लब का विशेष योगदान रहा है।
- ग्वालियर क्षेत्र से हॉकी के जादूगर ध्यानचन्द के छोटे भाई अन्तर्राष्ट्रीय स्तर के प्रमुख खिलाड़ी रहे हैं। अब्दुल समद प्रदेश का एकमात्र मूक बधिर हॉकी गोल कीपर है। राज्य के नरसिंहपुर में हॉकी छात्रावास बनाया गया है।
- इसका मुख्य उद्देश्य 13 से 18 वर्ष के बीच की आयु के प्रतिभावान खिलाड़ियों को तकनीकी ढंग से प्रशिक्षित कर उन्हें राज्य तथा राष्ट्रीय स्तर के खिलाड़ी बनाना है। प्रशिक्षण के दौरान खिलाड़ियों को भोजन, वस्त्र, आवास व शिक्षा की निःशुल्क व्यवस्था का प्रावधान है।
- हॉकी के राज्य स्तरीय संगठन भोपाल हॉकी एसोसिएशन, भोपाल व मध्य प्रदेश हॉकी एसोसिएशन, जबलपुर है।
- मध्य प्रदेश के महिला हॉकी संगठन न्यू मध्य प्रदेश वीमेन्स हॉकी एसोसिएशन, भोपाल व मध्य भारत महिला हॉकी एसोसिएशन, ग्वालियर है।

मलखम्ब

यह भारत का एक पारम्परिक व प्राचीन खेल है। इसमें खिलाड़ी लकड़ी के उर्ध्व खम्भे या रस्सी पर अपने कौशल का प्रदर्शन करते हैं। राज्य सरकार ने मलखम्ब को वर्ष 2013 में राजकीय खेल घोषित किया था।

वर्ष 2013 में राज्य सरकार ने मलखम्ब के क्षेत्र में एक नया पुरस्कार प्रभाष जोशी अवार्ड प्रारम्भ किया। यह अवार्ड वर्ष 2013 में अजय वक्तारिया (उज्जैन), वर्ष 2014 में यशोदा भदारिया (उज्जैन) तथा वर्ष 2015 में हर्ष यादव (उज्जैन) को दिया गया 2017 के लिए उज्जैन के चन्द्रशेखर चौहान (मलखम्ब) को यह पुरस्कार प्रदान किया गया।

इस खेल के अलावा राज्य में गोटमार खेल भी प्रसिद्ध हैं, जो छिन्दवाड़ा जिले में प्रचलित है।

मध्य प्रदेश के प्रमुख खेल एवं सम्बन्धित खिलाड़ी

खेल	*खिलाड़ी*
क्रिकेट	मोहनीश मिश्रा, ऋषिकेश कानितकर, मुश्ताक अली (विदेश में शतक लगाने वाले प्रथम भारतीय खिलाड़ी), कर्नल सी के नायडू, अशोक जगदाले, कीर्ति पटेल, गुजरेज अली, राजेश्वरी ढोलकिया, सुबोध सक्सेना, भगवान दास, विजय नायडू, नरेन्द्र हिरवानी, सुहेल अन्सारी, महमूद हसन, महबूब अली, नमन ओझा, श्वेता मिश्रा, अभय खुरसिया, जे पी यादव।
हॉकी	मेजर ध्यानचन्द, शिवेन्द्र सिंह, खम्मन सिंह, गुरुबख्श सिंह, लतीफ शकूर, इस्माइल अब्बासी, दाऊद,असलम, शेर, कमर मियाँ, कबीर अन्सारी, अरमेन, यूनुस अली खान, शाहिद नूर, रोजरियो, शंकर लक्ष्मण, रूपसिंह (ध्यानचन्द के छोटे भाई), नीता डूमरे, मीर रंजन नेगी, अरविन्द लाल, इनामुर्रहमान, शिवाजी पँवार, शिवराम, किशनलाल, अरुण गौतम, अख्तर हुसैन, देवेन्द्र परिहार, नारद अन्सारी, तुलाराम यादव, मधु यादव (पूर्व भारतीय कप्तान)।
फुटबॉल	एम्ब्रूस (नीमच), हफीज अहीर, तरसेम, माइकल नाथ, डी सेनापति (महू), प्रहलाद, राजू सैनी, ताराचन्द्र, नवाब, नेमीचन्द नरेश, यदु, मानसिंह तैलंग, गुरुप्रसाद शर्मा, राजा महेन्द्र बहादुर।
टेबल टेनिस	जाल गोदरेज (ग्रेट वॉल ऑफ चाइना के नाम से प्रसिद्ध), रीता जैन (जूनियर राष्ट्रीय विजेता), पूजा शर्मा (स्वर्ण पदक विजेता), स्निग्धा मेहता, कर्म माणिक, पंकज घाघरिया, पंकज सत्पथी, ज्योति मेहता, रिंकू आचार्य (जूनियर एवं सीनियर राष्ट्रीय विजेता)।
शतरंज	रफीक खान (मध्य प्रदेश के एकमात्र अन्तर्राष्ट्रीय ग्रैण्डमास्टर तथा राष्ट्रीय विजेता रहे हैं।)
बैडमिण्टन	बी एम तापड़िया, सी डी देवरस, एम ताँबे, अशोक सैदा, प्रणव बोस, रमनइ गुप्ता, पार्थ गांगुली (फ्रेंच और ऑस्ट्रेलिया ओपन के डबल विजेता), संजय मिश्रा, सीमा भण्डारी (सार्क चैम्पियन), कविता आसना, समीर वर्मा, सरोजनी आप्टे।
कुश्ती	पप्पू यादव (विश्व कप के जूनियर स्वर्ण विजेता), गामा पहलवान, कृपाशंकर पटेल (एशियाई चैम्पियनशिप में कांस्य विजेता, रामचन्द्र (हिन्दकेसरी खिताब), एन पी यादव, दयाल यादव।
जुडो	कमला रावत, परिणीत विश्वकर्मा, श्रद्धानन्द, दीपक ठाकुर।
खो-खो	नीलिमा सरोलकर (राष्ट्रीय चैम्पियन), अमृता तिवारी, अपर्णा तिवारी, पंकज देश पाण्डे
तैराकी	बजरंगी प्रसाद (6 वर्ष तक लगातार राष्ट्रीय चैम्पियन)
बॉक्सिंग	प्रमुख नागले, राहुल पासी
शूटिंग	अमित पिलानिया, राजकुमार राठौर, नवदीप राठौर
हैण्डबॉल	शबाना कुरैशी, गुरुदीप सिंह ढिल्लन
भारोत्तोलन	संजय सक्सेना, भारत सिंह, दिलीप शर्मा
एथलेटिक्स	अंकित शर्मा, त्रिभुवन नाथ शाहदेव, मो. कासिम
स्नूकर	कमल चावला

मध्य प्रदेश की खेल एकेडमी

खेल एकेडमी	*अवस्थिति*
मलखम्ब एवं जिमनास्टिक एकेडमी	उज्जैन
साइकलिंग एकेडमी	जबलपुर
वेटलिफ्टिंग एकेडमी	जबलपुर
तीरंदाजी एकेडमी	जबलपुर
टेबल टेनिस एकेडमी	इन्दौर
मार्शल आर्ट एकेडमी	भोपाल
एथलेटिक्स एकेडमी	भोपाल
तैराक एकेडमी (वाटर स्पोर्ट्स)	भोपाल
शूटिंग एकेडमी	भोपाल
नेशनल क्रिकेट एकेडमी	ग्वालियर

मध्य प्रदेश के प्रमुख स्टेडियम

नाम	*अवस्थिति*
ठाकुर रणमत सिंह स्टेडियम	रीवा
अभय खेल प्रशाल (प्रदेश का सबसे बड़ा इण्डोर स्टेडियम)	इन्दौर
उषा राजे (होल्कर) स्टेडियम	इन्दौर
तात्याँ टोपे स्टेडियम (जर्मन ट्रैक सुविधा)	भोपाल
नेहरू स्टेडियम	इन्दौर
ऐशबाग स्टेडियम (कृत्रिम घास वाला एकमात्र स्टेडियम)	भोपाल
रूपसिंह स्टेडियम (दूधिया रोशनी सुविधा)	ग्वालियर
पण्डित रविशंकर शुक्ल स्टेडियम	जबलपुर
रानी ताल किक्रेट स्टेडियम	जबलपुर
बाबेअली स्टेडियम	भोपाल

मध्य प्रदेश के प्रमुख खिलाड़ी

- **सैयद मुश्ताक अली** इन्होंने वर्ष 1936 में भारतीय टीम के खिलाड़ी के रूप में शतक बनाया, जो इंग्लैण्ड में किसी भारतीय द्वारा बनाया गया *पहला शतक* था। प्रथम श्रेणी में 10,000 से अधिक रन बनाने का रिकॉर्ड भी इनके नाम दर्ज है। यह पद्म श्री से सम्मानित हो चुके हैं। वर्ष 1948 में इन्होंने क्रिकेट से संन्यास ले लिया था। इनकी मृत्यु वर्ष 2003 में हो गई।
- **शंकर लक्ष्मण** महू निवासी शंकर लक्ष्मण ने वर्ष 1948 के ओलम्पिक खेल में हॉकी के गोलकीपर तथा कप्तान के रूप में भूमिका निभाई। इन्होंने अर्जुन पुरस्कार तथा पद्म श्री पुरस्कार भी प्राप्त किए।
- **रीता जैन** इन्दौर में जन्मी रीता जैन वर्ष 1972 से 1975 तक निरन्तर जूनियर गर्ल्स टेबल टेनिस चैम्पियन रहीं। वर्ष 1982 में विक्रम पुरस्कार प्राप्त किया।
- **मधु यादव** भारतीय महिला हॉकी की अन्तर्राष्ट्रीय खिलाड़ी। वर्ष 1979 और 1980-81 में इन्होंने भारतीय टीम का प्रतिनिधित्व किया।
- **नरेन्द्र हिरवानी** ने वर्ष 1997-98 में भारत वेस्टइण्डीज टेस्ट क्रिकेट में खेलकर ख्याति अर्जित की। ये एक ही मैच में सर्वाधिक (18) विकेट लेने वाले विश्व के दूसरे खिलाड़ी तथा विक्रम पुरस्कार से सम्मानित हैं।
- **मेजर ध्यानचन्द** विश्व विख्यात 'हॉकी के जादूगर' ने ग्वालियर क्षेत्र से ही हॉकी खेलना प्रारम्भ किया था।
- **सन्ध्या अग्रवाल** भारतीय महिला क्रिकेट टीम की पूर्व कप्तान एवं अर्जुन तथा विक्रम पुरस्कार से सम्मानित हैं।
- **राजेश्वरी ढोलकिया** यह महिला क्रिकेटर की अन्तर्राष्ट्रीय ख्याति प्राप्त महिला के रूप में प्रसिद्ध हैं। इन्होंने भारतीय टीम में ऑल राउण्डर की भूमिका भी निभाई।
- **जलालुद्दीन** भोपाल के जलालुद्दीन अन्तर्राष्ट्रीय प्रतियोगिता ओलम्पिक खेल में भारत के हॉकी खिलाड़ी के रूप में प्रतिनिधित्व कर चुके हैं।
- **रूपसिंह** हॉकी के प्रसिद्ध खिलाड़ी व मेजर ध्यानचन्द के छोटे भाई (रूपसिंह) के नाम पर ही ग्वालियर में रूपसिंह स्टेडियम बनाया गया है। इन्हीं के नाम पर मध्य प्रदेश सरकार द्वारा 'लाइफ टाइम एचीवमेण्ट' पुरस्कार दिया जाता है।

- **बिट्टू शर्मा** विश्वामित्र पुरस्कार से सम्मानित व्यक्ति, जो मध्य प्रदेश मार्शल आर्ट अकादमी के कोच हैं।
- **ऐश्वर्या अग्रवाल** टेनिस खिलाड़ी ऐश्वर्या (इन्दौर) ने ऑस्ट्रेलियन ओपन 2010 में अण्डर 18 ग्रुप में भागीदारी की।
- **शिवेन्द्र सिंह** लन्दन ओलम्पिक 2012 में शिवेन्द्र सिंह ने हॉकी टीम में भारत का प्रतिनिधित्व किया।

मध्य प्रदेश के प्रमुख खेल सम्मान/पुरस्कार

खेल वृत्ति

- यह पुरस्कार 19 वर्ष से कम आयु के युवकों को दिया जाता है, जिसने राज्यस्तरीय खेल प्रतियोगिता में प्रथम स्थान प्राप्त किया हो।
- इसकी पुरस्कार राशि ₹ 2000 है। दलीय स्पर्द्धा में जीतने पर ₹ 500 दिए जाते हैं।

सम्मान निधि

- यह सम्मान प्रदेश के किसी ऐसे खिलाड़ी (जो मूल निवासी हो) को प्रदान किया जाता है, जिसने अन्तर्राष्ट्रीय खेल प्रतियोगिताओं; जैसे—एशियाड, वर्ल्ड कप, ओलम्पिक विश्व चैम्पियनशिप, अन्तर्राष्ट्रीय क्रिकेट आदि में कोई पदक जीता हो।
- यह सम्मान 60 वर्ष की आयु प्राप्त करने वाले खिलाड़ियों को ही प्रदान किया जाता है। इसके अन्तर्गत प्रति माह ₹ 5,000 जीवनपर्यन्त दिए जाते हैं।

विश्वामित्र पुरस्कार

- इसकी शुरुआत वर्ष 1994 से हुई, इसे राज्य पुरस्कार भी कहा जाता है।
- यह पुरस्कार उन खेल प्रशिक्षकों को दिया जाता है, जिनके खिलाड़ी पिछले 5 वर्षों में कम-से-कम 2 बार अन्तर्राष्ट्रीय खेलों में दो स्वर्ण पदक, चार रजत पदक अथवा छः कांस्य पदक जीत चुके हैं।
- इस पुरस्कार के अन्तर्गत ₹ 1 लाख नकद, टाई, ब्लेजर, प्रतीक चिह्न और प्रमाण-पत्र प्रदान किए जाते हैं।
- 2017 के लिए प्रदेश सरकार ने इन्दौर के दविन्दर सिंह खनूजा (पावर लिफ्टिंग) तथा उज्जैन के तरूणा चावरे (मलखम्ब) को विश्वामित्र पुरस्कार से सम्मानित किया।

एकलव्य पुरस्कार

- इस पुरस्कार की शुरुआत वर्ष 1994 में हुई थी। इसका मुख्य उद्देश्य प्रदेश की अनुसूचित जाति एवं जनजाति के खिलाड़ियों को प्रोत्साहित करना है।
- यह पुरस्कार 19 वर्ष से कम आयु के ऐसे खिलाड़ियों को दिया जाता है, जिन्होंने विगत् 5 वर्षों में से न्यूनतम 2 वर्षों में राष्ट्रीय अथवा अन्तर्राष्ट्रीय खेल प्रतियोगिताओं में प्रदेश का प्रतिनिधित्व किया हो।
- इसके अन्तर्गत ₹ 50,000 नकद, प्रतीक चिह्न, प्रमाण-पत्र, टाई और ब्लेजर प्रदान किए जाते हैं। *वर्ष 2017 के लिए एकलव्य पुरस्कार निम्न खिलाड़ियों को दिया गया*
  मनीषा कीर, भोपाल (शूटिंग); प्रत्यक्षा सोनी, भोपाल (सॉफ्ट टेनिस); प्रियम जैन, अशोकनगर (वुशू); सुदीप्ति हजेला, इन्दौर (घुड़सवारी); माला कीर, भोपाल (क्याकिंग-केनाइंग); तितिक्षा मराठे, इन्दौर (तैराकी-गोताखोरी); विश्वजीत सेन्धव, भोपाल (रोइंग); हर्षिता तोमर, भोपाल (सेलिंग); पीयूष सिंह, जबलपुर (वेटलिफ्टिंग); पलाश समाधिया, शिवपुरी (कराटे); अंचित कौर, ग्वालियर (फेंसिंग); ईशिका शाह, इन्दौर (विलियर्ड-स्नूकर); ज्योति पारखे, इन्दौर (सॉफ्ट बॉल); आकाश रूडेले, इन्दौर (कबड्डी)।

विक्रम पुरस्कार

इस पुरस्कार की शुरुआत वर्ष 1990 में हुई थी। यह पुरस्कार प्रदेश के वरिष्ठ खिलाड़ियों को दिया जाता है। यह पुरस्कार प्रदेश के ऐसे निवासी खिलाड़ियों को दिया जाता है, जिन्होंने

पिछले 5 वर्षों में न्यूनतम 2 वर्षों तक वरिष्ठ वर्ग की राष्ट्रीय खेल प्रतियोगिताओं में राज्य का प्रतिनिधित्व किया हो तथा पदक प्राप्त किया हो। इस पुरस्कार के अन्तर्गत खिलाड़ी को ₹ 1 लाख नकद, प्रमाण-पत्र, प्रतीक चिह्न, टाई, ब्लेजर और आने-जाने का किराया, आवास स्थल तक पहुँचने व रहने का दैनिक भत्ता, आवास, भोजन आदि की व्यवस्था की जाती है। *वर्ष 2017 के लिए निम्न खिलाड़ियों को विक्रम पुरस्कार दिया गया।*

प्रिन्स मरमार, टीकमगढ़ (क्याकिंग-केनोइंग); संजय सिंह राठौड़, आगर-मालवा (शूटिंग): स्वेच्छा जाटव, जबलपुर (वुशू); सोना कीर, भोपाल (रोइंग); रीना सिन्धिया, जबलपुर (कराटे); शैला चार्ल्स, भोपाल (सेलिंग); अफ्फान युसूफ, भोपाल (हॉकी); नरेन्द्र समेलिया, इन्दौर (खो-खो); धर्मेन्द्र अहिरवार, ग्वालियर (तैराकी-दिव्यांग); सरिता रैकवार, जबलपुर (पावर लिफ्टिंग)।

मिशन ओलम्पिक, 2020

राज्य सरकार द्वारा प्रदेश में मिशन ओलम्पिक 2020 नामक योजना चलाई जा रही है। इस योजना के अन्तर्गत ओलम्पिक 2020 में देश का प्रतिनिधित्व करने के लिए राज्य के चुने हुए कुछ खिलाड़ियों को प्रशिक्षण दिया जा रहा है।

मध्य प्रदेश लाइफ टाइम अचीवमेण्ट अवार्ड

यह पुरस्कार प्रसिद्ध हॉकी खिलाड़ी रूपसिंह के नाम पर दिया जाता है। इसमें खिलाड़ी को ₹ 50,000 पुरस्कारस्वरूप दिए जाते हैं। वर्ष 2017 के लिए यह पुरस्कार इन्दौर के स्वर्गीय प्रभाकर कुलकर्णी को दिया गया।

वर्ष 2015 तथा 2016 का पुरस्कार क्रमशः हॉकी कोच परमजीत सिंह (ग्वालियर) तथा चिन्तामणि कश्यप (जबलपुर) को प्रदान किया गया।

मध्य प्रदेश सरकार द्वारा खेल संस्थाओं को अनुदान

मान्यता प्राप्त खेल संस्थानों अथवा विधिवत् गठित हुई खेल संस्थाओं को राज्य सरकार द्वारा निम्न अनुदान प्राप्त होते हैं

- राज्य स्तर पर किसी राष्ट्रीय प्रतियोगिता के आयोजन हेतु ₹ 1 लाख प्रदान किए जाते हैं।
- राज्य स्तर पर अन्तर्राष्ट्रीय प्रतियोगता के आयोजन हेतु ₹ 2 लाख प्रदान किए जाते हैं।
- जिला स्तर पर अन्तर्राष्ट्रीय प्रतियोगिता के आयोजन हेतु ₹ 50,000 प्रदान किए जाते हैं।
- जिला स्तर पर राज्यस्तरीय प्रतियोगिता के आयोजन हेतु ₹ 30,000 प्रदान किए जाते हैं।

मध्य प्रदेश खेल नीति, 2005

प्रदेश में प्रथम खेल नीति वर्ष 1989 में बनाई गई थी। मध्य प्रदेश मन्त्रिपरिषद् ने 30 जून, 2005 को खेल के चहुँमुखी विकास के उद्देश्य से नवीन खेल नीति, 2005 अनुमोदित की।

खेल नीति, 2005 के नीति-निर्धारक बिन्दु निम्नलिखित हैं

- ऐसे खिलाड़ी, जो महत्त्वपूर्ण राष्ट्रीय/अन्तर्राष्ट्रीय प्रतियोगिता करने के कारण उन तिथियों में वार्षिक परीक्षा में बैठने से चूक गए हों, उनके लिए विशेष परीक्षा आयोजित की जाएगी।
- जिला खेल एवं युवक कल्याण अधिकारियों को पर्याप्त बुनियादी सुविधाएँ उपलब्ध कराने का प्रयास किया जाएगा।
- क्रीड़ा परिषद् को परिवर्तित कर मध्य प्रदेश खेल प्राधिकरण गठित किया जाएगा।
- राष्ट्रीय खेलों में किए गए प्रदर्शन, प्राप्त पदकों तथा खेल सुविधाओं की वर्तमान में उपलब्धता को ध्यान में रखते हुए खेलों पर ध्यान केन्द्रित किया जाएगा।
- आदिवासी क्षेत्रों में कबड्डी, रस्साकसी, तेज दौड़, ऊँची कूद, कुश्ती, वॉलीबॉल तथा धनुर्विद्या जैसे खेलों में अन्तर ग्राम पंचायत प्रतियोगिताएँ आयोजित की जाएगी।

खेलकूद

स्व-मूल्यांकन

1. राज्य (मध्य प्रदेश) में राज्य क्रीड़ा खेल परिषद् की स्थापना कब की गई थी, जिसके स्थान पर वर्तमान में मध्य प्रदेश खेल प्राधिकरण आया है?
(a) वर्ष 1960 में (b) वर्ष 1962 में
(c) वर्ष 1965 में (d) वर्ष 1970 में

2. मध्य प्रदेश सरकार ने 'मध्य प्रदेश खेल प्राधिकरण' का गठन कब किया?
(a) 13 जून, 2011
(b) 20 जुलाई, 2012
(c) 15 अगस्त, 2013
(d) 25 सितम्बर, 2014

3. मध्य प्रदेश में 'खेलकूद एवं युवक कल्याण निदेशालय' की स्थापना किस वर्ष हुई थी? सहायक सांख्यिकी 2012
(a) वर्ष 1973 (b) वर्ष 1974
(c) वर्ष 1975 (d) वर्ष 1976

4. मध्य प्रदेश बैडमिण्टन एसोसिएशन की स्थापना वर्ष 1946 में कहाँ की गई? कराधान सहायक 2016
(a) भोपाल (b) इन्दौर
(c) जबलपुर (d) रीवा

5. 'अभय खेल प्रशाल' जो प्रदेश का सबसे बड़ा इण्डोर स्टेडियम, कहाँ अवस्थित है?
(a) उज्जैन (b) इन्दौर
(c) भोपाल (d) धार

6. 'उषा राजे स्टेडियम' मध्य प्रदेश में कहाँ स्थित है? वन रक्षक परीक्षा 2013
(a) सागर (b) रीवा
(c) भोपाल (d) इन्दौर

7. होल्कर क्रिकेट स्टेडियम कहाँ स्थित है? प्लाटून कमाण्डर 2014
(a) इन्दौर (b) ग्वालियर
(c) भोपाल (d) रीवा

8. मध्य प्रदेश में क्रिकेट 'तात्याँ टोपे स्टेडियम' कहाँ स्थित है? वन रक्षक 2015
(a) भोपाल (b) इन्दौर
(c) सागर (d) जबलपुर

9. नेहरू स्टेडियम……में स्थित है। लेबर इंस्पेक्टर रिक्रूटमेण्ट 2017
(a) ग्वालियर (b) भोपाल
(c) जबलपुर (d) इन्दौर

10. मध्य प्रदेश में 'कृत्रिम घास वाला स्टेडियम' किस जिले में अवस्थित है?
(a) जबलपुर (b) भोपाल
(c) धार (d) इन्दौर

11. ऐशबाग स्टेडियम कहाँ स्थित है? डेयरी फेडरेशन रिक्रूटमेण्ट 2016
(a) भोपाल (b) इन्दौर
(c) ग्वालियर (d) रीवा

12. 'कैप्टन रूपसिंह स्टेडियम', जोकि एक अन्तर्राष्ट्रीय क्रिकेट स्टेडियम है, कहाँ स्थित है? प्लाटून कमाण्डर 2014
(a) ग्वालियर (b) भोपाल
(c) उज्जैन (d) रीवा

13. निम्न में से कौन-सा क्रिकेट स्टेडियम मध्य प्रदेश में स्थित है? पशुपालन 2012
(a) ईडन गार्डन स्टेडियम
(b) फिरोजशाह कोटला
(c) उषा राजे (होल्कर) स्टेडियम
(d) ग्रीन पार्क स्टेडियम

14. निम्नलिखित में से कौन-सा अन्तर्राष्ट्रीय क्रिकेट स्टेडियम मध्य प्रदेश में नहीं है? लेबर इंस्पेक्टर रिक्रूटमेण्ट 2017
(a) नेहरू स्टेडियम
(b) रूपसिंह स्टेडियम
(c) होल्कर क्रिकेट स्टेडियम
(d) बाराबती स्टेडियम

15. मध्य प्रदेश का वह पहला क्रिकेट खिलाड़ी कौन था, जिसने विदेश में शतक लगाया था?
(a) मोहनीश मिश्रा
(b) मुश्ताक अली
(c) मेजर जगदाले
(d) भगवान दास

16. मुश्ताक अली किस खेल से सम्बन्धित थे? डेयरी फेडरेशन रिक्रूटमेण्ट 2016
(a) फुटबॉल (b) टेनिस
(c) हॉकी (d) क्रिकेट

17. मध्य प्रदेश में प्रसिद्ध क्रिकेट खिलाड़ी कौन रहे हैं? वन रक्षक परीक्षा 2013
(a) रूपसिंह
(b) नरेन्द्र हिरवानी
(c) मंसूर अली खान पटौदी
(d) असलम शेर खान

18. राजेश्वरी ढोलकिया का सम्बन्ध किस खेल से है? डेयरी फेडरेशन रिक्रूटमेण्ट 2016
(a) हॉकी (b) क्रिकेट
(c) टेनिस (d) टेबल टेनिस

19. शंकर लक्ष्मण किस खेल से सम्बन्धित हैं? डेयरी फेडरेशन रिक्रूटमेण्ट 2016
(a) पोलो (b) खो-खो
(c) हॉकी (d) क्रिकेट

20. प्रसिद्ध टेबल टेनिस खिलाड़ी का नाम क्या है? जिसे 'ग्रेट वॉल ऑफ चाइना' के नाम से जाना जाता है?
(a) जाल गोदरेज
(b) पूजा शर्मा
(c) कर्म मणिक
(d) पंकज घाघरिया

21. रीता जैन (टेनिस खिलाड़ी) कब से कब तक लगातार जूनियर गर्ल्स टेबल टेनिस चैम्पियन रही थीं?
(a) वर्ष 1970-72 तक
(b) वर्ष 1972-75 तक
(c) वर्ष 1980-82 तक
(d) वर्ष 1982-85 तक

22. निम्न में से किस खिलाड़ी ने वर्ष 2012 के ओलम्पिक में हॉकी टीम में भारत का प्रतिनिधित्व किया था?
(a) ऐश्वर्या अग्रवाल
(b) शिवेन्द्र सिंह
(c) बिट्टू
(d) आलोक वर्मा

23. मध्य प्रदेश शासन द्वारा प्रदेश के खिलाड़ियों को दिया जाने वाला राज्य पुरस्कार कौन-सा है? कराधान सहायक 2017
(a) अर्जुन पुरस्कार
(b) द्रोणाचार्य पुरस्कार
(c) राजीव गाँधी खेल रत्न पुरस्कार
(d) विश्वामित्र पुरस्कार

24. 'विश्वामित्र पुरस्कार' किससे सम्बन्धित है? स्टेट इंजीनियरिंग 2014
(a) खेलकूद (b) विज्ञान
(c) साहित्य (d) कृषि

25. मध्य प्रदेश सरकार द्वारा दिया जाने वाला एकलव्य पुरस्कार कब प्रारम्भ हुआ?
(a) वर्ष 1990 में
(b) वर्ष 1994 में
(c) वर्ष 2000 में
(d) वर्ष 2005 में

26. प्रभाष जोशी पुरस्कार किस खेल में योगदान हेतु दिया जाता है?
(a) क्रिकेट (b) एथलेटिक्स
(c) मलखम्ब (d) हॉकी

27. हर्षिता को किस खेल में योगदान हेतु वर्ष 2017 का 'एकलव्य पुरस्कार' प्रदान किया गया है?
(a) शूटिंग (b) घुड़सवारी
(c) सेलिंग (d) कराटे

28. अंचित कौर को किस खेल में योगदान हेतु वर्ष 2017 का एकलव्य अवार्ड दिया गया है?
(a) घुड़सवारी (b) फेसिंग
(c) रोइंग (d) वुशू

29. मध्य प्रदेश सरकार द्वारा वर्ष 2017 का लाइफ टाइम अचीवमेण्ट अवार्ड किसे प्रदान किया गया है?
(a) तरुणा चावेर
(b) चन्द्रशेखर चौहान
(c) स्व. प्रभाकर कुलकर्णी
(d) परमजीत सिंह

30. अब्दुल समद मूक बधिर खिलाड़ी किस खेल से सम्बन्धित हैं?
(a) क्रिकेट
(b) हॉकी
(c) टेनिस
(d) बैडमिण्टन

31. मध्य प्रदेश के किस जिले को 'खेल राजधानी' होने का गौरव प्राप्त है?
(a) जबलपुर (b) रीवा
(c) भोपाल (d) इन्दौर

32. मध्य प्रदेश का 'राज्य खेल' कौन-सा है? जेल प्रहरी 2015
(a) कबड्डी (b) कराटे
(c) मलखम्ब (d) हॉकी

33. 'गोटमार' का खेल कहाँ प्रचलित है? पटवारी 2008
(a) रीवा (b) भिण्ड
(c) छिन्दवाड़ा (d) धार

34. मध्य प्रदेश सरकार द्वारा राज्य में पहली खेल नीति कब लाई गई थी?
(a) वर्ष 1989 में (b) वर्ष 1990 में
(c) वर्ष 1992 में (d) वर्ष 1994 में

35. मध्य प्रदेश में खेल-कूद नीति किस वर्ष अनुमोदित हुई थी? कराधान सहायक 2010
(a) वर्ष 2001 (b) वर्ष 2004
(c) वर्ष 2005 (d) वर्ष 2006

उत्तरमाला

1. (a)	**2.** (a)	**3.** (c)	**4.** (c)	**5.** (b)	**6.** (d)	**7.** (a)	**8.** (a)	**9.** (d)	**10.** (b)
11. (a)	**12.** (a)	**13.** (c)	**14.** (d)	**15.** (b)	**16.** (d)	**17.** (b)	**18.** (b)	**19.** (c)	**20.** (a)
21. (b)	**22.** (b)	**23.** (d)	**24.** (a)	**25.** (b)	**26.** (c)	**27.** (c)	**28.** (b)	**29.** (c)	**30.** (b)
31. (d)	**32.** (c)	**33.** (c)	**34.** (a)	**35.** (c)					

अध्याय 20

पुरस्कार और सम्मान

मध्य प्रदेश सरकार और विभिन्न राज्यस्तरीय संस्थाओं द्वारा प्रदेश में विविध सृजनात्मक कलाओं और साहित्य को प्रोत्साहित करने के लिए अनेकों प्रकार के पुरस्कार और सम्मानों को प्रतिवर्ष वितरण किया जाता है।
प्रदेश में वितरित किए जाने वाले पुरस्कारों व सम्मानों का विवरण निम्न प्रकार है

संस्कृति विभाग, मध्य प्रदेश द्वारा प्रदत्त राष्ट्रीय पुरस्कार

कालिदास सम्मान

- वर्ष 1980 में स्थापित यह पुरस्कार मध्य प्रदेश का ही नहीं, बल्कि भारत का भी महत्त्वपूर्ण सम्मान है।
- यह पुरस्कार प्रतिवर्ष शास्त्रीय संगीत, शास्त्रीय नृत्य, रूपंकर कला व रंगकर्म क्षेत्रों में राष्ट्रीय स्तर पर प्रदान किया जाता है। इसके अन्तर्गत ₹ 2 लाख (पूर्व में ₹ 1 लाख) तथा प्रशस्ति पट्टिका प्रदान की जाती है।
- सर्वप्रथम यह पुरस्कार वर्ष 1980-81 में शास्त्रीय संगीत के क्षेत्र में श्री सुमुनगुड़ी श्रीनिवास अय्यर एवं पं. मल्लिकार्जुन मंसूर को दिया गया था। वर्ष 2019 में विजुएल आर्ट के क्षेत्र में यह पुरस्कार अंजलि इला मेनन को दिया गया।

तानसेन सम्मान

- वर्ष 1980 में स्थापित यह पुरस्कार हिन्दुस्तानी शास्त्रीय संगीत क्षेत्र के मनीषी संगीतज्ञों को उनके समर्पण तथा योगदान के लिए प्रदान किया जाता है।
- वर्तमान में इसके अन्तर्गत ₹ 2 लाख (पूर्व में ₹ 1 लाख) तथा प्रशस्ति पट्टिका प्रदान की जाती है।
- वर्ष 1980 में इस पुरस्कार के प्रथम प्राप्तकर्ता श्री कृष्ण राव शंकर पण्डित, हीराबाई बड़ोदेकर तथा उस्ताद बिस्मिल्ला खाँ थे। वर्ष 2019 में यह पुरस्कार पं. विद्याधर व्यास को प्रदान किया गया।

तुलसी सम्मान

- यह पुरस्कार वर्ष 1983 में प्रारम्भ हुआ था। यह पुरस्कार आदिवासी लोक एवं पारम्परिक कलाओं में श्रेष्ठ उपलब्धि के लिए प्रतिवर्ष दिया जाता है।
- यह सम्मान तीन वर्ष में दो बार प्रदर्शनकारी अथवा नाट्यकलाओं एक बार रूपंकर कला में दिया जाता है। इसके अन्तर्गत ₹ 2 लाख (पूर्व में ₹ 1 लाख) तथा प्रशस्ति पट्टिका प्रदान की जाती है।
- इस पुरस्कार के प्रथम प्राप्तकर्ता हरीजी केशव तथा गिरराज प्रसाद थे। वर्ष 2018 के लिए यह पुरस्कार विक्रम यादव को दिया गया।

मैथिलीशरण गुप्त सम्मान

- यह पुरस्कार हिन्दी कविता में उल्लेखनीय योगदान हेतु वर्ष 1987-88 से प्रतिवर्ष प्रदान किया जा रहा है।
- वर्तमान में इस पुरस्कार के अन्तर्गत ₹ 2 लाख (पूर्व में ₹ 1 लाख) तथा प्रशस्ति पट्टिका प्रदान की जाती है।
- इसके प्रथम प्राप्तकर्ता शमशेर बहादुर सिंह थे। वर्ष 2018 के लिए यह पुरस्कार मंजूर एहतेशाम को दिया गया।

कबीर सम्मान

- वर्ष 1986-87 में स्थापित यह सम्मान भारतीय भाषाओं में लिखी गई कविता के लिए प्रदान किया जाता है।
- इसके अन्तर्गत ₹ 3 लाख (पूर्व में ₹ 1.5 लाख) व प्रशस्ति पट्टिका प्रदान की जाती है।
- यह पुरस्कार सर्वप्रथम गोपालकृष्ण अडिग को दिया गया था। वर्ष 2018-19 के लिए तेलुगू के गोरटी वेकन्ना को यह पुरस्कार दिया गया।

लता मंगेशकर सम्मान

- वर्ष 1984 में स्थापित यह पुरस्कार मध्य प्रदेश सरकार द्वारा सुगम संगीत में उल्लेखनीय योगदान के लिए प्रतिवर्ष दिया जाता है।
- इस पुरस्कार में ₹ 3 लाख, प्रशस्ति तामपत्र, शॉल व श्रीफल दिए जाते हैं।
- सर्वप्रथम यह पुरस्कार संगीत निर्देशक नौशाद अली को दिया गया था। वर्ष 2018 के लिए यह पुरस्कार संगीत निर्देशक विजय पाटिल को दिया गया।

इकबाल सम्मान

- यह पुरस्कार उर्दू साहित्य में विशिष्ट योगदान के लिए वर्ष 1986-87 से प्रदान किया जा रहा है।
- इस पुरस्कार के अन्तर्गत वर्तमान में ₹ 2 लाख (पूर्व में ₹ 1 लाख) व प्रशस्ति पट्टिका प्रदान की जाती है।
- सर्वप्रथम यह पुरस्कार अली सरदार जाफरी को दिया गया था।

किशोर कुमार सम्मान

- वर्ष 1997-98 में स्थापित यह पुरस्कार अभिनय, निर्देशन, पटकथा और गीत लेखन आदि के क्षेत्र में उल्लेखनीय योगदान प्रदान करते हेतु दिया जाता है।
- वर्तमान में इसकी पुरस्कार राशि ₹ 2 लाख (पूर्व में ₹ 1 लाख) है। यह पुरस्कार मध्य प्रदेश का वार्षिक राष्ट्रीय सम्मान है।
- सर्वप्रथम यह पुरस्कार ऋषिकेश मुखर्जी को दिया गया था। वर्ष 2019 के लिए यह पुरस्कार अभिनेत्री वहीदा रहमान व निर्देशक प्रियदर्शन को दिया गया।

महात्मा गाँधी पुरस्कार

- गाँधी दर्शन के अनुरूप सामाजिक कार्य करने वाले संस्थान हेतु यह पुरस्कार वर्ष 1995-96 में स्थापित किया गया।
- वर्तमान में इसकी पुरस्कार राशि ₹ 10 लाख (पूर्व में ₹ 5 लाख) है।
- सर्वप्रथम यह पुरस्कार कस्तूरबा गाँधी स्मारक ट्रस्ट को दिया गया था।

कुमार गन्धर्व पुरस्कार

- वर्ष 1992-93 में स्थापित यह पुरस्कार युवा शास्त्रीय संगीतकार को दिया जाता है।
- इस पुरस्कार के अन्तर्गत ₹ 1.25 लाख तथा प्रशस्ति पट्टिका प्रदान की जाती है।
- सर्वप्रथम यह पुरस्कार अजय चक्रवर्ती को दिया गया था। वर्ष 2018 के लिए यह पुरस्कार नीलाद्रि कुमार को दिया गया।

शरद जोशी पुरस्कार

- वर्ष 1992-93 में स्थापित यह पुरस्कार ललित निबन्ध, संस्मरण, रिपोर्ताज, डायरी, पत्र, व्यंग्य लेखन के क्षेत्र में उल्लेखनीय योगदान प्रदान करने हेतु दिया जाता है।
- वर्तमान में इसकी पुरस्कार राशि ₹ 2 लाख (पूर्व में ₹ 1 लाख) है।
- वर्ष 2018 के लिए यह पुरस्कार पत्रकार रवीश कुमार को दिया गया।

मध्य प्रदेश साहित्य परिषद् के पुरस्कार

- मध्य प्रदेश साहित्य परिषद् की स्थापना वर्ष 1954 में की गई थी। इसका मुख्यालय भोपाल में स्थित है।
- यह परिषद् राज्य में साहित्य विकास को प्रोत्साहित करती है।
- साहित्य परिषद् अखिल भारतीय स्तर तथा प्रादेशिक स्तर पर श्रेष्ठ साहित्यिक कृतियों के लिए साहित्यकारों को सम्मानित करती है। *मध्य प्रदेश साहित्य परिषद् द्वारा प्रदान किए जाने वाले पुरस्कार निम्न प्रकार हैं*

अखिल भारतीय स्तर पर प्रदान किए जाने वाले सम्मान

प्रमुख सम्मान	***सम्बन्धित क्षेत्र***
रामचन्द्र शुक्ल पुरस्कार	साहित्य में आलोचना
पण्डित भवानी प्रसाद मिश्र पुरस्कार	कविता लेखन
वीर सिंह देव पुरस्कार	उपन्यास
पदुमलाल पुन्नालाल बख्शी पुरस्कार	व्यंग्य, पत्र, ललित निबन्ध, संस्मरण, रेखाचित्र आदि
गजानन माधव मुक्तिबोध पुरस्कार	कहानी लेखन
सेठ गोविन्ददास पुरस्कार	नाटक एवं एकांकी

प्रादेशिक पुरस्कार

प्रमुख प्रादेशिक सम्मान	***सम्बन्धित क्षेत्र***
ताम्बे पुरस्कार	मराठी साहित्य
दुष्यन्त कुमार पुरस्कार	लेखक/लेखिका (35 वर्ष से कम) की प्रथम कृति के लिए
ईसुरी पुरस्कार	लोकभाषा कृति
सुभद्रा कुमारी चौहान पुरस्कार	कहानी लेखन
नन्ददुलारे वाजपेयी पुरस्कार	आलोचना
हरिकृष्ण प्रेमी पुरस्कार	नाटक और एकांकी
बाल कृष्ण शर्मा 'नवीन' पुरस्कार	गीत प्रबन्ध
शरद जोशी पुरस्कार	आत्मकथा, संस्मरण, ललित निबन्ध और व्यंग्य लेखन
रविशंकर शुक्ल पुरस्कार	बाल साहित्य लेखन (12 वर्ष के बच्चों के लिए)
अनिल कुमार पुरस्कार	प्रदेश की लघु पत्रिका
विश्वनाथ सिंह पुरस्कार	उपन्यास
राजेन्द्र माथुर पुरस्कार	रेखाचित्र, यात्रा संस्मरण, आत्मकथा, यात्रा
माखनलाल चतुर्वेदी पुरस्कार	कविता व पत्रकारिता
माधव राव सप्रे पुरस्कार	प्रदेश की विभूति, स्थान एवं इतिहास पर गद्य एवं पद्य लेखन
रामविलास शर्मा पुरस्कार	लेखक की प्रथम कृति

शिखर सम्मान

संस्कृति विभाग द्वारा प्रतिवर्ष तीन राज्यस्तरीय शिखर सम्मान प्रदान किए जाते हैं। प्रत्येक सम्मान की राशि ₹ 62 हजार (पूर्व में ₹ 31 हजार) है। *इन सम्मानों का विवरण निम्न प्रकार है*

सम्मान	***सम्बन्धित क्षेत्र***
शिखर सम्मान (साहित्य) (1980-81)	साहित्य के क्षेत्र में श्रेष्ठ कार्य हेतु, यह पुरस्कार सर्वप्रथम श्रीकान्त वर्मा को दिया गया।
शिखर सम्मान (प्रदर्शनकारी कलाएँ) (1980-81)	संगीत, रंगमंच, नृत्य व लोक कलाओं के क्षेत्र में, यह पुरस्कार सर्वप्रथम श्री डी.जे. जोशी को दिया गया।
शिखर सम्मान (रूपंकर कलाएँ) 1980-81	रूपंकर कलाओं के क्षेत्र में श्रेष्ठ कार्य हेतु, यह पुरस्कार सर्वप्रथम पं. कार्तिकराम को दिया गया।

नोट *यह सम्मान वर्ष 2012 से 3 क्षेत्रों के स्थान पर 7 क्षेत्रों में दिए जाते हैं।*

जनजातीय सम्मान

मध्य प्रदेश सरकार द्वारा जनजातीय प्रतिभा और रचनात्मकता को बढ़ावा देने के लिए अनेक प्रकार के जनजातीय सम्मान प्रदान किए जाते हैं। *प्रमुख जनजातीय सम्मान निम्नलिखित हैं*

रानी दुर्गावती राष्ट्रीय सम्मान

- यह पुरस्कार आदिवासियों के पारम्परिक सृजनात्मक शिल्प, कला, प्रशासन एवं समाज सेवा के क्षेत्र में महत्त्वपूर्ण योगदान के लिए आदिवासी महिलाओं को दिया जाता है। इसकी पुरस्कार राशि ₹ 2 लाख व प्रशस्ति पट्टिका है।
- यह पुरस्कार सर्वप्रथम **श्रीमती रोज केरकेट्टा** (झारखण्ड) को वर्ष 2008 में प्रदान किया गया।

वीर शंकर शाह एवं रघुनाथ शाह राष्ट्रीय सम्मान

- ये सम्मान जनजातीय परम्परा, संस्कृति व जीवन की विशिष्टताओं पर उत्कृष्ट लेखन के लिए दिया जाता है।
- ये दोनों सम्मान किसी कृति, रचना या उपलब्धि विशेष के लिए न होकर सुदीर्घ साधना व उपलब्धि के लिए दिए जाते हैं, जिसका केन्द्र बिन्दु जनजातीय समाज होता है। इसकी पुरस्कार राशि ₹ 2 लाख व प्रशस्ति पट्टिका है।
- श्री किन फाम सि नोगकिनरिह (मेघालय) को यह सम्मान पहली बार वर्ष 2008 में दिया गया था।

ठक्कर बापा राष्ट्रीय सम्मान

- ठक्कर बापा राष्ट्रीय सम्मान *आदिवासी समुदायों, पिछड़ों,* गरीबों की सेवा और साधना के लिए व्यक्ति अथवा संस्था को दिया जाता है। इसकी पुरस्कार राशि ₹ 2 लाख व प्रशस्ति पट्टिका है।
- पहली बार यह सम्मान वर्ष 2008 में स्वामी विवेकानन्द मेडिकल मिशन (केरल) को दिया गया था।

जननायक टण्ट्या भील राज्यस्तरीय सम्मान

- यह सम्मान आदिवासी युवाओं को शिक्षा अथवा खेल गतिविधियों में उल्लेखनीय उपलब्धियों और साधना के लिए दिया जाता है। इसकी पुरस्कार राशि ₹ 1 लाख व प्रशस्ति पट्टिका है।
- पहली बार यह सम्मान वर्ष 2008 में देवास के श्री राजाराम मौर्य को दिया गया।

विष्णु कुमार समाज सेवा सम्मान

- यह सम्मान समाज सेवा के क्षेत्र में अमूल्य योगदान, अनुकरणीय पहल और संवेदनशीलता के लिए दिया जाता है।
- यह सम्मान सेवा भारती के संस्थापक स्व. श्री विष्णु कुमार की स्मृति में दिया जाता है। *इस सम्मान के दो प्रकार हैं*

(i) विष्णु कुमार अनुसूचित जाति समाज सेवा सम्मान

- यह सम्मान प्रदेश की अनुसूचित जातियों के लिए निःस्वार्थ सेवा हेतु दिया जाता है। यह सम्मान व्यक्ति अथवा स्वयंसेवी संस्था को दिया जाता है।
- अनुसूचित जाति कल्याण विभाग द्वारा प्रदत्त इसकी पुरस्कार राशि ₹ 1 लाख एवं प्रशास्ति पट्टिका है।

(ii) विष्णु कुमार जनजातीय समाज सेवा सम्मान

- यह सम्मान प्रदेश के जनजातीय समाजों के लिए निःस्वार्थ सेवा हेतु दिया जाता है। यह सम्मान व्यक्ति अथवा स्वयंसेवी संस्थाओं को दिया जाता है।
- अनुसूचित जनजाति कल्याण विभाग द्वारा इसकी पुरस्कार राशि ₹ 1 लाख व प्रशस्ति पट्टिका है।

देवी अहिल्या बाई राष्ट्रीय सम्मान

- यह सम्मान महिला लेखिका को पारम्परिक लोक और जनजातीय कला के क्षेत्र में दिया जाता है। इसकी पुरस्कार राशि ₹ 2 लाख है।
- **तीजन बाई** को सर्वप्रथम (वर्ष 1996-97) यह सम्मान दिया गया।

प्रदेश के पत्रकारिता पुरस्कार

प्रदेश में श्रेष्ठ पत्रकारिता, निष्पक्षता और उत्साहजनक वातावरण के निर्माण को प्रोत्साहित करने के लिए अनेक पुरस्कार दिए जाते हैं। *पत्रकारिता के प्रमुख पुरस्कारों का विवरण निम्न प्रकार है*

पुरस्कार का नाम	*प्रथम प्राप्तकर्ता*
स्व. गणेश शंकर विद्यार्थी स्मृति राष्ट्रीय पत्रकारिता सम्मान (वर्ष 2007 में घोषित)	श्री अरुण शौरी
स्व. विद्या निवास मिश्र स्मृति विकास पत्रकारिता सम्मान (वर्ष 2007 में घोषित)	श्री वेद प्रताप वैदिक
स्व. माणिकचन्द्र वाजपेयी पत्रकारिता सम्मान (वर्ष 2006 में घोषित)	श्री भगवतीधर वाजपेयी
स्व. महेन्द्र चौधरी स्मृति फोटो पत्रकारिता सम्मान (वर्ष 2007 में घोषित)	श्री सतीश टेवरे
स्व. सत्यनारायण श्रीवास्तव, राज्य स्तरीय सम्मान (वर्ष 2008 में घोषित)	श्री शशीन्द्र जलधारी
आंचलिक (क्षेत्रीय) **पत्रकारिता**	
स्व. शरद जोशी पुरस्कार आंचलिक पत्रकारिता सम्मान	श्री अशोक मनोरिया
स्व. राहुल बारपुते आंचलिक पत्रकारिता सम्मान	श्री सुरेन्द्र कोकरिया
स्व. रतनलाल जोशी आंचलिक पत्रकारिता सम्मान	श्री मनोज पमार
स्व. जीवनलाल वर्मा आंचलिक पत्रकारिता सम्मान	श्री संजय कुमार पचौरी
कन्हैयालाल बैद्य आंचलिक पत्रकारिता सम्मान	श्री कैलाश सनोलिया
स्व. बनारसीदास चतुर्वेदी पत्रकारिता सम्मान (उपरोक्त सभी वर्ष 2007 में घोषित)	श्री मुकुन्द प्रसाद मिश्र
मास्टर बलदेवप्रसाद आंचलिक पत्रकारिता सम्मान (वर्ष 2008 में घोषित)	श्री भोलाराम भारतीय

हिन्दी भाषा सम्मान

मध्य प्रदेश शासन, संस्कृति विभाग द्वारा पाँच हिन्दी भाषा सम्मान प्रदान किए जाते हैं, जिनका वर्णन निम्नलिखित है

सम्मान	*सम्बन्धित तथ्य*
सूचना प्रौद्योगिकी सम्मान	यह हिन्दी सॉफ्टवेयर, सर्च इंजन, वेब डिजाइनिंग, डिजिटल भाषा प्रयोगशाला, प्रोग्रामिंग, सोशल मीडिया आदि में उत्कृष्ट योगदान हेतु प्रदान किया जाता है।
निर्मल वर्मा सम्मान	यह भारतीय अप्रवासी को विदेश में हिन्दी के विकास में अमूल्य योगदान हेतु दिया जाता है।
फादर कामिल बुल्के सम्मान	यह विदेशी लोगों को हिन्दी भाषा एवं बोलियों के विकास में उत्कृष्ट योगदान हेतु दिया जाता है।
गुणाकार मुले सम्मान	यह हिन्दी में वैज्ञानिक एवं तकनीकी लेखन एवं पाठ्य पुस्तकों के निर्माण में उत्कृष्ट योगदान करने वालों को दिया जाता है।
हिन्दी सेवा सम्मान	यह अहिन्दी भाषी लेखकों एवं साहित्यकारों को दिया जाता है, जिन्होंने अपने लेखन व सृजन से हिन्दी को समृद्ध किया है।

मध्य प्रदेश के अन्य महत्त्वपूर्ण पुरस्कार

पुरस्कार	*क्षेत्र*	*स्थापना वर्ष*
जवाहरलाल नेहरू पुरस्कार	विज्ञान और प्रौद्योगिकी के क्षेत्र में	1982
अखिल इन्दिरा गाँधी राज्य पुरस्कार	यह पुरस्कार प्रदेश की महिलाओं को दिया जाता है, जिन्होंने समाज के विशेष क्षेत्र में समर्पित सेवा की है।	1985
श्री नरेश मेहता सम्मान	यह पुरस्कार ज्ञानपीठ पुरस्कार से सम्मानित श्री नरेश मेहता के आदर्शों और अपेक्षाओं के अनुरूप साहित्येत्तर लेखन और चिन्तन को प्रोत्साहित करने के लिए दिया जाता है।	2001
सन्त रविदास स्मृति पुरस्कार	यह पुरस्कार दलित वर्गों के उत्थान एवं प्रदेश में सामाजिक चेतना जागृति पैदा करने के लिए व्यक्ति अथवा संस्थान को प्रदान किया जाता है।	2004
डॉ. विष्णु श्रीधर वाकणकर राष्ट्रीय सम्मान	इस पुरस्कार का सम्बन्ध प्राचीन सम्पदा, पुरातात्विक संस्कृति के संरक्षण और संवर्द्धन से है। यह पुरस्कार किसी व्यक्ति अथवा संस्था को प्रदान किया जाता है।	2005
श्री विरेन्द्र तिवारी स्मृति रचनात्मक पुरस्कार	यह पुरस्कार गाँधीवादी विचारों, सिद्धान्तों व मान्यताओं के अनुरूप हिन्दी लेखन के लिए दिया जाता है।	2006
श्री सुरेश शुक्ल चन्द्र नाट्य पुरस्कार	मौलिक हिन्दी नाटक, एकांकी संग्रह अथवा कविता की रचना के लिए दिया जाता है। यह अखिल भारतीय पुरस्कार है।	2013
श्रीमती हुक्म देवी स्मृति प्रकाश पुरस्कार	अहिन्दी भाषी लेखक अथवा लेखिका द्वारा हिन्दी में लिखित समीक्षा, व्यंग्य, रेखाचित्र, निबन्ध, पत्रविधा आदि के लिए दिया जाता है।	2014

मध्य प्रदेश सरकार द्वारा दी जाने वाली शिक्षावृत्ति

शिक्षावृत्ति	*सम्बन्धित क्षेत्र*
चक्रधर शिक्षावृत्ति	शास्त्रीय नृत्य
इन्दिरा गाँधी शिक्षावृत्ति	पर्यावरणीय शोध हेतु
अमृता शेरगिल शिक्षावृत्ति	चित्रकला एवं मूर्तिकला
उस्ताद अलाउद्दीन खाँ संगीत शिक्षावृत्ति	संगीत
गजानन माधव 'मुक्तिबोध' शिक्षावृत्ति	साहित्य
राजेन्द्र माथुर स्मृति शिक्षावृत्ति	पत्रकारिता

पुरस्कार और सम्मान

स्व-मूल्यांकन

1. कालिदास सम्मान किस प्रदेश द्वारा दिया जाता है? **एम पी एस आई 1998**
(a) मध्य प्रदेश (b) दिल्ली
(c) बिहार (d) उत्तर प्रदेश

2. मध्य प्रदेश शासन द्वारा कालिदास सम्मान किस कार्य के लिए दिया जाता है? **कराधान सहायक 2012**
(a) रंग-कर्म (b) शास्त्रीय संगीत
(c) शास्त्रीय नृत्य (d) ये सभी

3. कालिदास पुरस्कार को कब संस्थापित किया गया था? **पुलिस आरक्षण 2016**
(a) वर्ष 1986-87 (b) वर्ष 1987-88
(c) वर्ष 1980-81 (d) वर्ष 1992-93

4. निम्नलिखित में से कौन-सा पुरस्कार हिन्दुस्तानी शास्त्रीय संगीत की उपलब्धि के लिए दिया जाता है? **लेबर इंस्पेक्टर रिक्रूटमेण्ट 2017**
(a) कबीर सम्मान
(b) तुलसी पुरस्कार
(c) तानसेन पुरस्कार
(d) किशोर कुमार सम्मान

5. तानसेन पुरस्कार के अन्तर्गत कितनी राशि प्रदान की जाती है? **डेयरी फेडरेशन रिक्रूटमेण्ट 2016**
(a) ₹ 1 लाख (b) ₹ 2 लाख
(c) ₹ 5 लाख (d) ₹ 10 लाख

6. तानसेन पुरस्कार किस वर्ष स्थापित किया गया? **कम्बाइण्ड रिक्रूटमेण्ट 2017**
(a) 1979 (b) 1980
(c) 1981 (d) 1982

7. मैथिलीशरण गुप्त सम्मान किस क्षेत्र में दिया जाता है? **डेयरी फेडरेशन रिक्रूटमेण्ट 2016**
(a) हिन्दी कविता (b) भाषा
(c) साहित्य (d) पत्रकारिता

8. कौन-सा पुरस्कार आदिवासी/लोक तथा पारम्परिक कलाओं के सम्मान के लिए प्रदान किया जाता है? **लेबर इंस्पेक्टर रिक्रूटमेण्ट 2017**
(a) तुलसी पुरस्कार
(b) तानसेन पुरस्कार
(c) कालिदास पुरस्कार
(d) शिखर पुरस्कार

9. 'कबीर सम्मान' में पुरस्कारस्वरूप कितनी नकद राशि प्रदान की जाती है? **स्टेट फॉरेस्ट सर्विस 2014**
(a) ₹ 3 लाख (b) ₹ 2 लाख
(c) ₹ 10 लाख (d) ₹ 5 लाख

10. .... के क्षेत्र में उत्कृष्टता को सम्मानित करने के लिए वर्ष 1986-87 में कबीर पुरस्कार की शुरुआत की गई। **पुलिस आरक्षक 2016**
(a) भारतीय काव्य (b) भारतीय संगीत
(c) जनजातीय कलाएँ (d) शास्त्रीय संगीत

11. मध्य प्रदेश में लता मंगेशकर पुरस्कार की स्थापना कब हुई? **कराधान सहायक 2016**
(a) नवम्बर, 1982 (b) नवम्बर, 1983
(c) नवम्बर, 1984 (d) नवम्बर, 1985

12. इकबाल पुरस्कार .... में उत्कृष्टता के लिए दिया जाता है। **कम्बाइण्ड रिक्रूटमेण्ट 2017**
(a) उर्दू गजल (b) उर्दू साहित्य
(c) लोक-कलाएँ (d) उर्दू शायरी

13. किशोर कुमार पुरस्कार किस कारण दिया जाता है? **लैब टैक्निशियन 2015**
(a) नृत्य के लिए
(b) अभिनय के लिए
(c) कहानी, निर्देशन और गीत रचना के लिए
(d) उपरोक्त सभी

14. सिनेमा के क्षेत्र में मध्य प्रदेश शासन का वार्षिक राष्ट्रीय सम्मान है

स्टेट इंजीनियरिंग 2014

(a) अशोक कुमार सम्मान
(b) किशोर कुमार सम्मान
(c) जया बच्चन सम्मान
(d) लता मंगेशकर सम्मान

15. 'महात्मा गाँधी सम्मान' में कितनी राशि पुरस्कारस्वरूप विजेता को दी जाती है?

(a) ₹ 2 लाख (b) ₹ 5 लाख
(c) ₹ 10 लाख (d) ₹ 15 लाख

16. मध्य प्रदेश का 'कुमार गन्धर्व पुरस्कार' किससे सम्बन्धित है?

कौशल विकास संचालनालय रिक्रूटमेण्ट 2016

(a) संगीत (b) नृत्य
(c) नाटक (d) साहित्य

17. व्यंग्य लेखन क्षेत्र में सर्वोच्च सम्मान कौन-सा है?

डेयरी फेडरेशन रिक्रूटमेण्ट 2016

(a) शरद जोशी सम्मान
(b) हरिशंकर परसाई सम्मान
(c) कबीर सम्मान
(d) तुलसी सम्मान

18. निम्नलिखित में से मध्य प्रदेश सरकार का कौन-सा पुरस्कार नहीं है?

एम पी एस आई 1997

(a) कालिदास सम्मान
(b) तुलसी सम्मान
(c) राजेन्द्र पुरस्कार
(d) तानसेन सम्मान

19. निम्न में से कौन-सा सम्मान मध्य प्रदेश द्वारा नहीं दिया जाता है?

पुलिस कांस्टेबल 2012

(a) तुलसी सम्मान
(b) कालिदास सम्मान
(c) तानसेन सम्मान
(d) संगीत नाटक सम्मान

20. मध्य प्रदेश साहित्य परिषद् का 'भवानी प्रसाद मिश्र' पुरस्कार किसलिए दिया जाता है? डेयरी फेडरेशन रिक्रूटमेण्ट 2016

(a) उपन्यास (b) कविता
(c) कहानी (d) आलोचना

21. 'वीर सिंह देव पुरस्कार' किस क्षेत्र में योगदान हेतु दिया जाता है?

(a) साहित्य में आलोचना
(b) उपन्यास
(c) निबन्ध
(d) कहानी लेखन

22. 'गजानन माधव मुक्तिबोध' पुरस्कार प्रदान किया जाता है

(a) कहानी लेखन हेतु
(b) उपन्यास
(c) नाटक और एकांकी में योगदान हेतु
(d) बाल साहित्य लेखन

23. शिखर सम्मान से सम्बन्धित क्षेत्र कौन-कौन से हैं?

(a) नृत्य व लोक कला
(b) साहित्य के क्षेत्र
(c) रुपंकर कला
(d) उपरोक्त सभी

24. 'ठक्कर बापा राष्ट्रीय सम्मान' का सम्बन्ध है

(a) जनजातीय क्षेत्र से (b) शिक्षा से
(c) स्वास्थ्य से (d) खेल से

25. प्रथम टण्ट्या भील सम्मान मध्य प्रदेश में किसे दिया गया?

स्टेट इंजीनियरिंग सर्विस 2016

(a) राजाराम मौर्य (b) भीमा नायक
(c) शंकर शाह (d) ये सभी

26. जनजातीय लोक और पारम्परिक कलाओं में उत्कृष्टता के लिए मध्य प्रदेश सरकार द्वारा महिलाओं को कौन-सा पुरस्कार दिया जाता है? पुलिस आरक्षक 2016

(a) देवी अहिल्या बाई पुरस्कार
(b) तानसेन पुरस्कार
(c) किशोर कुमार पुरस्कार
(d) लता मंगेशकर पुरस्कार

27. महिला लोक कलाकारों को दिए जाने वाले 'देवी अहिल्या बाई सम्मान' में कितनी राशि प्रदान की जाती है?

स्टेट इंजीनियरिंग सर्विस 2016

(a) ₹ 2 लाख (b) ₹ 4 लाख
(c) ₹ 5 लाख (d) ₹ 6 लाख

28. गणेश शंकर विद्यार्थी पुरस्कार किस क्षेत्र से सम्बन्धित है? एम पी पी एस सी 2016
(a) खेल
(b) उत्कृष्ट समाज सेवा
(c) संगीत
(d) पत्रकारिता

29. स्व गणेश शंकर विद्यार्थी संस्कृति राष्ट्रीय पत्रकारिता पुरस्कार सर्वप्रथम किसे प्रदान किया गया?
(a) सुरेन्द्र कोकरीया
(b) मनोज सिंह
(c) अरुण शौरी
(d) सतीश टेवरे

30. हिन्दी भाषा सम्मान के तहत् 'सूचना प्रौद्योगिकी सम्मान' किस कार्य हेतु दिया जाता है?
(a) सोशल मीडिया
(b) हिन्दी सॉफ्टवेयर
(c) सर्च इंजन
(d) उपरोक्त सभी

31. मध्य प्रदेश सरकार द्वारा 'सन्त रविदास स्मृति पुरस्कार' की स्थापना कब की गई?
(a) वर्ष 2004 में
(b) वर्ष 2008 में
(c) वर्ष 2010 में
(d) वर्ष 2012 में

32. इन्दिरा गाँधी शिक्षावृत्ति किस क्षेत्र में योगदान हेतु प्रदान की जाती है?
(a) पत्रकारिता
(b) बाल साहित्य
(c) पर्यावरणीय शोध
(d) सामाजिक विज्ञान

33. मध्य प्रदेश शासन द्वारा निम्न में से किस कला के लिए उस्ताद अलाउद्दीन खाँ फेलोशिप शिक्षावृत्ति प्रदान की जाती है? कराधान सहायक 2010
(a) ललित कला (b) लोक कला
(c) संगीत कला (d) ये सभी

34. "राजेन्द्र माथुर स्मृति शिक्षावृत्ति" सम्मान' किस क्षेत्र में योगदान हेतु प्रदान किया जाता है?
(a) पत्रकारिता (b) संगीत कला
(c) चित्रकला (d) शास्त्रीय नृत्य

35. सुमेलित कीजिए

सूची I (सम्मान)	*सूची II (राशि)*
A. किशोर कुमार	1. ₹ 2 लाख
B. इकबाल	2. ₹ 2 लाख
C. तुलसी	3. ₹ 2 लाख
D. कुमार गन्धर्व	4. ₹ 1 लाख पच्चीस हजार

कूट

	A	B	C	D
(a)	1	2	3	4
(b)	2	3	4	1
(c)	3	4	1	2
(d)	4	1	2	3

36. सुमेलित कीजिए

सूची I (क्षेत्र)	*सूची II (सम्मान)*
A. शास्त्रीय संगीत	1. कबीर सम्मान
B. लोक एवं पारम्परिक कला	2. किशोर कुमार
C. सिनेमा क्षेत्र	3. अहिल्याबाई सम्मान
D. भारतीय कविता	4. कालिदास सम्मान

कूट

	A	B	C	D
(a)	1	2	3	4
(b)	4	3	2	1
(c)	2	1	4	3
(d)	4	2	3	1

उत्तरमाला

1. (a) **2.** (d) **3.** (c) **4.** (c) **5.** (b) **6.** (b) **7.** (a) **8.** (a) **9.** (a) **10.** (a)
11. (c) **12.** (b) **13.** (c) **14.** (b) **15.** (c) **16.** (a) **17.** (a) **18.** (c) **19.** (d) **20.** (b)
21. (b) **22.** (a) **23.** (d) **24.** (a) **25.** (a) **26.** (a) **27.** (a) **28.** (d) **29.** (c) **30.** (d)
31. (a) **32.** (c) **33.** (c) **34.** (a) **35.** (a) **36.** (b)

अध्याय 21

प्रसिद्ध व्यक्तित्व

मध्य प्रदेश के प्रमुख स्वतन्त्रता सेनानी

अमर शहीद ठाकुर रणमत सिंह

- इनका जन्म 1825 ई. में सतना जिले के मनकहारी ग्राम में हुआ था। रीवा महाराजा इन्हें 'काकू' कहते थे।
- 1857 ई. की क्रान्ति में इनका योगदान प्रमुख था। इन्हें रीवा सेना में सरदार का स्थान प्राप्त था। 1859 ई. में अंग्रेजों ने आगरा में इन्हें फाँसी दे दी।

रानी अवन्तिबाई

- रानी अवन्तिबाई का जन्म 1831 ई. में सिवनी जिले के मनकेड़ी ग्राम में हुआ था। इनका विवाह रामगढ़ के राजा विक्रमादित्य से हुआ था।
- 1857 ई. की क्रान्ति में रानी अवन्तिबाई ने रामगढ़ रियासत में झाँसी की रानी जैसी भूमिका निभाई। इन्होंने अंग्रेजी सेनापति बॉर्डन को भागने पर विवश कर दिया, किन्तु सेनापति बॉर्डन रीवा रियासत की सहायता से रानी को परास्त करने में सफल रहा।

ठाकुर सरजू प्रसाद

- इन्होंने 1857 ई. में जबलपुर में अंग्रेजों के विरुद्ध बिगुल बजाया। अंग्रेजी सेना ने 1858 ई. में विजयराद्यौगढ़ पर आक्रमण किया और किले को तोड़ दिया, किन्तु ठाकुर सरजू प्रसाद वहाँ से बच कर भाग गए।
- 1864 ई. में इन्हें गिरफ्तार कर लिया गया और आजीवन कारावास की सजा सुनाई गई।

झलकारी बाई

इनका जन्म झाँसी के निकट भोजला गाँव में हुआ था। वीरता, निर्भयता और शौर्य आदि से सम्पन्न झलकारी बाई ने झाँसी की रानी की सहायता की थी।

अमर शहीद लाल पद्मधर सिंह

- इनका जन्म वर्ष 1913 में सतना जिले के कृपालपुर ग्राम में हुआ था।
- इन्होंने भारत छोड़ो आन्दोलन (1942) में भाग लिया, जिसमें यह 12 अगस्त, 1942 को ही शहीद हो गए।

चन्द्रशेखर आजाद

- इनका जन्म 23 जुलाई, 1906 को भावरा (झाबुआ) में हुआ था। इनका मूल नाम चन्द्रशेखर सीताराम तिवारी था।
- इन्होंने भगत सिंह के साथ मिलकर, 'हिन्दुस्तान सोशलिस्ट रिपब्लिकन एसोसिएशन' (1927) की स्थापना की थी।
- यह काकोरी षड्यन्त्र केस के प्रमुख योजनाकार थे।

मध्य प्रदेश के प्रमुख राजनीतिज्ञ

मौलाना बरकतुल्ला

- इनका जन्म 7 जुलाई, 1854 को भोपाल में हुआ था। इन्होंने अमेरिका में **गदर पार्टी** की स्थापना की और विदेशों में भारत की स्वतन्त्रता के लिए अपना पक्ष रखा।
- 1 नवम्बर, 1913 को इन्होंने **गदर** नामक साप्ताहिक-पत्र निकाला, जिसके सम्पादक डॉ. बरकतुल्ला और रामचन्दर थे।
- 20 सितम्बर, 1927 को इनका निधन हो गया।

रविशंकर शुक्ल

- इनका जन्म 2 अगस्त, 1877 को मध्य प्रदेश के सागर जिले में हुआ था।
- रविशंकर शुक्ल राज्य के प्रथम मुख्यमन्त्री रहे। इनका निधन 31 दिसम्बर, 1956 को हो गया।

कैलाशनाथ काटजू

- इनका जन्म 17 जून, 1887 को मध्य प्रदेश की जावरा रियासत (इन्दौर के निकट) में हुआ था।
- इन्होंने वर्ष 1908 में कानपुर से वकालत प्रारम्भ की, परन्तु वर्ष 1937 में वकालत को त्यागकर ये कांग्रेस में शामिल हो गए।
- यह उड़ीसा (ओडिशा) और पश्चिम बंगाल (पश्चिम बंग) के राज्यपाल भी रहे। वर्ष 1957 से 1962 तक यह मध्य प्रदेश के मुख्यमन्त्री भी रहे।
- श्री काटजू ने 'इलाहाबाद लॉ जर्नल' का सम्पादन भी किया था। 17 फरवरी, 1968 को इनका निधन हो गया।

डॉ. भीमराव अम्बेडकर

- इनका जन्म 14 अप्रैल, 1891 में महू (जिला इन्दौर) में हुआ था।
- इन्होंने सामाजिक भेदभाव, पक्षपात, छुआछूत आदि के विरुद्ध संघर्ष किया।
- भीमराव संविधान निर्माण प्रारूप समिति के अध्यक्ष रहे। यह भारत के प्रथम कानून मन्त्री भी रहे।
- 6 दिसम्बर, 1956 को इनका निधन हो गया। इन्हें वर्ष 1990 में **भारत रत्न** से सम्मानित किया गया।

डॉ. शंकर दयाल शर्मा

- इनका जन्म 19 अगस्त, 1918 को भोपाल में हुआ था।
- यह कांग्रेस की सरकार में कैबिनेट मन्त्री रहे। यह आन्ध्र प्रदेश, पंजाब तथा महाराष्ट्र के राज्यपाल भी रहे।
- वर्ष 1952 से 1956 तक यह भोपाल स्टेट के मुख्यमन्त्री रहे। यह वर्ष 1992 से 1997 तक भारत के राष्ट्रपति भी रहे।
- डॉ. शंकर दयाल शर्मा द्वारा लिखी गई पुस्तक का नाम **कांग्रेस अप्रोच टू इण्टरनेशनल अफेयर्स** है।
- इनका निधन 26 दिसम्बर, 1999 को हो गया था।

विजयाराजे सिन्धिया

- राजमाता विजयाराजे सिन्धिया का जन्म 12 अक्टूबर, 1919 को सागर जिले में ठाकुर महेन्द्र (नेपाल के राजा के वंशज) के यहाँ हुआ था। इनका बचपन का नाम लेखा दिव्येश्वरी था।
- इनका विवाह ग्वालियर के महाराज जीवाजी राव सिन्धिया से हुआ था।
- यह प्रथम बार वर्ष 1957 में गुना से लोकसभा के लिए चुनी गई थीं। इनका निधन 25 जनवरी, 2001 को हो गया।

गोविन्द नारायण सिंह

- इनका जन्म 25 जुलाई, 1920 को हुआ था। इन्होंने वर्ष 1948 में 'भारतीय प्रशासनिक सेवा' से त्याग-पत्र दे दिया। वर्ष 1952 में यह विधायक बनकर राज्य मन्त्रिमण्डल में मन्त्री बने।

- वर्ष 1967 में यह प्रदेश के मुख्यमन्त्री बने। ये बिहार के राज्यपाल भी रहे। वर्ष 2005 में इनका निधन हो गया।

सुन्दरलाल पटवा

- इनका जन्म 11 नवम्बर, 1924 को मन्दसौर के कुकड़ेश्वर नामक स्थान पर हुआ था। इन्होंने वर्ष 1942 में 'राष्ट्रीय स्वयं सेवक संघ' से राजनीति में प्रवेश किया।
- इन्हें दो बार राज्य के मुख्यमन्त्री बनने का गौरव प्राप्त है। पहली बार ये वर्ष 1980 में मुख्यमन्त्री बने, इस वर्ष इनका कार्यकाल 20 जनवरी, 1980 से केवल 17 फरवरी, 1980 तक रहा। दूसरी बार इनका कार्यकाल 5 मार्च, 1990 से 15 दिसम्बर, 1992 तक रहा था।

मोतीलाल वोहरा

- इनका जन्म 20 दिसम्बर, 1928 को हुआ था। वर्ष 1989 में यह मध्य प्रदेश के मुख्यमन्त्री बने।
- इन्होंने भारत सरकार के विभिन्न मन्त्री पदों को सुशोभित किया है। यह वर्ष 1993-96 में उत्तर प्रदेश के राज्यपाल भी रहे।

अटल बिहारी वाजपेयी

- वाजपेयी जी का जन्म ग्वालियर में 25 दिसम्बर, 1924 को हुआ था। इनकी शिक्षा ग्वालियर और कानपुर में हुई। यह जनसंघ के संस्थापक सदस्यों में से एक थे।
- यह वर्ष 1951 से 1957 तक लोकसभा के तथा वर्ष 1957 से 1977 तक राज्यसभा के सदस्य रहे।
- इन्होंने वर्ष 1966-67 में कनाडा में अयोजित 'गुट-निरपेक्ष संसदीय सम्मेलन' में भारतीय प्रतिनिधि मण्डल का नेतृत्व किया।
- यह भारत के प्रधानमन्त्री बनने वाले प्रदेश के प्रथम व्यक्ति थे।
- संयुक्त राष्ट्र की महासभा में हिन्दी में भाषण देने वाले प्रथम व्यक्ति थे।
- वर्ष 1992 में इन्हें पद्म विभूषण तथा वर्ष 2014 में इन्हें भारत रत्न से सम्मानित किया गया।
- 'मेरी इक्यावन कविताएँ' तथा 'मेरी संसद यात्रा' इनकी प्रमुख कृतियाँ हैं।

कैलाश चन्द्र जोशी

- इनका जन्म 14 जुलाई, 1929 को देवास जिले के हाटपीपल्या नामक स्थान पर हुआ था।
- वर्ष 1963 से 1966 तक यह जनसंघ विधायक दल के सभापति तथा 1968-69 में विधानसभा आश्वासन समिति तथा लोक लेखा समिति के सदस्य रहे।
- 23 जून, 1977 को जोशी जी प्रदेश के मुख्यमन्त्री बने।

उमा भारती

- उमा भारती का जन्म 3 मई, 1959 को टीकमगढ़ के डुण्डा में हुआ था।
- यह 8 दिसम्बर, 2003 को **मध्य प्रदेश की प्रथम महिला मुख्यमन्त्री** बनीं। यह वर्ष 1989, 1991,1996, 1998, 1999 एवं 2014 में लोकसभा की सदस्या रहीं।
- इनके द्वारा लिखित पुस्तकें स्वामी विवेकानन्द (1972), पीस ऑफ माइण्ड इन अफ्रीका (1978) तथा मानव : एक भक्ति का नाता (1983) हैं।

द्वारिका प्रसाद मिश्र

- मिश्र जी का जन्म 30 अगस्त, 1901 को हुआ था। वर्ष 1930 में सविनय अवज्ञा आन्दोलन तथा नमक सत्याग्रह में सम्मिलित होकर इन्होंने अपना राजनीतिक जीवन प्रारम्भ किया।
- वर्ष 1963 से 1967 तक ये मध्य प्रदेश के मुख्यमन्त्री भी रहे।
- इन्होंने **कृष्णायन** तथा **अनुदिता** नामक पुस्तक लिखी। 31 मार्च, 1988 को इनका निधन हो गया।

माधवराव सिन्धिया

- इनका जन्म ग्वालियर के महाराजा के यहाँ 10 मार्च, 1945 को हुआ था। इनकी माता का नाम विजयाराजे सिन्धिया तथा पिता का नाम जीवाजीराव सिन्धिया था।
- ये कई बार लोकसभा के लिए निर्वाचित हुए। इन्होंने केन्द्र सरकार में विभिन्न मन्त्री पद को भी सुशोभित किया था। 30 सितम्बर, 2001 को एक विमान दुर्घटना में इनकी मृत्यु हो गई।

शिवराज सिंह चौहान

- इनका जन्म 5 मार्च, 1959 को मध्य प्रदेश के सीहोर जिले में हुआ था।
- भारतीय जनता पार्टी संसदीय बोर्ड की ओर से इन्हें 29 नवम्बर, 2005 को राज्य का मुख्यमन्त्री घोषित किया गया।
- वर्ष 2008 व 2013 में भी इन्हें राज्य का मुख्यमन्त्री निर्वाचित किया गया।

मध्य प्रदेश के प्रमुख समाजसेवी एवं शिक्षाविद्

डॉ. हरिसिंह गौर

इनका जन्म 1870 ई. में सागर जिले में हुआ था। इन्होंने मध्य प्रदेश में वर्ष 1946 में प्रथम विश्वविद्यालय (डॉ. हरि सिंह गौर विश्वविद्यालय) की स्थापना की थी।

महर्षि महेश योगी

इनका जन्म जनवरी, 1917 में हुआ था। इन्होंने अनेक अध्ययन केन्द्रों की स्थापना की। इन्होंने वैदिक एवं आयुर्वेद विश्वविद्यालयों की भी स्थापना की।

डॉ. के एस गांगुली

- इनका जन्म 24 मार्च, 1919 को हुआ था।
- चिकित्सा सुविधा हेतु संस्थानों की स्थापना, पुस्तक लेखन, आकाशवाणी एवं दूरदर्शन पर प्रसारण तथा विदेशों में भारतीय चिकित्सा का समुचित प्रसार करने वाले डॉ गांगुली को राष्ट्रपति, राज्यपालों, मदर टेरेसा तथा अन्य संस्थानों द्वारा पुरस्कृत किया जा चुका है।

भरतचन्द्र काबरा

इनका जन्म वर्ष 1922 में हुआ था। इन्होंने उराँव जनजाति के सामाजिक एवं आर्थिक उत्थान में महत्त्वपूर्ण योगदान दिया।

कान्ता बेन त्यागी

- इनका जन्म 27 मई, 1924 को हुआ था। इन्होंने वर्ष 1953 में खरगौन जिले के सुदूर आदिवासी अंचल में स्थित ग्राम निवाली में कन्या आश्रम की नींव डाली।
- इन्होंने 'खुली अदालतों' का प्रारम्भ किया। मध्य प्रदेश सरकार ने इन्हें वर्ष 1986 में **इन्दिरा गाँधी समाज सेवा का राज्यस्तरीय पुरस्कार** से सम्मानित किया।

डॉ. मंगल प्रसाद अग्रवाल

इनका जन्म 9 जून, 1935 को हुआ था। डॉ अग्रवाल ने सर्वजातीय एकता, छुआछूत उन्मूलन, नशामुक्ति, गोबर गैस संयन्त्र, अम्बर चरखा, श्रमदान से तालाबों का निर्माण, मानस प्रचार तथा मतदाता शिक्षा में काम करके असीम गौरव प्राप्त किया है।

सुब्बाराव

- सुब्बाराव कांग्रेस सेवा दल से सम्बन्धित रहे हैं तथा इन्होंने चम्बल घाटी में डाकुओं के आत्मसमर्पण में महत्त्वपूर्ण भूमिका निभाई थी।
- इन्होंने मुरैना जिले में एक गाँधी आश्रम की स्थापना भी की थी।

रईसा खान

- इनका जन्म वर्ष 1949 में हुआ था। भोपाल गैस काण्ड में बेरोजगार हुई गैस पीड़ित महिलाओं को रोजगार तथा अधिकार दिलाने हेतु रईसा खान प्रयत्नशील हैं।
- इन्हें गैस पीड़ित स्वयंसेवी महासंघ द्वारा सम्मानित भी किया जा चुका है।

कैलाश सत्यार्थी

- इनका जन्म वर्ष 1954 में मध्य प्रदेश के विदिशा जिले में हुआ था। इन्होंने वर्ष 1983 में बचपन बचाओ आन्दोलन एन जी ओ की शुरुआत की थी।
- 10 दिसम्बर, 2014 को इन्हें शान्ति के क्षेत्र में नोबेल पुरस्कार से सम्मानित किया गया।
- ये अपने एन जी ओ बचपन बचाओ आन्दोलन के माध्यम से पिछले अनेक वर्षों से बाल मजदूरी के विरुद्ध संघर्ष कर रहे हैं।

मध्य प्रदेश के प्रमुख कलाकार

संगीतकार

तानसेन (रामतनु पाण्डेय)

- तानसेन का जन्म 1506 ई. में (मध्य प्रदेश) ग्वालियर जिले के बेहट गाँव में हुआ था।
- सर्वप्रथम इन्हें रीवा के राजा रामचन्द्र अपने दरबार में लाए, जहाँ से सम्राट अकबर इन्हें अपने साथ ले आए तथा इन्हें अपने नवरत्नों में शामिल कर लिया।
- तानसेन को 'भैरव राग' में विशेष सिद्धि प्राप्त थी। 'दीपक राग' को गाने वाले मात्र तानसेन ही थे।
- 1585 ई. में दिल्ली में इनकी मृत्यु हुई तथा इनकी इच्छानुसार ग्वालियर में मोहम्मद गौस की समाधि के बराबर में ही इनकी भी समाधि बना दी गई।
- तानसेन 'ग्वालियर' घराने से सम्बन्धित थे।

बाबा अलाउद्दीन खाँ

- इनका जन्म मध्य प्रदेश की पूर्व रियासत त्रिपुरी के शिवपुर ग्राम में साधुर खाँ के यहाँ 1881 ई. में हुआ था। यह **सरोद सम्राट** के नाम से भी विख्यात हैं।
- मैहर घराने के सर्वप्रथम सितार वादक बाबा अलाउद्दीन खाँ का निवास स्थान 'मदीना भवन-शान्ति कुटीर' संगीत का तीर्थ स्थान माना जाता है।
- वर्ष 1958 में इन्हें पद्म भूषण तथा वर्ष 1971 में पद्म विभूषण से सम्मानित किया गया।

कृष्णराव पण्डित (संगीत मार्तण्ड)

- इनका जन्म 26 जुलाई, 1893 को ग्वालियर में हुआ था। ग्वालियर घराने के प्रतिनिधि ख्याल गायक कृष्णराव भूतपूर्व ग्वालियर राज्य के दरबारी गायक थे।
- इन्होंने वर्ष 1914 में **गन्धर्व महाविद्यालय** की नींव रखी, जो इनके पिता की स्मृति में शंकर गन्धर्व महाविद्यालय, (ग्वालियर) के नाम से जाना जाता है। इनके गायन के कैसेट्स कोलम्बिया रिकॉर्डिंग कम्पनी ने भी तैयार किए हैं।

अमीर खाँ

वर्ष 1913 में इन्दौर में जन्में ख्याल गायक अमीर खाँ को भारत शासन के अकादमी अवार्ड व पद्म भूषण अवार्ड से सम्मानित किया जा चुका है। अपनी गायिकी से इन्होंने 'इन्दौर घराने' की नींव डाली।

बेगम असगरीबाई

- इनका जन्म 12 अगस्त, 1918 को राज्य के छतरपुर जिले में हुआ था। यह शास्त्रीय संगीत ध्रुपद की प्रसिद्ध गायिका थीं।
- इन्हें शिखर सम्मान, तानसेन सम्मान तथा पद्मश्री से सम्मानित किया गया था। इनका निधन 29 अगस्त, 2006 को टीकमगढ़ में हुआ था।

बाबा साहेब पूँछवाले

- इनका जन्म 15 दिसम्बर, 1918 को ग्वालियर में हुआ था।
- वर्ष 1964 में इनकी नियुक्ति बनारस के बसन्त कन्या महाविद्यालय में संगीत अध्यापक के रूप में हुई थी, परन्तु एक वर्ष बाद ही इनकी नियुक्ति माधव संगीत महाविद्यालय, (ग्वालियर) में उप-प्रधानाध्यापक के स्थान पर हो गई।
- बाबा साहेब को वर्ष 1997 में तानसेन सम्मान से सम्मानित किया गया।

लता मंगेशकर

- इनका जन्म 28 सितम्बर, 1929 को इन्दौर में हुआ था। इनका नाम प्रसिद्ध गायिका के रूप में 'गिनीज बुक ऑफ वर्ल्ड रिकॉर्ड' में दर्ज है।
- मध्य प्रदेश सरकार ने वर्ष 1984 में इनके नाम पर लता मंगेशकर पुरस्कार की शुरुआत की।
- पद्म भूषण, पद्म विभूषण तथा दादा फाल्के पुरस्कार के अतिरिक्त वर्ष 2001 में इन्हें भारत रत्न पुरस्कार से भी सम्मानित किया गया।

अमजद अली खान

- इनका जन्म 9 अक्टूबर, 1945 को ग्वालियर में हुआ था। यह अन्तर्राष्ट्रीय ख्याति प्राप्त सरोद वादक हैं, जिन्होंने 12 वर्ष की अल्पायु में ही एकल प्रस्तुति देकर प्रशंसा प्राप्त की थी।
- इन्होंने 'राग' संगीत में अनेक अभिनव प्रयोग किए हैं। यह पद्मश्री, पद्म भूषण व पद्म विभूषण पुरस्कारों सहित अनेक अन्तर्राष्ट्रीय पुरस्कार अर्जित कर चुके हैं।

अभिनय

जया बच्चन

- इनका जन्म 9 अप्रैल, 1948 को भोपाल में हुआ था। यह प्रसिद्ध फिल्म अभिनेत्री तथा अभिनेता अमिताभ बच्चन की पत्नी हैं।
- इनकी पहली फिल्म गुड्डी थी। इन्हें पद्म श्री, फिल्मफेयर आदि पुरस्कारों से सम्मानित किया जा चुका है।

अन्नू कपूर

- अन्नू कपूर का जन्म 20 फरवरी,1956 को भोपाल में हुआ था।
- अन्नू कपूर ने अपना कैरियर रुका हुआ फैसला नामक नाटक से प्रारम्भ किया।
- 'नेशनल स्कूल ऑफ ड्रामा' से प्रशिक्षित अन्नू कपूर दूरदर्शन के राष्ट्रीय एवं अन्तर्राष्ट्रीय कार्यक्रमों के अभिनेता, संचालक तथा आयोजक हैं।
- इनकी कृतियों को राष्ट्रपति द्वारा कथा पुरस्कार से सम्मानित किया गया है।

लोकनाट्य

बाबा डिके

प्रसिद्ध नाट्यकर्मी बाबा डिके का जन्म 7 जून, 1919 को नीमच में हुआ था। इन्होंने 1942 के भारत छोड़ो आन्दोलन में भाग लिया था। इनका पहला नाटक **अकाल ताण्डव** था। इन्होंने 1975 में 'नाट्य भारती' की स्थापना की। यह प्रशिक्षण शाला 'लिटिल थियेटर' के नाम से जानी जाती है।

नरहरि पटेल

2 जनवरी, 1934 को रतलाम जिले में जन्मे नरहरि पटेल 40 वर्षों से लोकमंच पर जन-नायक के रूप में कार्य कर रहे हैं।

बंशी कौल

- इनका जन्म 23 अगस्त, 1949 को हुआ था। यह भारतीय नाट्य मंच से सम्बन्धित हैं। इन्हें अन्तर्राष्ट्रीय अभिनेता, निर्देशक तथा लेखक के रूप में ख्याति प्राप्त है।
- इन्हें अनेक राष्ट्रीय तथा अन्तर्राष्ट्रीय पुरस्कारों से सम्मानित किया जा चुका है।

हबीब तनवीर

- हबीब तनवीर का जन्म रायपुर (वर्तमान छत्तीसगढ़) में हुआ था। यह एक महान् नाटककार थे। इन्होंने वर्ष 1954 में 'हिन्दुस्तान थियेटर' की स्थापना की थी। **मृच्छकटिकम, चरणदास चोर, माटी की गाड़ी** एवं **आगरा बाजार** इनके प्रमुख नाट्य मंचन हैं।
- मध्य प्रदेश के शिखर सम्मान (1984) के साथ ही तनवीर को पद्मभूषण (2002) से अलंकृत किया गया है।

अनवार सिद्दकी

- मध्य प्रदेश में अनेक नाटकों का निर्देशन करने का श्रेय अनवार सिद्दकी को प्राप्त है।

प्रसिद्ध व्यक्तित्व

स्व-मूल्यांकन

1. प्रसिद्ध क्रान्तिकारी चन्द्रशेखर का मूल नाम क्या था?
(a) चन्द्रशेखर सीताराम तिवारी
(b) रामचन्द्र पाण्डुरंग
(c) रामतनु पाण्डेय
(d) द्वारिका प्रसाद मिश्र

2. निम्न में से किस प्रमुख व्यक्ति ने 1 नवम्बर, 1913 को 'गदर' नामक साप्ताहिक पत्रिका निकाली?
(a) मौलाना बरकतुल्ला
(b) कैलाशनाथ काटजू
(c) रविशंकर शुक्ल
(d) कैलाश चन्द्र जोशी

3. 'इलाहाबाद लॉ जर्नल' का सम्पादन किस प्रमुख राजनीतिज्ञ ने किया था?
(a) गोविन्द नारायण सिंह
(b) कैलाशचन्द्र जोशी
(c) कैलाशनाथ काटजू
(d) द्वारिका प्रसाद मिश्र

4. भारतीय संविधान सभा के प्रारूप समिति के अध्यक्ष होने का गौरव मध्य प्रदेश के किस महान् व्यक्ति को प्राप्त है?
(a) विजयराजे सिन्धिया
(b) अटलबिहारी वाजपेयी
(c) डॉ. भीमराव अम्बेडकर
(d) रविशंकर शुक्ल

5. भूतपूर्व राष्ट्रपति डॉ. शंकर दयाल शर्मा का जन्म मध्य प्रदेश के किस स्थान पर हुआ था?
(a) इन्दौर (b) जबलपुर
(c) भोपाल (d) सागर

6. 'कांग्रेस अप्रोच टू इण्टरनेशनल अफेयर्स' पुस्तक के रचनाकार हैं
(a) इन्द्रकुमार गुजराल
(b) उमा भारती
(c) डॉ. शंकरदयाल शर्मा
(d) अटल बिहारी वाजपेयी

7. 'मेरी संसद यात्रा' कृति है
(a) मोतीलाल वोहरा
(b) अटल बिहारी वाजपेयी
(c) सुन्दरलाल पटवा
(d) डॉ. शंकर दयाल शर्मा

8. वह राजनीतिज्ञ कौन हैं, जिसे मध्य प्रदेश की पहली महिला मुख्यमन्त्री बनने का गौरव प्राप्त है?
(a) सरोजनी नायडू (b) उमा भारती
(c) आनन्दी बेन पटेल (d) कान्ता बेन त्यागी

9. मध्य प्रदेश की प्रसिद्ध फिल्म अभिनेत्री 'जया बच्चन' का जन्म स्थान है
(a) ग्वालियर (b) भोपाल
(c) जबलपुर (d) रीवा

10. वैदिक एवं आयुर्वेद विश्वविद्यालयों की स्थापना किसने की थी?
(a) डॉ. हरि सिंह गौर (b) रईसा खान
(c) महर्षि महेश योगी (d) हरिशंकर परसाई

11. निम्न में से किस समाजसेवी ने उराँव जनजातियों में सामाजिक और आर्थिक जागृति बढ़ाने में योगदान दिया?
(a) कैलाश सत्यार्थी (b) सुब्बाराव
(c) रईसा खान (d) भरतचन्द्र काबरा

12. 'कन्या आश्रम' की स्थापना किस समाज सेवी ने की थी?
(a) कान्ता बेन त्यागी (b) रईसा खान
(c) सुब्बाराव (d) उमा भारती

13. मध्य प्रदेश में 'खुली अदालतों' का प्रचलन किस समाज सेवी ने प्रारम्भ किया था?
(a) महर्षि महेश योगी (b) कान्ता बेन त्यागी
(c) सुब्बाराव (d) रईसा खान

14. किस समाज सेवी ने चम्बल घाटी के डाकुओं के आत्मसमर्पण करने हेतु काम किया?
(a) भरतचन्द्र काबरा (b) सुब्बाराव
(c) रईसा खान (d) कैलाश सत्यार्थी

15. भोपाल गैस काण्ड में बेरोजगार हुई गैस पीड़ित महिलाओं को रोजगार तथा अधिकार दिलाने हेतु चर्चित हैं
(a) रईसा खान (b) कान्ता बेन त्यागी
(c) सादिया सिद्दकी (d) इनमें से कोई नहीं

16. तानसेन का मूल नाम था
एम पी पी एस सी 2013
(a) मकरचन्द पाण्डेय (b) रामतनु पाण्डेय
(c) लाला कलावन्त (d) बाज बहादुर

17. प्रसिद्ध संगीतकार तानसेन मध्य प्रदेश के किस जिले से सम्बद्ध थे?
ए एन एम ट्रेनिंग सेलेक्शन 2016
(a) सागर (b) रीवा
(c) ग्वालियर (d) भोपाल

18. तानसेन अपने समय के प्रसिद्ध गायक थे उनका सम्बन्ध किस प्रदेश से था?
कराधान सहायक 2010
(a) मध्य प्रदेश (b) उत्तर प्रदेश
(c) राजस्थान (d) आन्ध्र प्रदेश

19. प्रसिद्ध शास्त्रीय गायक तानसेन का सम्बन्ध किस घराने से था?
(a) इन्दौर (b) ओरछा
(c) ग्वालियर (d) जबलपुर

20. 'सरोद सम्राट' के नाम से विख्यात हैं
(a) बाबा अलाउद्दीन खाँ
(b) गुलाम हुसैन खाँ
(c) अमीर खाँ
(d) हाफिज मोहम्मद खाँ

21. उस्ताद अलाउद्दीन खान किस घराने से सम्बद्ध थे? पटवारी 2008
(a) देवास (b) बुरहानपुर
(c) ग्वालियर (d) मैहर

22. हिन्दुस्तानी शास्त्री संगीत के इन्दौर घराने का संस्थापक कौन था?
पुलिस आरक्षक 2016
(a) अमीर खान (b) शाहगीर खान
(c) बशीर खान (d) अमन अली खान

23. प्रसिद्ध शास्त्रीय संगीत गायिका बेगम असगरीबाई, मध्य प्रदेश का किस जगह पर निधन हुआ था?
(a) टीकमगढ़ (b) भैरूगढ़
(c) बरेला (d) माण्डू

24. मध्य प्रदेश के किस प्रसिद्ध कलाकार (गायिका) का नाम 'गिनीज बुक ऑफ वर्ल्ड रिकॉर्ड' में दर्ज है?
(a) जया बच्चन (b) लता मंगेशकर
(c) बेगम असगरीबाई (d) शारदा सिन्हा

25. मध्य प्रदेश की प्रसिद्ध गायिका लता मंगेशकर को भारत रत्न से कब सम्मानित किया गया?
(a) वर्ष 1995 में (b) वर्ष 2001 में
(c) वर्ष 2005 में (d) वर्ष 2008 में

26. अमजद अली खान, एक भारतीय शास्त्रीय संगीतज्ञ जो सरोद बजाते हैं, उनका जन्म किस शहर में हुआ था?
ए एन एम ट्रेनिंग सेलेक्शन 2016
(a) इन्दौर (b) ग्वालियर
(c) विदिशा (d) खण्डवा

27. उस्ताद अमजद अली खान निम्न वाद्य यन्त्रों में से किसके लिए जाने जाते हैं?
डेयरी फेडरेशन रिक्रूटमेण्ट 2016
(a) सरोद (b) सितार
(c) तबला (d) बाँसुरी

28. हिन्दुस्तान थियेटर' की स्थापना किसने की थी?
(a) हबीब तनवीर
(b) बाबा डिके
(c) विभा मिश्र
(d) अनवार सिद्दकी

29. नरहरि पटेल का जन्म मध्य प्रदेश के ··· शहर में हुआ था।
(a) ओरछा (b) रतलाम
(c) श्योपुर (मुरैना) (d) सुजालपुर

उत्तरमाला

1. (a) **2.** (a) **3.** (c) **4.** (c) **5.** (c) **6.** (c) **7.** (b) **8.** (b) **9.** (b) **10.** (c)
11. (d) **12.** (a) **13.** (b) **14.** (b) **15.** (a) **16.** (b) **17.** (c) **18.** (a) **19.** (c) **20.** (a)
21. (d) **22.** (a) **23.** (a) **24.** (b) **25.** (b) **26.** (b) **27.** (a) **28.** (a) **29.** (b)

अध्याय 22

कल्याणकारी योजनाएँ

मध्य प्रदेश सरकार के द्वारा विकास एवं कल्याण के निर्धारित लक्ष्यों को प्राप्त करने हेतु समाज के विभिन्न वर्गों; जैसे—महिलाओं एवं बाल विकास, कमजोर वर्ग उत्थान, वृद्ध एवं दिव्यांग विकास सम्बन्धित विभिन्न प्रकार की कल्याणकारी योजनाएँ प्रारम्भ की गई हैं।

मध्य प्रदेश की प्रमुख कल्याणकारी योजनाएँ निम्न हैं

मध्य प्रदेश की महिला एवं बाल विकास सम्बन्धी योजनाएँ

योजना	*वर्ष*	*विशेषता*
आयुष्मती योजना	1991	ग्रामीण क्षेत्रों में गरीबी रेखा से नीचे जीवन-यापन करने वाली महिलाओं को बेहतर चिकित्सा सुविधाएँ उपलब्ध कराना।
बालिका समृद्धि योजना	15 अगस्त, 1997	गरीबी रेखा से नीचे जीवन-यापन करने वाले परिवार की ऐसी महिला, जिसकी दो पुत्रियाँ हैं, को बालिका के जन्म से 18 वर्ष तक ₹ 500 की राशि बैंक या डाकघर में उपलब्ध कराई जाती थी। इसे वर्ष 2006-07 में समाप्त कर दिया गया।
गाँव की बेटी योजना	29 अगस्त, 2005	इस योजना में गाँव की सभी बालिकाओं को 12वीं कक्षा में प्रथम श्रेणी से उत्तीर्ण होने पर उच्च शिक्षा के लिए ₹ 500 प्रतिमाह दिए जाते हैं।
मुख्यमन्त्री कन्यादान योजना	2006	गरीब परिवारों की कन्याओं का विवाह कराने हेतु ₹ 25,000 की राशि राज्य सरकार द्वारा सहायतार्थ दी जाती है।
उषा किरण योजना	2006	घरेलू हिंसा महिला संरक्षण अधिनियम, 2005 के तहत् राज्य सरकार द्वारा महिलाओं एवं बच्चों (18 वर्ष से कम) को घरेलू हिंसा से बचाने हेतु यह योजना प्रारम्भ की गई।
विजया राजे जननी कल्याण बीमा योजना	2007	इस योजना का उद्देश्य गरीबी रेखा से नीचे जीवन-यापन करने वाली महिलाओं को प्रसव पूर्व जाँच तथा निःशुल्क प्रसव व्यवस्था उपलब्ध कराना तथा आर्थिक सहायता प्रदान करना है।
जननी एक्सप्रेस योजना	2006	गर्भवती महिलाओं को प्रसव हेतु स्वास्थ्य संस्थाओं तक परिवहन सुविधा उपलब्ध कराना। स्वास्थ्य वाहनों की गर्भवती महिलाओं तक पहुँच सुनिश्चित करने के लिए कॉल सेण्टर भी संचालित किए जा रहे हैं।
तेजस्विनी कार्यक्रम	जुलाई, 2007	इस योजना का उद्देश्य गरीब महिलाओं के विकास के लिए आर्थिक, सामाजिक एवं राजनीतिक अवसर उपलब्ध कराना तथा साथ ही स्व सहायता समूहों का गठन एवं सूक्ष्म वित्तीय सुविधा प्रदान करना है।

योजना	वर्ष	विशेषता
लाडली लक्ष्मी योजना	1 अप्रैल, 2007	बालिका जन्म के प्रति लोगों में सकारात्मक सोच विकसित करने हेतु इस योजना के अन्तर्गत बालिका के पंजीकरण से पाँच वर्ष तक प्रति माह ₹ 6,000 लाडली लक्ष्मी योजना निधि में जमा किए जाते हैं। इस प्रकार कुल ₹ 3,00,000 जमा कराए जाते हैं। 'लाडली लक्ष्मी' योजना के लाभ केवल दो लड़कियों तक ही सीमित हैं। राज्य सरकार के वर्ष 2018 के बजट में इस योजना के लिए ₹ 909 करोड़ का प्रावधान है।
साँझा चूल्हा	3 नवम्बर, 2009	इस योजना के तहत प्रदेश के 3 से 6 वर्ष तक के बच्चे, गर्भवती महिला को मिड-डे मिल के साथ साँझा चूल्हा की व्यवस्था की गई है।
लाडो अभियान	फरवरी, 2013	इस योजना के अन्तर्गत मुख्यतः बाल विवाह को रोकना है। इसे कॉमन वेल्थ एसोसिएशन और पब्लिक एडमिनिस्ट्रेशन एण्ड मैनेजमेण्ट (कपाम) द्वारा वर्ष 2016 का इण्टरनेशनल इनोवेशन अवार्ड प्रदान किया गया है।
मुख्यमन्त्री निकाह योजना	2012-13	गरीब एवं आश्रित मुस्लिम परिवार की विवाह योग्य कन्या, विधवा/परित्यकता के निकाह हेतु राज्य सरकार द्वारा ₹ 25,000 की आर्थिक सहायता दी जाती है।
मुख्यमन्त्री सशक्तीकरण योजना	सितम्बर, 2013	इस योजना के तहत पीड़ित महिला को कौशल प्रशिक्षण देकर आत्मनिर्भर बनाया जाता है। विपत्तिग्रस्त महिलाओं के विकास हेतु मध्य प्रदेश को स्कॉच गोल्ड अवार्ड 2015 मिला है।
जननी सुरक्षा योजना	2013	इस योजना की शुरुआत राष्ट्रीय ग्रामीण स्वास्थ्य मिशन के अन्तर्गत केन्द्र सरकार की सहायता से की गई है। ग्रामीण क्षेत्र की महिलाओं को संस्थागत प्रसव हेतु ₹ 1400 और शहरी क्षेत्र की महिलाओं को ₹ 1000 दिए जाते हैं। प्रेरकों को ग्रामीण क्षेत्र में ₹ 600 और शहरी क्षेत्र में ₹ 200 दिए जाते हैं।
गौरवी केन्द्र का शुभारम्भ	16 जून, 2014	प्रदेश सरकार ने भोपाल में देश के पहले एकीकृत संकर समाधान गौरव केन्द्र की स्थापना की। इसका उद्देश्य हिंसा व बलात्कार की शिकार महिलाओं की सहायता करना है।
स्वागतम लक्ष्मी योजना	24 जनवरी, 2014	इसके अन्तर्गत गर्भ में पल रहे नवजात, विद्यालय एवं महाविद्यालय की छात्राएँ, घरेलू काम-काज करने वाली एवं श्रमिक महिलाओं को सम्मिलित किया गया है। इसके अतिरिक्त मेधावी बालिकाओं का सम्मान, उत्कृष्ट कार्य करने वाली महिलाओं को प्रोत्साहन, महिला जन-प्रतिनिधियों का सम्मान, पंचायत महिला प्रतिनिधियों का सम्मान आदि।
लालिमा अभियान	1 नवम्बर, 2016	इस योजना का उद्देश्य बच्चों, बालिकाओं और महिलाओं को एनीमिया (रक्ताल्पता) से मुक्ति दिलाना है।
जबाली योजना		इस योजना का उद्देश्य वेश्यावृत्ति एवं निम्नस्तरीय व्यवसायों में लिप्त महिलाओं को बेहतर व्यवसाय आरम्भ करने हेतु सहायता देना है।
कन्या अभिभावक पेंशन योजना	–	इस योजना के अन्तर्गत कन्या के अभिभावकों को पेंशन देने की व्यवस्था है। योजना के अनुसार, ₹ 500 प्रति माह पेंशन दी जाती है। बालिका के कक्षा 6 में प्रवेश पर ₹ 2000, कक्षा 9 में प्रवेश पर ₹ 4000 कक्षा 11 में प्रवेश पर ₹ 6000 तथा कक्षा 12 में प्रवेश पर ₹ 6000 ई-पेमेण्ट के माध्यम से दिए जाते हैं। राज्य सरकार के वर्ष 2018 के बजट में इस योजना के लिए ₹ 25 करोड़ का प्रावधान है।
सौभाग्यवती योजना	–	इस योजना के अन्तर्गत गरीबी रेखा के नीचे जीवनयापन करने वाले परिवार को कन्या के विवाह के लिए ₹ 5,000 दिए जाते हैं।

योजना	वर्ष	विशेषता
महिला डेयरी योजना	–	यह योजना पशुपालन विभाग द्वारा संचालित की जा रही है। पशुपालन एवं डेयरी व्यवसाय में रुचि रखने वाली सहकारी दुध समिति की महिलाएँ इस योजना का लाभ ले सकती हैं। इसके अन्तर्गत सीहोर, देवास, शाजापुर, मुरैना, सिवनी आदि जिले आते हैं।
कन्या साक्षरता प्रोत्साहन	–	इस योजना के तहत् अनुसूचित जाति की बालिकाओं का कक्षा 6वीं, 9वीं तथा 11वीं में प्रवेश लेने पर प्रोत्साहन दिया जा रहा है। ऐसी बालिकाओं को कक्षावार ₹ 500, 1000, 2000 प्रतिवर्ष दिए जाते हैं।
साइकिल वितरण योजना	–	स्कूल शिक्षा विभाग द्वारा संचालित इस योजना में 9वीं कक्षा में प्रवेश लेने वाली अनुसूचित जाति/जनजाति व गरीब परिवार की बालिकाओं को निःशुल्क साइकिल दी जाती है।
मुख्यमन्त्री कल्याणी सहायता योजना	–	मध्य प्रदेश सरकार मुख्यमन्त्री कल्याणी सहायता योजना के तहत् 18 से 79 वर्ष आयु वर्ग की सभी विधवाओं को ₹ 300 मासिक पेंशन के रूप में प्रदान करेगी तथा वरिष्ठ विधवाओं को ₹ 500 मासिक पेंशन के रूप में मिलेंगे। विधवाओं के पुनर्विवाह के लिए भी ₹ 2 लाख का प्रावधान किया गया है। सभी विधवाओं को अब कल्याणी कहा जाएगा।

ग्रामोत्थान, स्वच्छता व सरकार के कार्यों में पारदर्शिता सम्बन्धित प्रमुख योजनाएँ

योजना	विवरण
परख कार्यक्रम	मध्य प्रदेश प्रशासन व्यवस्था में पारदर्शिता, जवाबदेहिता, संवेदनशीलता की स्थापना करने के लिए शुरु किया गया।
गोकुल ग्राम प्रकल्प योजना	गोकुल ग्राम प्रकल्प योजना की शुरुआत 25 सितम्बर, 2004 को हुई। इस योजना का उद्देश्य चयनित गाँवों में सभी आधारभूत सुविधाओं का विकास करना है।
अयोध्या बस्ती योजना	मध्य प्रदेश सरकार द्वारा शहरी इलाकों में स्वच्छता एवं स्वास्थ्यवर्धक पर्यावरण विकसित करने हेतु प्रारम्भ की गई है।
मुख्यमन्त्री मेधावी विद्यार्थी योजना	राज्य सरकार ने इस योजना का शुभारंभ 20 अगस्त 2017 को किया। इस योजना के अनुसार 12वीं कक्षा में 75% से ऊपर अंक लाने वाले छात्रों की उच्च शिक्षा की फीस सरकार भरेगी। यह योजना राज्य के उन मूल निवासी मेधावी विद्यार्थियों के लिए है जिनके माता-पिता की वार्षिक आय ₹ 6 लाख तक है।
मुख्यमन्त्री कृषक जीवन कल्याण योजना 2018	मध्य प्रदेश सरकार द्वारा इस योजना की घोषणा जनवरी, 2018 में की गई है। इसके तहत किसानों की दुर्घटना में मृत्यु होने पर उन्हें ₹ 4,00,000 की राशि प्रदान की जाएगी।
जय किसान समृद्धि योजना	इस योजना का उद्देश्य मध्य प्रदेश की प्रमुख फसल गेहूँ का प्रति हेक्टेयर उत्पादन बढ़ाने हेतु किसानों को प्रोत्साहित करना है। इसके माध्यम से किसानों को गेहूँ पर ₹ 160 प्रति क्विण्टल प्रोत्साहन राशि मिलेगी।

मध्य प्रदेश की वृद्ध एवं दिव्यांगों के विकास हेतु प्रमुख योजनाएँ

वृद्ध एवं दिव्यांगों के विकास के लिए निम्न योजनाओं का क्रियान्वयन किया गया है

- **सामाजिक सुरक्षा पेंशन योजना** इसके तहत् 65 वर्ष से अधिक उम्र के बेसहारा, निराश्रित वृद्धों को ₹ 300 प्रति माह प्रदान किए जाते हैं।
- **मानसिक दिव्यांगों को सहायता** इस योजना में 6 वर्ष से अधिक आयु के मानसिक रूप से अविकसित और दिव्यांग व्यक्तियों को ₹ 500 प्रति माह दिए जाते हैं।

- **इन्दिरा गाँधी राष्ट्रीय विधवा पेंशन योजना** इसके अन्तर्गत गरीबी रेखा से नीचे के परिवार (40 से 64 वर्ष आयु की) विधवा स्त्री को ₹ 200 प्रति माह सहायतार्थ दिए जाते हैं।
- **इन्दिरा गाँधी राष्ट्रीय निःशक्त पेंशन योजना योग्यता/लाभार्थी** गरीबी रेखा के नीचे जीवन-यापन करने वाले परिवारों के निःशक्त व्यक्ति, 18 से 64 वर्ष की आयु के व्यक्तियों को ₹ 200 प्रति माह दिए जाते हैं।
- **राष्ट्रीय परिवार सहायता योजना** गरीबी रेखा के नीचे जीवन-यापन करने वाले परिवारों के कमाऊ सदस्य की मृत्यु होने पर मृतक के परिवार को सहायता के रूप में ₹ 10,000 की राशि प्रदान की जाती है।
- **शतायु सम्मान** इस योजना में 100 वर्ष से अधिक आयु के वृद्धों को ₹ 1,000 शॉल, श्रीफल आदि प्रदान किए जाते हैं।
- **मुख्यमन्त्री तीर्थ दर्शन योजना** मध्य प्रदेश सरकार ने इस योजना की शुरुआत वर्ष 2012 में की थी। इस योजना के अन्तर्गत गरीबी रेखा से नीचे की श्रेणी में आने वाले 60 वर्ष या उससे अधिक आयु के बुजुर्गों को राज्य से बाहर के तीर्थ स्थानों पर एक बार निःशुल्क यात्रा कराने का प्रावधान है।
- **मध्य प्रदेश दिव्यांग विवाह प्रोत्साहन योजना** मध्य प्रदेश सरकार की दिव्यांगों के लिए यह प्रमुख योजना है। इस योजना के अन्तर्गत राज्य सरकार दिव्यांगों को विवाह हेतु ₹ 50 हजार की आर्थिक सहायता प्रदान करती है। अगर कोई सामान्य महिला या पुरुष किसी दिव्यांग से विवाह करता है तो उसे ₹ 2 लाख की प्रोत्साहन राशि देने का प्रावधान है।

कमजोर वर्गों के लिए कल्याण हेतु प्रमुख योजनाएँ

योजना	*वर्ष*	*विशेषताएँ*
जीवनधारा योजना	1988-89	इस योजना के अन्तर्गत प्रदेश के अत्यधिक गरीब व्यक्तियों को, जिनके पास आय का कोई साधन नहीं है, उन्हें अनाज प्रदान किया जाता है।
पंचधारा योजना	1 नवम्बर, 1991	प्रदेश की ग्रामीण व आदिवासी महिलाओं के विकास हेतु योजना।
मुख्यमन्त्री मजदूर सुरक्षा योजना	अक्टूबर, 2007	इस योजना के तहत् पंजीकृत श्रमिक परिवारों की महिलाओं को प्रथम दो प्रसूतियों तक प्रसूति अवकाश सहायता, छात्रवृत्ति, कन्या विवाह सहायता, चिकित्सा सहायता एवं दुर्घटना मृत्यु की स्थिति में अनुग्रह राशि दी जाती है। इसमें कन्या के विवाह हेतु ₹ 50,000 तथा आयोजक को ₹ 1 लाख देने का प्रावधान है। साथ ही चिकित्सा या दुर्घटना की स्थिति में ₹ 20,000 प्रति परिवार प्रतिवर्ष स्वीकृत किए जाते हैं।
आम आदमी बीमा योजना	2008	यह योजना ग्रामीण क्षेत्र के भूमिहीन श्रमिकों के लिए है।
मुख्यमन्त्री अन्नपूर्णा योजना	26 अप्रैल, 2008	निर्धनता रेखा से नीचे के परिवारों को ₹ 3 किलो गेहूँ एवं ₹ 4.50 किग्रा चावल प्रदान किया जाता है।
राम रोटी योजना	2 नवम्बर, 2010	रैन बसेरों में ₹ 5 में भरपेट भोजन और ₹ 2 में चादर-कम्बल दिया जाता है।
मुख्यमन्त्री कल्याण योजना	31 जनवरी, 2012	शहरी क्षेत्र के गरीब व्यक्तियों को एवं पथ (रास्तों) पर व्यवसाय करने वाले गरीब परिवारों की आजीविका के संरक्षण की व्यवस्था की गई है।
दीनदयाल अन्त्योदय रसोई योजना	7 अप्रैल, 2017	इस योजना के तहत ₹ 5 में खाने की थाली की व्यवस्था की गई है। इस थाली में 4 रोटी, एक सब्जी और दाल शामिल होती है।

योजना	वर्ष	विशेषताएँ
हर छत पर मुस्कराता सूरज पहल	2019	इस अभिनव पहल के तहत मध्य प्रदेश में रूफटॉप परियोजनाएँ स्थापित की जानी हैं। इस पहल के अन्तर्गत हितग्राही संस्था को कोई निवेश नहीं करना होगा और उसे वर्तमान विद्युत दर से बहुत कम दर पर बिजली प्रदान की जाएगी।
इन्दिरा गृह ज्योति योजना	7 फरवरी, 2019	इस योजना को मध्य प्रदेश सरकार ने 7 फरवरी, 2019 को मंजूरी दी। इसके अन्तर्गत हितग्राहियों को 100 यूनिट तक बिजली खपत करने पर अधिकतम ₹ 100 बिल देना होगा।

मध्य प्रदेश की रोजगार सम्बन्धी प्रमुख योजनाएँ

योजना	वर्ष	विशेषता
दीनदयाल रोजगार योजना	25 सितम्बर, 2004	यह योजना शिक्षित बेरोजगारों को रोजगार का अवसर प्रदान करने के लिए प्रारम्भ की गई है।
मध्य प्रदेश ग्रामीण रोजगार गारण्टी योजना	2 फरवरी, 2006	यह योजना प्रदेश के 18 जिलों में शुरू की गई है। इसके अन्तर्गत एक वर्ष में प्रत्येक परिवार के एक सदस्य को 100 दिनों तक रोजगार देने की व्यवस्था थी।
मुख्यमन्त्री युवा स्वरोजगार	1 अप्रैल, 2013	इसके तहत् युवाओं को स्वरोजगार जैसे उद्योग एवं व्यवसाय करने हेतु आर्थिक सहायता प्रदान की जाती है।
कौशल्या योजना	18 अप्रैल, 2017	(i) महिलाओं का कौशल संवर्धन । (ii) दो लाख महिलाओं को प्रतिवर्ष अल्पकालीन कौशल प्रशिक्षण की व्यवस्था करना।
युवा स्वाभिमान योजना	26 जनवरी, 2019	मध्य प्रदेश सरकार द्वारा 26 जनवरी, 2019 को घोषित इस योजना का उद्देश्य मुख्य रूप से राज्य के शहरी क्षेत्रों में कमजोर वर्ग के युवाओं को रोजगार प्रदान करना है।

केन्द्र सरकार की राज्य में संचालित प्रमुख योजनाएँ

निर्धनों के लिए

- **प्रधानमन्त्री उज्ज्वला योजना** की शुरुआत मई, 2016 में की गई। इसके तहत् गरीबी रेखा के नीचे जीवन-यापन करने वाले परिवारों को **मुफ्त LPG कनेक्शन** दिया जाता है।
- **दीनदयाल उपाध्याय अन्त्योदय योजना** की शुरुआत 25 सितम्बर, 2014 को हुई। इसका उद्देश्य कौशल विकास एवं अन्य उपायों के माध्यम से शहरी एवं ग्रामीण लोगों के जीवन को बेहतर बनाना है।
- **महात्मा गाँधी राष्ट्रीय ग्रामीण योजना** को वर्ष 2005 में आरम्भ किया गया था। इस योजना के तहत् प्रति परिवार सक्षम व्यक्ति को 100 दिन के रोजगार का प्रावधान है।
- **स्वर्ण जयन्ती ग्राम स्वरोजगार योजना** ग्रामीण निर्धनों को स्वरोजगार के लिए सहायता प्रदान करने के उद्देश्य से 1 अप्रैल, 1999 में शुरु की गई। वर्ष 2000 से पहले से चल रही ड्वाकरा योजना (DWACRA) का विलय इसी योजना में कर दिया गया।
- **इन्दिरा आवास योजना** की शुरुआत वर्ष 1989 में की गई थी। इसके तहत् गरीबी रेखा के नीचे जीवन-यापन करने वाले परिवारों को आवास बनाने हेतु समतल तथा पहाड़ी क्षेत्रों में क्रमशः ₹ 45,000 तथा ₹ 75,000 की राशि प्रदान की जाती है।

महिला एवं किशोरियों के लिए

- **गहन इन्द्रधनुष मिशन** इस कार्यक्रम के माध्यम से सामान्य टीकाकरण कार्यक्रम के लाभ से वंचित रह गए 2 वर्ष से कम आयु के बच्चों और सभी गर्भवती महिलाओं को इसका लाभ दिया जाएगा। दिसम्बर 2018 तक 90% से अधिक लाभार्थियों का पूरी तरह टीकाकरण का लक्ष्य रखा गया।
- **सुकन्या समृद्धि योजना** 22 जनवरी, 2015 को प्रारम्भ हुई। इस योजना का उद्देश्य बालिकाओं के प्रति परिवार का दृष्टिकोण बदलना है।
- **बेटी बचाओ बेटी पढ़ाओ** की शुरुआत 22 जनवरी, 2015 में हुई। यह योजना महिलाओं के प्रति सकारात्मक सोच को बढ़ाने के उद्देश्य से सर्वप्रथम मध्य प्रदेश के दतिया, मुरैना, भिण्ड, रीवा तथा टीकमगढ़ में संचालित की गई थी।
- **राजीव गाँधी किशोरी सशक्तीकरण** (सबला) **योजना** वर्ष 2010 में प्रारम्भ की गई, जिसका उद्देश्य 11 से 18 वर्ष की किशोरियों का सशक्तीकरण करना रहा है।
- **महिला स्वयं सिद्ध योजना** की शुरुआत वर्ष 12 जुलाई, 2001 में की गई थी। इस योजना का मुख्य उद्देश्य महिलाओं को सामाजिक एवं आर्थिक सशक्तीकरण प्रदान करना है।

किसानों के लिए

- **प्रधानमन्त्री किसान सम्पदा योजना** 23 अगस्त, 2017 को शुरू की गई। इसके प्रमुख उद्देश्य कृषि को पूरक बनाना, कृषि अपशिष्ट को कम करना तथा खाद्य प्रसंस्करण का आधुनिकीकरण करना है।
- **प्रधानमन्त्री फसल बीमा योजना** की शुरुआत वर्ष 2016 में हुई। इसके तहत् फसलों की बर्बादी की क्षतिपूर्ति हेतु निश्चित दर निर्धारित की गई है, जो बीमित कृषकों को प्रदान की जाती है।

वृद्धों के लिए

- **प्रधानमन्त्री वय वंदना योजना** का आरम्भ 21 जुलाई 2017 को किया गया। इस योजना के तहत् 60 वर्ष से अधिक उम्र के वरिष्ठ व्यक्तियों को उनके द्वारा निवेशित राशि पर 8% वार्षिक ब्याज 10 वर्षों तक सुनिश्चित किया गया है।

युवाओं के लिए रोजगार

- **प्रधानमन्त्री कौशल विकास योजना** वर्ष 2015 में प्रारम्भ हुई। यह योजना युवाओं के कौशल प्रशिक्षण के लिए महत्त्वपूर्ण योजना है। इसके अन्तर्गत पाठ्यक्रमों में सुधार के साथ बेहतर प्रशिक्षण की व्यवस्था का प्रावधान है।
- **उस्ताद योजना** की शुरुआत वर्ष 2015 में की गई है। इस योजना के तहत् बुनकरों, हस्तशिल्पियों एवं पारम्परिक कलाकारों को पहचान दी जाती है।

स्वास्थ्य व सम्पूर्ण परिवार के लिए

- **आयुष्मान भारत योजना** 1 फरवरी, 2018 को स्वास्थ्य एवं परिवार कल्याण मन्त्रालय के द्वारा इस योजना की घोषणा की गई है। इस योजना में पूरे परिवार को स्वास्थ्य लाभ प्रदान किया जाएगा तथा ₹ 5 लाख तक की सहायता प्रदान की जाएगी।
- **दीन दयाल स्पर्श योजना** इस योजना की शुरुआत 3 नवम्बर 2017 को की गई। इसका उद्देश्य स्कूली बच्चों को डाक टिकट संग्रह के लिए प्रोत्साहित करना है।
- केन्द्र सरकार द्वारा प्रारम्भ इस योजना के तहत् कक्षा 6 से 9 तक के उन चुनिंदा बच्चों को वार्षिक तौर पर छात्रवृत्ति दी जाएगी जिनका शैक्षणिक परिणाम अच्छा है तथा जिन्होंने डाक टिकट संग्रह को एक रुचि के रूप में चुना है।
- **प्रधानमन्त्री जन सुरक्षा योजना** लोगों को सुरक्षा प्रदान करने के उद्देश्य से 9 मई, 2015 को प्रारम्भ की गई। इसमें प्रधानमन्त्री जीवन ज्योति बीमा योजना, प्रधानमन्त्री सुरक्षा बीमा योजना एवं अटल पेंशन योजना को सम्मिलित किया गया है।

- **मिशन इन्द्रधनुष** की शुरुआत 25 दिसम्बर, 2014 को हुई। इसका उद्देश्य वर्ष 2020 तक सम्पूर्ण टीकाकरण को पूरा करना है। इसके अन्तर्गत डिप्थीरिया, काली खाँसी, टिटनेस, पोलियो, क्षयरोग, मिजेलस तथा हेपेटाइटिस-बी जैसी बीमारियों के उन्मूलन हेतु टीकाकरण किया जाता है।
- **जनश्री बीमा योजना** 10 अगस्त, 2000 को केन्द्र सरकार द्वारा शुरु की गई। इसके अन्तर्गत बीमित परिवार के सदस्य की सामान्य मृत्यु पर ₹ 30,000, दुर्घटना मृत्यु पर ₹ 75,000 व दुर्घटना में एक अंग क्षतिग्रस्त होने पर ₹ 37,500, परिवार के दो बच्चों को 9 से 12 कक्षा तक ₹ 1200 छात्रवृत्ति उपलब्ध कराई जाती है।

आँगनवाड़ी में होने वाले मंगल दिवस कार्यक्रम

माह का पहला मंगलवार	गोद भराई कार्यक्रम
माह का द्वितीय मंगलवार	अन्न प्राशन योजना
माह का तृतीय मंगलवार	जन्म दिवस कार्यक्रम
माह का चौथा मंगलवार	किशोरी बालिका दिवस

राज्य में पंचवर्षीय योजनाएँ

- **पहली पंचवर्षीय योजना** (1951-56) इस समय राज्य में कृषि और सामुदायिक विकास पर अधिक बल दिया गया। शिक्षा को दूसरी वरीयता दी गई थी।
- **दूसरी पंचवर्षीय योजना** (1956-61) इस दौरान सिंचाई, विद्युत, बाढ़, कृषि और सामुदायिक विकास पर अधिक बल दिया गया।
- **तीसरी पंचवर्षीय योजना** (1961-66) सिंचाई, विद्युत, कृषि एवं सामुदायिक विकास पर अत्यधिक बल दिया गया।
- **चौथी योजनाएँ** (1966-69) इस दौरान प्रतिवर्ष अलग-अलग योजनाएँ बनाई गईं।
- **चतुर्थ पंचवर्षीय योजना** (1969-74) इस दौरान राज्य के समग्र विकास पर बल दिया गया। सिंचाई और उद्योग को प्राथमिक वरीयता दी गई।
- **पाँचवी पंचवर्षीय योजना** (1974-79) इस योजना के मुख्य उद्देश्य में गरीबी उन्मूलन और आत्मनिर्भरता को प्राप्त करना था। कृषि और सामुदायिक विकास को प्राथमिकता दी गई।
- **छठी पंचवर्षीय योजना** (1980-85) इस दौरान सिंचाई एवं विद्युत को प्राथमिकता प्रदान की गई।
- **सातवीं पंचवर्षीय योजना** (1985-90) इस दौरान सिंचाई एवं विद्युत पर भारी व्यय किया गया।
- **आठवीं पंचवर्षीय योजना** (1992-97) इस दौरान ऊर्जा, सिंचाई, बाढ़ नियन्त्रण के साथ ग्रामीण विकास को भी प्राथमिकता दी गई।
- **नौवीं पंचवर्षीय योजना** (1997-2002) इस योजना में सामाजिक सेवा; जैसे–शिक्षा एवं स्वास्थ्य पर सर्वाधिक व्यय तथा विद्युत कृषि, ग्रामीण विकास पर विशेष ध्यान केन्द्रित किया गया।
- **दसवीं पंचवर्षीय योजना** (2002-2007) इस दौरान भी सामाजिक सेवाओं पर सर्वाधिक व्यय किया गया।
- **ग्यारहवीं पंचवर्षीय योजना** (2007-2012) इस दौरान ग्रामीण विकास एवं सामाजिक सेवाओं पर अधिक बल दिया गया।
- **बारहवीं पंचवर्षीय योजना** (2012-2017) इसमें निरन्तर धारणीय विकास के साथ प्राथमिक, द्वितीयक एवं तृतीयक क्षेत्रों पर विशेष बल दिया गया।

कल्याणकारी योजनाएँ

स्व-मूल्यांकन

1. 'गाँव की बेटी' योजना को किसलिए प्रारम्भ किया गया है?

लैब टैक्निशियन 2015

(a) कन्या भ्रूण हत्या को कम करने के लिए
(b) लिंग अनुपात सुधारने के लिए
(c) लड़कियों की शिक्षा को बढ़ावा देने के लिए
(d) कन्या भ्रूण हत्या को बढ़ाने के लिए

2. 'मुख्यमन्त्री कन्यादान योजना' कब प्रारम्भ की गई?

(a) वर्ष 2005 में
(b) वर्ष 2006 में
(c) वर्ष 2007 में
(d) वर्ष 2008 में

3. मध्य प्रदेश सरकार द्वारा महिलाओं को घरेलू हिंसा से बचाने हेतु कौन-सी योजनाएँ चलाई गई हैं?

(a) आयुष्मती योजना
(b) गाँव की बेटी योजना
(c) उषा किरण योजना
(d) मुख्यमन्त्री निकाह योजना

4. उषा किरण योजना किस वर्ष प्रारम्भ की गई?

(a) वर्ष 2005 (b) वर्ष 2006
(c) वर्ष 2007 (d) वर्ष 2008

5. 'विजय राजे जननी कल्याण बीमा योजना' से सम्बन्धित कौन-से कथन सत्य हैं?

(a) इससे गरीबी रेखा के नीचे के व्यक्ति लाभान्वित होते हैं
(b) महिलाओं की निःशुल्क प्रसव पूर्व जाँच का प्रावधान है
(c) महिलाओं को आर्थिक सहायता भी दी जाती है
(d) उपरोक्त सभी

6. लाडली लक्ष्मी योजना के लाभ

लैब टेक्निशियन 2015

(a) दो लड़कियों तक सीमित हैं
(b) तीन लड़कियों तक सीमित हैं
(c) एक लड़की तक सीमित हैं
(d) चार लड़कियों तक सीमित हैं

7. मध्य प्रदेश सरकार द्वारा संचालित किस योजना अभियान को वर्ष 2016 का 'इण्टरनेशनल इनोवेशन' अवार्ड प्रदान किया गया?

(a) बेटी बचाओ बेटी पढ़ाओ योजना
(b) मुख्यमन्त्री योजना सशक्तीकरण
(c) लाडो अभियान
(d) लालिमा अभियान

8. 'बाल विवाह' को रोकने हेतु मध्य प्रदेश सरकार द्वारा कौन-सा अभियान चलाया गया है?

(a) लाडो अभियान
(b) लालिमा अभियान
(c) उषा किरण योजना
(d) आयुष्मती योजना

9. 'मुख्यमन्त्री निकाह योजना' के तहत् कितनी राशि की आर्थिक सहायता प्रदान की जाती है?

(a) ₹ 20,000 (b) ₹ 21,000
(c) ₹ 25,000 (d) ₹ 51,000

10. 'लालिमा अभियान' का मुख्य उद्‌देश्य क्या है?

(a) बच्चों को रक्ताल्पता से मुक्ति दिलाना
(b) महिलाओं को रक्ताल्पता से मुक्ति दिलाना
(c) बालिकाओं को रक्ताल्पता से मुक्ति दिलाना
(d) उपरोक्त सभी

11. 'सामाजिक सुरक्षा पेंशन योजना' से किस आयु वर्ग के लोग लाभान्वित होते हैं?
(a) 40 वर्ष से अधिक आयु के लोग
(b) 50 वर्ष से अधिक आयु के लोग
(c) 60 वर्ष से अधिक आयु के लोग
(d) 65 वर्ष से अधिक आयु के लोग

12. 'इन्दिरा गाँधी राष्ट्रीय विधवा पेंशन योजना' के तहत् विधवा महिला को प्रति माह कितनी राशि प्रदान की जाती है?
(a) ₹ 200 प्रति माह
(b) ₹ 300 प्रति माह
(c) ₹ 400 प्रति माह
(d) ₹ 600 प्रति माह

13. 'आम आदमी बीमा योजना' का सम्बन्ध किससे है?
(a) बच्चों से
(b) बालिकाओं से
(c) भूमिहीन श्रमिकों से
(d) विकलांगों से

14. मध्य प्रदेश में मुख्यमन्त्री अन्नपूर्णा योजना कब प्रारम्भ की गई?
स्टेट इंजीनियरिंग सर्विस 2016
(a) जनवरी, 2013
(b) फरवरी, 2014
(c) अप्रैल, 2008
(d) उपरोक्त में से कोई नहीं

15. मध्य प्रदेश में किस वर्ष राम रोटी योजना को प्रारम्भ किया गया?
डेयरी फेडरेशन रिक्रूटमेण्ट 2016
(a) वर्ष 2008 (b) वर्ष 2009
(c) वर्ष 2010 (d) वर्ष 2011

16. 'मुख्यमन्त्री कल्याण योजना' कब प्रारम्भ हुई?
(a) वर्ष 2008 में (b) वर्ष 2014 में
(c) वर्ष 2012 में (d) वर्ष 2016 में

17. 'राष्ट्रीय परिवार सहायता योजना' के तहत् आर्थिक सहायता के रूप में परिवार के सदस्यों को कितनी राशि प्रदान की जाती है?
(a) ₹ 5,000 (b) ₹ 10,000
(c) ₹ 15,000 (d) ₹ 20,000

18. 'दीनदयाल रोजगार' योजना का उद्देश्य क्या है? लैब टेक्निशियन 2015
(a) असंगठित क्षेत्र के बेरोजगार मजदूरों को रोजगार के अवसर प्रदान करना
(b) शिक्षित बेरोजगारों को रोजगारों के अवसर प्रदान करना
(c) प्रवासी बेरोजगार लोगों को रोजगार के अवसर प्रदान करना
(d) उपरोक्त में से कोई नहीं

19. मध्य प्रदेश 'ग्रामीण रोजगार गारण्टी योजना' की शुरुआत कब हुई थी?
(a) वर्ष 2005 में
(b) वर्ष 2006 में
(c) वर्ष 2008 में
(d) वर्ष 2010 में

20. 'मुख्यमन्त्री युवा स्वरोजगार योजना' कब प्रारम्भ की गई?
(a) वर्ष 2011 में
(b) वर्ष 2012 में
(c) वर्ष 2013 में
(d) वर्ष 2014 में

21. 'राजीव गाँधी किशोरी सशक्तीकरण' योजना किस वर्ष प्रारम्भ हुई?
(a) वर्ष 2008 में
(b) वर्ष 2010 में
(c) वर्ष 2012 में
(d) वर्ष 2015 में

22. 'मिशन इन्द्र धनुष' के तहत् किन बीमारियों का टीकाकरण किया जाता है?
(a) डिप्थीरिया
(b) काली खाँसी
(c) क्षयरोग
(d) उपरोक्त सभी

23. 'बेटी बचाओ बेटी पढ़ाओ' योजना मध्य प्रदेश के किन जिलों में पहले संचालित की गई?
(a) दतिया
(b) मुरैना
(c) रीवा
(d) उपरोक्त सभी

24. 'उस्ताद' योजना का सम्बन्ध किससे है?
(a) बुनकरों से
(b) शिल्पकारों से
(c) पारम्परिक कलाकारों से
(d) उपरोक्त सभी

25. 'प्रधामन्त्री उज्ज्वल योजना' का उद्देश्य है?
(a) बिजली कनेक्शन देना
(b) कृषि ऋण माफ करना
(c) निःशुल्क एल पी जी कनेक्शन देना
(d) चिकित्सा बीमा देना

26. 'मुख्यमन्त्री कृषक जीवन कल्याण योजना' के तहत् किसानों की दुर्घटना में मृत्यु होने पर बीमा योजना के तहत् कितनी राशि देने का प्रावधान है?
(a) ₹ 1 लाख (b) ₹ 2 लाख
(c) ₹ 3 लाख (d) ₹ 4 लाख

27. निम्नलिखित में से कौन-सी योजना महिलाओं के लिए है? स्टेट इंजीनियरिंग सर्विस 2016
(a) ड्वाकरा
(b) ग्राम्य योजना
(c) महिला समृद्धि योजना
(d) उपरोक्त सभी

उत्तरमाला

1. (c) **2.** (b) **3.** (c) **4.** (b) **5.** (d) **6.** (a) **7.** (c) **8.** (a) **9.** (c) **10.** (d)
11. (d) **12.** (a) **13.** (c) **14.** (c) **15.** (c) **16.** (c) **17.** (b) **18.** (b) **19.** (b) **20.** (c)
21. (b) **22.** (d) **23.** (d) **24.** (d) **25.** (c) **26.** (d) **27.** (d)

राज्य से सम्बन्धित
विविध तथ्य

मध्य प्रदेश का देश में प्रथम स्थान

देश में प्रथम	*सम्बन्धित स्थल*
भारत में सती प्रथा का प्रारम्भिक साक्ष्य	ऐरण अभिलेख (सागर जिला)
भारत में ग्राम सभा की सर्वप्रथम शुरुआत करने वाला राज्य	मध्य प्रदेश
भारत में मानवाधिकार आयोग गठित करने वाला प्रथम राज्य	मध्य प्रदेश
भारत का प्रथम आपदा प्रबन्धन संस्थान	मध्य प्रदेश (भोपाल)
भारत का प्रथम पुरातत्व पार्क	मध्य प्रदेश (संग्रामपुर, दमोह)
भारत में बेरोजगारी भत्ता लागू करने वाला प्रथम राज्य	मध्य प्रदेश
राज्यस्तरीय मानव विकास रिपोर्ट प्रकाशित करने वाला प्रथम राज्य	मध्य प्रदेश
भारत में पहला विकलांग पुनर्वास केन्द्र स्थापित करने वाला राज्य	मध्य प्रदेश (जबलपुर)
बेटी बचाओ अभियान प्रारम्भ करने वाला प्रथम राज्य	मध्य प्रदेश
महिला नीति अपनाने वाला भारत का प्रथम राज्य	मध्य प्रदेश
तम्बाकू युक्त गुटके पर प्रतिबन्ध लगाने वाला भारत का प्रथम राज्य	मध्य प्रदेश (1 अप्रैल, 2012)
भारत का प्रथम हिन्दी विश्वविद्यालय (अटल बिहारी वाजपेयी हिन्दी विश्वविद्यालय)	मध्य प्रदेश (भोपाल)
भारत में सोयाबीन का सर्वोच्च उत्पादक राज्य	मध्य प्रदेश (80%)
भारत का एकमात्र आदिवासी शोध संस्थान केन्द्र	मध्य प्रदेश (झाबुआ)
ग्राम न्यायालय स्थापित करने वाला प्रथम राज्य	मध्य प्रदेश
भारत का प्रथम रत्न परिष्कृत केन्द्र स्थापित करने वाला राज्य	जबलपुर
भारत की एकमात्र चाय अकादमी	मध्य प्रदेश (भोपाल)
भारत का पहला 'नेशनल सेलिंग स्कूल'	मध्य प्रदेश (भोपाल)
मोबाइल बैंक स्थापित करने वाला प्रथम राज्य	मध्य प्रदेश
रक्षा संयन्त्र निर्माण निवेश नीति बनाने वाला भारत का प्रथम राज्य	मध्य प्रदेश
शारीरिक प्रशिक्षण महाविद्यालय स्थापित करने वाला प्रथम राज्य (लक्ष्मीबाई कॉलेज ऑफ फिजिकल एजूकेशन)	मध्य प्रदेश (ग्वालियर)

देश में प्रथम	*सम्बन्धित स्थल*
पंचायतों में महिलाओं को 50% भागीदारी देने वाला प्रथम राज्य	मध्य प्रदेश
हीरा उत्पादन करने वाला भारत का एकमात्र राज्य	मध्य प्रदेश
देश में हैप्पीनेस (आनन्द) मन्त्रालय गठित करने वाला प्रथम राज्य	मध्य प्रदेश

मध्य प्रदेश में प्रथम और एकमात्र

मध्य प्रदेश में प्रथम और एकमात्र	*अवस्थिति/पहचान*
मध्य प्रदेश का प्रथम महिला थाना	भोपाल
मध्य प्रदेश का प्रथम आई टी पार्क	भोपाल
मध्य प्रदेश का प्रथम भूमिगत उपग्रह केन्द्र	इन्दौर
मध्य प्रदेश का प्रथम विशेष आर्थिक क्षेत्र (SEZ)	इन्दौर
मध्य प्रदेश की प्रथम डी एन ए (DNA) प्रयोगशाला	सागर
मध्य प्रदेश का प्रथम सर्प उद्यान	भोपाल
मध्य प्रदेश का प्रथम आदिवासी संस्कृति एवं कला संग्रहालय	भोपाल
मध्य प्रदेश की पहली खुली जेल (नवजीवन आश्रम)	होशंगाबाद
मध्य प्रदेश का प्रथम व एकमात्र सैनिक स्कूल (वर्ष 1962)	रीवा
मध्य प्रदेश का प्रथम संस्कृत विश्वविद्यालय	उज्जैन
मध्य प्रदेश में कॉन्ट्रैक्ट आधारित खेती प्रारम्भ करने वाला प्रथम जिला	नीमच
मध्य प्रदेश का प्रथम आदिवासी खेल विद्यालय	सीहोर
मध्य प्रदेश की प्रथम औद्योगिक प्रयोगशाला	इन्दौर
मध्य प्रदेश का प्रथम जैव रिजर्व मण्डल	पंचमढ़ी
मध्य प्रदेश का एकमात्र जीवाश्म राष्ट्रीय उद्योग	मण्डला
मध्य प्रदेश का प्रथम पेपरलेस कार्यालय (बालाघाट जनसम्पर्क)	बालाघाट
मध्य प्रदेश का प्रथम और एकमात्र कृषि अभियान्त्रिकी महाविद्यालय	जबलपुर
मध्य प्रदेश में एकमात्र घड़ी बनाने का कारखाना	बैतूल
मध्य प्रदेश का एकमात्र इसरो केन्द्र	भोपाल
मध्य प्रदेश में पहली ए टी एम सेवा आरम्भ हुई	इन्दौर
मध्य प्रदेश में हिन्दी में प्रकाशित प्रथम समाचार-पत्र	मालवा अखबार
मध्य प्रदेश में प्रथम प्रोजेक्ट टाइगर प्रारम्भ हुआ (1974)	कान्हा किसली राष्ट्रीय उद्यान
मध्य प्रदेश के प्रथम मोबाइल थाना की शुरुआत (वर्ष 2003)	देवास
मध्य प्रदेश में ऋतु सम्बन्धित आँकड़े एकत्र करने वाली एकमात्र वेधशाला	इन्दौर

मध्य प्रदेश का सबसे बड़ा/सर्वाधिक

क्षेत्रफल की दृष्टि से मध्य प्रदेश की सबसे बड़ी तहसील	मण्डला
क्षेत्रफल की दृष्टि से मध्य प्रदेश का सबसे बड़ा जिला	छिन्दवाड़ा
क्षेत्रफल की दृष्टि से मध्य प्रदेश का सबसे बड़ा सम्भाग	जबलपुर
मध्य प्रदेश का सबसे बड़ा रेलवे जंक्शन	इटारसी
मध्य प्रदेश का सबसे लम्बा पुल	तवा नदी पर होशंगाबाद के पास
मध्य प्रदेश की सबसे लम्बी नदी	नर्मदा
मध्य प्रदेश की सबसे बड़ी ताँबा खदान	बालाघाट
मध्य प्रदेश का सबसे बड़ा कोयला क्षेत्र	सोहागपुर
मध्य प्रदेश का सबसे बड़ा राष्ट्रीय राजमार्ग	NH-3 (आगरा से मुम्बई)
मध्य प्रदेश की सबसे ऊँची चोटी	धूपगढ़
मध्य प्रदेश में सतपुड़ा की सबसे ऊँची चोटी	धूपगढ़
मध्य प्रदेश में सबसे बड़ी अनुसूचित जनजाति	भील
मध्य प्रदेश में सर्वाधिक वर्षा वाला स्थान	पंचमढ़ी
मध्य प्रदेश में सर्वाधिक औसत तापमान	ग्वालियर
मध्य प्रदेश में सर्वाधिक वन वृक्ष	सागौन
मध्य प्रदेश का सर्वाधिक कृषि उत्पाद	सोयाबीन
मध्य प्रदेश में सर्वाधिक प्रसार वाला समाचार-पत्र	दैनिक भास्कर
मध्य प्रदेश का सबसे बड़ा दिगम्बर जैन मन्दिर	हबीबगंज (भोपाल)
मध्य प्रदेश (एशिया) का सबसे बड़ा दलहनी फसल शोध और तकनीकी प्रसारण केन्द्र	अमलाहा (सीहोर)
मध्य प्रदेश में लकड़ी चीरने का सबसे बड़ा केन्द्र	जबलपुर

मध्य प्रदेश का सबसे छोटा/न्यूनतम

मध्य प्रदेश में क्षेत्रफल की दृष्टि से सबसे छोटी तहसील	अजयगढ़ (जिला पन्ना)
मध्य प्रदेश में क्षेत्रफल की दृष्टि से सबसे छोटा जिला	निवाड़ी
मध्य प्रदेश में क्षेत्रफल की दृष्टि से सबसे छोटा सम्भाग	चम्बल
मध्य प्रदेश का न्यूनतम वर्षा वाला स्थान	भिण्ड
मध्य प्रदेश का सबसे छोटा राष्ट्रीय उद्यान 'फासिल'	डिण्डोरी
मध्य प्रदेश का सबसे कम नगरीय जनसंख्या वाला जिला	डिण्डोरी
मध्य प्रदेश का सबसे कम सिंचाई वाला जिला	डिण्डोरी

मध्य प्रदेश में प्रमुख संस्थान

संस्थान	*अवस्थिति*
मध्य प्रदेश में हाई सिक्योरिटी एनीमल लेबोरेटरी	भोपाल
मध्य प्रदेश में भारतीय वन प्रबन्धन संस्थान	भोपाल
इन्दिरा गाँधी राष्ट्रीय मानव संग्रहालय	जबलपुर
अनुसूचित जनजाति अनुसन्धान एवं विकास संस्थान	भोपाल
मध्य प्रदेश में अटल बिहारी लोक प्रशासक संस्थान	भोपाल
मध्य प्रदेश में संजीवनी संस्थान	भोपाल
मध्य प्रदेश में तुलसी शोध संस्थान	चित्रकूट
मध्य प्रदेश में महात्मा गाँधी राज्य ग्रामीण विकास संस्थान	जबलपुर
मध्य प्रदेश नरोहन्ना प्रशासनिक अकादमी	भोपाल
मध्य प्रदेश में भारतीय सूचना प्रौद्योगिकी और प्रबन्धन संस्थान	ग्वालियर
मध्य प्रदेश में भारतीय पर्यटन एवं पर्यटन प्रबन्धन संस्थान	ग्वालियर
मध्य प्रदेश का मानव विकास संस्थान	छिन्दवाड़ा
मध्य प्रदेश में भारतीय सूचना प्रौद्योगिकी अभिकल्पना एवं विनिर्माण संस्थान	जबलपुर
मध्य प्रदेश में भारतीय प्रबन्धन संस्थान	इन्दौर
मध्य प्रदेश का जड़ी-बूटी बैंक	पंचमढ़ी
मध्य प्रदेश वन अनुसन्धान संस्थान	जबलपुर
मध्य प्रदेश में गेहूँ अनुसन्धान केन्द्र	पंवारखेड़ा
मध्य प्रदेश वानिकी अनुसन्धान केन्द्र	छिन्दवाड़ा
भारतीय मृदा विज्ञान संस्थान	भोपाल
राष्ट्रीय खरपतवार अनुसन्धान केन्द्र	जबलपुर
भारतीय पर्यटन एवं यात्रा प्रबन्धन संस्थान	ग्वालियर

मध्य प्रदेश के प्रमुख प्रशिक्षण संस्थान

प्रशिक्षण संस्थान	*अवस्थिति*
मध्य प्रदेश में थल सेना शैक्षिक प्रशिक्षण केन्द्र	पंचमढ़ी
मध्य प्रदेश में पटवारी प्रशिक्षण केन्द्र	ग्वालियर
मध्य प्रदेश में वायु सैनिक छावनी	बैतूल (आमला)
मध्य प्रदेश में राष्ट्रीय तकनीकी प्रशिक्षण एवं अनुसन्धान संस्थान	भोपाल
मध्य प्रदेश में यातायात प्रशिक्षण संस्थान	भोपाल
मध्य प्रदेश में भारत रत्न भीमराव अम्बेडकर दूरसंचार प्रशिक्षण संस्थान	जबलपुर
मध्य प्रदेश में ग्रामीण पंचायत प्रशिक्षण संस्थान	अमरकण्टक
मध्य प्रदेश में स्वान प्रशिक्षण केन्द्र	भोपाल (भदभदा)

मध्य प्रदेश के प्रमुख आयोग/बोर्ड

आयोग/बोर्ड	*मुख्यालय*
मध्य प्रदेश में राज्य महिला आयोग	भोपाल
मध्य प्रदेश में महालेखाकार कार्यालय	ग्वालियर
मध्य प्रदेश महिला वित्त एवं विकास निगम	भोपाल
मध्य प्रदेश पर्यटन विकास बोर्ड	भोपाल (वर्ष 2005)
मध्य प्रदेश पिछड़ा वर्ग आयोग	भोपाल (वर्ष 1993)
मध्य प्रदेश अनुसूचित जनजाति आयोग	भोपाल
मध्य प्रदेश राज्य अल्पसंख्यक आयोग	भोपाल (वर्ष 1996)
मध्य प्रदेश राज्य समाज कल्याण बोर्ड	भोपाल
मध्य प्रदेश उपभोक्ता आयोग	भोपाल
मध्य प्रदेश प्रदूषण नियन्त्रण बोर्ड	भोपाल

मध्य प्रदेश के प्रमुख निगम/प्राधिकरण

निगम/प्राधिकरण	मुख्यालय
नर्मदा घाटी विकास प्राधिकरण	भोपाल
मध्य प्रदेश राज्य विधिक सेवा प्राधिकरण	जबलपुर
मध्य प्रदेश चर्म विकास निगम	भोपाल
मध्य प्रदेश राज्य वन विकास निगम लिमिटेड	भोपाल
मध्य प्रदेश ऊर्जा विकास निगम	भोपाल
मध्य प्रदेश हस्तशिल्प विकास निगम	भोपाल

मध्य प्रदेश की विशिष्ट राजधानियाँ

मध्य प्रदेश की राजधानी	भोपाल
मध्य प्रदेश की खेल राजधानी	इन्दौर
मध्य प्रदेश की ग्रीष्मकालीन राजधानी	पंचमढ़ी
मध्य प्रदेश की व्यावसायिक राजधानी	इन्दौर
मध्य प्रदेश की संस्कार राजधानी	जबलपुर
मध्य प्रदेश की कोयला राजधानी	सिंगरौली
मध्य प्रदेश की ऊर्जा राजधानी	बैढ़न (सिंगरौली)
मध्य प्रदेश की संगीत राजधानी	मैहर (सतना)
मध्य प्रदेश की मैंगनीज राजधानी	बालाघाट

मध्य प्रदेश के प्रमुख नगरों के प्राचीन नाम

नया नाम	प्राचीन नाम
मण्डला	गढ़मण्डला और गोण्डवाना
ग्वालियर	गोपांचल
उज्जैन	उज्जयिनी
साँची	काकनाद
भोपाल	भोजपाल, भूपाल
पंचमढ़ी	पांचालगढ़
बुरहानपुर	खानदेश
महेश्वर	महिष्मति
मन्दसौर	दसपुर
खजुराहो	जैजाकभुक्ति, खजूरवाहक
माण्डू	माण्डवगढ़
दतिया	दिलीपनगर
विदिशा	बेसनगर/भेलसा
कायथा	कपिथ्य
शाजापुर	शाहजहाँपुर
रीवा	रेवा/भथा
डॉ. भीमराव अम्बेडकर नगर	महू
सोहागपुर	विशपपुरी
चन्द्रशेखर आजाद नगर	भाबरा

मध्य प्रदेश के प्रमुख नगरों की विशेषताएँ

साँची	बौद्ध धर्म व संस्कृति के लिए प्रसिद्ध
जबलपुर	संगमरमर नगरी
मालवा	गेहूँ का भण्डार
भोपाल	झीलों की नगरी
खजुराहो	शिल्पकला का तीर्थ
धार	भोज नगरी
पंचमढ़ी	पर्यटकों का स्वर्ग
भेड़ाघाट	संगमरमर की चट्टानों के लिए प्रसिद्ध
भीमबेटका	शैल चित्रकारी के लिए प्रसिद्ध नगरी
सिवनी	मध्य प्रदेश का लखनऊ
पीथमपुर	भारत का डेट्रॉइट
ग्वालियर	पूर्व का जिब्राल्टर, तानसेन की नगरी
बुरहानपुर	गंजेड़ियों का स्वर्ग
रीवा	सफेद बाघ की भूमि
उज्जैन	महाकाल की नगरी, मन्दिरों का नगर
इन्दौर	अहिल्या नगरी, मिनी मुम्बई, कपड़ों का शहर
भिण्ड-मुरैना	बागियों का गढ़
माण्डू	महलों की नगरी, सिटी ऑफ जॉय
इन्दौर	मध्य प्रदेश में ज्वेलरी पार्क
बगरौदा	भोपाल मध्य प्रदेश की फिल्म सिटी
तामोर, रायसेन जिला	मध्य प्रदेश का प्लास्टिक पार्क
भोपाल	मध्य प्रदेश में सॉफ्टवेयर टेक्नोलॉजी पार्क

मध्य प्रदेश के प्रमुख संग्रहालय

मध्य प्रदेश के प्रमुख राज्यस्तरीय संग्रहालय

संग्रहालय	स्थापना वर्ष
राज्य संग्रहालय, भोपाल	1909
गुजरी संग्रहालय, ग्वालियर	1922
केन्द्रीय संग्रहालय, इन्दौर	1929
महाराजा छत्रसाल संग्रहालय, धुबेला (छतरपुर)	1955
रानी दुर्गावती संग्रहालय, जबलपुर	1976
तुलसी संग्रहालय रामवन, सतना	1978

मध्य प्रदेश के प्रमुख जिलास्तरीय संग्रहालय

संग्रहालय	स्थापना वर्ष
जिला पुरातत्व संग्रहालय, धार	1902
जिला संग्रहालय, शिवपुरी	1930
शासकीय जिला पुरातत्व संग्रहालय, विदिशा	1940
देवी अहिल्याबाई संग्रहालय, महेश्वर	1974
जिला पुरातत्व संग्रहालय, राजगढ़	1975-76
जिला पुरातत्व संग्रहालय, मण्डला	1979
जिला पुरातत्व संग्रहालय, शहडोल	1981
जिला पुरातत्व संग्रहालय, होशंगाबाद	1983
इन्दिरा गाँधी राष्ट्रीय मानव संग्रहालय, भोपाल	1985
जिला पुरातत्व संग्रहालय, देवास	1988
जिला पुरातत्व संग्रहालय, पन्ना	1988
जिला पुरातत्व संग्रहालय, कसरावद (खरगौन)	2003
जहाँगीर महल संग्रहालय, ओरछा (टीकमगढ़)	1990
रामायण कला संग्रहालय, ओरछा	2005

मध्य प्रदेश की प्रमुख नीतियाँ

प्रथम वन नीति	1952
प्रथम खेलकूद नीति	1989
प्रथम खनिज नीति	1995
प्रथम पर्यटन नीति	1995
प्रथम योग नीति	2007
प्रथम परिवहन नीति	2010
प्रथम जैविक कृषि नीति	2011
प्रथम जल पर्यटन नीति	2017

राज्य से सम्बन्धित विविध तथ्य

स्व-मूल्यांकन

1. भारत का प्रथम आपदा प्रबन्धन संस्थान मध्य प्रदेश के किस जिले में अवस्थित है?
(a) सतना (b) भोपाल
(c) रीवा (d) इन्दौर

2. मानव विकास रिपोर्ट जारी करने वाला भारत का पहला राज्य ………… है।
प्लाटून कमाण्डर 2015
(a) उत्तर प्रदेश (b) बिहार
(c) केरल (d) मध्य प्रदेश

3. 'महिला नीति' अपनाने वाला भारत का प्रथम राज्य कौन-सा है?
(a) पंजाब (b) बिहार
(c) मध्य प्रदेश (d) उड़ीसा

4. मध्य प्रदेश का सर्वाधिक कृषि उत्पाद कौन-सा है?
(a) मटर (b) सोयाबीन
(c) गेहूँ (d) अरहर

5. भारत का एकमात्र आदिवासी शोध संस्थान केन्द्र कहाँ स्थापित है?
(a) मध्य प्रदेश (झाबुआ)
(b) तमिलनाडु (चेन्नई)
(c) छत्तीसगढ़ (रायपुर)
(d) पश्चिम बंगाल दार्जिलिंग

6. हीरा उत्पादन करने वाला भारत का प्रथम राज्य कौन-सा है?
(a) छत्तीसगढ़ (b) कर्नाटक
(c) तमिलनाडु (d) मध्य प्रदेश

7. मध्य प्रदेश का प्रथम महिला थाना कहाँ अवस्थित है?
(a) भोपाल (b) रीवा
(c) सतना (d) जबलपुर

8. मध्य प्रदेश की प्रथम डी एन ए (DNA) प्रयोगशाला किस जिले में है?
(a) मन्दसौर (b) सागर
(c) इन्दौर (d) उज्जैन

9. मध्य प्रदेश का प्रथम संस्कृत विश्वविद्यालय किस जिले में अवस्थित है
(a) जबलपुर (b) आगर-मालवा
(c) उज्जैन (d) इन्दौर

10. मध्य प्रदेश की प्रथम औद्योगिक प्रयोगशाला किस जिले में अवस्थित है?
(a) इन्दौर (b) नरसिंहपुर
(c) श्योपुर (d) बालाघाट

11. एकमात्र इसरो केन्द्र जो मध्य प्रदेश में स्थित है
(a) इन्दौर (b) रतलाम
(c) मन्दसौर (d) भोपाल

12. मध्य प्रदेश का न्यूतनम वर्षा वाला स्थान कौन-सा है?
(a) दतिया
(b) भिण्ड
(c) नरसिंहपुर
(d) अशोकनगर

13. मध्य प्रदेश के किस शहर में 'भारतीय वन प्रबन्धन संस्थान' स्थित है?
(a) इन्दौर (b) भोपाल
(c) जबलपुर (d) ग्वालियर

14. इन्दिरा गाँधी राष्ट्रीय मानव संग्रहालय कहाँ स्थित है?
ग्रुप 2 (सब ग्रुप 2) कम्बाइण्ड 2017
(a) दिल्ली (b) भोपाल
(c) लखनऊ (d) कोलकाता

15. संजीवनी संस्थान का मुख्यालय कहाँ अवस्थित है?
डेयरी फेडरेशन रिक्रूटमेण्ट 2016
(a) बालाघाट (b) भिण्ड
(c) दतिया (d) भोपाल

16. मध्य प्रदेश में 'तुलसी शोध संस्थान' कहाँ अवस्थित है?
(a) हबीबगंज (भोपाल)
(b) चित्रकूट
(c) इन्दौर
(d) जबलपुर

17. मध्य प्रदेश के किस जिले में 'भारतीय पर्यटन एवं यात्रा प्रबन्धन संस्थान' स्थित है? जेल प्रहरी 2015
(a) जबलपुर (b) ग्वालियर
(c) इन्दौर (d) कटनी

18. भारतीय मृदा विज्ञान संस्थान कहाँ स्थित है? ए डी ए 2013
(a) लुधियाना (b) हिसार
(c) नई दिल्ली (d) भोपाल

19. राष्ट्रीय खरपतवार अनुसन्धान केन्द्र कहाँ स्थित है? ए डी ए 2013
(a) लुधियाना (b) नई दिल्ली
(c) जबलपुर (d) हैदराबाद

20. मध्य प्रदेश के महालेखाकार का कार्यालय कहाँ स्थित है?
एम पी एस आई 1998
(a) इन्दौर (b) जबलपुर
(c) ग्वालियर (d) भोपाल

21. मध्य प्रदेश की 'संस्कार राजधानी' किसे कहा जाता है?
(a) रीवा (b) जबलपुर
(c) मुरैना (d) इन्दौर

22. उज्जैन का प्राचीन नाम क्या था?
कराधान सहायक 2010
(a) त्रिपुरी (b) इन्द्रपुर
(c) पद्मावती (d) उज्जयिनी

23. मध्य प्रदेश का प्राचीन शहर (दसपुर) अब किस नाम से जाना जाता है?
कम्बाइण्ड रिक्रूटमेण्ट 2017
(a) भोपाल (b) झाबुआ
(c) विदिशा (d) मन्दसौर

24. इनमें से किसे मध्य प्रदेश का 'झीलों की नगरी' कहा जाता है?
(a) इन्दौर (b) जबलपुर
(c) ग्वालियर (d) भोपाल

25. तानसेन की नगरी किसे कहा जाता है?
(a) मुरैना (b) ग्वालियर
(c) दतिया (d) रीवा

26. रीवा जिला किसलिए प्रसिद्ध है?
परिवहन आरक्षक 2012
(a) सफेद बाघ (b) गैण्डा
(c) जिराफ (d) हाथी

27. मध्य प्रदेश के किस नगर को 'मिनी मुम्बई' की संज्ञा दी जाती है?
(a) उज्जैन (b) इन्दौर
(c) भोपाल (d) रीवा

28. मध्य प्रदेश में किस नगर को 'सिटी ऑफ जॉय' कहा जाता है?
डेयरी फेडरेशन रिक्रूटमेण्ट 2016
(a) माण्डू (b) भोपाल
(c) मैहर (d) उज्जैन

29. मध्य प्रदेश का 'प्लास्टिक पार्क' कहाँ अवस्थित है?
(a) रायसेन (b) श्योपुर
(c) बालाघाट (d) सतना

उत्तरमाला

1. (b) **2.** (d) **3.** (c) **4.** (b) **5.** (a) **6.** (d) **7.** (a) **8.** (b) **9.** (c) **10.** (a)
11. (d) **12.** (b) **13.** (b) **14.** (b) **15.** (d) **16.** (b) **17.** (b) **18.** (d) **19.** (c) **20.** (c)
21. (b) **22.** (d) **23.** (d) **24.** (d) **25.** (b) **26.** (a) **27.** (b) **28.** (a) **29.** (a)

समसामयिक घटनाक्रम

मध्य प्रदेश में 'मुख्यमन्त्री किसान कल्याण योजना' की शुरुआत

- मध्य प्रदेश के मुख्यमन्त्री शिवराज सिंह चौहान ने 26 सितम्बर, 2020 को भोपाल में 'मुख्यमन्त्री किसान कल्याण योजना' का शुभारम्भ किया। मुख्यमन्त्री ने इस अवसर पर किसानों के साथ वीडियो कॉन्फ्रेन्सिंग के माध्यम से बातचीत भी की।
- यह योजना 'प्रधानमन्त्री किसान निधि योजना' की तर्ज पर तैयार की गई है। प्रधानमन्त्री किसान निधि योजना में किसानों को एक वर्ष में तीन समान किस्तों में ₹ 6 हजार का भुगतान किया जाता है।
- मुख्यमन्त्री किसान कल्याण योजना के तहत प्रधानमन्त्री किसान निधि योजना के लाभार्थी किसानों को ₹ 4 हजार की 'सम्मान निधि' मध्य प्रदेश सरकार द्वारा दो समान किश्तों में दी जाएगी।
- इस तरह, अब मध्य प्रदेश में प्रत्येक किसान को प्रति वर्ष ₹ 10 हजार की राशि मिलेगी। इससे एक दिन पूर्व, मध्य प्रदेश सरकार ने 'प्रतिभाशाली छात्र संवर्द्धन योजना' के तहत ₹ 25 हजार प्रति छात्र की दर से लैपटॉप खरीदने के लिए ₹ 16 हजार से अधिक मेधावी छात्रों के खाते में ₹ 40 करोड़ ₹ 52 लाख स्थानान्तरित किए थे।
- प्रतिभाशाली छात्र संवर्द्धन योजना वर्ष 2009 में शुरू की गई थी। इसके अन्तर्गत बारहवीं कक्षा की परीक्षा में 85% से अधिक अंक लाने वाले छात्रों को लैपटॉप खरीदने के लिए धनराशि प्रदान की जाती है।
- इस वर्ष इस योजना में लगभग ₹ 40 हजार छात्रों को ₹ 101 करोड़ से अधिक दिए जा रहे हैं।

मध्य प्रदेश में 'पोषण सरकार' कार्यक्रम का उद्घाटन

- मध्य प्रदेश के मुख्यमन्त्री शिवराज सिंह चौहान ने 12 सितम्बर, 2020 को 'पोषण सरकार' कार्यक्रम का उद्घाटन किया।
- इस कार्यक्रम का मुख्य उद्देश्य पोषण अभियान में ग्राम पंचायत और शहरी निकायों की मदद करके कुपोषण को समाप्त करना है। इस पोषण अभियान को स्थानीय निकायों-ग्राम पंचायतों और शहरी निकायों की भागीदारी और नेतृत्व सुनिश्चित करने के लिए शुरू किया जा रहा है।

मध्य प्रदेश में 'गन्दगी भारत छोड़ो–मध्य प्रदेश' अभियान

- मध्य प्रदेश सरकार ने राज्य को कचरा मुक्त बनाने के लिए 16-30 अगस्त, 2020 तक 'गन्दगी भारत छोड़ो-मध्य प्रदेश' नाम से बड़े पैमाने पर 15-दिवसीय विशेष स्वच्छता अभियान चलाया।
- अभियान के दौरान, शहरी निकायों को उनके प्रदर्शन के अनुसार स्थान दिया गया और सर्वश्रेष्ठ लोगों को मुख्यमन्त्री द्वारा सम्मानित किया गया।
- अभियान में मध्य प्रदेश के 378 नगरीय निकायों के 35 लाख से अधिक नागरिकों ने भाग लिया। अभियान के एक हिस्से के रूप में लगभग 10 हजार कोरोना योद्धा स्वच्छता कार्यकर्ताओं को सम्मानित किया गया।

ग्वालियर-चम्बल एक्सप्रेस-वे का नाम परिवर्तित

- मध्य प्रदेश के मुख्यमन्त्री शिवराज सिंह चौहान ने 16 अगस्त, 2020 को अटल बिहारी वाजपेयी के नाम पर मध्य प्रदेश के ग्वालियर-चम्बल एक्सप्रेस-वे का नामकरण किया।
- अब ग्वालियर-चम्बल एक्सप्रेस-वे का नाम श्री अटल बिहारी वाजपेयी चम्बल प्रोग्रेसवे होगा।

मध्य प्रदेश में 'एक मास्क-अनेक जिन्दगी' जन जागरुकता अभियान

- मध्य प्रदेश में 1 से 15 अगस्त, 2020 तक 'एक मास्क-अनेक जिन्दगी' (एक मास्क-कई जीवन) नामक एक जन जागरुकता अभियान शुरू किया गया है।
- यह अभियान COVID-19 संक्रमण से बचाव के रूप में मास्क पहनने के बारे में जागरुकता फैलाने के उद्देश्य से चलाया गया।
- नगर निगम द्वारा इसी थीम पर शहर में एक जन जागरुकता रथ भी चलाया गया।
- इस अभियान के तहत मास्क बैंक की भी स्थापना की गई, जिसमें दाताओं से मुखौटे एकत्र किए गए और गरीब लोगों को मुफ्त में वितरित किए गए।

मध्य प्रदेश के राज्यपाल लाल जी टंडन का निधन

- 21 जुलाई, 2020 को मध्य प्रदेश के राज्यपाल का निधन हो गया। 11 जून, 2020 को सांस लेने में तकलीफ होने के कारण लाल जी टंडन को मेदांता अस्पताल में भर्ती कराया गया। जिसके चलते मध्य प्रदेश के राज्यपाल लाल जी टंडन का 85 वर्ष की आयु में निधन हो गया। इन्हें वर्ष 2019 में मध्य प्रदेश का राज्यपाल नियुक्त किया गया था। इनका जन्म 12 अप्रैल, 1935 को लखनऊ में हुआ था। वर्ष 1996 के मध्यावधि चुनाव में पहली बार इन्होंने भाजपा के टिकट से विधानसभा का चुनाव लड़ा था।

रीवा अल्ट्रा मेगा सौर परियोजना देश को समर्पित

- प्रधानमन्त्री नरेन्द्र मोदी ने 10 जुलाई, 2020 को वीडियो कॉन्फ्रेन्स के माध्यम से मध्य प्रदेश के रीवा जिले में स्थित सोलर पावर प्रोजेक्ट का उद्घाटन किया। इसकी क्षमता 750 मेगावॉट है और यह लगभग 1500 हेक्टेयर जमीन में फैला हुआ है। यहाँ 250-250 मेगावॉट की तीन यूनिट हैं। यह विश्व की बड़ी सौर परियोजनाओं में से एक है। इस परियोजना की कुल लागत लगभग ₹ 4500 करोड़ है।

मध्य प्रदेश में डोर-टू-डोर 'किल कोरोना' अभियान का शुभारम्भ

- मध्य प्रदेश सरकार ने राज्य में कोरोना वायरस के प्रसार को नियन्त्रित करने के लिए 1 जुलाई, 2020 से राज्य में 15-दिवसीय 'किल कोरोना' अभियान शुरू करने की घोषणा की।
- अभियान के तहत, डोर-टू-डोर सर्वेक्षण किया जाएगा और अन्य बीमारियों के लिए नागरिकों पर परीक्षण भी किए जाएँगे।
- इसके तहत 2.5 लाख परीक्षण किए जाएँगे और प्रतिदिन 15000 से 20000 नमूने एकत्र किए जाएँगे।

मध्य प्रदेश में 'हमारा घर-हमारा विद्यालय' अभियान की शुरुआत

- मध्य प्रदेश राज्य शिक्षा केन्द्र ने 30 जून, 2020 को राज्य में कक्षा 1 से 8 वीं तक के छात्रों के लिए 'हमारा घर-हमारा विद्यालय' नामक एक अभियान शुरू किया।
- इस योजना को राज्य में 6 जुलाई, 2020 से लागू किया गया था और इस योजना के तहत, बच्चों को घरों में स्कूल की तरह के पर्यावरण में पढ़ाया जाएगा।
- सोमवार से शुक्रवार तक सुबह 10 बजे से दोपहर 1 बजे तक दैनिक कक्षाएँ होंगी, जबकि शनिवार को मस्ती पाठशाला के तहत मनोरंजक गतिविधियों का आयोजन

होगा। इस कार्यक्रम के लिए परिवार और छात्रों को राज्य शिक्षा केन्द्र द्वारा एक औपचारिक समय सारिणी भी उपलब्ध कराई गई है।

मध्य प्रदेश रेडक्रॉस सोसायटी का कोरोना महामारी में सहायता देने में दूसरा स्थान

- कोरोना महामारी के काल में मध्य प्रदेश रेडक्रॉस सोसायटी राज्य शाखा एवं प्रदेश की रेडक्रॉस इकाइयों ने जरुतमन्दों को सूखा राशन, तैयार भोजन, पीपीई किट, मास्क एवं सैनिटाइजर आदि की सहायता प्रदान की।
- संगठन स्तर पर जून, 2020 में एक रिपोर्ट तैयार की गई, जिसके अनुसार विभिन्न सेवाओं में रैकिंग के अनुसार हरियाणा प्रथम स्थान पर, मध्य प्रदेश दूसरे स्थान पर व कर्नाटक तीसरे स्थान पर है।

मध्य प्रदेश में 'रोजगार सेतु' पोर्टल की शुरुआत

- मध्य प्रदेश के मुख्यमन्त्री शिवराज सिंह चौहान ने उन प्रवासी श्रमिकों के लिए 'रोजगार सेतु' पोर्टल लॉन्च किया है, जो कोरोना वायरस महामारी के प्रकोप के बाद मध्य प्रदेश लौट आए हैं।
- यह पोर्टल प्रवासी श्रमिकों को उनके कौशल और दक्षता के अनुसार काम प्रदान करने के लिए लॉन्च किया गया है।
- सभी प्रवासी मजदूरों के साथ-साथ नियोक्ताओं को भी रोजगार सेतु पोर्टल पर पंजीकृत किया गया है। नियोक्ता अपनी आवश्यकताओं के अनुसार मजदूरों का चयन कर सकते हैं।

मध्य प्रदेश को मिला ई-पंचायत का प्रथम पुरस्कार

- मध्य प्रदेश को पंचायतों में सूचना और संचार प्रौद्योगिकी का उचित उपयोग के लिए ई-पंचायत 2020 का प्रथम पुरस्कार जून, 2020 में मिला है। राज्य की पंचायतों द्वारा योजनाओं के ऑनलाइन क्रियान्वयन तथा ऑनलाइन आय-व्यय के लिए भारत सरकार पंचायती राज मन्त्रालय के विभिन्न ऑनलाइन एप्लीकेशन, ई-ग्राम स्वराज, लोकल गवर्मेंट डायरेक्ट्री आदि के साथ-साथ विभागीय पंचायत दर्पण पोटिल का उपयोग भी उचित प्रकार से किया गया।
- भारत सरकार द्वारा प्रतिवर्ष सूचना प्रौद्योगिकी के उपयोग द्वारा पंचायतों में पारदर्शी रूप से प्रभावी उत्तरदायित्व निर्वहन के लिए ई-पंचायत पुरस्कार प्रदान किए जाते हैं।

मध्य प्रदेश बना मध्याह्न भोजन घर पहुँचाने वाला पहला राज्य

- भारत सरकार की समीक्षा बैठक में 2 मई, 2020 को जानकारी दी गई कि मध्य प्रदेश डोर-टू-डोर मध्याह्न भोजन पहुँचाने वाला देश का पहला राज्य बन गया है।
- राज्य शासन द्वारा कोरोना संक्रमण में स्कूली बच्चों को मध्याह्न भोजन उपलब्ध कराने के लिए प्राथमिक और माध्यामिक स्कूल के कुल 66,27,000 विद्यार्थियों के अभिभावकों के बैंक खाते में ₹ 117 करोड़ की राशि ऑनलाइन ट्रांसफर की गई।
- साथ ही, 56,87,000 बच्चों को डोर-टू-डोर मध्याह्न भोजन का राशन भी पहुँचाया जा चुका है।

जीवन-शक्ति योजना की शुरुआत

- मध्य प्रदेश के मुख्यमन्त्री शिवराज सिंह चौहान ने 25 अप्रैल, 2020 को जीवन-शक्ति योजना की शुरुआत की।
- योजना के तहत, महिलाएँ शहरी क्षेत्रों में घरों पर मास्क तैयार करेंगी और लाभ कमाएँगी। सरकार उन्हें तुरन्त ₹ 11 प्रति मास्क देगी।
- महिलाएँ न केवल मास्क तैयार करके लाभ कमाएँगी, बल्कि एक अच्छे कार्य में भी भाग लेंगी। मास्क लोगों के जीवन को बचाएँगे और कोरोना संक्रमण को फैलने से रोकेंगे।

शिवराज सिंह चौहान चौथी बार बने मुख्यमन्त्री

- भाजपा के वरिष्ठ नेता शिवराज सिंह चौहान ने 23 मार्च, 2020 को चौथी बार राज्य के मुख्यमन्त्री के रूप में शपथ ग्रहण की। शिवराज सिंह इससे पूर्व वर्ष 2005 से 2018 तक मुख्यमन्त्री रहे हैं। वे लगातार तीन बार राज्य के मुख्यमन्त्री बने हैं।

'राम वन गमन पथ' परियोजना को मंजूरी

- मध्य प्रदेश मन्त्रिमण्डल ने 6 मार्च, 2020 को मुख्यमन्त्री कमल नाथ की अध्यक्षता में 'राम वन गमन पथ' के निर्माण की परियोजना के लिए एक ट्रस्ट का गठन करने के लिए स्वीकृति दे दी। 'राम वन गमन पथ' भगवान राम द्वारा उनके 14 वर्ष के वनवास के दौरान लिया गया मार्ग है।
- 'राम वन गमन पथ' परियोजना भगवान राम द्वारा निर्वासन के दौरान प्रयोग किए गए मार्ग को फिर से बनाने का प्रयास करती है। इसका निर्माण चित्रकूट से अमरकण्टक तक प्रस्तावित है।

मध्य प्रदेश में गाँवों के मानचित्रण के लिए ड्रोन का उपयोग

- मध्य प्रदेश सरकार ने 7 फरवरी, 2020 को राज्य के गाँवों के मानचित्रण के लिए ड्रोन का उपयोग करने का निर्णय लिया। अभी तक भूमि सर्वेक्षण का कार्य या तो मैनुअल रूप में या उपग्रह चित्रों की सहायता से किया जा रहा है।
- राज्य में पहली बार मानचित्र बनाने के लिए ड्रोन तकनीक का उपयोग किया जाएगा। राज्य के 55 हजार गाँवों को मानचित्रण के लिए चुना गया है। मध्य प्रदेश के 'राजस्व विभाग' ने देश की राष्ट्रीय मानचित्रण एजेन्सी 'भारतीय सर्वेक्षण विभाग' के साथ इस सम्बन्ध में समझौता किया है।

मध्य प्रदेश का PMMVY के कार्यान्वयन में पहला स्थान

- मध्य प्रदेश राज्य ने प्रधानमन्त्री मातृ वन्दना योजना (PMMVY) के कार्यान्वयन के मामले में पहला स्थान प्राप्त किया है। केन्द्रीय महिला एवं बाल विकास मन्त्री स्मृति ईरानी ने 3 फरवरी, 2020 को मध्य प्रदेश राज्य को इस सम्बन्ध में पुरस्कृत किया।
- मध्य प्रदेश में PMMVY के तहत 14 लाख 55 हजार से अधिक लाभार्थियों को पंजीकृत किया गया है।
- PMMVY का मुख्य उद्देश्य कामकाजी महिलाओं की मजदूरी के नुकसान के लिए ₹ 5000 की प्रोत्साहन राशि प्रदान करना और गर्भावस्था के दौरान उनके उचित आराम एवं पोषण को सुनिश्चित करना है।

मध्य प्रदेश में 'द्वार प्रदाय योजना' की शुरुआत

- मध्य प्रदेश सरकार ने 25 जनवरी, 2020 को देश की पहली 'द्वार प्रदाय योजना' आरम्भ की है।
- इस योजना के तहत आवेदन के 24 घण्टे के भीतर सरकारी दस्तावेज घर पहुँचाया जा सकेगा।
- इसमें पाँच सेवाओं को स्थान दिया गया है। मुख्यमन्त्री कमलनाथ ने इन्दौर (मध्य प्रदेश) से इस योजना की शुरुआत की। इस योजना के माध्यम से बनाए जाने वाले प्रमाण-पत्र निम्न हैं
  1. आय प्रमाण-पत्र
  2. मूल निवास प्रमाण-पत्र
  3. जन्म प्रमाण-पत्र
  4. मृत्यु प्रमाण-पत्र
  5. खसरा-खतौनी की नकल

राज्य का नवीनतम् मन्त्रिमण्डल

नाम	*आवण्टित विभाग*
श्री शिवराज सिंह चौहान (मुख्यमन्त्री)	सामान्य प्रशासन, जनसम्पर्क, नर्मदा घाटी विकास, विमानन एवं ऐसे अन्य समस्त विभाग जो किसी अन्य मन्त्री को न सौंपे गए हों।
डॉ. नरोत्तम मिश्रा	गृह, जेल, संसदीय कार्य, विधि एवं विधायी कार्य
श्री गोपाल भार्गव	लोक निर्माण, कुटीर एवं ग्रामोद्योग
कुँवर विजय शाह	वन
श्री जगदीश देवड़ा	वाणिज्यिक कर, वित्त, योजना आर्थिक एवं सांख्यिकी
श्रीमती यशोधरा राजे सिंधिया	खेल एवं युवा कल्याण, तकनीकी शिक्षा, कौशल विकास एवं रोजगार
श्री भूपेन्द्र सिंह	नगरीय विकास एवं आवास
सुश्री मीना सिंह	आदिम जाति कल्याण, अनुसूचित जाति कल्याण
श्री कमल पटेल	किसान कल्याण तथा कृषि विकास
श्री बृजेन्द्र प्रताप सिंह	खनिज साधन, श्रम
श्री विश्वास सारंग	चिकित्सा शिक्षा, भोपाल गैस त्रासदी राहत एवं पुनर्वास
श्रीमती इमरती देवी	महिला एवं बाल विकास
डॉ. प्रभुराम चौधरी	लोक स्वास्थ्य एवं परिवार कल्याण
श्री महेन्द्र सिंह सिसोदिया	पंचायत एवं ग्रामीण विकास
श्री प्रद्युम्न सिंह तोमर	ऊर्जा
श्री प्रेम सिंह पटेल	पशुपालन, सामाजिक न्याय एवं नि:शक्तजन कल्याण
श्री ओमप्रकाश सकलेचा	सूक्ष्म, लघु एवं मध्यम उद्यम, विज्ञान और प्रौद्योगिकी
सुश्री उषा ठाकुर	पर्यटन, संस्कृति अध्यात्म
श्री अरविन्द सिंह भदौरिया	सहकारिता लोक सेवा प्रबन्धन
डॉ. मोहन यादव	उच्च शिक्षा
श्री हरदीप सिंह डंग	नवीन एवं नवकरणीय ऊर्जा, पर्यावरण
श्री राजवर्धन सिंह दत्तीगाँव	औद्योगिकी नीति एवं निवेश प्रोत्साहन
श्री भारत सिंह कुशवाह (राज्य मन्त्री)	उद्यानिकी एवं खाद्य प्रसंस्करण (स्वतन्त्र प्रभार), नर्मदा घाटी विकास
श्री इन्दर सिंह परमार (राज्य मन्त्री)	स्कूल शिक्षा (स्वतन्त्र प्रभार), सामान्य प्रशासन
श्री रामखेलावन पटेल (राज्य मन्त्री)	पिछड़ा वर्ग एवं अल्पसंख्यक कल्याण (स्वतन्त्र प्रभार), विमुक्त घुम्मकड़ एवं अर्द्ध-घुम्मकड़ जनजाति कल्याण (स्वतन्त्र प्रभार), पंचायत एवं ग्रामीण विकास
श्री राम किशोर कांवरे (राज्य मन्त्री)	आयुष (स्वतन्त्र प्रभार), जल संसाधन
श्री बृजेन्द्र सिंह यादव (राज्य मन्त्री)	लोक स्वास्थ्य एवं यान्त्रिकी
श्री गिर्राज डण्डौतिया (राज्य मन्त्री)	किसान कल्याण तथा कृषि विकास
श्री सुरेश धाकड़ (राज्य मन्त्री)	लोक निर्माण विभाग
श्री ओ.पी.एस. भदौरिया (राज्य मन्त्री)	नगरीय विकास एवं आवास

(24 दिसम्बर, 2020 के अनुसार)

स्त्रोत : मध्य प्रदेश जनसम्पर्क विभाग

www.ingramcontent.com/pod-product-compliance
Ingram Content Group UK Ltd.
Pitfield, Milton Keynes, MK11 3LW, UK
UKHW021242031026
15588UKWH00001B/216

9 789324 199461